马克思主义理论研究
和建设工程重点教材

U0795234

中国新闻传播史

《中国新闻传播史》编写组
主　编　吴廷俊
副主编　哈艳秋
主要成员
（以姓氏笔画为序）
王润泽　邓绍根　艾红红
阳海洪　张振亭　陈建云
徐新平　蒋含平　裴晓军

高等教育出版社·北京

二维码资源访问

使用微信扫描本书内的二维码，输入封底防伪二维码下的20位数字，进行微信绑定，即可免费访问相关资源。注意：微信绑定只可操作一次，为避免不必要的损失，请您刮开防伪码后立即进行绑定操作！

教学课件下载

本书有配套教学课件，供教师免费下载使用，请访问 xuanshu.hep.com.cn，经注册认证后，搜索书名进入具体图书页面，即可下载。

图书在版编目（CIP）数据

中国新闻传播史／《中国新闻传播史》编写组编
. -- 北京：高等教育出版社，2021.8（2025.5重印）
马克思主义理论研究和建设工程重点教材
ISBN 978-7-04-054419-0

Ⅰ.①中… Ⅱ.①中… Ⅲ.①新闻事业史-中国-高等学校-教材 Ⅳ.①G219.29

中国版本图书馆CIP数据核字（2020）第109056号

责任编辑 赵愫简　　封面设计 王 鹏　　版式设计 于 婕　　插图绘制 于 博
责任校对 刁丽丽　　责任印制 张益豪

出版发行 高等教育出版社
社 址 北京市西城区德外大街4号
邮政编码 100120
印 刷 北京中科印刷有限公司
开 本 787mm×1092mm 1/16
印 张 22.5
字 数 370千字
购书热线 010-58581118
咨询电话 400-810-0598
网 址 http://www.hep.edu.cn
http://www.hep.com.cn
网上订购 http://www.hepmall.com.cn
http://www.hepmall.com
http://www.hepmall.cn
版 次 2021年8月第1版
印 次 2025年5月第14次印刷
定 价 45.00元

本书如有缺页、倒页、脱页等质量问题，请到所购图书销售部门联系调换
版权所有 侵权必究
物 料 号 54419-00

目　录

绪　论

中国新闻传播史是研究中国新闻事业发展历程及其规律的科学，作为一门课程，为新闻传播类专业学生所必修。为了学好这门课程，有必要首先对中国新闻事业的发展历程、发展特点有一个大致了解和基本认识，还要对学习这门课程的意义和方法有一个明确的认知。

一、中国新闻事业的发展历程

新闻事业是“新闻机构及其各项业务活动的总称”①，是人类社会的新闻传播活动由“自在”阶段发展到“自为”阶段的标志②，是近代社会的新生事物。

从新闻机构种类看，新闻事业最早出现的是报业。世界近代报纸最早出现在16世纪的意大利。虽然中国从唐代开始就有“报纸”，并且一直延续至清末，但是那时的“报”“报状”无论是形式还是内容，与近代报纸相去甚远。虽然19世纪初东南亚一带和中国沿海城市出现了一些中文近代报刊，但那是外国人创办的，是外国列强侵华政策的产物，不是中国社会内部政治、经济发展的结果，尚不能算中国新闻事业史的真正开始。中国国人办报肇始于19世纪30年代末40年代初，本教材以此作为中国新闻事业史的编写上限，以中华人民共和国成立60周年即2009年为下限。其间约170年的历史，大致可分为四个阶段：

1. 第一阶段

自肇始至1911年底的70年，为中国新闻事业发展的第一阶段。随着西学东渐，传教士、商人等西人相继在中国创办近代报刊，把近代报刊的理念和技术带到中国。19世纪30年代末40年代初，林则徐以“利己知彼”为诉求的译

---

① 《中国大百科全书·新闻出版》，中国大百科全书出版社1990年版，第408页。

② 黑格尔哲学认为，同一个东西有一个从“自在”阶段到“自为”阶段的发展过程。马克思和恩格斯后来用“自在阶级”和“自为阶级”两个名称代表无产阶级政治成熟程度的两个发展阶段。毛泽东在《实践论》中指出，无产阶级对资产阶级的斗争，开始阶段是感性的，他们还是一个所谓“自在的阶级”；当他们接受马克思主义理论后，理解了资本主义社会的本质，就变为“自为的阶级”。（《毛泽东选集》第1卷，人民出版社1991年版，第288—289页。）本书借用这两个概念来说明人类的新闻传播由自发到自觉发展的两个阶段。

报活动，成为国人创办近代报刊的先声。70 年代，国人开始创办近代报刊，经过了一段艰苦摸索，到 90 年代后期至 20 世纪最初的 11 年，先后出现两次办报高潮，涌现出一批又一批对社会变革产生重大影响的著名报刊。此外，1901 年后，在清末新政的推动下，清朝各级政府和各个部门创办了数量众多的新式官报；在“开启民智”的呼唤中，出现了一批以下层民众为读者对象的白话报刊；在一些大中城市，一批落拓文人创办了为数不少的文艺小报。

2. 第二阶段

1912 年 1 月至 1949 年 9 月底的近 40 年，为中国新闻事业发展的第二阶段。一方面，随着共和制度的建立和资本主义商品经济的发展，中国新闻事业步入现代化轨道，无论是以营利为目的还是以救国为目的，民营新闻机构均呈现良性发展态势，进入发展的黄金时期；另一方面，随着中国国民党和中国共产党相继成立与发展，新式政党媒体体系得以建立并迅速发展。1927 年，由于蒋介石、汪精卫背叛革命，国民党变质成为反革命政党，在全国建立起一党专政的法西斯政权；为了维护其反动统治，他们利用各方面的优势，建立起一整套新闻传播体系。中国共产党为宣传马克思主义革命理论，发动群众、组织群众，推动革命运动发展，克服种种困难，建立了崭新的党和人民的新闻事业，成为影响这一时期中国政局走向的重要力量。

3. 第三阶段

1949 年 10 月至 1976 年 10 月的近 30 年，为中国新闻事业发展的第三阶段。中国共产党取得全国政权，随着城乡生产资料私有制的社会主义改造基本完成以及社会主义公有制经济的建立和发展，全国新闻事业成为“社会主义经济即在公有制基础上的计划经济通过新闻手段的反映”①，民营新闻媒体因失去经济依托而走向终结，党营、公营和私营并存的新闻体制为公营制所替代，全国建立起以中国共产党党媒为主体的社会主义新闻事业体系。从 50 年代后期开始，党的工作在指导方针上有过严重失误，尤其是“左”倾错误在政治和思想文化领域愈演愈烈，以致发生十年“文化大革命”，给党、国家和各族人民带来深重灾难，新闻界成为重灾区之一。

4. 第四阶段

1976 年 10 月至 2009 年的 30 多年，为中国新闻事业发展的第四阶段。1976

---

① 《文汇报在一个时间内的资产阶级方向》，《人民日报》1957 年 6 月 14 日。

年10月，“四人帮”被粉碎后，通过真理标准问题大讨论和“拨乱反正”，党的政治路线和思想路线回到正确轨道，随着社会主义市场经济的建立和发展，中国新闻事业也迅速复兴、发展，不仅传统媒体得到复兴、发展，网络新媒体更是蓬勃发展，推动了中国改革开放和社会主义现代化进程。然而，这一阶段也出现了一些问题：一方面，在市场至上的生存背景下，少数新闻媒体和新闻记者的职业操守和新闻伦理突破底线，虚假报道、有偿新闻、低俗之风和不良广告“四大公害”屡屡出现。另一方面，新闻立法相对滞后，新闻记者的合法权益遭受侵害的事件时有发生，新闻舆论监督难以进行。党和政府对这些问题高度重视，多次采取措施予以纠正。

二、中国新闻事业发展的基本特点

1918年10月，蔡元培在北京大学新闻学研究会成立大会上提出，希望北大新闻学研究会一方面“介绍欧美新闻学”，一方面归纳中国新闻学与西方各国的不同之处，为当下新闻事业的发展找到借鉴。他说：“我国社会，与外国社会有特别不同之点。因而我国新闻界之经验，亦与外国有特别不同之点。吾人本特别之经验而归纳之，以印证学理，或可使新闻学有特别之发展。”① 从前文对中国新闻事业发展脉络的简明梳理中，可以看出这样几个特点：一种刚需、一条主线、三个传统。具体而言，就是政治需要推进报刊（新闻事业）从政治报刊到政党报刊发展，形成报刊论政、政治家办报和“喉舌”功能三大传统。

如何理解这些特点的产生与表现？马克思说：“人们自己创造自己的历史，但是他们并不是随心所欲地创造，并不是在他们自己选定的条件下创造，而是在直接碰到的、既定的、从过去承继下来的条件下创造。”② 我们运用马克思的这一观点对中国新闻事业发展史进行提纲挈领的整体观照，上述问题就不难回答。

（一）一种刚需

马克思说：“没有需要，就没有生产。”③ 西方新闻事业之所以首先在16世

① 《蔡元培校长在北大新闻学研究会成立大会上的开会词》，载于《北京大学日刊》第228号，1918年10月16日。

② 《马克思恩格斯文集》第2卷，人民出版社2009年版，第470—471页。

③ 《马克思恩格斯文集》第8卷，人民出版社2009年版，第15页。

纪的欧洲产生，正是适应资本主义在欧洲开元后社会对新闻信息的大量需要。①资本主义商品经济出现后，社会发生很大变化：社会规模扩大，社会变动加速，生产分工愈发精细，各阶级之间斗争空前激烈。这些变化一方面使得社会每日每时涌现出大量新闻，一方面使得人们比以往任何时候都需要获取大量新闻，过去那种“自在”新闻传播远远不能满足社会需要，于是“自觉”新闻传播即新闻事业便在市场中产生了。此后，新闻事业虽然一度走上政坛，高举新闻自由的旗帜为资产阶级革命鼓吹，但是革命后它很快便回归市场，长期以来作为一种市场主体参与全社会的市场竞争。所以说，资本主义商品经济不仅孵化了新闻事业，而且推动新闻事业不断发展。这一点在西方比较明显，虽然政治也会向新闻媒体示好或示恶，但是推动新闻事业发展的主要是经济的需要。而在中国，新闻事业除具有企业属性外，还被赋予强烈的政治属性，在其发展的每一个阶段，政治成为不可或缺的刚性需要。

古代中国，“小农业和家庭工业的统一形成了生产方式的广阔基础”②。小农经济缺乏对有组织、成规模、专业性的新闻传播活动的需求，而封建专制政治权力则需要一种传播媒介“出纳王命”，以维持自己的政治统治。中国古代官报，从唐代的“报状”“报”到宋代的“进奏院状”“朝报”，到明清的“邸报”“邸钞”都是封建统治阶级出于巩固政治统治的需要而创设的，故中国新闻传播史学的开拓者戈公振说，朝廷官报的产生“为政治上之一种需要”。③

进入近代后，中国的经济成分虽然有了一些改变，如清朝末年的“洋务运动”推动了近代民族工业的兴起，但是，中国的经济结构在整体上依然是“小农业和家庭工业的统一”，而此时中国政治形势则发生巨大变化——国门洞开，中国面临被列强瓜分的危机，救亡图存的政治需要迫在眉睫。这种情形使得刚刚形成的民族资产阶级在经济薄弱的情况下，政治上却早熟起来，纷纷喊出“变法图强”的时代强音，“师夷制夷”成为一时的社会认同，“设报达聪”④就是这种社会认同在新闻领域的反映。王韬等人在深沉的民族责任感和强烈的爱国情怀驱使下，创办了第一批近代报刊，并将这些报刊作为宣传维新变法思

① 马克思说：“资本主义时代是从16世纪才开始的。”（《马克思恩格斯文集》第5卷，人民出版社2009年版，第823页。）

② 《马克思恩格斯文集》第7卷，人民出版社2009年版，第372页。

③ 戈公振：《中国报纸进化之概观》，《国闻周报》第四卷第五期，1927年2月。

④ 康有为：《上清帝第四书》，《康有为全集》，中国人民大学出版社2007年版，第86页。

想的政治讲坛。

紧接着，登上政治舞台的中国民族资产阶级先后发动和领导了维新、革命等政治运动。1895—1898 年，在维新运动推动下，中国近代报纸发展出现第一次高潮；1900—1911 年，在改良运动和资产阶级革命推动下，中国近代报纸发展出现第二次高潮。中国近代报纸的产生与发展是新兴资产阶级在政治上的一种需要，康有为、孙中山等人办报，只是一种手段，本意在政治。他们创办的报刊实际上是一种政治宣传品，主要用来宣传他们的政治主张。

民国初年，议会政党政治推动了“政党报纸”的发展，1915 年兴起的新文化运动促使启蒙报刊新阵线迅速形成。五四运动以后，在依旧严峻的政治局势下，以无产阶级为领导的，以反对帝国主义、封建主义、官僚资本主义为主要内容的新民主主义革命运动蓬勃发展起来。在这种形势下，一方面，20 世纪二三十年代中国民族工业有一定规模的发展，推动了中国新闻事业的现代化进程，使得《申报》《新闻报》等民营报刊获得长足进步；另一方面，新民主主义革命运动推动中国新闻事业在政治道路上大步前行。同时，这个时期报人的职业认同度越来越高，而且其中很大一部分职业报人办报是为了国家、民族利益，力行“报刊论政”“言论报国”。尤其是 1931 年“九一八”事变和 1937 年“七七事变”先后爆发后，抗日救亡和全民抗战成为中国社会最大的政治和时代主题，包括民营在内的全国绝大多数新闻机构都在这一时代的政治潮流中迅速行动起来。

20 世纪 50 年代，在全国建立起来的以各级党委和政府机关报为主体的社会主义新闻事业既是社会主义公有经济在新闻领域的体现，更是中国共产党巩固政权、领导社会主义革命和社会主义建设的需要。建立在公有制基础上的新闻事业，其企业属性被消除，逐步成为党和政府的机关部门。由于“我们党过去长期处于战争和激烈阶级斗争的环境中，对于迅速到来的新生的社会主义社会和全国规模的社会主义建设事业，缺乏充分的思想准备和科学研究”，所以在“处理社会主义社会发展进程中出现的政治、经济、文化等方面的新矛盾新问题时，……习惯于沿用过去熟习而这时已不能照搬的进行大规模急风暴雨式群众性斗争的旧方法和旧经验，从而导致阶级斗争的严重扩大化”① 和不间断

---

① 中共中央文献研究室：《中国共产党中央委员会关于建国以来党的若干历史问题的决议》（注释本），人民出版社 1983 年版，第 37 页。

的政治运动。即使是发展经济的举措也作为政治运动进行，在突出政治和政治挂帅的环境中，全国的新闻媒体不仅是为政治需要而创设，而且一直被频频开展的政治运动所左右。

1978 年改革开放后，随着社会主义市场经济的建立，市场开始成为中国新闻媒体发展的一个驱动力。在市场驱动下，以市民为读者对象、以民生新闻为主要内容的都市报、晚报如雨后春笋般发展起来。由于我国建立起来的是社会主义市场经济，强调以公有制经济为主体，强调政府对经济的宏观调控，因此，党和国家对新闻事业的方针是坚持党管媒体体制不变，新闻媒体的事业性质不变，实行“事业单位，企业管理”，媒体市场运作只限于经营。党和政府主管、政治主导成为新闻事业在体制内生存和发展的首要条件，因而，我国新闻事业的整体发展依然是行政主导，而非市场主导。如报业（媒体）集团的组建，在行政主导下，依然要加强党对媒体的领导、加强政府对媒体的管理。

（二）一条主线

在政治需要的推动下，中国报刊（新闻事业）的演进始终贯穿着一条从政治报刊到政党报刊的发展主线。

1872 年 4 月 30 日，英国商人安纳斯脱·美查在上海创办《申报》，标志着以营利为目的的商业性报纸成为在华外报的主流，而同时兴起的国人创办的近代报刊却没有沿着这个方向发展，而是走上以宣传政治主张为目的的政治报刊的发展路径。国人成功创办的第一张近代报纸是《循环日报》，该报 1874 年 2 月 4 日由王韬创办于香港。这份以“强中攘外”为宗旨，以“民族复兴”为诉求的报纸，虽然广告占了很大版面，但重心是政论和新闻，以“议执政”“辅教化”“广见闻”，达到“智国民”“强国家”的目的。中国近代报刊一出场，其本身所具备的宣传教化功能便得到了强化和放大，显示出极强的政治性。随后，在维新、改良和革命运动中出现的报刊，无论是《时务报》《新民丛报》，还是《中国日报》《民报》和“竖三民”等，都是政治诉求十分强烈的政治报纸。在中国近代新闻传播史上，对社会进步造成巨大影响的报刊主要是政治报刊，有重大影响的报人也主要是政治报人。

中国资产阶级一登上政治舞台，为了迅速扩大政治影响，掀起政治运动，便立即成立学会。所谓“学会”，实际上是近代意义的政党，学会创办的报刊自然成为近代党报。梁启超在《〈清议报〉一百册祝辞并论报馆之责任及本馆之经历》中首先亮出“党报”的牌子，并承认在维新时期创办的《时务报》

《知新报》就是维新派的“党报”。晚清时期两次办报高潮中出现的政治报刊，均初具党报性质。戊戌政变后，尤其是1903年以后，改良派与革命派报刊猛增，出现了大批党报和近似党报。据统计，到1911年，改良派（保皇党）的报刊有70余种，革命党的报刊有120余种。①

民国初期，作为议会政党政治产物的“政党报纸”蜂拥而起，中国新闻传播史上出现了“政党报纸”的短暂繁荣。但是议会政党政治不但没有推进中国政治的民主化转型，反而强化了早已存在的政治离心倾向。面对军阀割据、武人擅权的局面，孙中山先生决心借鉴苏俄革命党的办党经验，改组国民党；直接受俄国十月革命胜利影响成立的中国共产党完全接受的是在帝国主义和无产阶级革命时代发展了的马克思主义即列宁主义②，放弃议会制，走武装夺取政权道路。国共两党都十分重视舆论工作，重视创办和运用新闻媒体。20世纪20年代后，随着国民党和共产党的发展和相互间的斗争，两党的新闻事业迅速发展起来，成为中国新闻事业的主体。尤其是以适应无产阶级革命需要的、以马克思主义新闻观为指导的中国共产党新闻事业以及在中国共产党支持下发展起来的进步新闻事业，成为中国新闻传播事业极为重要的组成部分。当然，不可否认，20世纪50年代以前，中国一直有民营商业性报纸存在，尤其是1927至1937年这十年，这类报纸发展较好，比如上海的《申报》《新闻报》《时事新报》和天津的《大公报》等，在社会上很有些影响，对政党报刊的主体性有一定程度的冲淡。但是，总体上看，民营商业性报纸经常受到国民党当局新闻统制的打压，《申报》改革夭折和老板史量才被暗杀就是一个典型例证。

1949年后，经过对资产阶级民营新闻业的社会主义改造，民营商业性媒体“集体退场”，在中国共产党领导下，全国迅速建立起以党媒为主体的新闻传播业体系。

1978年以后，虽然在社会主义商品经济、市场经济的驱动下，出现了一大批深受欢迎、发行量较大的都市报，但这些都市报在体制上还是各地党报的子报。

（三）三个传统

在从政治报刊到政党报刊这条发展主线下，形成了中国新闻事业史上三大

---

① 胡太春：《中国近代新闻思想史》（增订本），东方出版社2016年版，第367页。

② 中共中央党史研究室：《中国共产党的九十年》，中共党史出版社、党建读物出版社2016年版，第40页。

传统。

第一，报刊论政的传统。报刊论政是中国历史上文人论政传统在近代报纸上的延续和发展。“文人论政”在中国历史上由来已久，并在不同时代有不同形式，在汉代有“太学议政”“国子监议政”，在宋代有“书院议政”，在明代有“结社论政”。到了近代，“文人论政”最有效、最成功的形式就是“报刊论政”。早期国人对西方近代报纸情有独钟，原因就在于报纸便于及时发表政见。王韬创办《循环日报》，目的在于“立言”，即以“言论报国”，他不仅写出大量有影响的报刊政论文，而且首创报刊政论文体；梁启超在报刊上发表的政论文章，“举国趋之，如饮狂泉”，他突破文言文写作的藩篱，开创了一种通俗、自由、新颖的报刊政论文体——“时务文体”，对当时和后世产生深远影响。近代各报为了扩大自己的影响力，均十分重视政论文的写作和政论作者队伍的建设，于是大量有影响的报刊政论文章和一批著名的报刊政论作者应运而生。维新运动到辛亥革命这一时期，在中国新闻传播史上称为报刊政论时代，报刊论政传统由此形成。

这一传统在此后新闻实践中得到了很好的发扬。正如 1941 年 3 月 15 日中国新闻学会成立宣言所言，中国报业之所以有与各国不同者，盖大抵为文人发表政见而设。1902 年《大公报》一创刊就明确表示，要“以大公之心，发折中之论”，这一论政传统不仅使该报成为中国新闻舆论重镇，而且使中国报刊受到世界新闻界的重视。即使是商业报纸，为了市场需要，也重视刊登政论，比如史量才领导《申报》改革，抓“一头一尾”，“一头”即指言论。政党报纸更是把政论文发表放在重要位置，比如中国共产党党报《解放日报》和《新华日报》上的许多言论在关键时刻发挥了舆论引导的重要作用，有的甚至为中国革命指明前行的方向。① 不仅政论文成为中国新闻媒体上的重要角色，一些政论刊物也受到中国读者的青睐，尤其是在时局巨变的时期。

第二，政治家办报的传统。中国近代报人深受儒家积极思想的影响，在其办报活动中以天下为己任，表现出浓厚的家国情怀和政治热情；他们大多兼具文人与政治家的双重身份，使得中国近代报业一开始就具有“文人办报”与

---

① 如毛泽东为《解放日报》写的《一个极其重要的政策》（1942 年 9 月 7 日）、《第二次世界大战的转折点》（1942 年 10 月 12 日）、《评国民党十一中全会和三届二次国民参政会》（1943 年 10 月 5 日）、《论军队生产自给，兼论整内和生产两大运动的重要性》（1945 年 4 月 27 日）等社论。

"政治家办报"的双重特征。康有为、梁启超等人在接触了西方近代文化后，逐渐从封建士大夫脱胎出来成为中国资产阶级在政治上的早期代表人物。随着维新运动的兴起，他们以政治家的身份步入报坛，把报刊活动与政治运动紧密结合起来，开政治家办报的先河。他们把办报同政治动员与运动指挥紧密结合在一起。一个报馆，既是宣传机关，又是组织和指挥机构；一个报纸的主要负责人，既是主要撰稿者，又是运动的主要策划者和实际领导人。

随后，资产阶级改良派和革命派的办报活动，把政治家办报推向高潮。除康有为、梁启超、唐才常等人外，孙中山、陈少白、章太炎、于右任等人也都是以政治家的身份投身办报活动的。这一时期，有重大影响的报刊绝大多数是由著名政治家创办或主编的。政治家办报传统还影响到商业报人。著名商业性大报《申报》老板史量才，在 1931 年之后也开始过问政治，不仅突破商业报人角色，还在一定程度上突破价值中立的独立报人立场，成为政治色彩很浓的社会活动家报人。中国共产党历代领导人与国际共产主义运动领导人一样，大都是从创办或者编辑报刊开始自己的政治生涯的，他们运用手中的报刊为实现党的伟大事业而斗争。毛泽东不仅在青年时代就有出色的报刊活动，而且在成为中国共产党的领袖后，也十分重视报刊宣传，强调党报和党报工作者的党性，指示党的各级领导者必须亲自抓好报刊工作。1957 年 6 月反右派斗争的前夜，毛泽东在批判"书生办报""死人办报"的同时提出了有特定含义的"政治家办报"概念，以后多次重申"要政治家办报"。①

第三，"喉舌"功能的传统。在中国新闻传播史上，没有哪一种理论比"喉舌"功能理论对中国新闻事业发展的影响更为深刻、长远。

中国最早用"耳目喉舌"比喻报纸功能的是梁启超。1896 年，他在《论报馆有益于国事》一文中指出，中国长期受侮，原因就在于"无耳目、无喉舌"，致使"比邻之事而吾不知，甚乃同室所为不相闻问"，成"废疾"之国。"其有助耳目喉舌之用而起天下之废疾者，则报馆之谓也"。刚从封建文人脱胎出来成为资产阶级的政治代表们多从拯救国家的高度认识近代报纸功能，梁启超的"耳目喉舌"论，便是这种报刊功能观的典型代表。

资产阶级革命家孙中山要求革命派的机关报《中国日报》《民报》和其他所有报刊都成为革命党的喉舌，一方面宣传本党的主张，将"非常革新之学

① 吴冷西：《忆毛主席》，新华出版社 1995 年版，第 41、45 页。

说，其理想输灌于人心而化为常识”①；一方面批驳敌对党的“歪理邪说”，以引导社会舆论。孙中山的“喉舌”论是基于党派舆论宣传的需要。国民党蒋介石也主张“喉舌”论。1932 年 5 月 8 日，国民党《中央日报》社长程沧波称：“中央日报在系统上为党的报纸，应为本党之主义立言。”②抗战时期，蒋介石对新闻记者讲话时提出：“新闻记者应为国家意志所由表现之喉舌，亦即为社会民众赖以启迪之导师。”③ 可见，国民党蒋介石的“喉舌”论是基于“国家意志”的立场，“为本党立言”。

无论是革命战争年代，还是和平建设时期，中国共产党的新闻媒体都十分强调自身的党性和“喉舌”功能。1942 年 4 月 1 日，《解放日报》发表的改版社论《致读者》引用列宁的话：“报纸不仅是集体的宣传者和集体的鼓动者，而且还是集体的组织者。”同年 9 月 22 日，又发表题为《党与党报》的社论，进一步强调：“报纸是党的喉舌，是这个巨大集体的喉舌。”中国共产党是代表广大人民群众根本利益的政党，所以它在强调党报为党的喉舌的同时，也强调党报是“人民的喉舌”。中国共产党执政后，历届领导人的讲话和党的文件都反复强调“喉舌”论，并把这一主张贯彻到具体办报实践中。全国主要新闻机构作为党和人民的喉舌，为贯彻党和政府的路线、方针、政策，调动全党和全国人民社会主义建设的积极性发挥了巨大作用。“喉舌”论成为中国共产党党报理论的重要组成部分。

通过对中国新闻事业发展历程的回顾和特点分析，可以清楚地看到，新闻媒体在中国 170 多年近现代历史中发挥着重要作用，它不仅记录了这段波澜壮阔的历史，有力地推动了这段历史进程，而且形成了自身的独特性，为丰富世界新闻学宝库作出了贡献。

三、学习中国新闻传播史的意义

（一）学习经验

毛泽东曾说：“今天的中国是历史的中国的一个发展；我们是马克思主义的历史主义者，我们不应当割断历史。从孔夫子到孙中山，我们应当给以总

---

① 孙中山：《民报发刊词》，《民报》第一期，1905 年 10 月。

② 程沧波：《敬告读者》，南京《中央日报》1932 年 5 月 8 日。

③ 蒋介石：《今日新闻界之责任》，《新闻学季刊》，1940 年第一卷第三期。

结，承继这一份珍贵的遗产。这对于指导当前的伟大的运动，是有重要的帮助的。”① 向历史学习，是一个重要的学习途径。中国新闻传播史上涌现过许多著名新闻工作者，他们殚精竭虑，创办了许多著名媒体，探索了许多行之有效的好做法，在新闻思想、新闻业务、新闻管理和出版发行等方面，作出不少创新，积累了许多宝贵经验。如王韬、梁启超的报刊政论写作经验，汪康年的报纸业务改革经验，邵飘萍的新闻采访经验，史量才的报馆经营管理经验，胡政之、张季鸾的“文人办报”经验，邹韬奋的做读者工作的经验，范长江的战地采访经验等。尤其是中国共产党在长期的民族解放斗争和社会主义建设实践中总结出来的坚持党的领导、坚持正确的政治方向、坚持以人民为中心的立场，坚持党性与人民性的统一，尊重新闻传播规律，坚持实事求是，重视新闻舆论导向等有益经验，以及共产党依据不同的时代背景，根据不同实践需要，构建起的独具中国特色的新闻宣传思想体系，都是极为宝贵的经验。理解和吸收这些宝贵经验，不仅可以为做好当前新闻工作提供借鉴，而且可以直接推进新时代中国特色社会主义新闻学的建构。

（二）继承传统

拓展资源

贺信

2019 年 1 月 2 日，习近平在致中国社会科学院中国历史研究院成立的贺信中指出：“历史是一面镜子，鉴古知今，学史明智。重视历史、研究历史、借鉴历史是中华民族 5 000 多年文明史的一个优良传统。”② 研究历史，学习历史，就是要继承历史上的优良传统，并结合现实情况加以发展。中国新闻事业在其发展历程中形成的许多优良传统不仅有深远的历史意义，也有很强的现实意义，必须要加以继承和发扬。

文人论政，是中国特有的文化传统，它的核心精神是“论政而不参政，营业不为营利”，③ 追求以“论政报国”。④ 这个传统在近代新闻事业上的运用，既可以避免报刊堕落为少数阴谋家手中的舆论工具，又可以避免报刊过度商业化，保持报刊的纯洁性和公信力。该传统是中国报人对世界新闻学和新闻事业的独特贡献。随着传播科技的发展、新媒体的出现，在中国新闻传播史上曾经

① 《毛泽东选集》第 2 卷，人民出版社 1991 年版，第 534 页。
② 《习近平致中国社会科学院中国历史研究院成立的贺信》，新华社 2019 年 1 月 3 日电。
③ 吴廷俊：《新记〈大公报〉史稿》，武汉出版社 2002 年版，第 2 页。
④ 李金铨主编：《文人论政》，广西师范大学出版社 2008 年版，第 3 页。

大放异彩的报刊论政，又遇到了大显身手的时机。新闻媒体在重视发表“独家新闻”的同时，也重视发表“独家言论”，具有深邃思想和独特视角的新闻评论写作者又一次为各大新闻媒体所重视。

政治家办报不仅是中国新闻传播史的传统，更是中国无产阶级新闻事业史的光荣传统。中国共产党人将民族独立、人民解放视为自己的历史使命，在近百年的斗争实践中，党报成为党的事业的重要组成部分，并且将政治家办报与全党办报、群众办报相结合，为国际共产主义新闻事业贡献了宝贵经验。当下，社会主义新闻事业是党和人民伟大事业的重要组成部分。新闻专业的学生必须继承政治家办报的传统，加强政治修养，使自己具备政治家的头脑、胸怀和视野，力争成为一个合格的新闻工作者。

一百年多来，中国社会的进步和中国革命的成功很大程度上得益于新闻媒体发挥“喉舌”功能。在当今信息时代，新闻信息层出不穷，新闻判断和舆论引导显得特别重要，新闻工作者要更好地继承“喉舌”传统，站在时代的前列，做好“党的喉舌”与“人民喉舌”，及时报道新闻，使上下、内外信息畅通，保障社会和谐、健康运行。

（三）以史为鉴

中国新闻事业在发展过程中，取得了巨大成绩，积累了许多经验，同时也有过一些错误和教训，比如“大跃进”年代和“文化大革命”时期的新闻宣传错误，市场经济条件下记者的职业操守和新闻伦理“破底”问题等，其教训是刻骨铭心的，必须牢牢记取。毛泽东经常告诫全党，要善于从历史的错误中吸取教训：“错误和挫折教训了我们，使我们比较地聪明起来了，我们的事情就办得好一些。任何政党，任何个人，错误总是难免的，我们要求犯得少一点，犯了错误则要求改正，改正得越迅速，越彻底，越好。”① 学习历史，一个重要目的就是“以史为鉴”，吸取教训，与学习成功经验同等重要。

四、学习中国新闻传播史的要求与方法

（一）坚持马克思主义立场、观点和方法

著名新闻史学家方汉奇说：“新闻史是历史的科学。”“在门类繁多的历史

① 《毛泽东选集》第4卷，人民出版社1991年版，第1480页。

科学中，它属于文化史的范畴，是文化史的重要组成部分。”① 新闻史是一门历史的科学，要求研究者和学习者必须遵照治史的原理，树立治史的根本任务是了解历史真相、还历史以本来面目的理念，确立“事实是第一性的”观念，对新闻事业史上的事件和人物进行详细研究，“充分地占有第一手材料，然后运用马克思主义的立场观点方法，以历史唯物主义和辩证唯物主义为指导，进行由表及里、由此及彼、去伪存真、去芜存菁的分析，得出正确的符合实际的结论”。②

马克思主义的基本立场是始终站在人民大众立场上，一切为了人民、一切相信人民、一切依靠人民，诚心诚意为人民谋利益。学习中国新闻传播史必须坚持这一立场。学习历史，见仁见智，重在领悟，只有站在人民大众立场上，才能领悟到中国新闻事业发展的真谛。

马克思主义理论是马克思主义关于自然、社会和人类思维规律的科学认识，是对自然界规律和人类社会实践经验的科学总结，体现在马克思主义哲学、政治经济学和科学社会主义这三个部分之中，涵盖面非常广泛。并且，马克思主义是不断发展的，中国共产党在领导中国革命和建设的伟大实践中，联系中国实际，不断发展马克思主义。改革开放以来，中共中央将马克思主义与中国社会主义建设实际相结合，提出了中国特色社会主义思想。

习近平指出：“新时代中国特色社会主义思想，是对马克思列宁主义、毛泽东思想、邓小平理论、‘三个代表’重要思想、科学发展观的继承和发展，是马克思主义中国化的最新成果，是党和人民实践经验和集体智慧的结晶，是中国特色社会主义理论体系的重要组成部分，是全党全国人民为实现中华民族伟大复兴而奋斗的行动指南，必须长期坚持并不断发展。”③ 我们必须把新时代中国特色社会主义思想贯穿到中国新闻传播史的学习过程中。“马克思的整个世界观不是教义，而是方法。它提供的不是现成的教条，而是进一步研究的出发点和供这种研究使用的方法。”④ 这就是说，马克思主义为我们提供了做好任何工作的方法，具体到学习中国新闻传播史而言，就是运用辩证唯物主义和历

① 《方汉奇文集》，汕头大学出版社 2004 年版，第 13 页。

② 《方汉奇文集》，汕头大学出版社 2004 年版，第 15 页。

③ 习近平：《决胜全面建成小康社会 夺取新时代中国特色社会主义伟大胜利——在中国共产党第十九次全国代表大会上的报告》，人民出版社 2017 年版，第 20 页。

④ 《马克思恩格斯全集》第 39 卷，人民出版社 1974 年版，第 406 页。

史唯物主义，把中国新闻传播史上的人物和事件，放到当时的历史环境中去分析，在同历史对话的过程中回到历史空间，找到建设和发展新时代中国特色社会主义新闻事业的可资镜鉴。

（二）学习中国新闻传播史的具体方法

1. 分析与综合的方法

中国新闻传播史是一个由新闻界人物、新闻媒体、新闻事件构建的有机整体，纵向分时期，横向有维度，我们要尽可能将分析与综合的方法统一运用到中国新闻传播史的学习过程中。“没有分析就没有综合”。① 所谓分析，是把整体分解为各个部分、方面、因素来认识。具体到新闻传播史来说，就是将整个新闻传播史分为断代史、个案史来认识。这是认识历史的基础，但是我们的认识不能仅仅停留在这个阶段，否则就会使历史在我们的头脑中处于肢解的状态，“只见树木不见森林”，还必须综合，即把认识对象的各个部分联合成一个整体，把握事物发展在总体上、在各部分相互联结上的特性，通过分析与综合，形成对中国新闻传播业发展的历史概念，增加历史智慧。

2. 比较的方法

比较法是确定事物之间同异关系的一种思维方法，在同一中求差异，在差异中求同一，通过比较分析，揭示事物间的异同。作为一项文化事业，世界新闻事业有其共性，各个国家的新闻事业又有其特性。学习中国新闻传播史，最好将其放在世界新闻传播史的大背景下，通过比较的方法进行学习。党的十八大以来，中共中央提出，为了推动包括新闻传播业在内的社会主义文化的繁荣兴盛，必须在“加强中外文化交流”过程中，坚持“以我为主、兼收并蓄”的原则。我们学习中国新闻事业史，要以这一思想为指导，在科学地分析中国新闻事业发展进程的同时，还要关注世界发达国家新闻事业的历史发展与当下状况，以开阔的眼界，借鉴它们有用的经验，进一步发展中国的新闻事业。

3. 历史与现实结合的方法

历史是昨天的现实，现实社会中的绝大部分问题能在历史中找到合理答案；现实是明天的历史，通过借鉴历史经验教训，能够更好地为现实服务。因此，我们学习历史，不能停留在死记硬背历史知识的层面，必须联系现实更好

① 《马克思恩格斯文集》第9卷，人民出版社2009年版，第45页。

地理解历史，透过历史更好地认识现实，在历史与现实的互动中，启发自己的思维，提高彰往察来的能力。

思考题

1. 中国新闻事业发展历程可分为几个阶段？每个阶段的主要状况如何？
2. 为什么说中国新闻事业的发展主要是政治需要？
3. 中国新闻事业发展的主线是什么？这一主线是怎样显现出来的？
4. 中国新闻事业发展史上形成了哪些主要传统？简要说明每个传统形成的过程。
5. 学习中国新闻传播史的意义何在？

第一章　中国近代新闻事业的缘起

中国近代报纸既不能简单地说它是从西方舶来的，也不能简单地说它是本土文化与社会关系自我演变的结果，而是由多种因素共同作用产生的。具体而言，古代报纸的根基、西方的报纸技术和观念、内生于中国历史文化的清议传统，以及当时的政治、经济形势共同推动了中国近代报纸的产生。

“百代多行秦政制”，中国中央集权制度历史悠久。为了维护中央集权统治的政治需要，中国历代封建统治者一方面利用行政资源，设官分职，创办官报，以宣达皇权、传达政令，保障中央集权制国家机器的有序运转；另一方面厉行言禁政策，对民间言论和民间报纸极力打压，以控制对政府不利信息的传播与扩散，由此形成“出纳王命”的官报功能和官报强大、民报弱小的发展态势。虽然因缺乏现代因素，古代报纸没有演进成近代报纸，而随着封建王朝的灭亡而自行消亡，但是它打下的根基和形成的传统对中国近代报业的产生与发展影响深远。

至高无上的皇权，如果不加节制，就会动摇封建统治的基础，危害封建统治阶级的利益，因此，有必要对皇权进行规范与制衡。“清议”就是中国古代针对君主及官员的舆论监督机制。对这种清议传统的继承，使中国近代报纸从产生之日起，就具有强烈的家国情怀和政治品格，显示出与西方报纸不同的价值取向，构成了中国新闻传播史上“文人论政”的精神源头。

鸦片战争以来，国门洞开，西力东进，中国社会发生了两个根本性变化：一是独立的中国逐步变成半殖民的中国，二是封建的中国逐步变成半封建的中国。面对列强入侵和清政府的腐败无能，早期民族资产阶级的先贤们急切寻找救亡图存、振兴中华的良策，他们深深感到，中国积弱之因，在于“壅塞”。在西力东进过程中，西方人开始在中国创办近代报刊，西方近代报刊的采编业务、印刷技术和办报观念传入中国，使得寻求救国良策的有识之士们对它情有独钟，由此揭开了国人创办近代报纸的篇章。

第一节　古代报纸

中国古代既有官报，也有民报；先有官报，后有民报，呈官报强势、民报弱小的发展态势。

一、古代报纸的产生与发展

（一）官报的产生与发展

中国自古就重视信息传播，尤其是官方信息传播。夏朝已设“车正”，专管车旅交通，这从侧面说明当时已有官方传播活动。到了周朝，官方文书、公告需下达，各级官吏奏报、请示需上传，官吏与官吏之间的信息需传递，此时已经形成了官方体系的邮传组织，名为“遽”或“邮”，还使用烽火传播战争信息。秦统一六国后，创造了石刻、碑刻等传播方式，以歌颂秦始皇的丰功伟绩。汉代则开始以“诏书”“露布”等书面形式传播官方信息，官方新闻的发布，完全借用官文书的传递途径，但还没有形成专门发布官方新闻的物质载体——官办报纸。

据文献记载和实物考证，我国古代官报是从唐代开始的，① 并形成了两种不同性质的官报：中央朝廷编发的公报性质的官报和藩镇驻京机构编发的情报性质的官报。

唐代的朝廷官报，称为“报状”“报”等。“报状拆开知足雨，赦书宣过喜无囚”。② 王建这首诗大约作于唐代宗大历年间（766—779），是“报状”这个名词第一次出现。唐代文人孙樵在其所著《经纬集》卷三《读开元杂报》中所描述的“系日条事，不立首末”，以朝廷政事动态为主要内容的“数十幅书”以及后来长安“日见条报朝廷事者”，就是中央朝廷编发的公报。据文献记载，这些公报所载内容为皇帝言行和朝廷政事，由中央政府颁布后“条布于外”，即政事堂公布于外的关于政府活动情况的文告或公告。

藩镇驻京机构编发的情报性质的官报由藩镇自置于京城的“进奏院”抄发，故称之为“邸吏状”“邸报”“进奏院状”等。唐代进奏院作为地方在京师的办事机构，主持官员都是节度使派驻的大将或亲信，任务是为地方官员呈递章奏，传送朝廷文书，办理地方官员需要向政府中枢各部门请示汇报和联系

---

① 对于中国古代报纸的起源，学界有“周朝说”“汉朝说”和“东晋说”等不同观点，且以“汉朝说”影响最大，但都缺乏充分的材料证明。据考证，藏于英国大不列颠图书馆和巴黎图书馆的两份唐代进奏院状为目前我国年份最早的古代报纸，这为中国报纸起源于唐代提供了有力的实物证据。

② 王建：《赠华州郑大夫诗》，《全唐诗·第五册》卷三〇〇，中华书局1980年版，第3411页。

交涉等事宜，也为地方官员汇集和通报各项政治消息，将京师的消息抄写成“进奏院状”，向地方长官通报。“进奏院状”主要由进奏官自行采集，内容绝大多数属于朝廷政事活动和邸吏们在京城的所见所闻，或是执行节度使交办任务后的情况汇报，因而只对藩镇长官抄送，并且带有相当的机密性，具有情报性质，也有人认为，这是中国古代的新闻信。大不列颠图书馆所藏的唐归义军进奏院状就属于这种性质。①

唐代出现的这两种性质的官报到了宋代合二为一，成为政府中枢部门统一管理下发布的正式官报——“邸报”。“邸报”是中国古代对封建官报最经常、最习惯的称呼，最早出现于宋。《宋会要辑稿》载：“国朝置进奏院于京师，而诸路州郡亦各有进奏官，凡朝廷已行之命令，已定之差除，皆以达于四方，谓之邸报。”② 这说明，邸报开始与官文书分离，成为传播官方信息的专门载体，以满足地方官员和士大夫群体了解朝廷政事的需要。

宋代官报的这种变化与进奏院职能的转变关系密切。宋王朝建立后，将原来由节度使自置的进奏院改由朝廷统一设立，以加强对进奏官的管理和监督，巩固中央政权和实现政治统一。宋太宗太平兴国六年（981 年），宋太宗下诏，成立钤辖诸道都进奏院（简称都进奏院），由中央朝廷直接任命进奏官，分管各州奏报，进奏院就由唐代地方官员的派出机构变成了直隶朝廷的行政机构。

元代尚未见到有关官报的记载，明朝恢复出版朝廷官报。明代朝廷官报一般都称为“邸报”，有时也称“邸钞”，由通政司负责发抄。与宋代由朝廷直接向全国各级官吏传播不同，明代邸报改由各巡抚及总兵的提塘官抄送。

清朝前期仿明制，由通政使司主持邸钞工作。雍正后改隶军机处，由军机处把应发抄的谕旨奏章发交内阁。到内阁后，一方面传知各衙门抄录执行，一方面交由六科发抄，各省在京提塘官到六科抄录，传报四方。顺治、康熙、雍正三朝的公文及私人文书中，有不少关于当时官报的记载。清代的朝廷官报一

---

① 这份进奏院状是归义军节度使张淮深派驻唐王朝京城的进奏官给张淮深写的一份关于“三般专使”为张向朝廷“请旌节”一事的专题汇报。开头部分比较完整。前 11 行的文字为：“进奏院　状上当道。三般专使所论旌节次第逐件具录如后：右伏自光启三年二月十七日专使衙宋闰盈、高再盛、张文彻等三般同到兴元驾前。十八日使进奏。十九日对。廿日参见四宰相、两军容及长官，兼送状启信物。其日面见军容、长官、宰相之时，张文彻、高再盛、史文信、宋闰盈、李伯盈同行，□定宋闰盈出班，祗对叩击，具说本使一门拓边效顺，训袭义兵，朝朝战敌，为国输忠，请准旧例建节，廿余年朝廷不以指㧑。今因遣闰盈等三般六十余人论节来者。”

② 徐松：《宋会要辑稿·第一卷六十六册刑法二》，中华书局 1957 年版，第 6558 页。

般也称邸报，有的称“阁钞”。

（二）民报的出现与发展

中国古代出现过两种性质的民报：非法民报“小报”和合法民报《京报》。

1. 非法民报“小报”

“小报”是时人对非法民办报纸的习惯称呼。宋人周麟之在《论禁小报》一文中说：“方陛下颁诏旨，布命令，雷厉风飞之时，不无小人诪张之说，眩惑众听。如前日所谓召用旧臣，浮言胥动，莫知从来。臣尝究其然矣，此皆私得之小报。小报者，出于进奏院，盖邸吏辈为之也。比年事有疑似，中外不知，邸吏必竞以小纸书之，飞报远近，谓之小报。”①

小报产生于北宋，盛行于南宋，隐现于明清，是中国新闻史上最早以刊载新闻和时事性政治为主的不定期民间报纸。它没有报头和固定名称。到目前为止，没有发现小报原件，只能根据现存典籍中关于小报的描述勾勒其轮廓：（1）小报有一支分布在上自中央朝廷，下至地方衙门的采写、编排队伍，他们将所探新闻售予坊间书肆主人，使报纸进入印卖流程，略具专业分工之特征。（2）有较为丰富的内容，可读性较强。（3）小报传播迅速，时效性较强，比朝廷官报更具备新闻纸的特质。（4）小报是适应社会需要而产生的，其中既有读者了解政局变化的需要，也有发行者牟利的需要，并催生了“专以探报此等事为生”的行业人群。

2. 合法民报《京报》

《京报》（图 1-1）是一种以刊载朝廷官文书为主要内容，可以公开出版发行的合法民营报纸，可能是因为它起初在京城刊行而得名。《京报》产生于明朝中后期，并在清代得以延续和发展，乾隆之后进入鼎盛时期，并出现了各种地方版。所谓地方版，是指以北京《京报》为母本，通过翻印或手抄等方式在地方复制而成的报纸，面向地方官绅发行，多由各地省塘、低级胥吏和以报谋生者主持。除翻印《京报》外，这些地方报人还发行辕门抄。辕门抄是以报道地方政事为主的私营报纸，出版于省会和重要城市，多为单张印刷的日报，其新闻来源为地方督抚衙门发抄的官文书。

《京报》具有如下特征：（1）内容是官报的翻版。这是《京报》之所以能成为合法民报的原因。“《京报》是‘邸报’的翻版，只不过后者为朝廷所主

① 周麟之：《海陵集》，见戈公振：《中国报学史》，中国新闻出版社 1985 年版，第 27 页。

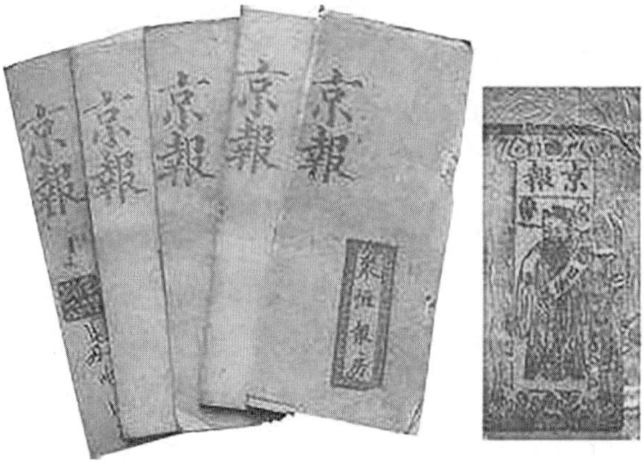

图 1-1 《京报》

持，前者为民间所经营。”① 因此，《京报》同官报一样，主要是宫门抄、上谕、奏折，没有自己采写的新闻，更没有言论。（2）形式比较完备。《京报》有较为固定的报名、刊期和形式，比朝廷官报与小报要完备得多。从现存《京报》来看，一般为日刊，也有两日刊。每期一册，页数不等，书本式，上面印有红色的楷书“京报”二字，下面印有报房的字号标记。（3）自主经营。《京报》有专门从事编印和发行的独立机构“报房”。② “报房”的出现，表明中国报业成为一种公开的专门行业。“报房”工作分为探报、抄报、编报、印报、送报，“报房”人员分工不太固定，由经营者根据情况临时分配。《京报》完全脱离朝廷官报的发行系统而公开发行、自由买卖。“报房”可以叫卖街市，也可以接受订户，主要面向朝野官绅和士大夫知识分子。

二、古代报纸的特点

（一）在政治需要的推动下产生和发展

首先看官报。在古代社会，中央集权的封建政体需要统一的信息传播渠道，而刊行官报就是统一信息的最好手段。这是因为：一方面，皇权政治的正常运转必须使圣旨传达四海，庞大的国家机器协调运转也需给各级官吏提供政务信息；各级官吏维持地方治理并在激烈的政治斗争中保证仕途通畅，需要了

① 黄卓明：《中国古代报纸探源》，人民日报出版社 1983 年版，第 91 页。

② 据记载，清末仅北京一地的报房，知道名号的就有“聚兴”“聚升”“合成”“杜记”“集文”“同顺”“天华”“公兴”“聚恒”“同文”“信义”11 家之多。

解朝廷动态，从而决定政治策略。另一方面，封建政治是秘密政治，是愚民政治，需钳制舆论，“使朝廷命令，可得而闻，不可得而测；可得而信，不可得而诈”。① 宣达皇权，统一思想，协调行动，维护中央集权统治，这种政治需要是中国封建统治者创办和发行官报的根本目的，也是朝廷官报产生和发展的主要动力。

再看非法民报。“小报”出现于宋代，是社会矛盾激化的结果。有宋一代，民族矛盾、阶级矛盾、新旧党矛盾错综复杂，各种政治势力活跃，都需要一定的舆论配合；社会各层人物都需要了解形势的发展变化。“小报”的编者们适应这种需要，突破朝廷官报的传播范围，充分利用自己的信息、发行优势，私下经营“小报”。

最后看合法民报。随着社会政治、经济的发展，人们对新闻的需求愈来愈迫切，但是官报只对官员发行，与百姓无涉；“小报”又属非法，不能公开发行，信息供需矛盾十分突出。出于政治统治的需要，政府允许民间自设报房，翻印部分官报稿件，公开出售，《京报》便应运而生。内容上以刊登朝廷官文书为主，宣达皇权；编发上由民间设立报房独立发行，营利赚钱。表面看是政治、经济双动力，实际上如果没有朝廷政治需要，《京报》不可能合法刊行。

（二）在朝廷严格控制下刊行与延存

中国古代官报产生后，一直在朝廷的严格控制下延存。首先，对发报内容严格控制，建立了严格的审查制度。宋真宗咸平二年（999 年）正式建立邸报定本制度，即进奏院“传之四方”的邸报，一定是经过枢密院审查之后的定本状报。这种“定本制度”是中国明文规定的最早的新闻审查制度，充分显示了政治原则凌驾于信息传播之上的专制特征。为了防止进奏官违规发布信息，宋代还制定了“进奏官五人联保法”。到了南宋，又建立“每日判报”制度。其次，严格传报纪律。尤其是清代对负责抄录传递邸钞的提塘官管理十分严格，提塘官抄报应到“公报房”集体抄录，以杜绝私抄讹传，抄报后，应将原件交“兵部存案”，以避免泄露遗失。

小报受到的控制则更为严厉，因而屡遭查禁。《京报》虽然可以公开刊行，但是只能翻印官报内容，不能越雷池半步。报房经营者只能根据自己的新闻眼光，对每天的宫门抄进行取舍。

---

① 周麟之：《海陵集》，见戈公振：《中国报学史》，中国新闻出版社 1985 年版，第 27 页。

由于严格控制，中国古代报纸在产生之后长达 1 000 多年的时间里没有实质性的进步，特别是官报。封建统治者将官报纳入体制内，使其在严格的控制下刊行，由此导致中国古代官报的面孔千年不变。

（三）形成官报强大民报弱小的发展态势

中国古代虽然有三种类型的报纸：朝廷官报、非法民报和合法民报，但是朝廷官报明显占主流地位。从时间上看，除元代尚未见到有关官报的记载外，从唐代开元年间（713—741）到清末，朝廷官报始终存在，无名无分的“小报”在北宋之后只是时隐时现；从生存环境上看，官报在体制内生存，得到扶持，强势发展；小报处于非法地位，备受打压，岌岌可危；《京报》之所以能够合法出版，是因为其内容为官报翻版，实质上还是官报。

（四）以宣达皇权、出纳王命为官报功能

朝廷对官报一方面扶持发展，使之“衣食无忧”；一方面控制使用，使之不能“越雷池半步”。这两种作用力的结果，使占绝对优势的朝廷官报不仅形式呆板，而且功能单一、僵化，千百年来，有序地编报、抄报，机械地宣达皇权、“出纳王命”，成为马克思所说的“完善报刊”的“范本”。[①]

第二节 清　议

清议，也称“时论”或“时议”，意指公正的议论政治、品评人物的言论，是中国历史上的舆论约束机制。清议的主体儒生（又称文人、士）从维护统治者的根本利益出发，在要求统治者听民意、顺天命的同时，也代民立言，以监督权贵，批评政治，并将此视为文人的应尽职责。儒生对社会责任和道德气节的倡导，成为清议的理论依据和合法性来源，蕴含着强烈的道德力量和群众基础。清议在儒生群集的场所（如乡校、朝堂、书院、讲会、党社等）产生，凭借邸（朝）报、奏疏、书信、诗文、著作等媒介广为传播，与官员选举、推荐制度相结合，成为儒生们干预朝政、批评政治的重要机制，对于清明政治风气和改良社会风俗发挥着重要作用。因此，清议为历代清流士人所推崇，亦为明君贤主所提倡，逐渐演变成一种文化符号，对中国近代报刊的产生、发展，影

① 《马克思恩格斯全集》第 1 卷，人民出版社 1995 年版，第 129 页。

响至深，也可视为中国新闻史上“文人论政”的源头。

一、从乡校到书院的论政风气

“乡校”是乡间的公共场所，既是学校又是乡人聚会议事的地方。“乡校”之“乡”，乃地方行政机构；[①] 周代地方（诸侯）所办之教育机构，统称为“序”，州有州序，乡有乡序，乡序亦称“乡校”，即当时的贵族学校，承担培养后备人才的任务。这样的学校，既是教育之地，也是乡州里官员和贵族子弟们集会、议政的场所。《左传·襄公三十一年》记载“郑人游于乡校”的故事，既反映了士人关心国事、议论时政的风气，也体现了子产不毁乡校、主张听取不同意见的民主作风。[②]

到了汉代，朝廷设立中央官学，称为太学。自汉武帝元朔五年（前124年）创太学设置博士弟子开始，以后历代递增，规模宏大。隋代设国子监。太学和国子监是封建朝廷培养人才的主要场所，这些读书人聚集之地也成为清议的中心。东汉末期，宦官、外戚交替专权，恃势骄横，败坏朝政。面对腐败政治，太学生们挺身而出，与朝中正直官员紧密联合，激浊扬清，并得到广大群众支持，形成了强大的舆论力量。“自公卿以下，莫不畏其贬议”。[③] 君相虽尊，莫之敢违，违则士论哗然。此后书生议政之风绵历千年而不息。

书院是我国古代重要的办学形式，起始于唐，兴盛于宋，出现了应天、岳麓、白鹿洞、嵩阳四大书院。元朝的书院制度更加兴旺。明朝初年，书院转衰。到了明朝末年，为了改变作为科举附庸的官学所造成的“士风日陋”弊端，一些士大夫恢复沉寂的书院传统，纷纷创办书院，恢复自由讲学精神，这使书院不但成为学术基地，也成为清议中心和舆论重镇。明万历三十二年（1604年），社会矛盾日趋尖锐，顾宪成等人讲学于东林书院，崇尚实学，标榜气节，时人争相归附，号曰“清流”。他们讽议朝政、评论官吏，要求振兴吏治，开放言路，革除朝野积弊，反对宦官干政和权贵贪赃枉法。这些针砭时政的主张得到当时社会的广泛支持，成为万历、天启、崇祯三朝的舆论中心，虽遭到以魏忠贤为代表的阉党的残酷镇压，依然不屈不挠。

---

① 按周制，五家为邻，五邻为里，四里为族，五族为党，五党为州，五州为乡。乡，万二千五百户。

② 《左传·襄公三十一年》，岳麓书社1988年版，第262页。

③ 范晔：《后汉书·党锢列传》，中华书局2000年版，第1477页。

教育机构与言论机构合一的清议传统，开启了儒家式的论政传统。明末清初之际，以黄宗羲等为代表的一批思想家，深入反思、探讨了封建专制所带来的种种痼疾与弊端，要求重新恢复乡校，允许民间议政和舆论监督。“天子之所是未必是，天子之所非未必非，天子亦遂不敢自为非是，而公其是非于学校”;① 对于政治之得失，“小则纠绳，大则伐鼓号于众”，显示出反对君主专制的思想光芒。

二、从进谏到结社的报国情怀

为了弥补封建皇权缺少制衡的缺陷，维护皇权政治的正常运作，封建王朝创设了一些“防壅塞，通下情”的制度，史官与乐官就是这一制度的产物。史官是古代朝廷中专门收录、编纂前朝和本朝历史的官员，他们随侍皇帝左右，负责记录皇帝言行与政务得失。久而久之，中国文化中形成了一种“敬畏历史”的传统。乐官深入民间采风，了解民间舆论，给天子提供做自我纠偏和调整政策的参考，由此形成了“敬畏舆论”的心态。

随着监督制度的发展，进谏逐渐趋向专职化，谏官成为政府机构的组成部分。谏官，也称“谏臣”“言官”，是劝谏君主过失的官员，其职责是“谏朝政之得失”，规劝君主践行仁政，维持王朝秩序稳定和促进社会发展。“文死谏，武死战”，谏臣本着儒家的仁政理想，恪尽职守，直言劝正，谏朝政得失。

在中国古代社会，言路通畅是判断政治清明的重要标准。为维护皇权，稳定王朝统治，一些开明君主有意完善谏官制度，营造鼓励进谏的氛围。但言官进谏缺乏法律保护，也没有言官豁免权，谏言能否被采纳，全在于君主个人意志。君主操生杀之权，谏臣忠言逆耳，稍有不逊，轻则夺官贬职，流放入狱，重则遭杀身之祸，甚至株连九族，祸及家人亲友。在这种严酷的言论环境下，言官进谏需要极大的道德勇气。他们往往从国家利益出发，冒死犯难，或婉言曲谏，或敢言直谏，或犯颜强谏，与君王针锋相对，不惜杀身成仁，显示出士大夫们刚直不阿、忠心耿耿的道德力量。如明嘉靖四十五年（1566 年），嘉靖帝醉心于斋醮，荒废朝政，民不聊生。海瑞上疏弹劾，嘲讽所谓“嘉靖者，言家家皆净而无财用也”，言辞犀利，针针见血。上疏之前，海瑞“自知触忤当

① 黄宗羲：《明夷待访录译注》，李伟译注，岳麓书社 2008 年版，第 39 页。

死，市一棺，诀妻子，待罪于朝，僮仆亦奔散无留者”，① 以示死谏之心和成仁之志。

中国古代文人在以个体形式建言献策的同时，也结社成团。文人结社主要属于文化型或学术型结社，以诗酒唱酬、切磋学问为主。但在时局动荡、朝政日非之际，文化型结社就会向政治型结社转型，由“党社相分”向“党社融合”转型，形成激烈党争。其中虽不排除政治私利的算计，但一些以道自任的文人会超脱于个人得失，抨击时政，揭露权贵，疾恶如仇，甚至不惜以身殉道，以实现文人蹈仁赴义的人生追求。

在儒家看来，天下有道，则庶民不议；而天下无道时，文人则可以礼抗王侯，谏劝君主，并为社会确立行为规范和价值体系。这一思想在历史长河中积淀成为“言论报国”“文章报国”的“清议”传统。从乡校到书院，从进谏到结社，都是这种言论报国情怀的体现。近代报纸产生之后，具有强烈的政治意识和爱国情怀的近代知识分子就依托报刊批评时政，监督政府，推动政治制度从古代向近代转型，形成了区别于西方传媒的价值取向和文化特征，对中国近代新闻事业产生了深刻影响。

第三节　在华外报

19 世纪，古老中国还沉浸在天朝上国的美梦中，西方主要国家已经完成了资产阶级革命，步入了工业化的快车道，迫切需要寻找原材料产地与商品倾销地。新航路的开辟，使东西方之间的交流日渐通畅，古老中国开始揭下神秘面纱，显露在西方人眼前。基督教的扩张与列强政府的殖民政策相结合，促使教会对华传教活动日渐活跃。出于传教需要，近代西方传教士首先把近代报刊办到了华人世界，接着是外商开始在华办报。

一、在华外报的产生与发展

（一）在华外报的产生

鸦片战争前，受限于清政府的禁教政策，传教士在东南亚和中国南部沿海

① 张廷玉等：《明史·海瑞传》，中华书局 2000 年版，第 3957 页。

一带创办了一批宗教报刊，主要面向当地华人群体进行传播，冀图使他们信仰基督教。从 1815 年到第一次鸦片战争结束，外国人在马六甲、雅加达、广州、澳门等地大约创办了 7 种中文报刊和 20 种外文报刊。①

1815 年 8 月 5 日，《察世俗每月统记传》在马六甲创刊（图 1-2），这是第一份中文近代报刊，也是外国人所办的第一份以中国人为宣传对象的报刊。伦敦布道会派遣来华的英国传教士马礼逊和米怜是这份报纸的创办人，主要撰稿人是米怜。《察世俗每月统记传》“以阐发基督教义为唯一急务”，宣传教义是其主要内容，也介绍一些天文地理知识。为了生存需要，《察世俗每月统记传》尽量采用适应中国读者习惯的做法：（1）内容尽量迎合中国人的心理，附会儒学以宣扬基督教义；（2）外观和版面与明清《京报》差不多，常采用中国文学特别是章回体小说的表现手法；（3）语言上尽量做到亲切自然，不板起面孔说教，经常用“我们中国人”的表述，以拉近与中国人之间的距离。此外，文章短小、通俗，粗通文墨的人也可以阅读。

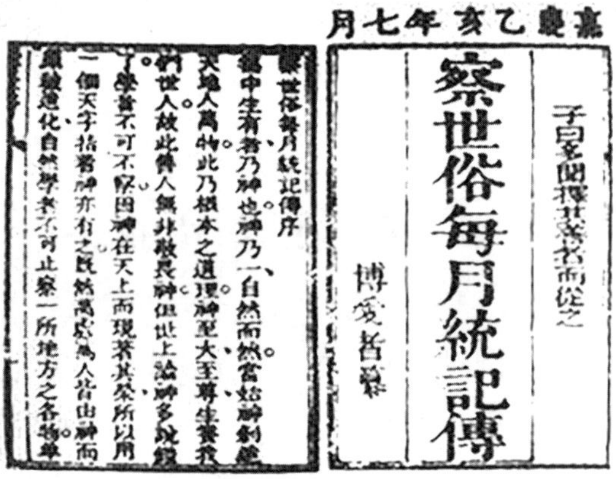
嘉慶乙亥年七月
子曰多聞擇其善者而從之
察世俗每月統記傳
博愛者纂

察世俗每月統記傳序
無中生有者乃神也。神乃一，自然而然。當始神創造
天地人萬物。此乃根本之道理。神至大至尊，生養保
佑世人，故此傳人無非敬畏神。但世上論神多說錯
了。學者不可不察。因神在天上而現著其榮，所以用
一個天字指着神亦有之。既然萬處萬人皆由神而
原被造化，自然學者不可止察一所地方之各物，單

图 1-2　《察世俗每月统记传》

---

① 7 种中文报刊：《察世俗每月统记传》（1815，马六甲）、《特选撮要每月纪传》（1823，巴达维亚）、《天下新闻》（1828，马六甲）、《杂闻篇》（1833，澳门）、《东西洋考每月统记传》（1833，广州）、《各国消息》（1838，广州）、《依泾杂说》（1837，澳门）。20 种外文报刊包括在澳门创办的葡文报刊 13 种：《蜜蜂华报》（1822）、《澳门报》（1824）、《澳门周报》（时间未详）、《澳门公报》（1824）、《澳门政府宪报》（1824）、《澳门钞报》（1834），《澳门土生公报》（1836）、《真爱国者》（1838）、《澳门政府公报》（1838）、《商报》（1838）、《中国葡人报》（1839）、《澳门人导报》（1841）、《澳门灯塔报》（1841）；英文报刊 7 种：《广州纪录报》（1827，广州），《广州周报》（1835，广州），《商业行情报》（时间地点未详），《广州杂志》（1831，广州），《中国差报与广州钞报》（1831，广州），《中国丛报》（1835，广州），《广州新闻》（1835，广州）。

因为中西文化之间的隔阂不可能旦夕之间消除，加之南洋与中国大陆之间的距离也增添了传播的难度，因此《察世俗每月统记传》的传播效果并不理想，对当时中国人的思想影响也不大。该报最高发行量不过 2 000 余册，免费在南洋华侨中散发，还曾带进广州、澳门等地分发，1822 年前后停刊。虽然如此，米怜等人创办《察世俗每月统记传》的做法仍为后来的传教士办报所模仿。

《察世俗每月统记传》停刊后，伦敦布道会又出版了《特选撮要每月纪传》《天下新闻》和《杂闻篇》等宗教报刊。《特选撮要每月纪传》于 1823 年创刊于巴达维亚（今雅加达），创刊人和主编是英国传教士麦都思，无论内容与形式都是《察世俗每月统记传》的续刊，该刊于 1826 年停刊，前后共出四卷。《天下新闻》月刊 1828 年创刊于马六甲，主持人是伦敦布道会传教士纪德，单张活字印刷，以刊载中外新闻为主，宗教内容退居次要，但仍是宗教刊物，在创办一年后停刊。1833 年 4 月，马礼逊在澳门创办《杂闻篇》，这是近代西方传教士在中国本土创办的第一家中文报刊，也是第一份用铅活字排印的期刊，由此结束了中文近代报刊雕版印刷的时代。《杂闻篇》为不定期刊，篇幅不大，绝大多数是宣传基督教信仰的内容，在出版三期后停刊。这些中文报刊主要是宗教内容，对于近代报刊的发展虽然有所突破，但并没有实质意义。直到《东西洋考每月统记传》创刊，才使中文报刊呈现出新的面貌。

1833 年 8 月，《东西洋考每月统记传》由普鲁士传教士查尔斯·郭实猎①在广州创办，月刊，1838 年 4 月停刊。该刊虽属宗教性质，但宗教内容已退居次要地位，成为一份“西方文明的辩护书”。该报将主要旨趣转向世俗社会，大大增加了科学文化知识的比重，旨在通过这样的方式展示西方文明的优越性，增进中国人对西方的了解，从而掀起了用西方文明和近代科学知识傲视中国的第一波浪潮。在报刊业务上，继米怜等人的开拓、摸索，郭实猎在报刊业务近代化方面又有显著进展：（1）重视言论，每期必有，且置于首页。该刊言论重点已不在阐发教义上，而是论述政治问题，对欧美各国的政体、司法制度进行广泛评介。（2）新闻成为必备的一栏，主要刊登政治新闻，社会新闻也开始出现。

---

① 据考证，中外文文献中出现过关于“郭氏”姓名至少有 34 个，但严格地说，“郭实猎”才是郭氏本人一直公开使用的唯一中文姓名。见李骛哲：《郭实猎姓名考》，《近代史研究》2018 年第 1 期。

随着西方来华人士增多，一些商人也在中国创办外文报纸，主要是葡文和英文。葡文的《蜜蜂华报》是在中国本土出版的第一份外文报刊，1822 年创刊于澳门。葡文报刊虽出现较早，但主要关注葡萄牙本国和澳门本地新闻，缺乏对中国内地事务的兴趣，对中国影响甚小。与葡文报刊相比，英文报刊对中国的影响要大得多，其中以《广州纪录报》《广州周报》和《中国丛报》为代表。这些英文报纸主要由商人主办，面向在华外国人和西方读者，广泛关注和报道中国事务，详细记录了第一次鸦片战争前后中国的政治、经济、文化、宗教和社会生活等诸多方面的内容。同时，这些外文报刊具有强烈的政治性，为殖民主义者提供“中国及其邻邦最可靠、最有价值的情报”,[①] 有的甚至直接为鸦片贸易政策服务，主张对中国禁烟采取强硬手段。

（二）在华外报的发展

第一次鸦片战争之后，随着一系列不平等条约的签订，许多城市开放为通商口岸，西方殖民主义者取得了包括办报在内的许多特权，外国人在华办报活动从东南沿海逐渐向内地扩张，初步形成了一个在华外报网。报刊性质也发生很大变化，从战前以宗教性报刊为主，转变为宗教性报刊与商业性报刊并存的格局。

1853 年 9 月创办于香港的《遐迩贯珍》、1857 年 6 月创刊于上海的《六合丛谈》，亦属于宗教报刊。这些报刊不仅延续了自《察世俗每月统记传》以来的“开智”宗旨，以“增其闻见”为办刊目标，刊载言论、新闻、知识性文章、文艺作品和货价、船期等消息，而且更加重视新闻，更加重视介绍西方各国近代文明的详细情况。在新闻内容上，改变了以往在华外报多译载国际新闻的做法，重视中国本土新闻，且涉及面较广，内容较丰富。在新闻写作上，开始改变以前中文报刊新闻与文学、历史、评论相混淆的状况，所报道的新闻都是新近发生的事实，基本能体现新闻特点，在新闻业务近代化方面取得了重大进展。

在教会报刊中，历史最长、发行最广、影响最大的是《万国公报》。该报前身是《中国教会新报》，1868 年 9 月 5 日在上海创刊，以宣传教义、联系教友为主要目的。1874 年，《中国教会新报》改名《万国公报》，1907 年 7 月终刊，中间（1883 年 7 月—1889 年 2 月）因经济拮据休刊 5 年多，实际刊行 34

---

① 方汉奇：《中国新闻事业通史》第 1 卷，中国人民大学出版社 1996 年版，第 281 页。

年。发行量最高时达 5.4 万份，成为当时中国发行量最大的刊物。改名后，《万国公报》对刊登内容进行了大幅度调整，宗教内容篇幅锐减，用大量篇幅报道中外新闻，介绍西方文明，并增设“论说”栏目，对中外时政进行评论。1889 年复刊后，《万国公报》成为广学会①机关报，将重心完全转移到论学论政上来，不再是一份宗教刊物，也不再以教徒和教友为目标群体，而是重点瞄准高级知识分子和各级当权人物，试图通过传播更多的西学和西艺来影响当时中国的近代化运动。

《万国公报》创办人和主编是美国监理会传教士林乐知，成为广学会机关报后，仍由林乐知主编，广学会督办（后改称总干事）、英国传教士李提摩太和美国传教士丁韪良等也负责过该报的编辑工作。这些人不仅学识渊博，而且长期在华工作，与中国上层交往颇深，熟悉中国事务，意识到中国知识界了解西方文明的需求。《万国公报》非常重视卷首的“论说”，以宣传西学、鼓吹变法为主题，提出各种新政建议和具体措施，迎合了当时中国知识界急于变革、力图振作的求变心理。此外，《万国公报》还提倡教育和改良社会风气，呼吁中西交往，发表了大量有关国计民生的文章，翻译介绍了达尔文的进化论、马克思的《资本论》等西方学说。这些内容在中国的统治者和知识分子中间流传，回应了中国遭遇西方文明之后进行近代化改造的重大主题，迎合了当时探索救国道路的中国先进知识分子的兴趣，对中国近代化运动产生了相当大的影响。

鸦片战争后，外商涌入中国，外商办报随之活跃，并很快成为在华外报的主体。在华外商首先在香港创办了十多家英文商业报刊，其中影响显著者为《中国之友》《香港纪录报》《德臣报》和《孖剌报》。这些报纸以向商人提供行情、航运、广告等商业信息为主要内容。在言论上代表“母国”利益，为其殖民侵略政策辩护。同时，在华外商还创办了一些中文报刊，主要有《香港船头货价纸》（后更名为《香港中外新报》《中外新报》）、《德臣报》的中文版《中外新闻七日录》等。这些报纸照顾市民的新闻需求，新闻比重显著增大。

上海开埠后，经济迅速发展，都市化条件使报业有利可图，办报营利成为外商共识，外商报刊由此在上海勃兴，并使中国报业开始步入商业化的轨道。

---

① “广学会”初名“同文书会”，1894 年改称广学会，是基督教在中国设立的最大教会出版机关，先后出版了 2 000 多种书籍和 10 多种期刊。

到 19 世纪 90 年代，上海取代香港成为全国报业的中心。

《北华捷报》创刊于 1850 年 8 月 3 日，是英国商人亨利·奚安门创办的英文周刊，是上海开埠后第一份近代报刊。1856 年，增出英文日刊《每日航运新闻》，1862 年，更名为《每日航运和商业新闻》。1864 年 7 月 1 日，北华捷报馆将《每日航运和商业新闻》改版为综合性日报，定名 *North China Daily News*，1866 年，报纸改由字林洋行经营，因此当时的中国人将这份英文日报译作《字林报》或《字林西报》。《北华捷报》周刊则成为《字林西报》的星期附刊继续刊行。

《北华捷报》主要为在华英商服务，以刊载广告、行情和船期等商业性内容为主，新闻与言论比重不大。自 1859 年起，《北华捷报》被英国驻沪领事馆指定为文告发布机关。《字林西报》独立出版后，开始重视新闻和言论，曾一度独享路透社的电讯特权，并经常就中国事务、中外关系及其他时政问题发表见解，且因报道面广、信息及时、内容丰富而为中外人士所重视，社会影响日渐增强。《北华捷报》和《字林西报》以“公正而非中立”为社训，其基本态度是为英美侵华活动辩护，维护在华英商的利益，也在一定程度上反映了英国政府的观点，故有“英国官报”之称。《字林西报》于 1951 年 3 月终刊，自《北华捷报》算起，历时 101 年，是中国近代史上历时最长、影响最大的在华英文报纸。

字林洋行在创办英文报刊的同时，还创办了中文报刊《上海新报》和《字林沪报》。《上海新报》创刊于 1861 年 11 月，是外国人在上海办的第一家商业中文报纸。该报创办的目的是为商业贸易服务，推动洋行的商业发展。内容以商业信息为主，版面开始固定，第一版为广告，第二版为中外新闻，第三版是广告及船期表，第四版是商业行情及机器图说。每条新闻上均加简明标题，如“刘提督战亡”“种树得雨”等，用头号活字排印，读者只看标题便可知新闻的大概内容。

1872 年 4 月 30 日，《申报》创刊（图 1-3）。《申报》全称《申江新报》，起初由英国商人美查、伍华德、普莱亚、麦基洛四人合资创办，后产权归美查一人所有。

在中国新闻史上，《申报》创刊具有特别重大的意义。首先，它首次揭示了办报是“因谋利所开”，以“营利”“赚钱”为宗旨，报纸本身就是一个营利的企业，这就在《上海新报》为经商服务的基础上跨进了一大步。美查以经商模式经营报纸，为了营利，《申报》创刊后立即采取增加内容、降低成本、

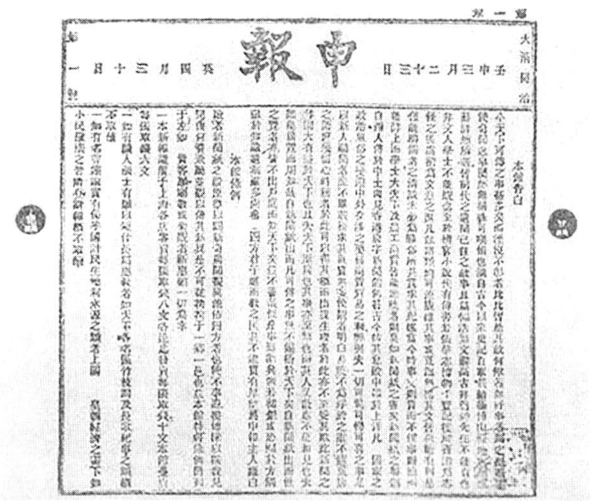
申報

图 1-3 《申报》

薄利多销等手段与《上海新报》竞争，致使《上海新报》于 1872 年 12 月 31 日停刊。其次，《申报》面向“农工商贾”，以“新闻报道”为中心进行了系列改革。在报道内容上，凡本市和江南主要城市的商业、金融、贸易、交通等消息都予以刊载。为适应上海市民的生活，《申报》开始在报纸上刊载社会新闻，既为茶余饭后的谈资，又能增长人们的见识。在报道立场上，尽量采取“不偏不倚、客观中立”的立场，既扩大读者群，又能争取广告来源。在报道范围上，《申报》“立志欲将中国境内各紧要消息采录无遗”。① 为广辟新闻来源，申报馆广聘访员，使报纸的新闻选择范围大大拓宽；在新闻时效上，《申报》率先使用电报线路传递新闻，提高新闻的时效性；在新闻写作上，为了适应中国读者的阅读习惯，使用浅显文字，首创标点符号，分明句读，使粗通文字的人都能看懂。1884 年《申报》创办《点石斋画报》，“特请善画名手选择新闻中可惊可喜之事，绘制成图，并附事略”，这种“画新闻”的方式很受当时读者欢迎。在报纸发行上，降低报价，广设发行处，使报纸能尽快达到读者手中。《申报》在重视新闻报道和招徕广告的同时，也重视言论和文艺稿件，改变了《上海新报》没有言论的局面，并将言论放在头版头条。《申报》言论范围极广，“实有系乎国计民生”，以“名言谠论”为目标，② 深受知识分子读者的欢迎。文学作品成为《申报》必备内容，既登载文人诗词，也连载小说，颇吸引文人骚客和市井

---

① 《搜访新闻告白》，《申报》1875 年 7 月 8 日。

② 《本馆条例》，《申报》1872 年 4 月 30 日。

读者。《申报》第一次将近代报纸的新闻、言论、副刊及广告四项基本内容综合在版面上，成为中国报刊史上第一张形态完备的报纸。

《申报》的成功，使得商业性报纸接踵而起，但多因竞争不过而纷纷败下阵来，直到《字林沪报》，尤其是《新闻报》创刊后，才打破了《申报》一家垄断上海商业性报纸的局面。

《字林沪报》是字林洋行于1882年4月2日创办的，为《字林西报》的中文版，一创办就与《申报》竞争。聘华人蔡尔康为主笔，处处仿效《申报》，如广派访员，广辟新闻来源，还争取路透社的特供稿；重视言论，每期必有，品评时事，鼓吹改良；文艺是其必备内容，始为诗词，后增加长篇小说连载。特别是1897年11月24日创办副张《消闲报》，被认为是中国报纸副刊之始。但该报终因缺乏独创性，竞争不过《申报》，18年后卖给日本东亚同文书会，改名《同文沪报》。

《新闻报》于1893年2月17日由中外商人合资创刊于上海，后转让给美国人福开森。福开森任用汪汉溪为总经理。《申报》以刊载综合性时事政治新闻为主，在官绅中有较大影响。而汪汉溪结合上海工商业繁荣的特点，采取“同中求异、独具特色”的办报策略，密切注意商情报道，集中主要力量强化经济新闻报道，开辟《经济新闻》专栏，不惜费用，不嫌烦琐，竭力把市场情况、商货行情翔实地刊诸报端。同时以“经济自立”“无党无偏”为办报宗旨，在商言商，避开政治漩涡。经过一段时间的艰辛努力，《新闻报》的经济新闻整整占了两版篇幅，使《新闻报》成为上海绅商每日必读的报纸，俨然成为商业金融界的机关报，在商业界赢得了大量订户，走出了一条“重商轻政”的发展道路。从此，《申》《新》两报并驾齐驱，成为在华商业性外报的两面旗帜。

二、在华外报的两面性

在华外报具有明显的两面性。

首先，在华外报是殖民侵略政策的产物，服务于西方的殖民利益。在华外报的出现及其迅速发展，是与西方殖民势力的入侵和扩张同步进行的。它是西方列强撬开中国大门进而入侵中国的“文器”，绝大多数在华外报是为西方殖民主义侵略中国的总目标服务的。鸦片战争之前，大多数外报，特别是英文报刊，积极为英国倾销鸦片政策辩护，鼓吹对中国实行武装侵略。鸦片战争以后，又为新的侵略扩张行为制造舆论。即使是那些教会出版的报纸，其侵略性也十分明显。比如前文说到的“广学会”，虽然打着“输入最近知识，振起国民精神，广布基督恩纶”的幌子，实则为英美殖民主义者侵略中国的大本营，其机关报《万国公报》的变法宣传表面上与维新运动的目的一致，但它的编纂者们绝不是为中国的繁荣富强而献策，也绝不是为中国人民“造福”，而是为了加强对中国百姓思想的影响，加速中国的殖民化进程。

其次，在华外报客观上充当了传播西方文明的桥梁。西方殖民者在进行思想文化征服的同时，也将包括近代自然科学技术和人文社会科学成果在内的西方近代文明传入中国，见证了中国由古代社会向近代社会演变的历史。尤其是从新闻事业发展的角度看，外国人在中国办报，实际上充当了国人办报的业务启蒙导师。

在华外报在中国传播的近代报刊观念和办报方法，使国人看到了近代报纸对国计民生的作用，尤其是办报“开智”的思想，为广大中国人所接受，使许多寻求救国道路的知识分子产生了创办报刊的念头；在华外报将创办近代报刊的技术传到中国，使国人能够学习到办报的实际本领。中国古代报纸为官文书，没有采编业务，更无经营管理可言，在华外报将创办近代报刊所需要的采编、印制以及经营、管理等一整套技能技巧传入中国，成为国人创办近代报刊的样板。不仅如此，在华外报在办报过程中，还吸收不少中国人参与其事，客观上为国人办报培养了人才，对国人创办近代报刊发挥了重要作用。

思考题

1. 试述古代“清议”传统与中国近代报刊发展的内在关系。
2. 简析中国古代报纸的发展特点。
3. 简述在华外报的发展概况及其对国人办报的意义。
4. 评述《申报》创刊对中国报刊史的意义。
5. 简述《申报》与《上海新报》《字林沪报》及《新闻报》的竞争。

▶ 即测即评

第二章　晚清时期的新闻事业

从鸦片战争到辛亥革命被称为中国历史上的晚清时期。这个时期中国新闻传播史的主题是从古代向近代转型。随着在华外报的发展，国人对近代报刊的作用有了初步的认识。国人办报是从译报开始的。民族英雄林则徐在广州禁烟斗争中，组织专门人员翻译西报并编发《澳门新闻纸》，这是国人最早的译报实践。而最早提出办报主张的是太平天国后期主要领导人洪仁玕，他在《资政新篇》中提出了发展太平天国新闻事业的构想。19 世纪 70 至 80 年代，国人开始了最初的办报实践，在早期创办的报纸中，最有影响的是王韬 1874 年在香港创办的《循环日报》。王韬办报，重视政论，开创了中国新闻史上“文人论政”的先河。

资产阶级登上政治舞台后，接连发动了维新、改良和革命等政治运动。在这样的背景下，国人办报随之出现了两次高潮。在这两次办报高潮中，不仅产生了一批有重大影响的报纸，而且提出了一系列有深远影响的报刊思想。

此外，清末“新政”时期，中国出现了第一次官办近代报刊热潮，并形成了从中央到地方较为完整的官报体系。晚清还有一批白话报刊和由落拓文人创办的文艺小报活跃在都市的报业市场。

第一节　国人对新式报刊的认识与办报尝试

一、林则徐的译报活动及其对报刊的认识

国人创办近代报刊最初是从译报开始的。林则徐的译报活动“乃中国译外国新闻纸之嚆矢”。①

林则徐（1785—1850）是鸦片战争时期我国杰出的政治家和民族英雄，也是中国近代第一个重视并利用外国报纸的人。1839 年 3 月，他以钦差大臣的身份奉命到广州禁烟。为了“采访夷情”“知其虚实”，林则徐下令搜集外国人在广州、澳门出版的各种报刊，组织人员翻译，并将译出的新闻报道和时事评论

---

①　中国史学会主编：《鸦片战争·澳门新闻纸跋》Ⅱ，上海人民出版社 1955 年版，第 522 页。

按时间顺序装订成册，命名为《澳门新闻纸》。《澳门新闻纸》现存6册，时间从1839年7月始至1840年11月止，其内容有政治、军事和贸易等方面的时事报道和评论。林则徐抵广州后所采取的禁烟措施、施行的政策所引起的各方面的反应和外国人对中国政治、军事、经济、文化特点的分析，占主要篇幅。1840年10月，林则徐被清廷革职，译报工作不久后停止。

1839年4月，林则徐转送数本《澳门新闻纸》给广东巡抚怡良参阅，并附信说："惟其中颇多妄语，不能据以为实，不过藉以采访夷情耳。"① 这里既说明了他组织编译《澳门新闻纸》的用意，又表达了他对外报报道的看法。

《澳门新闻纸》没有自己采写的新闻，没有自己撰写的言论，也不公开发行，只供有关官员参阅，属于"参考消息"性质。

二、魏源、洪仁玕等人的新闻思想

魏源（1794—1857），字默深，湖南邵阳人，19世纪中叶中国著名学者和思想家。1841年7月，被革职贬谪的林则徐将自己组织翻译的《四洲志》等资料交给魏源，希望他以此为基础编一部更详细的世界历史地理书。魏源欣然接受，并全力投入，第二年就编成了50卷《海国图志》，1852年又增补为100卷。《海国图志》是一部系统介绍世界各国地理历史和科技知识的著作，成为当时中国知识分子了解和认识西方的第一部百科全书式图书。此书的编撰出版，从某种程度上动摇了中国固有的"天朝上国，君临万邦"的虚骄观念，代之而起的是如何借用西法来改造内政，实现中国现代化。

魏源发展了林则徐的译报主张，他在《海国图志》一书中，专门辟有报纸部分，并从手段与目的的关系上论证翻译外国书报的重要性。这是中国人最早关于外国报纸的出版和报纸在国家政治生活中发挥作用情况的叙述，也是国人对报纸的社会政治功能和舆论作用的最早看法，反映了当时知识分子对西方"刊印逐日新闻纸以论国政"② 的向往。

在中国近代历史上，林则徐和魏源是官僚士绅中最早具有开放意识的人，他们最早看到报纸在沟通内外情况方面的作用，最早利用西方人办的报纸了解西方，这在中国新闻史上是一个创举，也是中日甲午战争后国人纷纷办报的

---

① 《致怡良书柬》第2件，见杨国桢编：《林则徐书简》，福建人民出版社1985年版，第46页。
② 魏源：《海国图志》，岳麓书社1998年版，第1421页。

前奏。

如果说林则徐、魏源对中国新闻事业的贡献主要体现在翻译外文报刊，一定程度上增进了国人对外报的了解的话，那么，在中国新闻史上最早提出并呼吁国人办报的是洪仁玕。

洪仁玕（1822—1864），广东花县（现广州市花都区）人，是太平天国农民起义领袖洪秀全的族弟。1851 年金田起义时，他因种种原因没有参加，后来在广东组织起义失败，迫于清政府的搜捕去往香港。1859 年 6 月，他从香港辗转来到太平天国首都天京（今南京），遂成为太平天国后期的主要领导人。洪仁玕到天京后，向洪秀全呈奏《资政新篇》，为太平天国描绘了一幅现代化的理想蓝图。他主张仿效西洋，建工厂，开矿山，修铁路，办银行，立报馆，等等。洪仁玕在《资政新篇》中还提出了自己的办报主张，并阐述了他的新闻思想。

在报纸的功能和作用方面，他认为，报纸具有四个重要的功能：一是舆论监督的功能，二是传递信息的功能，三是沟通上下的功能，四是道德教化的功能。在报纸业务方面，洪仁玕认为，报纸最重要的是内容真实，文风朴实。他极力提倡“只须实写，勿着一字浮文”① 的真实朴素的文风。在报人品格方面，洪仁玕提出，新闻官应该具有较强的独立性，同时还应具备“诚实不阿”的品性，忠于事实，不阿权贵。这是中国新闻史上有关新闻道德的最早论述。

三、国人在汉口、上海、广州等地的办报活动

洪仁玕的办报建议与设想虽好，但是随着太平天国的失败而付之东流。19 世纪 70 至 80 年代，国人在汉口、上海和广州等地的办报活动，才真正拉开国人创办近代报刊的序幕。

戈公振曾说：“我国民报之产生，当以同治十二年在汉口出版之《昭文新报》为最早。”②《昭文新报》1873 年 8 月 8 日由艾小梅创办于汉口，是华人独资创刊并主持的第一家近代中文日报。该报实物至今未见，不知其详，但从比它早一年创办的《申报》的报道中，③ 大致可以知道它初创时的情形。这份报

---

① 中国史学会主编：《太平天国》（二），上海人民出版社、上海书店出版社 2000 年版，第 534 页。

② 戈公振：《中国报学史》，湖南大学出版社 2014 年版，第 98 页。

③ 《汉口创设昭文新报馆》，载《申报》1873 年 8 月 13 日；《记汉口新报改章事》，载《申报》1873 年 10 月 2 日。

纸起初每日出一期，因销路不好，两个月后，改为每 5 日出一期，装订成书，向读者发行。其内容“则奇闻轶事居多，间有诗词杂作”。但因当时社会大众文盲居多以及商业落后、交通不便等原因，报馆经营困难，不到一年就停刊了。

1874 年 6 月 16 日，容闳（1828—1912）在上海与广东同乡唐廷枢等人发起创办《汇报》。该报每日出两张八页，新闻占四页，商业行情、船期、广告占四页。

容闳是中国最早的留美学生，也是中国现代化的先驱。1871 年他被任命为赴美留学副监督员，负责留美学生的接洽安排等具体事务。他发起创办《汇报》时，正负责留美幼童的选送和管理工作，基本没有参与报纸的具体事务，报务的实际主持者是广东人邝其照，主笔为管才叔。该报重视论说，每隔一天发一篇评论，阐释强国富民的主张，报纸也因此为官府所不满。股东因为惧怕言论贾祸，特意聘请英国人葛理担任名义上的馆主兼主笔，并于同年 9 月 1 日改名为《彙报》，继续出版。后来，主办者升迁，报纸易手，聘朱莲生为主笔，1875 年 7 月 16 日，又改名为《益报》。与以前的《汇报》相比，《益报》质量不进反退，12 月 3 日，朱莲生在报上刊登离职声明，报纸随之停刊。

1876 年 11 月 23 日，《新报》在上海创刊。该报名义上是上海各商帮出面集股兴办的，但实际上为上海道台冯焌光所操控。起初采用中英文并排的形式出版，以吸引在华的外国读者，但因外国读者太少，第二年就取消了英文。该报以发表官方新闻为主，华人评价它是“官场新报”，洋人说它是“道台嘴巴”。1882 年，因新任道台不愿参与报纸的事务，该报于 4 月 12 日停刊。

广州作为第一批开埠的通商口岸之一，在中国近代新闻事业发展史上有着重要的地位。1884 年 4 月 18 日，广州第一家大型中文日报《述报》创刊，由广州海墨楼石印书局承印，是我国最早出版的石印日报。“第一二页述中外要紧事。第三页译录西国一切图式书籍。第四页，各行告白及货物行情，轮船出入日期”。[①] 相较于之前出版的国人自办报刊，这份报纸具有以下几个特点：一是报道内容偏重于严肃重大时事新闻、政治事件和国际关系述评，较少刊载广州及其他地方的社会新闻，是一份着眼于全国的严肃报纸；二是形式上图文并茂，每期都有纪实性图画，与文字新闻相配合，使报纸显得生动活泼；三是在

---

① 《述报缘起》，《述报》1884 年 4 月 18 日。

印刷上，它是首家采用石印的报纸；四是重视刊登广告，每天拿出四分之一的版面来刊登广告，这在近代第一批国人自办报刊中是广告量最多的。不知何种原因，该报于1885年4月3日突然停刊。

1886年6月24日，广州第二家中文日报《广报》问世，创办人是邝其照。该报的内容除转载《京报》外，还有新闻、论说、诗歌等。1900年，因发表义和团战胜八国联军的消息，得罪英法帝国主义，不得已于同年冬改名为《越峤纪闻》，后因发行受到限制而被迫停刊。

总之，民间报人在汉口、上海和广州等地的办报尝试中，虽然困难重重，所办报刊数量不多，每一家报纸存在的时间都不长，影响也不大，但是，他们的办报活动打破了外报在华的垄断地位，揭开了中国近代新闻传播史新的一页。

四、王韬与《循环日报》

第一批国人自办的近代报刊，大多因种种原因即生即灭，唯有王韬创办的《循环日报》一举成功。

王韬（1828—1897），字兰卿，江苏苏州府长洲县甫里村人（今苏州吴中区角直镇），原名利宾，学名瀚。1862年遁迹香港后易名韬，自号弢园老民、天南遁叟等。他是晚清著名的资产阶级改良思想家、报刊政论家（图2-1）。1849年，王韬应英国传教士麦都思之邀到上海墨海书馆任职，1861年冬回乡探视母病期间，化名“黄畹”向太平天国的苏州地方长官刘肇钧上条陈，从战略上为太平天国出谋划策。太平军失败后，王韬逃往香港，开始了他在香港与欧洲的流亡岁月。1867年至1870年间，王韬跟随香港英华书院院长、英国传教士理雅各在欧洲游历了两年多，1870年春返回香港，担任《香港华字日报》主笔。1874年2月4日，他与香港同仁创办了中国第一份完全由华人出资、华人操权的中文日报《循环日报》，并受聘担任“正主笔”。

图2-1 王韬

《循环日报》的创办宗旨是“强中以攘外，诹远以师长”。就是说，《循环日报》的创办，就是帮助中国人学习西方先进的科技文化，使中国日益强大，以抵御西方列强的欺侮和侵略。在古代汉语中，“循环”的意思是指事物的运动规律周而复始，王韬将报纸取名为《循环日报》，是希望积贫积弱的中国能够由弱变强，实现民族复兴。

《循环日报》自创刊之日起，每天两张四个版面，长 54 厘米，宽 37.5 厘米。第一版为“行情版”，第二版和第三版为“新闻版”，第四版除创刊初期刊载过少部分“中外新闻”外，其余大多数时间刊载的都是各类广告。1875 年下半年以后，只有第二版为完整的新闻版，第三版除小部分新闻外，其余的都是广告。虽然如此，王韬所重视的还是论说。据统计，《循环日报》在 1874 年至 1884 年共发表评论 2 090 篇，分为“自撰论说”“译稿论说”“来稿论说”“转载论说”和“转录论说”五类。光绪元年（1875 年）以前的“自撰论说”多为王韬亲撰，之后，有不少是出自他人之手。①

王韬在主持《循环日报》的笔政和从事报刊政论的写作中，首创了报刊政论文体，以改良主义思想家的身份开创了中国新闻史上“文人论政”的先河。后来王韬将他在不同时期和不同报刊上发表的评论结集出版，名为《弢园文录外编》。该书是王韬在其生前自订出版的个人政论文集，自 1883 年刊行以来，在社会上产生了广泛的影响。

王韬的报刊政论文具有以下几个鲜明的特点：

一是关注时政。王韬说，《弢园文录外编》“乃就客粤时所作汇辑成书，中间多论时事。”② 所谓“论时事”，就是针对当时社会的各种问题进行评说，发表看法。他在《循环日报》上发表的政论文，均以当时国家的内政外交等重要时事为对象，提出兴利除弊、改革发展的主张。这一特点反映了报刊政论同以往的著书论政的区别。

二是直抒胸臆。王韬在《弢园文录外编·自序》中说：“知文章所贵在乎纪事述情，自抒胸臆，俾人人知其命意之所在而一如我怀之所欲吐，斯即佳文。”③ 王韬所写的政论，无论是宣传西法，还是倡导变革，无论是抨击黑暗，还是臧否人物，都能将自己的观点主张、好恶爱憎清晰生动地表达出来，文中

---

① 萧永宏：《王韬与循环日报》，学习出版社 2015 年版，第 123—128 页。

② 王韬：《弢园著述总目·弢园文录外编》，《弢园文新编》，生活·读书·新知三联书店 1998 年版，第 374 页。

③ 王韬：《弢园文录外编·自序》，上海书店出版社 2002 年版，第 1 页。

洋溢出清新的时代气息。

三是文风质朴。王韬在《淞隐漫录自序》中自我评价说:“不佞少抱用世之志,素不喜浮夸,蹈迂谬,一惟实事求是。”① 他提倡“据实而书,无妄语,亦无溢词”② 的作文法则。《弢园文录外编》中的文章就体现出短小精悍、观点鲜明、生动清新、质直朴素的特色。

此外,王韬还是中国新闻史上第一个发表专文探讨新闻理论的报人,对报纸的作用和报人的素养提出了较为深刻的见解。他认为,报纸的功能与作用主要体现在广见闻、通上下、通内外、辅教化几个方面。关于报人素养,他提出,作为报人,尤其是主笔,应该是“博古通今”“绝伦超群”的人才。他在《论日报渐行于中土》和《论各省会城宜设新报馆》两篇新闻学专论中明确提出,办报要聘请“博古通今之士以操其简”。除了知识要求之外,在道德人格方面,王韬认为,报人最应该具备的品质是公平、诚实、正直。他在《论日报渐行于中土》一文中集中阐述了人格与报格的关系,认为报人在办报过程中“其立论一秉公平,其居心务期诚正”。③ 另外,他提倡报道新闻要“直陈其事”,防止“采访失实、纪载多夸”的“通弊”。

王韬办报的成功,除了自身的才能和追求外,与办报地点不无关系。香港为英人管辖,清王朝对它鞭长莫及,这里的媒介生存环境较大陆宽松许多,报人享有较多的新闻自由。

第二节 国人办报的第一次高潮

戊戌变法前后,维新派为了宣传其政治主张,掀起了国人办报的第一次高潮。据不完全统计,从1895年到1898年,全国出版的中文报刊有120种,其中80%左右是中国人自办的。在这些国人自办报刊中,又以维新派创办的报刊数量最多、影响最大。

---

① 王韬:《淞隐漫录自序》,《弢园文录外编》,上海书店出版社2002年版,第261页。

② 王韬:《弢园著述总目·甕牖余谈》,《弢园文新编》,生活·读书·新知三联书店1998年版,第374页。

③ 王韬:《论日报渐行于中土》,《弢园文新编》,生活·读书·新知三联书店1998年版,第111页。

一、康有为的办报活动与报刊思想

康有为（1858—1927），广东南海县（现佛山市南海区）人，出身于一个“诗礼传家”的士绅家庭，早年就博通经史。1895 年 4 月中旬，丧权辱国的中日《马关条约》签订时，康有为正在北京参加会试，他与弟子梁启超、麦孟华等人日夜奔走，发动各省前来应试的举子联名上书光绪皇帝，提出拒和、迁都、练兵、变法四项主张，史称“公车上书”。“公车上书”和后来领导戊戌变法运动，奠定了康有为在中国近代史上的重要地位。

康有为不仅是近代中国杰出的思想家、理论家和政治家，也是中国近代报业的先驱。他的报刊活动有一个显著特点：不是作为某一家报刊的经理和主笔从事具体的办报活动，而是作为政治运动的领导者对资产阶级改良派报刊活动进行理论指导和整体推动。

在维新变法时期，康有为指导筹备和创办了《万国公报》《中外纪闻》和《强学报》。《万国公报》是维新派在国内出版的第一家政治报纸，1895 年 8 月 15 日由康有为指导、多方筹资在北京创刊，由康有为的弟子梁启超和麦孟华负责编辑，隔天一期，主要读者对象是京城的官员，随《京报》免费赠阅。该报的内容分为上谕、外电、各报选录、译报、评论等。该报实为政治宣传品，主要宣传维新变法的政治主张，在读者中产生较大影响。

1895 年 11 月，康有为在北京发起成立了维新派的政治组织强学会。《万国公报》在外国人李提摩太抗议下更名为《中外纪闻》,① 作为强学会机关报于当年 12 月 16 日正式出版。这是中国政党报纸的萌芽。新出版的《中外纪闻》由梁启超和汪大燮负责编辑，其内容较更名前丰富，编辑业务和发行也有所改进。如选录各国各省日报上的文章，标明出处，取消免费赠阅，改为市场发行，京中订户每月收银 3 钱，京外订户还要加收寄费。

1895 年 12 月，康有为在上海创立了强学会上海分会，并于 1896 年 1 月 12 日创办了机关报《强学报》，由他的学生徐勤、何树龄主持编务。《强学报》为铅字排印，5 日刊，装订成册。创刊号上的《本局告白》中说：“现当开创之始，专以发明强学之意为主。派送各处，不收分文。一月以后乃收报费。”《强学报》及《中外纪闻》发表的阐述维新变法主张的文章引起了封建顽固派的恐惧与敌视，

① 传教士林乐知等于 1868 年 9 月 5 日在上海创办的《万国公报》仍在刊行，李提摩太便以康有为侵犯知识产权为由提出抗议。

他们上书朝廷，诬陷强学会及其报刊蛊惑人心、图谋不轨，要求查禁。光绪皇帝迫于慈禧太后的压力，于1896年1月20日下令封闭强学会。《中外纪闻》和《强学报》分别于1月6日和1月25日被迫停刊。《强学报》仅存在14天、出版3期。

康有为在上清帝第二书、第三书、第四书和《奏改时务报为官报折》等文章中，分别提出了他对报刊的认识。1895年4月，他在《上清帝第二书》即著名的“公车上书”中就提出了办报纸以辅助“政教”的观点。同年6月30日，他在《上清帝第四书》中建议光绪皇帝“设报达聪”。1898年在《奏改时务报为官报折》中，他集中论述了对报纸的认识，将报刊功能归纳为“四善”：

> 臣窃考之，报馆之益，盖有四端：首列论说，指陈时事，常足以匡政府所不逮，备朝廷之采择，其善一也；胪陈各省利弊，民隐得以上达，其善二也；翻译万国近事，借鉴敌情，其善三也；或每日一出，或间日一出，或旬日一出，所载皆新政之事，其善四也。①

此外，康有为还在其他一些论文中阐释了报刊在辅助政教、沟通信息、开拓心思、发越聪明等方面的功用。康有为、梁启超等人在维新时期的办报活动和报刊思想是中国现代报刊“政治家办报”的开端。

二、梁启超维新时期的办报活动与报刊思想

在维新变法运动中，维新派的宣传之所以搞得风生水起、轰轰烈烈，除了康有为的领导之外，很大一部分原因得力于维新派主将梁启超（图2-2）。

图2-2 梁启超

梁启超（1873—1929），字卓如，号任公，别号饮冰室主人，广东新会人，中国资产阶级维新派中杰出的政治家、思想家、宣传家。他出身于一个乡绅地主家庭，自幼勤奋读书，聪颖过人，12岁为秀才，16岁中举人。17岁（1890年）到北京参加会试落第后，经人介绍，入康有为在广州设立的万木草堂学习，成为康有

① 康有为：《奏改时务报为官报折》，见汤志钧编：《康有为政论集》（上），中华书局1998年版，第322页。

为的得意门生。从 1895 年到 1898 年，他协助康有为发动“公车上书”，并参与创建强学会，先后担任《中外纪闻》和《时务报》主编，还“遥领”过《知新报》的编务，支持过《湘报》《湘学报》《农学会报》《蒙学报》《萃报》等报刊的创办。据统计，当时全国 50 家维新派报刊，至少 10 家与梁启超有一定关系。他发表的《变法通议》《古议院考》《论报馆有益于国事》等意气风发、感情激越的文章，阐述变法维新思想，在当时产生了巨大的影响。

梁启超在维新时期对新闻事业的主要贡献集中体现在主持《时务报》工作。《时务报》1896 年 8 月 9 日创刊于上海，发起人是黄遵宪、梁启超、汪康年、吴德潇、邹凌翰五人。汪康年任经理，梁启超任主编。其内容首为论说，后依次为“谕旨恭录”“奏折录要”“京外近事”“域外译报”。《时务报》创刊后的头半年，编辑工作由梁启超一人负责。23 岁的他废寝忘食、夜以继日地工作，除了每期撰写 4 000 余字的论说之外，还要给 2 万多字的译文做文字润色、编排及校阅全部稿件，直到 1896 年冬，才陆续约请徐勤、麦孟华来协助编务工作。

梁启超在《时务报》上发表了大量倡导变法维新的文章，如轰动一时的《变法通议》从第 1 期起，到 43 期止，陆续刊载了 14 篇文章，用洋洋 6 万余字较为系统地论述了维新派的变法主张，提出了“变法之本，在育人才；人才之兴，在开学校；学校之立，在废科举，而一切要其大成，在变官制”等新人耳目的观点。还有《论中国积弱由于防弊》《论中国之将强》《论军政民政相嬗之理》等文章，观点犀利、行文畅达、感情充沛，发表之后，轰动朝野，“举国趋之，若饮狂泉”。[①] 这一时期，梁启超的文字造就了一代新的文风。《时务报》也一时风靡海内，数月之间，行销至万余份，为中国有报以来所未有。

梁启超在写作实践中创造的报章政论文体，称为“时务文体”，也叫“新文体”。对于这种文体的特点，梁启超在《清代学术概论》中概括为四条：一是“纵笔所至，略不检束”。敢于突破桐城派古文的清规戒律，无拘无束，自由奔放。二是文风自由活泼，其语言半文半白，浅近明了，通俗易懂。三是条理明晰，逻辑清楚。四是笔锋常带感情，富有鼓动性和感染力。

1897 年 10 月，因与汪康年在办报主张上产生分歧，矛盾激化，梁启超离

① 《本馆第一百册祝辞并论报馆之责任及本馆之经历》，《梁启超全集》，北京出版社 1999 年版，第 477 页。

开《时务报》到长沙时务学堂担任总教习，此后再也没有在《时务报》上发表文章。

梁启超对维新派的另一份报纸——《知新报》虽说是遥领，但也倾注过大量心血。这份报纸是维新派在华南地区重要的舆论阵地，1897 年 2 月 22 日创刊于澳门，何廷光任经理，康广仁任主编。该报初创时名为《广时务报》，含“推广时务报”和“广东时务报”的意思，后改为本名。《知新报》先是 5 日刊，后改为周刊、半月刊。梁启超在《〈知新报〉叙例》中为《知新报》的体例做了设计与安排，要求它在“译录西国政事”之外，还应广为刊登西国“格致之学”，以弥补内地报刊之不足，因此，《知新报》在传播西学和西方科技知识方面尤为出色。由于办在澳门，《知新报》在戊戌变法失败后得以继续刊行。

维新时期，梁启超还对新闻理论进行了积极的探索，提高了国人对新闻事业重要性的认识。1896 年 8 月 9 日，他在《时务报》创刊号发表第一篇新闻学专论《论报馆有益于国事》，之后，他还分别撰写了《〈知新报〉叙例》《创办〈时务报〉原委》等文。

在《论报馆有益于国事》中，梁启超站在“国事”的高度，围绕“报馆有益于国事”这个主题，提出了在我国新闻史上影响深远的“耳目喉舌”论。他指出，中国积贫积弱，由于闭塞，“去塞求通，厥道非一，而报馆其导端也”。文章分析道：“无耳目、无喉舌，是曰废疾。今夫万国并立，犹比邻也。齐州以内，犹同室也。比邻之事而吾不知，甚乃同室所为不相闻问，则有耳目而无耳目，上有所措置不能喻之民，下有所苦患不能告之君，则有喉舌而无喉舌，其有助耳目喉舌之用而起天下之废疾者，则报馆之为也。”文章提出，设报馆、办报刊，可以“起天下之废疾”，民众因此而变聪明，国家由此而变强大。

梁启超还阐述了报纸多方面的功能与作用，如“开风气”、教愚民、振民气等。通过论证，他得出的结论是“阅报愈多者，其人愈智。报馆愈多者，其国愈强”。① 因此，他期望中国也能同西方社会一样，上上下下都重视报纸。

此外，梁启超还对“报章体例”等报刊业务问题进行了论述，提出要完善“报章体例”。②报纸在内容上要“广译五洲近事”“详录各省新政”“博搜交涉

① 《论报馆有益于国事》，《梁启超全集》，北京出版社 1999 年版，第 66 页。
② 《萃报叙》，《梁启超全集》，北京出版社 1999 年版，第 130 页。

要案”“旁载政治学艺要书”，以帮助读者通晓天下事务和开阔眼界。他还提出，报章文风要追求“义足可取，言之有文”，做到内容与形式相统一。

三、严复及其他维新人士的办报活动与报刊思想

严复（1854—1921），福建侯官（今福州市）人。1876年毕业于福建船政学堂，次年被选送留学英国，学习军舰驾驶技术。留学期间，西方资产阶级的社会科学深深地吸引了他。他广泛阅读了西方启蒙时期思想家的著作，还考察了英国社会，思想发生了很大变化，1880年回国，任北洋水师学堂总教习。甲午海战后，严复主张变法维新，并以巨大热情投入维新宣传运动，成为中国近代著名的启蒙思想家、翻译家、国学家和报刊政论家，被誉为向西方寻找救国救民真理的先行者。

严复的报刊活动始于1895年。这一年的2月至6月，他在天津的《直报》上发表了一组著名的政论文章：《论世变之亟》《原强》《原强续篇》《辟韩》《救亡决论》。这几篇文章是在《时务报》创办出版之前，有的还是在“公车上书”之前发表的，在当时引起了强烈的反响。1897年10月26日，为了更好地宣传变法维新的思想和唤起民众的觉悟，严复邀集王修植、夏曾佑、杭辛斋共同创办了《国闻报》，当年12月8日，又创办了《国闻汇编》旬刊。《国闻报》是维新派创办的第一张日报。其内容主要有电传上谕、路透电报、本馆论说、地方新闻、外洋新闻等。《国闻汇编》十日一册，每册约3万字。其内容首译域外评论，次译俄、英、法、德、美、日各国报纸中的纪闻和学术文章。在维新变法宣传中，《国闻报》与上海的《时务报》、长沙的《湘报》鼎足而立，是当时全国最有影响力的报纸。

《国闻报》在维新时期，共发表42篇社论，严复一人就撰写了27篇，有力地宣传了维新变法思想。特别是，他运用进化论思想阐述中国变法维新的必要性与紧迫性，在当时具有特殊的宣传鼓动作用，激发了中国人的民族意识和爱国热情，对当时及以后几代人的政治思想产生了广泛而深远的影响。

严复的办报思想主要有三方面内容：一是报纸“以通外情为要务”。他在《国闻报缘起》中认为：在国门洞开、通商日频的时代，中国已经不再是独来独往、孤立生存的“自立之国”了。在列国纷争的时代，要想在竞争中立于不败之地，就必须知晓外国情况，而日报就应该担负起“通外情”的责任。

二是新闻记者应该恪守职业道德。严复在《国闻报》创刊之时，为报馆同仁制定了《国闻报馆章程》。在章程之中，他提出，报纸的公理是不允许毁谤他人，不揭人隐私，即使个人要借报纸申诉冤抑之情，也要本人署名并有人担保，责任自负。这种认识虽然不是严复首创，但说明严复对记者职业道德的重视。

三是记者要有自己的坚守，不要一味迎合讨好受众。严复在《说难》一文中明确提出：记者的职业责任是记事要确凿，论说要有主见，不要迎合讨好读者。他主张“报馆之责，在观时势之所趋，若有所管窥臆测，则敬告天下，以得当世臧否之”。①

在维新派报人中，比较有影响的还有唐才常、谭嗣同和汪康年等。

唐才常（1867—1900），湖南浏阳人，维新时期著名的政治活动家和报刊政论家，与谭嗣同并称为“浏阳二杰”。甲午战争后，他积极参加维新变法活动，与谭嗣同一道组织学会，提倡新学，推行新政。1898 年 2 月，湖南维新运动的领导机关“南学会”成立，3 月 7 日创办通俗日报《湘报》作为机关报。《湘报》由湖南维新派集资创办，唐才常、谭嗣同、熊希龄、梁启超、李维格任董事，熊希龄为董事长，唐才常任主编。唐才常在《湘报叙》中指出，中国极疲葸、极滞拙，原因在于民众愚昧无知，智慧不开。因此，他呼吁要“广开报馆”“大声疾呼”，使自秦汉以来的愚障“云开雾豁”，使民众的“脑筋震荡，人人有权衡国是之心，而谋变通而生动力”。② 该报为书册式，每日一册，页数不等。有论说、奏疏、电讯、公牍、本省新闻、各国时事、商务、杂事等栏目，通过南学会各州县分会和新式学堂发行，不收报资。1898 年 8 月 12 日起，公款停发，“专归商办”，戊戌变法失败后停刊，前后出版 7 个多月共 177 期，被康有为称赞为“全国最好的一张维新报纸”。

谭嗣同（1865—1898），湖南浏阳人。他出身于官僚地主家庭，其父谭继洵官至湖北巡抚，其母早亡。1897 年应湖南巡抚陈宝箴之邀，他回湖南参与新政，创办时务学堂，倡设南学会，并亲任会长。1898 年，在康有为的推荐下，谭嗣同被光绪皇帝任命为四品军机章京。戊戌变法失败，谭氏被捕入狱。被捕前，有人劝他逃走，他说：“各国变法，无不从流血而成，今日中国未闻有因

① 严复：《道学外传 · 余义》，见王栻主编：《严复集》第 2 册，中华书局 1986 年版，第 486 页。

② 唐才常：《湘报叙》，《湘报》上，中华书局 2006 年版，第 1 页。

变法而流血者，此国之所以不昌也。有之，请自嗣同始！”① 最后慷慨赴义，年仅 33 岁。

谭嗣同是《湘报》的创办人之一和主要撰稿人。他在《湘报》上共发表 25 篇文章，内容涉及政治、经济、法律、教育等各个方面，比较重要的有《壮飞楼治事篇》（共 10 篇）、《论湘粤铁路之益》等。

谭嗣同办报的时间虽然只有一年多，但他新颖独特的新闻思想丰富了我国晚清时期的新闻理论。他在《报章文体说》和《〈湘报〉后叙》中提出了以下观点：（1）报纸应成为“助人日新之工具”。（2）报纸应成为“民史”和“国口”。他说，中国史书虽然发达，但“不过为一代之君主作谱牒”，中国从来就没有为老百姓树碑立传的史书。《湘报》出版后，要成为民众历史的记录（民史）和国民发表意见的渠道（国口）。（3）盛赞“报章文体”，认为报章文体是范围最广泛、内容最丰富的文体，可以囊括中国数千年来的一切文体，即“总宇宙之文”，从而批驳了顽固派对报章文体的鄙视与否定。谭嗣同论证了报刊与历史的关系，具备历史唯物主义的倾向。

汪康年（1860—1911），字穰卿，浙江钱塘（今杭州）人，光绪二十年（1894 年）进士，是清末资产阶级维新派著名报刊事业家。1896 年，他在上海与黄遵宪、梁启超等人共同创办《时务报》之后，便将办报作为自己终身为之奋斗的职业，直到 1911 年去世，也没有离开过所钟爱的报刊事业。汪康年在艰难曲折的办报生涯中，先后创办和主持了 6 种报纸，分别是：《时务报》（1896 年创办），《昌言报》（1898 年由《时务报》易名而来），《时务日报》（1898 年创办），《中外日报》（1898 年由《时务日报》易名而来），《京报》（1907 年创办），《刍言报》（1910 年创办）。

汪康年在报刊业务改革方面成绩尤为显著。首先，他十分讲求新闻的时效性。《时务日报》创办后，他在报上首设“专电”。为了调动访员的积极性，无论是北京还是外省发来的专电，除馆薪外，每条特奖银二元。这一做法很快被其他报纸所仿效。其次，他是中国近代报纸版面改革第一人。《中外日报》创刊后，他在版面编排上改变同期报刊通用的书本式的编排形式，采取版面分刊，新闻分类；每版分三个横栏，短行编排，句逗加点；首页开明目录，告白

---

① 梁启超：《谭嗣同传》，见蔡尚思、方行编：《谭嗣同全集》增订本（下册），中华书局 1981 年版，第 546 页。

分门别类，以便检览。报纸版面较以往清楚美观、简洁明快。

在新闻思想方面，汪康年提出了以下主要观点：一是认为报纸如兵器，不同的人可以用来做不同的事情。因此，报纸应该掌握在“仁者”手中。二是报纸要敢于批评政府的过失，鞭笞酷吏豪强的恶行。三是报纸自身也应接受监督。报馆一方面要监督政府与社会；另一方面也要接受政府与社会的监督，这样才能少做错事。这一思想在中国新闻史上还是首次提出。

第三节　国人办报第二次高潮

戊戌变法失败后，中国政治格局发生了重大变化。民族资产阶级迅速分化为两股政治力量：一股是以康有为、梁启超为代表的资产阶级改良派，一股是以孙中山为首的资产阶级革命派。由此形成“改良”与“革命”两场政治运动。在这样的背景下，国人办报出现了第二次高潮，中国的新闻事业也随之出现了空前繁荣的局面。

一、君宪旗帜下改良派的办报活动

以康有为、梁启超为代表的资产阶级改良派政治改革的目标是在中国建立君主立宪制度。从 1899 年成立“保皇会”到 1907 年将保皇会改名为中华国民宪政会，再到 1907 年 7 月在日本成立“政闻社”，他们一以贯之的政治宗旨就是拥护立宪、反对革命。在君宪旗帜的引领下，改良派的办报活动方兴未艾。

戊戌政变后，为躲避清廷通缉，康、梁等人纷纷去往海外，改良派报刊首先在日本创办起来。1898 年 12 月 23 日，梁启超在旅日侨商冯镜如、冯紫珊等人的资助下在日本横滨创办了《清议报》。该报为旬刊，每逢阴历初一、十一、二十一出版，线装书款式装订，每期 3 万余字。冯镜如为发行人，梁启超任主编。

《清议报》宣称其办报宗旨是：“维持中国之清议、激发国民之正气。”①所谓维持清议，就是用舆论谴责慈禧、荣禄等“逆后贼臣”，致力宣传保皇和君主立宪政体。同时，报纸传播西方近代社会政治学说和科技文化，对国民进行知识传授和思想启蒙，达到“开发民智”之目的。这是梁启超维新时期“去

① 《清议报叙例》，《清议报》第一册。

塞求通”思想的发展和具体阐述。

1901 年 12 月 21 日，《清议报》出至 100 期，为了纪念这个日子，这一期改为特大号。梁启超发表了一篇纪念性长文《本馆第一百册祝辞并论报馆之责任及本馆之经历》。这是梁启超阐述其新闻思想的重要文章。特大号刚出版，报馆因遭遇火灾而被迫停刊。

《清议报》停刊一个多月后，梁启超又于 1902 年 2 月 8 日在横滨创办了《新民丛报》。这是一家大型综合性半月刊，每期约 5 万字。创刊不久就发行至 5 000 份，最高发行至 1.4 万份。

《新民丛报》的宗旨依然是“开发民智”，培育“新民”。梁启超在创刊号的《本报告白》中说：“本报取《大学》‘新民’之义，以为欲维新我国，当先维新我民。”因此，《新民丛报》的首要任务是介绍各种新思想、新学说、新知识，以达到“新民”之目的。仅 1902 年一年间，该报发表评介“西学”的文章就达 180 多篇，占全年总篇目一半以上。梁启超还以“中国之新民”“饮冰子”为笔名在《新民丛报》上发表了《新民说》《新民议》《敬告我同业诸君》《论中国国民之品格》等大量政论文章。

从政治倾向上看，《新民丛报》以 1904 年初为界分为前后两个阶段。前一阶段的《新民丛报》不仅积极介绍各种“开民智”的新知识，进行思想启蒙，而且受到孙中山革命理论的影响，在宣传君主立宪的同时发表了许多论述革命的文章。由于受到康有为的严厉指责，后一阶段《新民丛报》的言论立场发生很大变化，反对革命与共和。在这样的背景下，《新民丛报》便与革命派的《民报》发生了一场空前激烈的思想论战，成为中国新闻史上一次重要的新闻事件。

1902 年 11 月，梁启超在横滨还创办了我国最早刊载新体小说的刊物《新小说》。该刊附设于《新民丛报》，每月一册，以刊载小说为主，兼刊戏曲、散文、诗歌等文学作品及作家评传。梁启超在《新小说》创刊号上发表《论小说与群治之关系》，认为“小说有不可思议之力支配人道”，第一次把小说等文学作品的价值提高到了非常突出的地位。

在海外办报时期，梁启超的新闻思想也发生了新的变化，主要表现在吸收西方民主政治思想后提出了许多新的主张，其中最重要的观点有：（1）提出报纸的“两大天职”：监督政府和向导国民。① （2）提出衡量报纸好坏的四条标

① 《敬告我同业诸君》，《梁启超全集》，北京出版社 1999 年版，第 969 页。

准："宗旨定而高""思想新而正""材料富而当""报事确而速"。① （3）提出记者要具有"史家精神"，即忠实地记载事实和为了维护真实而不畏强权的精神。② （4）提出报纸要制造"健全舆论"。舆论分为健全舆论和消极舆论，报纸要在制造"健全舆论"方面发挥积极的作用。③

除《清议报》和《新民丛报》《新小说》之外，改良派这一时期在海外创办的有影响的报纸还有：1899 年在旧金山创办的《文兴日报》，在新加坡创办的《天南新报》；1900 年在檀香山创办的《新中国报》，在加拿大创办的《日新报》；1903 年在香港创办的《实报》；1904 年在香港创办的《香港商报》。

1903 年后，随着革命派的活动日益活跃，清政府与改良派的矛盾降为次要矛盾，与革命派的矛盾上升为主要矛盾。清廷虽然没有解除对康、梁的通缉，但已经默许改良派在海外办的报纸在国内销售，允许保皇会其他成员回国活动。因此，改良派的报纸随之在国内兴起。

《时报》是戊戌变法失败后改良派在国内创办的第一家机关报，1904 年 6 月 12 日创刊于上海。康有为、梁启超非常重视这份报纸，不仅先后投资 20 万元作为办报经费，梁启超还专门潜回上海为之策划，定报名、撰写发刊词和发刊条例。《时报》的主持人是狄楚青。狄氏对康、梁保皇事业不怎么热心，而对报纸业务改革却十分重视，采取了许多改革措施，如首创"时评"专栏，首创对开版式，对重大新闻另出"附张"，辟设"小说"专栏等，使这份报纸成为中国近代新闻史上一份有影响的全国性大报。

此外，改良派在国内创办的报纸还有天津的《大公报》、北京的《京话日报》等。

《大公报》由天津紫竹林天主教堂总管柴天宠牵头集资创办（图 2-3），1902 年 6 月 17 日创刊于天津，由英敛之主持馆务和编务。英敛之（1866—1926），名华，字敛之，满洲正红旗人，幼年家贫，然刻苦自学，博览群书，愤世嫉俗，有正义感，矢志不入仕途。英敛之在《大公报》创刊号发表的《大公报序》中说："忘己之为大，无私之谓公。""报之宗旨在开风气、牖民智，

---

① 《本馆第一百册祝辞并论报馆之责任及本馆之经历》，《梁启超全集》，北京出版社 1999 年版，第 476 页。

② 《敬告我同业诸君》，《梁启超全集》，北京出版社 1999 年版，第 970 页。

③ 《读十月初三日上谕感言》，《梁启超全集》，北京出版社 1999 年版，第 2287 页。

挹彼欧西学术，启我同胞聪明。”① 在他的主持下，《大公报》很快形成了自己的风格，加上在租界出版，所以每遇到国家发布大政方针时，都要站出来说话，表明态度与立场，甚至公开斥责以慈禧太后为首的后党政府，痛骂权奸袁世凯，因此获得了“敢言”的美誉。此外，“附件”“白话”等栏目的文章，用白话写作，通俗易懂，很受市民欢迎。该报创刊时开印了 3 800 份，三个月后增印至 5 000 份，是当时华北地区一份引人注目的大型日报。《大公报》初为合股经营，规定同仁不兼任有报酬的外职，报纸不为党派做宣传，不刊登黄色新闻和低俗广告，提倡热心公益、服务社会等。

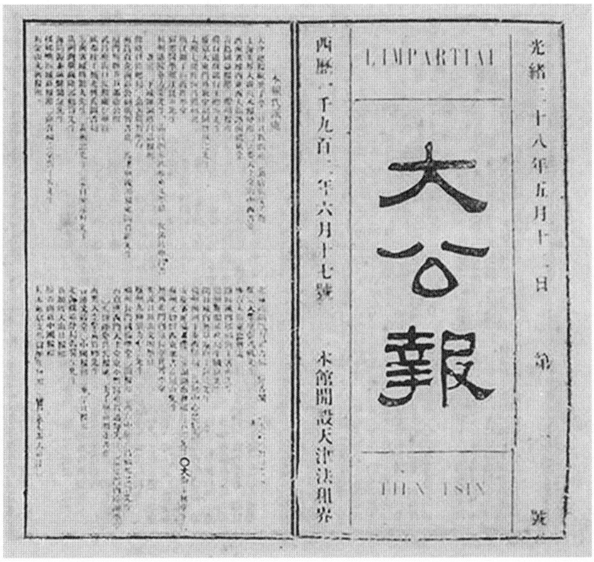
光緒二十八年五月十二日 第 號
L'IMPARTIAL
大公報
TIEN TSIN
西曆一千九百二年六月十七號
本館開設天津法租界

图 2-3 《大公报》

《京话日报》于 1904 年 8 月 16 日在北京创刊，主持人彭翼仲（1864—1921）是清末民初著名的爱国报人。他一生创办了三种很有影响的报纸，分别是 1902 年 6 月至 1904 年末出版的《启蒙画报》，1904 年 8 月至 1906 年 9 月出版的《京话日报》，1904 年 12 月至 1906 年 9 月出版的《中华报》。其中最著名的是《京话日报》。该报通篇用白话，敢于揭露官场的腐败与黑暗，对被压迫、被欺凌的下层人民给予一定的同情，充分发挥了开启民智的作用。1906 年 9 月 29 日，京师警察厅以“妄议朝政，容留匪人”等莫须有的罪名查封该报，彭翼仲被捕，并被判流配新疆。1907 年 4 月 12 日，彭翼仲被押解起程那天，京城

① 英敛之：《大公报序》，载《大公报》1902 年 6 月 17 日。

数千市民沿街相送。

二、共和号召下革命派的办报活动

以孙中山为代表的资产阶级革命派，在1894年底兴中会成立时，就明确提出政治革命目标是要推翻满清皇朝的统治、实现民主共和。为了实现这一目标，资产阶级革命派创办了许多报刊作为自己的舆论阵地。据统计，在辛亥革命时期，革命派创办的报刊达176种。①由于早期革命派把主要精力放在武装起义上，故而相对于维新派报刊而言，革命派办报的时间是比较晚的，直到1900年初才有了正式的报刊活动。革命派的报刊活动以1905年8月同盟会成立为界分为前后两个阶段。

（一）同盟会成立前革命派的报刊活动

《中国日报》是兴中会的第一张机关报，也是中国最早宣传资产阶级革命的报纸，1900年1月25日创刊于香港，社长和总编辑是陈少白。1900年至1906年，《中国日报》始终围绕着革命排满的主题进行宣传报道。其主要内容包括：及时报道内地革命党人和留日学生的革命活动；揭露清政府的腐败无能和政府官员的卖国行为，宣传反清思想；宣传“民权主义”，赞美民主共和，号召人民起来推翻君主专制制度，建立民权国家；宣传反帝救亡，揭露和谴责西方列强的侵华罪行，声援内地人民的反帝爱国斗争；与保皇派展开论战，批驳他们的政治主张。

除《中国日报》外，这一阶段革命党人在香港创办的报刊还有由郑贯公担任总编辑的《世界公益报》《广东日报》和《有所谓报》。其中1905年6月4日创刊的《有所谓报》，其言论比前两种报纸更为激进，该报《发刊词》把清廷最高统治者称为“独夫”“民贼”。

与香港革命派报刊遥相呼应的是留日学生在日本创办的革命报刊。1900年11月1日，留日学生在横滨创办第一家刊物《开智录》，由郑贯公、冯自由、冯斯栾创办，郑贯公任主编。该刊始为油印半月刊，同年12月改为铅印，由《清议报》代印、代发。1901年3月20日停刊，共发行6期。《开智录》以“开通民智”为办报宗旨。郑贯公、冯自由、冯斯栾三人分别以“自立”“自由”“自强”（人称“三自”）的笔名发表文章，提倡资产阶级平等自由思想

---

① 史和、姚福申等：《中国近代报刊名录》，福建人民出版社1991年版，第62—65页。

和反清革命。

在留日学生创办的刊物中，最早具有鲜明革命倾向的政论刊物是《国民报》。该刊由秦力山、沈翔云、戢元丞、王宠惠等人于1901年5月10日在东京创办，秦力山任总编。同年8月10日因经费困难而停刊，仅出版4期。该刊用中英两种文字发表政论，猛烈抨击数千年的封建制度，大力宣传西方民主、自由、平等、共和等思想观念。

在日本东京出版的具有革命倾向的留学生报刊，还有1902年12月由湖南留日学生同乡会创办的《游学译编》，1903年1月由湖北学生会创办的《湖北学生界》，1903年2月由浙江留日学生同乡会创办的《浙江潮》，1903年4月由江苏留日学生同乡会创办的《江苏》等。这些留学生刊物的宣传主调都是反对清王朝统治、鼓吹革命和民主共和，对资产阶级革命运动起到了推波助澜的作用。但因缺乏统一领导，在宣传上相互配合不够，加之经济上没有保障，刊行时间都不长。

1903年前后，资产阶级革命派力量有所发展，一些留日学生骨干先后回到国内，在沪杭等地创办了一些革命报刊。如1902年12月戢元丞在上海创办的《大陆》，1903年8月章士钊、张继等人在上海创办的《国民日日报》，1904年2月由蔡元培、汪允宗任主编的《警钟日报》（原名《俄事警闻》）等。这些报刊为资产阶级革命宣传发挥过重要的作用。

为了通俗地宣传革命主张，革命派还创办了一些面向社会大众的白话报刊。其中影响较大的有1901年6月项藻馨创办的《杭州白话报》，1903年12月林白水在上海创办的《中国白话报》，1904年3月陈独秀等人在芜湖创办的《安徽俗话报》。在这些报纸中，《中国白话报》影响最大；《杭州白话报》出版的时间最长，1910年2月停刊。

这一阶段国内的革命派报刊中，最令人注目的是1903年5月章士钊担任主笔后的《苏报》。《苏报》本为旅日华侨胡璋（铁梅）1896年6月26日在上海创刊，内容多为社会新闻及黄色新闻，文字粗俗，加之因新闻敲诈被人控告，声名狼藉，销售困难，不得不于1899年底卖给陈范。陈范接办后，《苏报》开始在政治上拥护改良。1903年5月27日，该报聘上海爱国学社的章士钊为主笔，以章太炎、蔡元培等人为主要撰稿人。从此，《苏报》面貌一新，至7月7日被查封之前，发表具有强烈革命色彩的文章40余篇，从而引发了轰动一时的“苏报案”。

“苏报案”与邹容的《革命军》有密切关系，而直接导火线则是发表了章太炎的文章《康有为与觉罗君之关系》。1903 年 6 月，邹容为号召民众推翻清王朝统治、建立独立自主的中华共和国，编写出版了《革命军》。《苏报》对该书进行了大力宣传。6 月 9 日，除在“新书介绍”栏中介绍这本书，还发表了章士钊写的《读革命军》；10 日全文刊登章太炎写的《序革命军》，称赞《革命军》是“今日国民教育之第一教科书”，是震撼人心的“雷霆之声”。6 月 29 日，《苏报》又在显著位置刊登章太炎的《康有为与觉罗君之关系》，严厉批判康有为的保皇论调，直呼光绪皇帝为“载湉小丑”。

《苏报》的革命宣传及其对皇帝的态度，使清廷十分恼怒。在《康有为与觉罗君之关系》发表的第二天，即 6 月 30 日，清廷便勾结租界当局派军警包围了苏报馆和爱国学社，章太炎等 5 人被捕，邹容次日投案，苏报馆被查封。章、邹入狱后，《新闻报》老板福开森派记者到狱中劝降，遭到章太炎的痛斥。案件审理从 1903 年 7 月 15 日至 1904 年 5 月 22 日，长达 10 个月，一共开庭 7 次。在租界法庭上，章太炎侃侃而谈，从容应对，清廷官员则理屈词穷。最后，章太炎被判监禁 3 年，邹容被判监禁 2 年，《苏报》永久停刊。这场以清政府为原告，《苏报》为被告，洋人做法官的奇特诉讼，史称“苏报案”。

邹容在狱中被折磨致病，1905 年 4 月 3 日死于狱中，成为因宣传革命而牺牲的第一人。章太炎 1906 年 6 月 29 日刑满出狱，被同盟会派专人接至东京，担任《民报》主编，步入他革命宣传生涯中的又一辉煌时期。

（二）同盟会成立后革命派的报刊活动

1.《民报》与《新民丛报》的论战及孙中山宣传思想

1905 年 7 月，孙中山由欧洲抵达日本东京，当月 30 日，召集有各革命团体 70 多人出席的联席会议，决定建立统一的革命政党。8 月 20 日，中国同盟会正式成立，选举孙中山为总理，并决定创办同盟会的机关报。11 月 26 日，《民报》在日本东京创刊，始为月刊，后为不定期刊，每期 6 万至 8 万字。1910 年 2 月停刊，共出版 26 期。第 1 期至第 5 期由胡汉民主编，第 6 期至第 18 期和第 23 期、第 24 期由章太炎主编，第 19 期由张继主编，第 20 期至第 22 期由陶成章主编。1908 年 10 月出版 24 期后，被日本政府以“激扬暗杀”为由予以封禁。1910 年 1 月秘密出版的第 25 期、第 26 期由汪精卫主编。

孙中山在为《民报》撰写的发刊词中第一次把同盟会的政治纲领概括为民族、民生、民权的“三民主义”。“三民主义”就成为《民报》的宣传纲领和主要内容。为了有效地宣传“三民主义”，《民报》还主动发起了一场与保皇的《新民丛报》的大论战。

1906 年 4 月，《民报》第 3 期号外发表了胡汉民写的《民报与新民丛报辩驳之纲领》，列举了保皇派与革命派在 12 个问题上的根本分歧，认为这是关乎中国存亡的大问题，必须论辩清楚，并表示将从第 4 期开始，分类进行辩驳。

《民报》列举的 12 个问题，归纳起来是四个。第一，要不要推翻满清政府，实行反清的民族革命。《新民丛报》认为，国民已经平等，不存在满汉矛盾和民族压迫的问题，所以不需要民族革命。①《民报》则认为，满洲贵族统治集团对国内各民族残酷压迫的事实罄竹难书，只有实行民族革命，推翻民族牢狱，才能够救国救民。第二，要不要实行民主革命，建立共和政体。《新民丛报》认为，中国国民素质低下，还不具备共和国公民的资格，只能实行君主立宪或开明专制政体。《民报》则认为，种族革命与政治革命必须同时进行，只有废除君主制度，建立民主共和国，才是中国唯一的出路。第三，要不要废除封建土地制度，实行民生主义及土地国有。《新民丛报》认为，中国不存在土地贫富不均的现象，实行土地国有、平均地权对农业生产和国民经济不利。《民报》则认为，土地贫富不均是客观存在的事实，“豪右”与“细民”相差悬殊，只有实行平均地权和土地国有，生产才能发展，民生才有保障，才能取得民主革命的胜利。第四，革命会不会引起帝国主义国家干涉，招致中国被瓜分。《新民丛报》认为，革命是暴烈的行为，必然会引起社会动荡，帝国主义国家会乘虚而入，进而瓜分中国。《民报》则认为，革命只是推翻满清政府，并非排外，不会引起社会动乱和帝国主义国家的干涉。相反，如果不革命，中国则会越来越弱，一个贫弱的中国必然遭到帝国主义国家的瓜分。

在长达一年半的时间内，围绕以上问题，两报开展了激烈论战。论战中，《民报》的很多文章以事实为依据立论，观点正确，论据充足，而《新民丛报》进退失据；《民报》有章太炎、胡汉民、汪精卫、陈天华、朱执信、汪东、黄侃等多人轮番上阵，而《新民丛报》只有梁启超一人出战，寡不敌众，无还手之力，不得不于 1907 年 11 月自动停刊。两报的论战也就此结束。

这场报刊论战意义重大，主要体现在：一是资产阶级民主革命思想得到了较为广泛的传播，尤其是“三民主义”逐渐传播开来；二是培养和锻炼了一批

---

① 《申论种族革命与政治革命之得失》，《新民丛报》第 6 期。

革命骨干，这些人后来都成为中国近代革命史上有影响的革命家。从新闻事业方面看，提高了政论文尤其是驳论文的写作水平；促进了革命报刊的发展，论战前革命派的报纸和刊物不足 40 种，论战后到辛亥革命前革命报刊增加到 100 多种。

革命派报刊之所以后来居上，如日中天，与革命派领袖孙中山的领导指挥及其宣传思想有密切的关系。孙中山（1866—1925）是资产阶级民主革命时期伟大的革命家和思想家，也是革命派的宣传家和报纸的统帅。在长期的革命生涯中，他十分重视报刊宣传，把宣传工作看成是与武力同等重要的斗争工具。在辛亥革命前，他创办或者改组和支持的报刊达 10 余种，如著名的《中国日报》（1900 年）、《民报》（1905 年）、《中兴日报》（1907 年）等。

孙中山总结自己从事革命几十年，主要做了三件事：一是建党，二是起义，三是宣传。他在宣传理论上提出了许多新颖深刻的主张。他认为："宣传就是劝人，要劝世人都明白本党主义，都来倾向本党"；① 宣传工作者要人格高尚、行为正大才能得人心；做宣传应该有恒心，不可虎头蛇尾；宣传要有"至诚"的心思才能感化民众；宣传要联系实际、切合对象的特点与需要才能被接受；宣传还要做到"言论一致"形成合力，不可前后矛盾。他告诫报馆记者，"卒抱定真理，一往不渝，并牺牲一切精神、地位、财产、名誉，使吾所抱之真理屹不为动，作中流之砥柱。久而久之，人人之心均倾向于此正确之真理，虽有其他言论，亦与此同化。"②

孙中山的报刊宣传思想是他数十年从事革命宣传的理论总结，不仅对当时资产阶级革命派的报纸和报人起到了实际的指导作用，而且为促进中国宣传理论的发展作出了重要贡献。

2. 转战国内的革命派报刊

《民报》与《新民丛报》论战告一段落后，革命派把宣传重点转向国内，自 1907 年起，革命派在国内的报刊活动有了新发展。特别是于右任在上海的办报活动尤为令人瞩目。

于右任（1879—1964），陕西人，近代资产阶级政治活动家和报刊活动家。1906 年 4 月到日本，会见了孙中山并加入同盟会，不久回国。1907 年 4 月 2

---

① 《在广州中国国民党恳请大会的演说》，《孙中山全集》第 8 卷，中华书局 1981 年版，第 284 页。

② 《在上海〈民主报〉之答辞》，《孙中山全集》第 2 卷，中华书局 1981 年版，第 337 页。

日，他在上海创办了第一张报纸《神州日报》。该报虽然没有公开声明是革命派的言论机关，但实际上革命立场明显，尤其在新闻报道方面，对各地的武装起义和“学界新闻”给予特别关注和详细报道，有力地支持了革命运动。后因邻居失火殃及报社，该报只出版了 80 天。

1909 年 5 月 15 日，于右任创办了《民呼日报》，自任社长，范光启、徐雪儿、戴天仇等为编辑。该报以“大声疾呼，为民请命”为宗旨，宣称要把报纸办成“炎黄子孙的人权宣言书”。报纸除介绍同盟会政治纲领和西方社会政治学说外，还大力揭露贪官污吏的罪行，鼓动民众的反满情绪。《民呼日报》的报道与言论遭到清政府的压制，1909 年 8 月 14 日被迫停刊，前后仅出版 92 天。

在《民呼日报》停刊两个月后，1909 年 10 月 3 日，于右任又在法租界以朱少屏、范鸿仙等人的名义创办了《民吁日报》。该报创办时，正好碰上日本前首相伊藤博文访俄途中到我国东北进行阴谋活动，在哈尔滨火车站被朝鲜爱国志士安重根刺杀。《民吁日报》连续发表了 20 余篇报道与评论，明确提出伊藤博文的死是罪有应得，而安重根则会名垂千古。日本政府对此恼羞成怒，勾结租界当局查封了《民吁日报》。该报前后只存在了 48 天。

在《民呼日报》《民吁日报》相继夭亡后，于右任并没有气馁，于 1910 年 10 月 11 日再创办了《民立报》。报名仍然以“民”字开头，表示与“民呼”“民吁”两报一脉相承。因这三张报纸创办时间前后相续，又都以“民”字开头，史称“竖三民”。与前两张报纸相比较，《民立报》的办报力量更为强大，于右任任社长，宋教仁任总主笔，范鸿仙、景耀月、陈其美、章士钊、叶楚伧、张季鸾、吕志伊、马君武等人任编辑，组成了一支强大的办报队伍。该报以宣传“三民主义”、揭露贪官污吏、反对西方列强为主要内容。特别是于右任、宋教仁、陈其美、张季鸾的政论，思想深刻，笔力遒劲，深受广大读者欢迎。该报日销量达 2 万多份，成为当时发行量最大的日报。

詹大悲等人在武汉的办报活动也产生了巨大影响。詹大悲（1887—1927），湖北蕲春人，中国近代资产阶级革命家和报刊活动家。他于 1910 年 12 月 14 日在武汉创办的《大江报》是一份特色鲜明、影响较大的报纸。1911 年 1 月 30 日，武汉地区革命团体文学社成立，詹大悲被选为文书部长，《大江报》被指定为文学社的机关报。该报以新军士兵和下级军官为主要读者对象，充分反映他们的疾苦与心声，赢得了广大士兵的拥护与喜爱。同时，激烈抨击清朝政府的反动统治，大胆揭露官场的黑幕，旗帜鲜明地号召民众起来推翻腐朽的清政府。其中有两篇时评颇具盛名。一篇是 1911 年 7 月 17 日发表、由何海鸣写的《亡中国者和平也》，一篇是 7 月 26 日发表、由黄侃写的《大乱者救中国之妙药也》①。两篇文章前后呼应，号召民众以革命手段推翻清政府以挽救中国。1911 年 8 月 1 日，武汉军警查封了报馆，逮捕了詹大悲，何海鸣闻讯自动投案。詹大悲、何海鸣被判监禁 18 个月。这就是新闻史上著名的“大江报案”。

1911 年 10 月 10 日武昌起义爆发后，武汉的革命党人在短期内又创办了多家报纸，其中影响较大的是《大汉报》和《中华民国公报》。

《大汉报》是武昌起义后革命党人出版的第一家报纸，1911 年 10 月 15 日在武汉创刊。创办人是同盟会成员胡石庵（1880—1926），湖北天门人。他利用自己的“大成汉记印刷公司”的有利条件，在革命最需要的紧要关头创办了这家报纸，及时报道武汉保卫战的消息。创刊号就印了 1 万多份，一周后达到 5 万份，为鼓舞士气、稳定人心发挥了重要作用。但是，该报有明显缺陷，主要表现在为制造革命舆论而不顾事实，发表虚假新闻。如第 2 期发表的《孙大总统告同胞书》最为典型。当时孙中山还在英国，临时国民政府还没有成立，怎么会有孙大总统告同胞书？此外，一些地区起义的报道和援军支持武汉的消息，也是编辑们凭空杜撰的。

《中华民国公报》1911 年 10 月 16 日创刊，是武昌起义后成立的武昌军政府军务部的机关报，自称为“中华民国军政府之机关报”，是中国历史上第一个资产阶级革命政权的言论机关。该报刊载的主要内容是军政府和下属各部门及各革命团体的公告，发表有关起义进展情况和各省光复情况的详细报道、有关清廷对付革命情况的报道以及有关军政府政策与革命形势的评论等。

除上海、武汉之外，革命派在国内还创办了许多宣传革命的报刊。如北京的《帝国日报》《国风日报》，天津的《忠言报》《北方日报》《民国报》《民意报》，广州的《时事画报》《群报》《南越报》《可报》，同期创办的还有香港

① 这篇时评发表时署名“奇谈”。全文共计 231 字，慷慨激昂，字字千钧。全文如下：“中国情势，事事皆现死机，处处皆成死境，膏肓之疾，已不可为。然犹上下醉梦，不知死期之将至。长日如年，昏沉虚度。软痈一朵，人人病夫。此时非有极大之震动，极烈之改革，唤醒四万万人之沉梦，亡国奴之官衔，行见人人欢然自戴而不自知耳。和平改革既为事理所必无，次之则无规则之大乱，予人民以深创钜痛，使至于绝地，而顿易其亡国之观念，是亦无可奈何之希望。故大乱者，实今日救中国之妙药也。呜呼！爱国之志士乎！救国之健儿乎！和平已无可望矣。国危如是，男儿死耳！好自为之，毋令黄祖呼佞而已。”

的《日日新报》《东方报》《社会公报》《真报》《新少年报》等。

三、清末新政下的新闻法制与新式官报

义和团运动及八国联军入侵后，中国社会民族矛盾和阶级矛盾空前激化，清王朝的统治岌岌可危。为了应对“三千年来未有之变局”，挽救垂死的封建政权，清政府被迫于1901年发布“变法”上谕，实施“新政”，对原有的新闻统制政策做了相应的调整，主要表现为制定新闻出版领域的专门法令、法规，对新闻出版业进行管理。从1906年到1911年，清政府先后制定了5部新闻法律法规，分别是《大清印刷物专律》（1906年7月），《报章应守规则》（1906年10月），《报馆暂行条规》（1907年9月），《大清报律》（1908年3月）和《钦定报律》（1911年1月）。这些法律法规的制定，一方面有利于各级政府官员在新闻出版事业的管理上有法可依，有章可循，其中有些“规定”如人民在法律范围内有言论出版自由权，新闻电报减半收费等，也有利于报刊活动的展开。但另一方面，由于其主体内容多是禁止、限制和处罚性条款，加之有些提法的模糊性，如“妖言惑众”之类，助长了官员执法的主观随意性，人民的言论出版自由和中国新闻事业的面貌并没有得到实质性的改观。

清政府在加强新闻法制的同时，还主动开办官报。在晚清最后十年间，清政府创办的官报总数达100种以上，形成了从中央到地方较为完整的官报体系。其中影响最大的是袁世凯1902年12月25日在天津创办的《北洋官报》和清政府官报局1907年11月5日在北京创办的《政治官报》。

清廷倡导创办官报的主观动机是期望“主导舆论”，防止所谓的“讹言”与“邪说”，但是客观上也有一定的积极作用。首先是统治者在国内外形势的逼迫与推动之下，终于认识到近代报刊的巨大作用，并付诸行动，形成了中国历史上第一次政府办新报的热潮；其次是官报的开办对开通风气、推动“新政”的实施，尤其是对促进我国近代报纸的繁荣起到了积极作用；再次是标志中国古代官报的终结和近代官报体系的形成，为民国以后政府办报提供了一定的经验。

四、清末白话报刊

清末涌现的白话报刊是中国近代新闻史上一支重要的生力军。1876年3月30日上海申报馆创办的《民报》是中国第一份白话报，但是，该报销量不多，

出版不久就停办了。戊戌变法时期，具有改良思想的知识分子为了变法维新和开启民智，开始在文言报刊中刊载白话文和创办白话报刊。《湘报》《中国日报》《大公报》等报刊都发表过数量不等的白话文。

1897 年 11 月 7 日，章伯初、章仲和主编的《演义白话报》在上海创刊，这是清末以开民智为目的创办白话报刊的开端。据统计，在清末 10 余年间，国人创办的白话报刊总数在 270 种以上。① 在这些报刊中，影响较大的有：裘廷梁在无锡创办的《无锡白话报》（1898 年）、项藻馨在杭州创办的《杭州白话报》（1901 年）、林白水在上海创办的《中国白话报》（1903 年）、陈独秀等人在安庆创办的《安徽俗话报》（1904 年）、彭翼仲在北京创办的《京话日报》（1904 年）、郑贯公在香港创办的《有所谓报》（1905 年）、秋瑾在上海创办的《中国女报》（1907 年），等等。

这些报刊的创办者主要是维新派和革命派知识分子，他们以“先知先觉者”自居，认为中国的改良和革命都离不开民众的觉醒与支持，而当时的文言报刊已经不能适应宣传和动员社会大众的需要。因此，为了让更多的人理解和接受维新和革命的政治主张，就必须创办新式的白话报刊。“如今要开通风气，印书不如印报，印文话报不如印白话报”② 成为当时报人的共识。

清末白话报刊的大量涌现和快速发展，与晚清时期的政治和社会需要紧密相连，是创办者对国民进行思想启蒙和宣传其政治主张的重要舆论工具。它们在内容和形式上突破了文言报刊的旧制，弥补了文言报刊的不足，有力推动了中国近代报刊的发展，也为五四时期的白话文运动奠定了基础。

五、市场化的文艺小报

在晚清报刊中还有一类报刊，既不同于维新派和革命派所创办的以宣传各自政治主张为主要诉求的报纸，又不同于政府主办的以传播官方政策法令为主要内容的官报，被称为文艺小报。这类报纸完全市场化，供市民消费。清末的文艺小报究竟有多少种，从来没有精确的统计，阿英在《晚清小报录》③ 中提到过的文艺小报共有 30 余种。

这些报纸中，创办时间最早的是 1896 年创办的《指南报》，创办人是《官

---

① 胡全章：《清末民初白话报刊研究》，中国社会科学出版社 2011 年版，第 443 页。

② 《本报忽遇知己》，《京话日报》1904 年 10 月 28 日。

③ 阿英：《晚清小报录》，见杨光辉等编：《中国近代报刊发展概况》，新华出版社 1986 年版。

场现形记》的作者、著名谴责小说家李伯元。此外，较为著名的还有《游戏报》（1897 年）、《消闲报》（1897 年）、《采风报》（1898 年）、《繁华报》（1901 年）、《笑林报》（1901 年）、《寓言报》（1901 年）等。

从总体上看，晚清的文艺小报由于创办者的志趣与追求不尽相同，报纸的内容与格调虽略有区别，但也有许多共同的地方，大致有如下几个方面：

一是报纸创办人大都是愤世嫉俗、具有忠君爱国思想、希望改良的文人。他们不满当时的社会现状，痛恨官场的腐败与黑暗，便用小说、诗歌、戏曲、小品等艺术形式来反映社会现实生活和揭露讽刺社会上的丑恶现象。

二是报纸内容上，既有隐喻劝诫的讽世、觉世之作，也有大量谈论风月、描写色情的低俗文章。这些报纸把刊登社会趣闻和风花雪月的文艺作品作为主要选择，虽然在一定程度上丰富了晚清报刊的传播内容，但同时也助长了当时报坛的“低俗之风”。

三是读者对象上，以广大城市居民读者为对象。晚清时期的文艺小报之所以有一定的生命力和消费市场，主要原因是随着近代资本主义的发展，城镇人口逐渐增多，市民阶层在缓慢的城市化过程中逐步形成。文艺小报的产生迎合和满足了市民文化消费的需求。

第四节 晚清新闻业务的改进

中国近代国人的办报活动在 19 世纪 70 年代艰难起步，经历两次办报高潮到辛亥革命时期出现初步繁荣的景象。在近 40 年的新闻实践中，报业先贤们积极总结办报经验，不断探索改进途径，使报刊质量不断提高，特别是在新闻评论、编排和采写等方面有了长足的进步。

一、报刊政论文体的产生与发展

在中国新闻事业史研究中，一般把晚清国人办报时期称为报刊“政论时代”。其主要理由是，这个时期的报刊业务，从文体角度说，政论文的写作和刊发，无论是数量还是社会影响力都远远超过新闻。晚清著名报人，如王韬、梁启超、严复、谭嗣同、汪康年、英敛之、章太炎、胡汉民、于右任、黄侃等，都以政论写作闻名于世。政论文体率先出现在中国新闻文体的大家族中。

中国报刊政论时代的出现，与国人对近代报刊的认识及其办报的动机有直接关系。自从西方近代报刊理念传入中国后，国人便将其视为国之“利器”，办报者更是将其作为宣传自己救国主张的讲坛，加上中国底蕴深厚的文人论政传统的影响，创办报刊、发表评论，便成了这一时期知识分子的最佳选择。虽然中国近代报纸上的评论，最早出现在外国人在华创办的商业性报纸上，① 但是，这些报纸发表论说文主要从营利角度考虑，而国人报纸发表论说是出于“有益于国事”的初衷，表达自己的救国主张，以期“文章报国”。

19 世纪 70 年代中期，国人自办报刊一登上历史舞台，就将新闻评论作为实现其办报宗旨的主要方式。王韬在他创办的《循环日报》上发表的言论，以及首创的报刊政论文体，是中国报刊政论发展史上第一座里程碑。

到戊戌变法前后，报刊政论写作进入了一个崭新的发展阶段。维新派报刊凭借政论在舆论阵地上纵横驰骋。严复、梁启超、谭嗣同等人办报活动的直接动机就是面对西方列强的入侵和民族危机的空前严重，要利用报刊唤醒国民救亡图存。因此，这一时期维新派报刊的言论，在内容上始终围绕着变法维新的主题，这不仅有力地影响了社会舆论，而且极大提高了报刊言论的社会地位。在言论形式上，维新报刊先后出现过本馆论说、时论辑译、编者按语、短论、短评、答问等多种形式的言论。各家报纸取长补短、大胆创新，有力地促进了中国报刊言论的繁荣。特别是梁启超首创并风靡一时的“时务文体”，凭借它鲜活的思想和清新的文风使报刊政论登上了一个新的高峰。

维新派报人不仅在政论写作实践上取得了突出的成绩，而且在政论写作理论上也有新的建树。如梁启超提出的评论写作的四条原则：以公为主，以要为主，以周为主，以适为主。② 汪康年在《时务日报章程》和《论报章立言之宜慎》中提出的言论写作的观点，对当时新闻评论的写作具有积极的指导意义。

随着革命派报刊的兴起，尤其是与改良派报刊的论战，把报刊政论写作推向一个新的发展阶段。革命派政论家的政论文各具风采：章太炎的政论高屋建瓴、气势雄伟、文辞渊雅、情感激越，胡汉民的政论言辞犀利、说理透彻，于右任的政论大胆率直、锋芒毕露。革命派这些报刊政论文不仅使“三民主义”思想深入

---

① 1872 年英国商人美查在上海创办《申报》，其创办之初，就比较重视评论文的撰写与刊发。据曾建雄《中国新闻评论发展史》载，在 1872 年的 209 份《申报》中，刊载的言论就有 230 篇，内容涉及社会生活的方方面面。

② 梁启超：《〈时报〉发刊例》，见《时报》1904 年 6 月 12 日。

人心，有力地推动了革命形势的发展，而且在文体上促进了驳论文水平的提高。

当然，革命派的政论也存在一些不足与缺点，例如一些政论为了驳倒对方，在论证过程中旁征博引，不厌其烦，使得篇幅过长，存在烦琐、刻板的毛病；又如有些言论作者年轻气盛，在与对手的论辩中，尖厉刻薄，甚至以侮辱、谩骂的语言代替论辩说理。

二、报纸编排与采访写作方面的进步

中国近代报刊的版面设计与编排的转换，即从古代线装书版式转换为近代报纸版式也是在清末开始并完成的。外国人在中国创办的近代报纸，为了迎合中国人的阅读习惯，争取更多的中国读者，使用中国线装书版式，国人自办报刊在最初一段时间也是如此。当然也有极少数报纸采用近代报纸版式，如王韬在香港创办的《循环日报》。

19 世纪末，有少数维新派报人致力于报刊业务改革，使报纸编辑、版式发生明显变化。如汪康年办的几张报纸，不仅采用板报式，而且开始设栏分类，开列目录，短行编排并加句点等。

到 20 世纪初，报纸编辑业务在报人的主观努力与社会大众客观需求的推动下，版面革新得到普遍重视，并有显著变化。主要体现在：版式上基本摆脱了线装书版式，采用分栏排列，版面也日趋活跃。稿件编排上，开始打破以往首论说、次上谕、次各省新闻、末为本埠新闻的老套路，而是突出重点，把编辑部认为重要的新闻、专电或论说放在头条的位置。栏目设置上更加丰富多样，一些报纸根据当时发生的新闻和读者的需要，临时设计新的栏目，如“路事”“军事”“调查”等。在标题制作上，打破四六句式的限制，形式日趋多样化，出现了字数灵活和主标题加副标题等不同形式的标题。

国人办报之初，由于报馆资金与规模的限制以及记者（始称访员）社会地位低下，报馆一般只有编辑而没有记者。这种情况一直到 20 世纪初才有所改变，一些有实力的报馆开始聘请记者。记者的出现，采访活动的增多，使报纸新闻的数量逐渐增加，一般大型日报每天都刊有二三十条新闻。有些报馆采访到重大新闻，为了抢时间，还出“号外”。

随着革命运动的兴起，各报馆对记者和通讯员队伍建设日益重视，很多报馆逐步形成了一支专职与业余相结合的访员队伍，出现了一批在新闻采访与写作上富有成绩的新闻记者，如陈其美、胡石庵、杨笃生、陈耿夫、黄世仲等。

报上署名也呈现多样化，如《云南》杂志发表的新闻，署名就有“本社访员”“本社特派员”“本社调查员”“本社名誉访事员”“本社北京通讯员”等。《中国日报》《神州日报》等报纸在革命党起义的战役中，还专门聘请了“特约从军访员”和“战地访员”，及时报道战事的进展情况。还有一些报纸，如《世界公益报》《神州日报》《民立报》等刊发了驻美、驻日、驻英、驻缅记者发回的长篇通讯。总之，清末报馆的新闻意识萌发，新闻记者始现，为民国初期“新闻时代”的到来奠定了基础。

随着新闻记者队伍的逐步加强，新闻写作也有了变化和进步。一是报刊上出现了多种新闻体裁，既有简短的消息，也有长篇通讯，还有新闻特写。例如《民报》第六期的《纪七月十五日欢迎章炳麟枚叔先生事》，《民立报》1911 年 5 月 3 日的《广州血战记》等，都与现代新闻通讯相差无几了。二是各种新闻体裁的作品在写法上生动活泼，具有较强的可读性。如有些消息和特写对报道对象作了绘声绘色的描写，颇具现场感。当然，晚清时期的新闻报道与报刊政论相比，无论是写作水平还是社会影响都不能相提并论。

思考题

1. 简述国人办报的近代转型及其意义。
2. 中国报刊政论时代的形成有哪些原因与表现？
3. 王韬对中国近代新闻事业的贡献体现在哪些方面？
4. 试论梁启超对中国新闻事业的贡献及其办报思想的发展变化。
5. 简要评述改良派与革命派报刊论战的原因、结果及意义。
6. 清末新政下的新闻管制与新闻事业有哪些新的变化？

▶ 即测即评

第三章　民初及北洋政府时期的新闻事业

1912 年到 1928 年是中国历史上的“民初”及北洋政府时期。这一时期中国社会大转型、新思想大爆发，政治局势之多变、新旧文化之冲突前所未有，媒体类型、新闻业务发展迅速。

民元《临时约法》颁布，媒体勃兴。政党政治兴盛，“政党报纸”一时蜂起。但是，随着党争乱象的蓬生，“政党报纸”很快堕落。

袁世凯当政后，中国新闻界出现了一个“正义报挨整、御用报受宠、奴才报发财”的荒唐局面。一方面，在袁氏专制下，报刊上的言论动辄得咎；另一方面，在传播技术进步、社会经济复苏的带动下，中国报刊从以政论为本位转向以新闻为主导，开启了中国报纸的新闻时代。

袁世凯死后，段祺瑞再造共和，表面行宪，媒体生存环境略有松动，但国内外形势依旧严峻，尤其是思想文化界守旧势力强大，一些先进知识分子希望通过改造中国文化实现民族振兴。随着新文化运动的兴起，以传播新文化、新思想为己任的新报刊纷纷创办，由此形成的新报刊阵线出现在中国新闻界。报刊数量平稳增长，1921 年全国有报刊 1 134 种，其中日报 550 种，到 1924 年，日报发展到 628 种。五四运动的爆发，中国共产党及其媒体的诞生，使马克思主义在中国获得传播与实践的机会。这一时期，新闻事业作为一种成熟的职业在中国发展起来，民营报纸开始走向现代化，通讯社和广播电台等纷纷诞生，中国报人的职业素养也渐趋成熟。

第一节　民国初年的新闻事业

1911 年 10 月 10 日，武昌起义爆发，中国封建帝制走向终结。1912 年元旦，孙中山在南京就任中华民国临时大总统，成立中华民国临时政府，开启了中国历史新纪元。政治巨变引发了思想、教育、新闻等诸多领域的变革。

一、民元《约法》与新闻传媒的勃兴

民国元年，报纸繁荣一时。据统计，武昌起义后的半年内，全国报纸由 10

年前的100多家陡增至500多家，总销量达4 200万份。这两个数字均突破历史最高纪录。仅1912年2月后的几个月内，到北京民政部门登记要求创办的报纸就达到90多家，报业繁荣一时。

报纸大发展得益于民国成立后法律制度的变化和言论自由意识的增强。

第一，旧禁令废除。武昌起义后，清政府颁布的《大清报律》等限制办报的法律条规完全被废除。

第二，保护言论自由的法律法规在中国初现。南京临时政府通过立法手段，尝试建立起与西方民主国家接轨的自由新闻体制。1912年3月颁行的《中华民国临时约法》将言论出版自由原则载入其中，规定“人民有言论、著作、刊行及集会结社之自由”，只有在“有认为增进公益、维持治安或非常紧急必要时”，才能“依法律限制之”。① 同时颁布了有利于新闻事业发展的法律、法令，促进了新闻事业的繁荣。

第三，革命党对言论自由的保护和推动。民国成立后，取得胜利的革命党立刻在其所控制的部分地区，按照言论出版自由理念，建立起保护支持新闻言论自由的机制。部分政权机关也在所颁布的法令和签署的协定中，写有保护言论出版自由之类的内容。

二、“暂行报律”与对新闻自由的认识

这时期发生的“暂行报律”事件，让言论自由观念更加深入人心。1912年3月2日，南京临时政府内务部次长居正等人，鉴于《大清报律》废止后报刊出版无章可循的状况，由内务部参事林长民草拟了一个简略的法令“暂行报律”：“（一）新闻杂志已出版及今后出版者，其发行及编辑人姓名，须向本部呈明注册，……否则不准其发行。（二）流言煽惑，关于共和国体有破坏弊害者，除停止其出版外，其发行人、编辑人并坐以应得之罪。（三）调查失实，污毁个人名誉者，被污毁人得要求其更正。要求更正而不履行时，经被污毁人提起诉讼，讯明，得酌量科罚。”②

这个简单的“暂行报律”3月4日颁布后，立即遭到新闻界的反对。7日，上海各报同时刊出章太炎撰写的《却还内务部所定报律议》一文，对“暂行报

① 《临时政府公报》第35号，1912年3月11日。
② 《临时政府公报》第30号，1912年3月6日。

律”三条逐一加以批驳，且言辞极为尖锐。应该说，革命成功初期，颁布这样的法令对阻止国内外反动势力通过新闻舆论力量反对新政权，具有积极意义。但是，内务部作为南京临时政府的一个职能部门，无权颁发这样的法律文件，并且“暂行报律”中罪与非罪的界限及量刑标准含混不清，在实施中易被误解与滥用。于是，孙中山从制定法律的严肃性和保护新闻自由的立场出发，于 3 月 9 日下令取消该报律。孙中山的做法加深了人们对言论出版自由的认同，民国初年和北洋军阀统治期间，各种报界团体依照新闻自由原则曾多次代表报界，就报律存废、报人权益等问题与政府进行交涉。

不过，民初报人一味强调言论自由，却没有意识到报人在享受新闻自由的同时所应担当的社会责任。那时，国人与报界对报刊和报人有不切实际的期待和自诩。新创办的报刊，无一不以天生的“舆论之母”“舆论的代表”“四万万民众共有之言论机关”自居，极力宣扬在民主制度下，“报馆与国务院、总统府平等对待，其性质与参议院均同为监督公仆之机关”“共和国之最高势力在舆论”等观念，致使报刊不仅根据道听途说批评官员，甚至对总统、总理、内阁成员等进行人身攻击，形成无序之自由。一些知识分子过于迷信报刊的力量，政客也热衷于操纵报刊。

三、“政党报纸”的蜂起与消亡

中华民国成立之初，为适应“议会政治”需要，各政治集团纷纷组建政党。据不完全统计，民初各种党派有 312 个。为给竞选制造舆论，各政党又纷纷创办报刊，“政党报纸”一时蜂起。

“政党报纸”绝大部分属于国民党和进步党两大政党系统。国民党是 1912 年 8 月同盟会联合几个小型政党组建而成，由于资格老，其报刊体系较大，遍布南京、北京、天津、上海、河南、安徽等全国重要省市，主要有上海的《民立报》《天铎报》《民国新闻》《中华民报》，北京的《国风日报》《亚东新报》，天津的《民意报》《国风报》等。其中上海《民立报》是总机关报。“二次革命”失败后，该报受到袁世凯迫害，于 1913 年 9 月 4 日停刊。国民党系统的报纸拥护共和，反对专制，对袁世凯、黎元洪进行过抵制和斗争，表现出一定的民主精神。后来，由于党内矛盾激化、思想蜕变，部分报纸的革命调子逐渐降低。进步党于 1913 年 5 月由共和党、民主党、统一党合并而成，以梁启超、章太炎、张謇、程德全等为领袖，其报刊活动也遍布各地，足以与国民党系统报刊相抗衡。主要报纸有上海的《时事新报》《时报》《大共和日报》，北京的《国民公报》《少年中国》，天津的《庸言》等。这些报纸一时拥护袁世凯，反对孙中山、临时政府和民主共和。除了这两大政党系统的报刊外，一些小政党、政治团体和党人也办起不少报刊。

“政党报纸”出于一党之利，对国内外一切与己不利的思想主张进行毫无原则的激烈争论，彼此间针锋相对、互不相让，直至互揭老底、相互谩骂，甚至武斗。这种现象在报史上称为“政党报纸的堕落”。

总之，民初的“政党报纸”虽然数量大，但基础薄弱，内部运作混乱，随着政局的变化迅即破灭。以“政党报纸”为主体的民初报刊“繁荣”，也只维持不到一年就结束了。

第二节 报刊“新闻时代”的开启

一、袁世凯专制下报界的灾难

1912年3月10日，袁世凯在北京就任临时大总统。4月5日，临时参议院议决政府迁往北京。袁世凯当政之初，为争取舆论支持，做出一些尊重新闻自由的姿态。如在国务院特设新闻记者接待室，每天由国务院秘书长亲自出面接待；颁发有利于新闻传播的法令，实施对新闻专电的优惠政策等，这在客观上促进了新闻业的发展。然而，袁世凯一旦站稳脚跟，很快以“国情复杂”为由放弃尊重新闻自由的做法，对新闻媒体进行钳制和摧残。

1912年12月15日，袁世凯政府颁布《戒严法》，规定在戒严地区内，驻军司令官有权停止结社集会以及禁限被认为“与时局有妨害”之报纸杂志广告图书等出版物。1914年4月2日，袁世凯政府以清除报界“败类杂种”等理由，以比前清报律“稍严”为主旨，制定与颁布了《报纸条例》。该法令35条，增添了很多新的禁限措施，在执行中又层层加码，不断增益。同年5月，《中华民国约法》公布，规定“人民于法律范围内，有言论、著作、刊行及集会、结社之自由”，改变了《临时约法》规定的只有在增进公益、维持治安或非常紧急必要等特殊情况下方可对言论出版自由权利予以法律限制的基本精神，使该项权利在任何情况下均可予以法律限制。12月5日，袁世凯政府又颁布了《出版法》，共23条，将禁限规定推广到所有的文字、图画印刷品等出版物，内容更为苛刻。1915 年 7 月 10 日，袁世凯以大总统的名义公布了《修正报纸条例》，进一步控制言论出版自由。

除制定颁布法律外，袁世凯还通过以下手段利用、控制并摧残媒体。

第一，创办御用报纸。袁世凯掌控的御用报纸中，影响较大有《亚细亚日报》和《神州日报》。《亚细亚日报》1912 年 6 月在北京创刊，袁世凯政府出资 10 万元，由薛大可出面创办并担任主编，日出三大张，是御用报纸的领头羊，发布言论和社会活动最为卖力。“二次革命”期间，该报发表反对孙中山革命党的《讨贼露布》，鼓吹复辟帝制，积极宣传筹安会的“劝进”活动。袁世凯称帝后，该报带头改用“洪宪”年号，称袁世凯为“今上”，该报记者称自己为“臣记者”。1915 年 9 月，《亚细亚日报》在上海出分版，遭到革命党人强烈抵制，报馆接连两次被炸。1916 年 3 月，袁世凯被迫取消帝制，《亚细亚日报》也随之终结。1915 年袁氏还强行接办声誉良好的革命报刊《神州日报》，利用它原来的威信鼓吹帝制，欺骗民众。

第二，收买报纸或报人。袁世凯还根据不同需要，分长期发放津贴和一次性收买等方式收买舆论，不惜金钱。据不完全统计，有 125 家以上报纸接受过袁世凯的贿赂或收买。由于滥发津贴，还催生了一些“鬼报纸”和“马路小报”。这些报社没有固定社址，内容东拼西凑，编辑全仗“剪刀、糨糊、红水笔”，甚至有的在现成的版面上换一个报名和社评，临时印出几十份，以应付“津贴”发放者或是讨要“津贴”。

第三，迫害和摧残反对派报刊。“二次革命”后，袁世凯对革命党报刊毫不留情地封杀与摧残。捣毁、查封报馆，殴打、逮捕、驱逐、杀害报人的事件时有发生。据统计，到 1913 年底，全国继续出版的报纸只剩下 139 家，较之民国元年的 500 家锐减 360 多家，北京的上百家报纸也只剩下 20 余家。报刊减少，报馆被毁，报人被捕被害，新闻界遭受浩劫。1913 年是中国农历癸丑年，新闻界的这次浩劫被称为“癸丑报灾”。

袁世凯政权的高压，也引起社会和报界部分人士反抗。1913 年“二次革命”失败后，孙中山东渡日本，组建“中华革命党”，在东京创办《民国》杂志和《甲寅》杂志。这两份杂志分别由胡汉民和章士钊主持笔政，进行反袁宣传。接着，孙中山领导海外其他地区创办革命报刊，或将当地的华侨报刊改组为革命报刊，建立起反对袁世凯的宣传阵地。中华革命党志士随后潜回上海租界等地，创办反袁报刊。1916 年 1 月 22 日，陈其美等人在上海创办《民国日报》，成为革命党在国内的宣传阵地。袁世凯宣布筹备帝制后，在全国人民反对帝制的强烈呼声中，原先一时拥袁、亲袁的报纸和报人也转变立场，加入了反袁行列。著名报人梁启超写下反对复辟帝制的《异哉所谓国体问题者》，在《大中华》杂志发表，之后各报争相转载，影响很大。一些历来比较保守的老牌资产阶级报纸，如上海《申报》、香港《华字日报》等，也改变态度，支持反袁。

二、"王旗变幻"下报纸的发展与转型

1916 年 6 月 6 日，做了 83 天皇帝的袁世凯在一片骂声中死去。袁世凯死后，中央集权力量被削弱，出现"城头变幻大王旗"的权力更迭局面。"军阀们所造的国家混乱和不统一局面，为思想多样化和对传统观念的攻击提供了绝好的机遇。中央政府和各省的军阀，都无法有效地控制大学、期刊、出版业和中国知识界的其他组织。"① 中国迎来了自由主义思想发展的高潮，这一高潮与政治军事上的混乱局面并存，客观上为新闻业发展提供了比较宽松的环境。

黎元洪、段祺瑞上台之初，为笼络人心，表面上恢复约法，尊重舆论，宣布取消袁世凯统治时期钳制言论出版自由的一些政令，并先后解除对《时事新报》等多家报刊的禁令。整个北洋政府时期，基本上仍旧依托既有的一些法律如《出版法》等对新闻出版业进行管理。一些新出台的条例或规定，也开始被援用。虽然这些条例规定十分苛细，但也为报界争取新闻自由提供了一些依据。再者，当时负责新闻出版管理事务的内务部警政司第四科在部内地位低下、力量薄弱，使报刊自由发展有机可乘，不仅原有报刊有了新的发展，而且还有一批新报刊创办起来。据统计，到 1916 年底，全国新老报纸达 289 种，比 1915 年增加了 85%。

第一次世界大战爆发后，西方列强无暇东顾，中国民族资本经济获得一定发展，特别是工商业的进步，使报纸广告和发行收入有所增加，打下报业良性发展的经济基础；世界上先进的轮转印刷机被引入中国，使报刊增加印数加大发行量成为可能；加之一些商业报人出于"避祸"考虑，尽量少发或不发容易

① ［美］费正清：《剑桥中华民国史（1912—1949）》上卷，中国社会科学出版社 1994 年版，第 314 页。

惹祸的政论，在一定程度上拓宽了新闻采集渠道，新闻取代政论成为报刊的主体内容。

三、职业新闻记者群的崛起

此时中国报纸转型发展，与职业新闻记者群体崛起密不可分。中国新闻记者，最初称访员。1893 年 7 月《申报》出现了“记者”一词，20 世纪初该词大量出现，然而，访员称谓一直用至清末。北洋政府时期，随着报纸向新闻时代转型，访员逐渐改称记者，记者制度由此普及。不仅外国新闻机构在中国派驻记者，一些有实力的中国报馆也在全国各地派驻记者，采集新闻信息。一批以采写新闻通讯著称的记者活跃在中国新闻舞台上，著名的有黄远生、邵飘萍、林白水等。

黄远生（1885—1915），名为基，字远庸，笔名远生，江西九江人。21 岁中进士，后又留学日本中央大学学习法律，1909 年回国被清政府任命为邮传部员外郎兼参议厅行走和编译局纂修官，但他无意为官，对记者职业却很青睐。1912 年黄远生在北京创办并主编《少年中国》周刊，开始了记者生涯。其后参与多家杂志的撰稿，担任《时报》《申报》《东方日报》《亚细亚日报》的特约记者，撰写大量政治通讯。他以深厚的中西学基础、高超的社会活动能力和卓越的采访写作技巧留下大量关于社会重大事件的记录，成为民初新闻记者的巨擘，被誉为“报界之奇才”。袁称帝时，想借重他在舆论界的声望为其张目，聘他担任御用报纸《亚细亚日报》上海版总撰述。黄远生坚辞不就，由北京避到上海，公开表示在国体问题上“与贵报主义不合”，并避走到美国。1915 年 12 月 25 日在旧金山被中华革命党误杀，年仅 31 岁。其通讯评论作品后辑为《远生遗著》4 卷存世。

黄远生是我国第一个因新闻采访和通讯写作而闻名的新闻记者，在实践中，他奠定了现代新闻通讯文体的基础，其采写的通讯被称为“远生通讯”。

“远生通讯”有以下一些特点：其一，题材重大，内容翔实。他的新闻通讯涉及的大都是重大政治新闻，或是人们欲知而不得知的内幕新闻。他经常出入政府要害部门，周旋于上层人物之间，访难访之新闻，取独家之报道。其二，分析深刻，见解独到。黄远生在新闻通讯写作上，对新闻背景、事件内幕的挖掘与分析入木三分。其三，文笔生动，亦庄亦谐。他的通讯大多涉及政坛人士，对他们的描绘生动形象，于诙谐中透出犀利。其代表作《外交部之厨子》，从一个余姓厨子的个人经历，写出世态的复杂、官场的腐败和革命的不彻底等。总之，黄远生的通讯既继承中国古代文史作品微言大义、真实生动的优良传统，又具备现代通讯的基本特点，集真实性、新闻性、生动性、评论性于一体，对后世影响深远。

黄远生正式从事新闻工作的时间并不长，只有三四年的光景，虽然没有提出系统的新闻理论，但也有一些理念散见于作品之中。主要有以下几点：第一，报纸应“主持公理，指斥时弊”。第二，新闻报道要客观、公正、真实、全面。第三，记者要加强自身修养和基本功训练，做到四能：“脑筋能想；腿脚能奔走；耳能听；手能写。”① 这既是黄远生对记者的要求，也是他自身经验的总结。因而，黄远生被称为“四能记者”。

邵飘萍（1886—1926），原名镜清、振青，字飘萍，浙江金华人(图 3-1)。13 岁中秀才，1902 年入浙江高等学堂。1912 年在杭州与著名报人杭辛斋合作创办《汉民日报》，任主编。后因抨击袁世凯阴谋复辟帝制和卖国罪行被捕；经营救出狱，逃亡日本，组织东京通讯社。1915 年初，日本向袁世凯提出灭亡中国的“二十一条”，邵飘萍立即驰报国内。1915 年底，他返回上海，应邀任《申报》《时报》及《时事新报》主笔，抨击袁世凯称帝。袁倒台后，邵接受《申报》聘请，担任该报驻北京特派记者，负责撰写“北京特别通讯”。1916 年 7 月，在北京创办新闻编译社，1918 年 10 月在北京创办《京报》，任社长，开始独立办报。1919 年因触怒段祺瑞政府，报纸被查封，邵被迫再次流亡日本，应聘《朝日新闻》工作。1920 年下半年，段下台后，邵回北京恢复《京报》。1924 年前后，秘密加入中国共产党，1926 年 4 月因反对张作霖，被定罪“宣传赤化”遭奉系军阀杀害。

图 3-1　邵飘萍

邵飘萍是民国时期非常著名的新闻记者，以善于采访著称，常能访到独家新闻。同时代的张季鸾曾评价说，“飘萍每遇内政外交之大事，感觉最早，而

① 黄远生：《忏悔录》，《东方杂志》第 12 卷第 11 期。

采访必工。北京大官本恶见新闻记者，飘萍独能使之不得不见，见且不得不谈。旁敲侧击，数语已得要领。其有干时忌者，或婉曲披露，或直言攻讦，官僚无如之何也”；还说，“中国有报纸52年，足当新闻外交而无愧者仅得二人，一为黄远生，一即邵飘萍”。[①] 邵在日常生活和工作中，随时处于“临战状态”，新闻触觉灵敏，关于第一次世界大战期间中德断交的重大新闻线索，就是他不经意间听到一个电话得来的。另外，广泛交游，随机应变，掌握对方心理，把握战机，都是他获得独家新闻的重要技巧和手段。他从事新闻工作14年，采写了许多重大新闻，具有代表性的有金佛郎案、府院之争等。

同遭奉系军阀杀害的记者还有林白水。林白水（1874—1926），福建闽侯人，曾留学日本，1901年开始投身报业。林早年倾向革命，袁世凯当政后任总统府秘书兼直隶省督军署秘书长，袁世凯倒台后又被委任参政院参政，1917年起开始专注于办报。他的文章，“或臧否时事，或月旦人物，夹叙夹议，文采飞扬，谈笑从容，庄谐杂出”[②]，他的文风个性鲜明，敢于发声，“每发端于苍蝇臭虫之微，而归结于政局，针针见血，物无遁形”[③]。林白水办报期间屡因揭露当权者黑幕而被捕入狱，1926年因文章抨击讽刺军阀张宗昌幕僚被捕杀。

民初名记者还有徐凌霄、刘少少等。徐凌霄，笔名彬彬、凌霄汉阁主。黄远生出走后，徐凌霄到北京接替做上海《申报》《时报》的驻京特派记者。他不仅长期为两报撰写北京通讯和随笔，还擅写小说、京剧剧评。他文学修养高，娴于经史，熟悉历史掌故，撰写的通讯文笔优美而富于情趣，深受读者欢迎。

刘少少，人称“怪杰”，原名鼐和，早年留学日本，1909年回国后即投身报业，取“少年中国之少年”之义，以“少少”为笔名。他撰写政论，鼓吹宪政，在新闻界崭露头角，武昌起义后活跃于湖南报界。袁世凯当政后，刘少少著万言书，斥责袁世凯内欺清室，外诬民党，卑劣非人。刘少少与黄远生、徐凌霄一道被称为“民初三大名记者”。

民初职业记者群体的诞生既是中国记者职业化的重要标志，也是中国报业

---

① 《京报特刊》1929年4月24日。

② 林伟功主编：《林白水文集》，福建省历史名人研究会林白水分会2006年刊行，序一，第1页。

③ 陈与龄：《林白水先生传略》，《东方杂志》第32卷第13期。

发展成熟的开始，显示出报业作为一种行业或职业的魅力。

第三节 “五四”新文化运动与报刊新阵线

中华民国成立后相当长一段时间，国内外形势十分严峻。国际上，日本帝国主义提出“二十一条”，加紧对华侵略。国内政治混乱不堪、民不聊生，帝制两度短暂复辟；思想文化界，康有为等清末改良派开历史倒车，竭力提倡封建道德和尊孔读经等旧文化，鼓吹复古思想。这种局面引起中国新一代先进知识分子的思索，他们从文化角度入手，欲以思想文化变革作为社会改革的开端。以陈独秀、李大钊、胡适为代表的知识分子利用报刊，掀起了一场声势浩大的改造国民思想和文化的启蒙运动，史称新文化运动。新文化运动以 1919 年上半年为界分前后两个时期。早期主要是思想文化领域的革命。随着俄国“十月革命”爆发、马克思主义在中国的早期传播，新文化运动从思想文化领域迅速向政治领域扩展。1919 年“巴黎和会”在西方列强操作下，拒绝中国代表的合理要求，与日本勾结，继续牺牲中国利益。消息传来，中国人民尤其是受新文化运动洗礼的中国学生出离愤怒，掀起中国近代史上著名的五四运动。在新文化运动滋养下，在五四运动推动下，中国形成了一个强大的报刊新阵线。

一、陈独秀、李大钊的办报活动

（一）陈独秀创办《新青年》，开展新文化运动

陈独秀（1879—1942），字仲甫，安徽怀宁人。早年考中秀才，后转向寻求西方新学，自 1901 年起多次东渡日本求学考察。同时，他还在国内外组织进步团体和报刊书社。清末协助章士钊等在上海创办《国民日日报》，担任编辑，与人合作创办《安徽俗话报》半月刊，并任主编。1914 年在日本东京协助章士钊编辑《甲寅》月刊，在报刊上发表时论，传播资产阶级民主革命思想，反对封建专制，激励国民志气，鼓励克服“奴隶根性”。1915 年夏，袁世凯复辟帝制，陈独秀毅然回国筹办《青年杂志》（1916 年 9 月改名为《新青年》），作为改造国民、开展思想革命的舆论阵地（图 3-2）。

《青年杂志》1915 年 9 月 15 日创刊于上海，16 开，月刊，每出满 6 号为一卷，陈独秀主编，上海群益书店印刷发行。该杂志的发展可分为两个阶段：第

图 3-2 《新青年》

一阶段（1915 年 9 月—1920 年 5 月），杂志高举科学、民主的旗帜，向封建专制主义文化进行猛烈攻击，成为新文化运动的先锋。这一阶段又分为陈独秀独立编辑时期（1915 年 9 月—1917 年 12 月）和北京大学教授轮值主编时期（1918 年 1 月—1920 年 5 月）。① 第二阶段为共产主义刊物时期（1920 年下半年—1926 年终刊），② 此阶段专门进行马克思主义理论宣传，对中国共产党的成立和发展发挥重要作用。

陈独秀以《敬告青年》为发刊词，在中国思想混乱时期，竖起民主和科学的大旗，对青年提出“自主”“进步”“进取”“世界”“实利”“科学”六项要求和期待，但因曲高和寡，《新青年》出版不久即停刊。1916 年段祺瑞上台，康有为大力鼓吹尊孔复古，提出要把“孔教”定为“国教”写入宪法。在这股

---

① 1917 年初，陈独秀受蔡元培之聘担任北京大学文科学长，《新青年》随之迁到北京大学，次年 1 月第 4 卷 1 号开始改为同人刊物，实行轮值主编制，由陈独秀、钱玄同、刘半农、胡适、李大钊、沈尹默轮流编辑。

② 《新青年》从 1920 年 9 月第 8 卷第 1 号起改组为上海共产主义小组的机关刊物。1922 年 7 月出至第 9 卷第 6 号休刊，前后共出 54 号。1923 年 6 月 15 日，《新青年》改为季刊，作为中共中央理论性机关刊物继续在广州出版，至 1926 年 7 月终刊。

逆流思潮面前，陈独秀恢复出版《新青年》，发动了一场以反对旧道德提倡新道德、反对旧文学提倡新文学为主要内容的新文化运动，旗帜鲜明地提出以下主张：

第一，提倡自由民主，反对封建礼教。针对康有为等人的谬论，《新青年》先后发表易白沙的《孔子平议》、陈独秀的《宪法与孔教》《复辟与尊孔》《驳康有为致总统总理书》、吴虞的《打倒孔家店》等一系列政论文章，指出“孔子之道，不适合现代生活”“主张尊孔，势必立君，主张立君，势必复辟”。鲁迅、李大钊等也发表文章反对尊孔复辟。

第二，提倡科学，反对迷信。《新青年》利用科学观点反对封建迷信，痛斥所谓“灵学”，发表了一系列文章，如陈独秀的《有鬼论质疑》《偶像破坏论》、易白沙的《诸子无鬼论》等文，进行无神论宣传，从多方面论证鬼神为无稽之谈，尖锐指出“鬼神之势大张，国家之运告终”。

第三，倡导“文学革命”和“白话文运动”。《新青年》先后发表胡适的《文学改良刍议》和陈独秀的《文学革命论》，提倡言之有物的平民文学、明了通俗的社会文学，反对无病呻吟、陈腐铺张的贵族文学。随着胡、陈文章的发表，鲁迅、钱玄同、刘半农、周作人等许多进步人士积极响应，鲁迅在《新青年》发表的《狂人日记》《孔乙己》《药》等一系列具有独特风格的白话文学作品，彰显了文学革命的实绩。《新青年》成为全国推进白话文的重要阵地。

（二）李大钊运用《新青年》宣传马克思主义

新文化运动中，李大钊在《新青年》等报刊上接连发表文章热情歌颂十月革命，宣传马克思主义，如《法俄革命之比较观》《庶民的胜利》《Bolshevism的胜利》[①] 等，赞扬十月革命“是世界革命的新纪元，是人类觉醒的新纪元”[②]，坚定地认为中国必须走俄国十月革命的道路。他满怀信心地预言：“试看将来的环球，必是赤旗的世界!”[③] 1919 年，李大钊把他轮值主编的《新青年》第 6 卷第 5 号编成《马克思主义研究专号》，撰发长篇论文《我的马克思主义观》，第一次系统介绍马克思主义的三大组成部分，即政治经济学、科学社会主义和唯物史观，向读者推荐马克思主义是“世界改造原动的学说”，把读者的眼光引导到这一伟大的革命学说上来，将新文化运动推向新阶段。

---

① Bolshevism，即布尔什维主义。

② 《新纪元》，《李大钊全集》第 2 卷，人民出版社 2006 年版，第 268 页。

③ 《Bolshevism 的胜利》，《李大钊全集》第 2 卷，人民出版社 2006 年版，第 263 页。

在《新青年》带动下，各种提倡民主、科学，反对旧道德提倡新道德的刊物纷纷创办，许多联系实际、提倡思想解放和社会进步的刊物应运而生。

（三）《每周评论》创办及其对五四运动的宣传报道

《新青年》进入北京大学后成为理论刊物，“重在阐明学理”，出版周期相对较长，无法指陈时事。面对日益复杂的国际国内形势，陈独秀、李大钊等人决定创办一份周刊，“重在批评事实”。1918 年 12 月 22 日，4 开 4 版的《每周评论》在北京诞生。《每周评论》的宗旨是“主张公理，反对强权”，是一份以评述时事、发表政论为主的政治时事评论周报，1919 年 8 月 31 日被北洋军阀政府查封，共出 37 期。第 1 至 25 期由陈独秀主编，宣传反帝反封建思想，并倾向社会主义；第 26 至 37 期由胡适主编，转向实证主义，挑起“问题与主义”的论争。

《每周评论》内容丰富，议论精辟，栏目多样，辟有“国外大事述评”“国内大事述评”“社论”“文艺时评”“随感录”等 12 类。这些栏目把思想文化斗争和政治斗争紧密结合，具有强烈的时事政治性。五四运动爆发后，《每周评论》对运动给予大力支持，发挥积极的舆论先导作用。从 5 月 11 日第 21 期起，接连 5 期用全部或大部分篇幅，有时还增出专页，详细报道五四运动的经过和前因后果，刊载关于群众运动的详细报道，发表支持群众正义斗争的评论，迅速传播中国人民“外争国权，内惩国贼”的呼声。

《每周评论》是中国新闻期刊性媒体的前驱，所产生的巨大舆论宣传作用引起当时知识分子的关注与效仿。随后，孙中山 1919 年 6 月 8 日在上海创办《星期评论》，梁启超 1919 年 9 月在北京创办半月刊《解放与改造》，毛泽东 1919 年 7 月在湖南创办《湘江评论》等。

二、毛泽东、周恩来的早期办报活动

随着新文化运动的深入发展和五四运动的强大推动，一批进步学生报刊如雨后春笋般出现，1919 年一年内就达 400 种之多。影响较大的有北京大学学生组织“新潮社”出版的《新潮》杂志、北京学生救国会出版的《国民》杂志、瞿秋白等编辑的《新社会》旬刊、少年中国学会出版的《少年中国》杂志和恽代英主编的武汉《学生周刊》等。毛泽东主编的《湘江评论》、周恩来主编的《天津学生联合会报》是其中的代表。

《湘江评论》，1919 年 7 月 14 日创刊于长沙，是湖南学生联合会机关报，毛泽东主编。它是一份小型的宣传新思潮的时事政治性周刊，以“研究、传播新思潮”为宗旨，重点评论国内外大事，全部使用白话文。毛泽东撰写的长篇政论《民众的大联合》曾连续刊载在《湘江评论》第 2、3、4 期上，反映了他革命统一战线思想的萌芽。该文曾被许多报刊转载、推荐，是一篇具有全国影响的历史文献。该刊第 1 期印行 4 000 份，从第 2 期起增印 5 000 份，除湖南外，上海、北京、武汉、广州、四川等地都有它的读者。李大钊评价它是全国最有分量、见解最深的刊物。1919 年 8 月上旬，该刊第 5 期正付印时，被湖南军阀张敬尧武力查封。《湘江评论》与《每周评论》《星期评论》齐名，被称为五四时期“三大评论”。

《天津学生联合会报》，1919 年 7 月 21 日创刊，是天津学生联合会创办的一份大型报纸，周恩来主编。该报初期日出对开一大张，主要发行于北京、天津、上海等地，平时日销 4 000 余份，最高日销达万份以上。出版仅两个多月，9 月 22 日就被反动当局查封。经过斗争于 10 月 7 日复刊，改出三日刊，直至 1920 年初停刊，共出 100 多期。该报在领导天津学生反帝反封建斗争中起过重要作用，读者称赞该报是天津的“新曙光”，评价它是“全国的学生会报之冠”。

三、新文化运动中的新闻变革

新文化运动时期的报刊不论形式还是内容都有一系列的变革，这些变革既适应社会变化，又促进社会改革。

（一）自由讨论风气的出现与政论的发展

报刊自由讨论风气的形成。在《新青年》等宣传新文化报刊倡导下，报刊冲破封建统治桎梏，提倡科学，推动思想解放，使社会形成自由讨论的民主风气。报刊成为百家争鸣的园地，它们把形形色色的观点展现在人们面前，相互映衬，互为补充，形成思想交锋和论战的风气。

政论传统的恢复与“述评”体裁的发展。五四时期自由讨论之风兴起，也带来政论的恢复与繁荣。各家报刊广泛采用社论、专论、代论、来论、外论等多种形式发表论说，打破袁世凯当政时期报刊万马齐喑的沉闷局面。《每周评论》《湘江评论》等常用“述评”和“时评”形式来评论国内大事，夹叙夹议、思想深刻、针对性强，在舆论引导方面效果显著。

（二）新文风的倡导与推广

报刊开始使用白话文。晚清时期，曾出现过少量白话报刊，影响不大。总的来看，新文化运动之前，文言文是我国知识界通用语体。《新青年》提倡白话文后，身体力行，逐渐用白话文写作，一定程度上影响了当时报业，对中国白话文的普及作出历史贡献。

新式标点符号的推广。在推广白话文的同时，《新青年》还提倡使用新式标点符号，公布《本志所用标点符号和行款的说明》，规范、统一所使用的标点符号。后来，许多报刊也都相继采用这套新式标点符号。

（三）新闻业务的改进

为获取重要新闻，一些有实力的报馆开始重视国际新闻采访，他们聘设特派记者，增辟国内外新闻来源，促使新闻记者群体迅速扩大。巴黎和会期间，胡政之等中国记者亲临现场，发回大量报道。1920 年秋，北京《晨报》和上海《时事新报》合筹经费，向美、英、法、德、俄 5 国一次派出 7 名特派员，开辟国外新闻来源。其中派往俄国的瞿秋白、俞颂华、李宗武 3 人，成为我国采访报道列宁领导的苏维埃俄国实际情况的第一批新闻记者。1920 年 11 月周恩来赴欧洲留学，在《益世报》上连续发表 56 篇旅欧通讯，深刻反映当时欧洲的革命形势、旅欧华人的斗争和中国留学生的艰苦生活，为这一时期的国际新闻通讯增添了光彩。

报纸版面编排在这一时期也有大的改进。首先，头版头条突破原有标准，原先的“大总统令”已被最新发生的国内外重大新闻所取代。其次，版面分栏多样、专栏增多且有新意，报刊出现各种时事述评专栏，还有“要闻”“社论”“随感录”“新文艺”“通信”“译丛”“国内劳动状况”“新刊批评”等比较新鲜的栏目。再次，版面行款改革。这一时期，钱玄同首次提倡汉字竖写改为横写、报刊竖排改为横排。《新青年》对其部分内容进行横排尝试，并在文章分段、每段起头空两格、横行排版等方面进行重大改革，使报刊版面豁然醒目，极大地方便了读者阅读，对后来版面编排影响深远。

在报刊文体创新方面，除政论文恢复和创新外，新闻通讯大放异彩。为了及时报道爱国群众运动，出现了一种“小通讯”，既尊重新闻性，又适当地运用一些文学手法。

（四）报纸副刊的革新

清末以来，中国报纸副刊基本以“报屁股”自限，作为供人消遣的“雅兴园地”，文化品位不高。五四时期的新思想为报纸副刊带来革命性变化，既是形式上的变化，也是内容上的变化，更是副刊在价值观念上的一次飞跃与转变。许多报纸副刊改变以前低级趣味的风格，变成介绍新思想新知识新文艺、反对封建思想文化、传播马列主义、传播新文化的重要阵地，出现了颇有影响的“四大副刊”，即上海《时事新报》的《学灯》、《民国日报》的《觉悟》，北京《晨报》的《晨报副镌》、《京报》的《京报副刊》。在它们的影响下，各地报纸副刊都不同程度地进行了改革。

第四节 中国共产党报刊的诞生

一、马克思主义早期传播与共产主义刊物出现

早在中国共产党成立之前，初具共产主义思想的知识分子，如陈独秀、李大钊等已开始创办报刊宣传马克思主义，并运用马克思主义来观察新闻事业和指导自己的新闻实践。这期间共产国际等组织也派人来华帮助中国共产主义者创建政党和创办刊物，他们不仅传授创建政党的经验，也传授国际无产阶级新闻思想和办报经验。同时，赴苏采访的瞿秋白，到法勤工俭学的蔡和森、周恩来，以及到莫斯科东方大学学习的赵世炎等人，在参与国际无产阶级报刊实践中，学习研究马克思、恩格斯和列宁新闻思想，并将这些思想带回到中国。随着共产主义组织活动的开始和马克思主义新闻思想在中国的传播，中国出现了最早的共产主义刊物。

（一）《新青年》改组

中国最早出现的共产主义刊物是改组后的《新青年》。

陈独秀 1919 年 6 月 11 日因散发《北京市民宣言》传单被捕入狱，经多方营救于 9 月 16 日获释。获释后的陈独秀辞去北京大学文科学长职务，回上海前决定将《新青年》迁到上海。12 月，陈独秀在《新青年》第 7 卷第 1 号上发表《本志宣言》说，“我们相信世界上的军国主义和金力主义已造了无穷罪恶，现在是应该抛弃的了”，宣布抛弃封建主义和资本主义是《新青年》向共产主义转变的开始。

1919 年 6 月 3 日爆发的“六三”运动是中国工人阶级第一次以政治罢工进行反帝反封建的斗争，此后陈独秀开始研究劳工问题。1920 年 2 月，他秘密离

开北京来到上海，在共产国际帮助下开始筹建中国共产党上海发起组。当年5月，《新青年》出版的第7卷第6号成为“劳动节纪念号”，上面刊载陈独秀写的《劳动者底觉悟》和李大钊写的《“五一”运动史》，还以大量篇幅反映各地工人阶级生活和斗争情况。“劳动节纪念号”的出版是《新青年》宣传马克思主义与工人运动相结合的里程碑，表明《新青年》同人中的激进民主主义者逐渐与无产者接近，向无产阶级立场转变，从而也促使《新青年》的共产主义因素不断增长，向最终转变为共产主义刊物迈进一大步。

在共产国际代表帮助下，中国共产党上海早期组织于1920年7月正式成立，陈独秀为负责人。这年9月出版的《新青年》第8卷第1号成为中国共产党上海早期组织机关刊物。这一期《新青年》发表陈独秀《谈政治》一文，表示与无政府主义划清界限，拥护无产阶级革命和无产阶级专政。从这一期起，《新青年》还开辟“俄罗斯研究”专栏，译载有关苏俄革命理论和实践的各种材料，介绍苏俄政府各种政策，表明《新青年》的转变基本完成，由宣传新文化的启蒙刊物转变为共产主义刊物。

（二）《共产党》月刊创办

《共产党》月刊是中国共产党上海早期组织1920年11月7日创办的半公开理论性机关刊物，是中国第一个有影响的共产主义刊物，由李达①主编。该刊至1921年7月止，共出6期。《共产党》月刊大力宣传有关共产党建设的知识，介绍俄国共产党的经验和列宁的著作，论述中国革命道路和即将诞生的中国共产党的纲领策略，向工农兵群众宣传马克思主义和共产主义，报道国内工人运动的发展。该刊第一次在中国竖起“共产党”的大旗，喊出“共产党万岁”的口号，阐明共产党人的基本主张，并进行关于中国革命问题的初步探讨。

此外，在中国共产党正式成立之前，各地共产党筹备组织尝试性地出版多种面向大众、启发觉悟的通俗读物。比较重要的有中国共产党上海早期组织1920年8月创办的《劳动界》，中国共产党北京早期组织11月创办的《劳动音》，中国共产党广东早期组织10月创办的《劳动者》。这些刊物虽然理论粗浅、刊行时间不长、影响不大，但伴随着它们的出版，共产主义开始在中国传

① 李达（1890—1966），中共“一大”代表，著名马克思主义哲学家，新中国成立后，曾任湖南大学、武汉大学校长。

播，中国共产党的无产阶级政党性质在理论上得以确立。

二、中国共产党机关报的创办

（一）蔡和森与《向导》周报

中国共产党从诞生之初就十分重视新闻宣传工作，《中国共产党第一个决议》中第二部分就是关于宣传工作的，规定从中央到地方每个组织均有权出版通报、日报、周刊、传单和通告。[①] 1922 年中共“二大”召开后，决定创办《向导》周报作为中共中央政治机关报。《向导》1922 年 9 月 13 日在上海创刊，第 6 期起迁北京出版。1926 年奉系军阀进京后，加紧迫害共产党，《向导》又先后迁至广州、武汉等地。《向导》经费大部分来源于共产国际，当时共产党的主要领导人大多参与过该刊编辑工作。蔡和森是第一任主编，陈独秀、李大钊、毛泽东、罗章龙、赵世炎等是主要撰稿人。1925 年 6 月，蔡和森因病离职，由当时中宣部主任彭述之兼任主编；1927 年 4 月，由中共中央负责宣传工作的瞿秋白兼任主编。1927 年 7 月大革命失败后，《向导》被迫停刊，共出版 201 期。

作为中国共产党第一个正规出版的机关刊物，《向导》历经了国共合作从建立到破裂，第一次大革命兴起到失败的全过程。该刊一直秉承中国共产党的宗旨，严格按照党的纪律组织宣传活动。创办之初，《向导》集中宣传中共“二大”制定的民主革命纲领——打倒帝国主义，打倒封建军阀，统一中国为真正的民主共和国。1923 年 6 月，中共“三大”确立了与国民党建立革命统一战线的政策，《向导》便把统一战线政策作为宣传重点。为了推动实现国共合作，《向导》反复阐明民主革命时期建立统一战线的重要性和可能性，以及关门主义对革命的危害性，促成国共合作早日实现；国共合作后，继续大力宣传统一战线思想。

《向导》最初发行量 1 000 份左右，后逐渐上升，增加到每期 2 000 份，到 1926 年为 5 万份，武汉时期，最高发行量达到 10 万份。读者称赞《向导》是当时中国新闻界“真敢替受压迫的工农阶级呼冤而确能指示民众以革命大路”[②] 的唯一报刊，把《向导》看作“黑暗的中国社会的一盏明灯”[③]。1925

---

① 中央档案馆编：《中国共产党第一次代表大会档案资料》，人民出版社 1982 年版，第 3、4 页。

② 《读者之声》，《向导》第 176 期。

③ 雅零：《安福政府查禁本报的反响：雅零致向导报记者》，《向导》第 104 期。

年 1 月，中共“四大”高度评价《向导》：在中国民族革命运动中，党中央机关报《向导》“立在舆论的指导地位”。①

蔡和森（1895—1931），湖南湘乡人。1918 年同毛泽东等人在长沙组织新民学会。五四运动后赴法国勤工俭学；1921 年在法国与周恩来、赵世炎等人发起组织“旅欧中国少年共产党”，年底被法国当局强行遣送回国。回到上海后，他加入中国共产党。蔡和森有很高的马列主义理论修养，他的文章能抓住重要的现实问题，提到理论高度来分析，具体生动地宣传党的纲领和政策。他勤于写作，以忘我之精神投入到党的宣传工作中，在其担任《向导》主编两年八个月期间，为该刊写作五六十万字。

（二）恽代英、萧楚女与《中国青年》

中国共产党报刊创办的同时，社会主义青年团报刊也创办起来。中国共产党先有中央机关报，后有地方党组织机关报，而青年团是先有地方组织机关报，后办中央机关报。中国社会主义青年团第一个报刊是北京社会主义青年团 1922 年 1 月 15 日创办的《先驱》半月刊。1922 年 5 月，中国社会主义青年团中央机构建立，《先驱》改组为团中央第一个机关报，邓中夏任主编。该刊每期 4 开 4 版，前后出版 25 期，1923 年 8 月 15 日停刊。两个月后，1923 年 10 月 20 日中国社会主义青年团于上海另行出版新的团中央机关报《中国青年》，恽代英、萧楚女先后任主编，林育南、邓中夏、任弼时、李求实、张太雷等参加过编辑工作。1927 年 10 月被迫停刊。该刊以青年为对象，以“为革命的青年做革命的指导”为宗旨，关心青年切身利益，结合青年思想特点，回答和解决当时青年和青年运动中遇到的各种理论问题和实际问题，帮助他们寻求正确答案。该刊积极配合《向导》等中共党报宣传马克思主义，宣传党的路线、方针、政策，对国内外重大政治事件发表评论，并特别注意与各种反动思想做斗争，以提高广大青年的政治觉悟，增强他们辨别是非的能力，从而更加坚定地投身于反帝反封建革命斗争。

三、中国共产党早期理论宣传家瞿秋白

瞿秋白（1899—1935），江苏常州人，中国共产党早期主要领导人之一，

① 中国社会科学院新闻研究所编：《中国共产党新闻工作文件汇编》上，新华出版社 1980 年版，第 18 页。

卓越的无产阶级革命家、理论家和宣传家。1917 年 9 月考入北京俄文专修馆学习，后参加五四运动，加入马克思学说研究会等组织。同年 11 月，他和郑振铎等人创办《新社会》旬刊，宣传民主主义思想，向往十月革命后的苏俄。后来《晨报》《时事新报》选派驻外记者时，他被派往苏俄。在苏俄两年时间里（1921 年初到 1922 年底），他采写了《共产主义之人间化》等数十篇新闻、通讯，还出版了著名通讯报告集《饿乡纪程》《赤都心史》等。瞿秋白的作品真实深刻地报道了第一个社会主义国家初期的状况，增进了中国人民对十月革命、苏维埃政权、马克思主义、列宁和布尔什维克党的了解，在青年读者中产生巨大影响。

瞿秋白于 1922 年 2 月在苏俄加入中国共产党。1923 年回国后，成为中共中央领导人之一，是中共早期新闻事业的缔造者，先后主编《新青年》季刊、《前锋》月刊、《向导》周报、《热血日报》和《布尔什维克》杂志（1927 年）等。1934 年 2 月到中央苏区就任工农民主政府人民教育委员会委员，并任《红色中华》报社长和主编。1934 年 10 月，中央红军长征，瞿秋白因病留在江西坚持斗争，次年在转移途中被捕，6 月 18 日在福建长汀就义。瞿秋白几乎参加了 1935 年之前中共创办的所有重要刊物的工作。他所主编的刊物重视马克思主义理论宣传，在加强党的理论建设方面作出了重要贡献。

《新青年》季刊，1923 年 6 月 15 日在广州出版，共 5 期，以宣传马列主义理论为基本任务。其主要内容可分为三个方面：一是介绍马列主义有关著作和国际无产阶级革命运动的经验，出版共产国际号、列宁号、世界革命号等专号；二是从理论上论证中国共产党在民主革命中的纲领和主张；三是参加“科学与人生观”的讨论，发表陈独秀、瞿秋白等人的文章，批评唯心主义观点，宣传辩证唯物主义与历史唯物主义。

《前锋》，1923 年 7 月 1 日在上海创刊，假托在广州出版，原定为月刊，实际未能按期出版，共出版 3 期。它的基本任务是，通过对中国及世界政治经济形势的分析，宣传中国共产党的纲领和主张，通过对中国社会各阶级的分析，论证建立革命统一战线的必要性和可能性等。它重视调查研究，采用大量统计数字，具有鲜明的理论色彩。

《热血日报》，中国共产党的第一份日报，1925 年五卅运动期间（6 月 4 日）创办，铅印 4 开，设有“社论”“本埠要闻”“国内要闻”“紧要消息”“国际要闻”“舆论之制裁”等栏目和副刊《呼声》。它发表大量新闻和评论，及时报道上海工商界群众的斗争，评述运动在全国开展的形势，揭露帝国主义在中国的暴行，传播国际进步势力支持中国人民的信息。它同《向导》周报相配合，特别在时效性上弥补了《向导》的不足，对五卅反帝爱国运动起到指导作用。《热血日报》受到群众的热烈欢迎，出版 10 天后，日销量就达到 3 万份，每日收到来稿来信数以百计。6 月 27 日，出版第 24 期后被迫停刊。

第五节　新闻传播的职业化

一、民营报纸的企业化发展与现代化管理

（一）民营报业的企业化发展

第一次世界大战期间，中国民族资本主义工商业获得短暂发展机会。与此同时，北洋政府颁布了一系列促进社会经济发展的政策、条例、法令，使得中国社会风气大为改观，“建设我新社会，以竞胜争存”成为当时流行话语。爱国热情、提倡国货、振兴实业三者交融，成为一种潮流，财政、金融、工矿、交通、商业、贸易的发展带动了民营报纸企业化进程。

在上海，《申报》《新闻报》等一批老牌商业报纸发展非常迅速。《申报》全部股权 1909 年被华人经理席子佩购买，这张著名大报从此回归国人手中。1912 年春，史量才、张謇、陈陶遗、应季中、赵竹均五人又从席子佩手中购下《申报》产权，合股经营，张謇任董事长，史量才任社长。其后，经过一场诉讼风波，① 其他股东退出，史量才独资经营，继续走企业化道路，几年后大有起色，无论是发行量还是盈利，大大超过美查经营时期。《新闻报》在汪汉溪父子精心经营下稳步发展。进入 20 年代后，两报进入新的发展期，销数急剧上升：《申报》1921 年销数为 4. 5 万份，至 1926 年底，达 14. 1 万份；《新闻报》1921 年销数近 5 万份，1923 年达 10 万份，到 1926 年达 14. 1 万余份，接近该报历史最高水平（15 万份）。

这一时期，上海还有一批商业性报纸获得较大发展。其中突出的是《时

---

① 1912 年史量才等人以 12 万元向席子佩购买《申报》产权，1915 年，席子佩因产权交割履行中的细节问题，向上海公共租界会审公廨起诉，要求赔偿经济损失。会审公廨判新主人败诉，赔偿前主人 24. 5 万元，否则，报纸仍归前主人所有。其他合股人纷纷退出，史量才设法凑足偿银，保住报纸。

报》《时事新报》。它们与《申报》《新闻报》一道被称为当时上海的“四大报”。

在北京，成舍我创办的“世界报系”也步入企业化发展轨道。成舍我（1898—1991），原名成勋，又名成平，笔名舍我，原籍湖南湘乡，曾在上海《民国日报》任校对、助理编辑，在北京《益世报》任编辑、总编辑。他于1924年4月16日创办《世界晚报》，1925年2月10日创办《世界日报》，同年10月1日出版单张《世界画报》，在业务上走特色发展道路。《世界晚报》标榜“主张公正，消息灵确”；《世界日报》以军事政治新闻为主，兼重教育新闻；《世界画报》先以时事照片为主，后以美术作品为主。注重办副刊，聘名人担任主编，努力提升质量；日报副刊《明珠》，晚报副刊《夜光》，均由张恨水主编，刊登文学名家作品。成舍我还重视经营管理，节约成本，加强内部管理，把印刷、发行、广告等工作组织得井井有条。《世界日报》日销量达3.5万多份，居当时北京各报之首位。

北京企业性报纸发展较好的还有邵飘萍主持的《京报》与林白水主持的《社会日报》等。

在天津，《大公报》连续出版。1916年9月，创办于清末、以“敢言”著称的《大公报》，由原股东之一王郅隆盘购，聘胡政之为经理兼总编辑。王郅隆对胡政之完全信任，胡政之对《大公报》尽心尽力。1917年1月3日，胡政之在《大公报》上发表元旦寄语《本报之新希望》，表明他决心继承发扬该报光荣传统：“本报之历史，一奋斗之历史也……窃不自量其绵薄，欲举吾报奋斗之历史而广大之，以应时世之潮流，以求长足之进步。”的确，在胡政之全权操办下，《大公报》不仅继承了英敛之时期爱国立场和敢言传统，追求“以言论报国，为民众代言”，对国家内政外交大事发表独到深刻的言论，而且在版面革新、新闻记事方面也有不俗表现和卓越建树。尤其是1919年，《大公报》开辟“巴黎专电”“巴黎和平会议之通信”专栏，刊登胡政之从巴黎发回的“专电”“通信”，系统详尽报道巴黎和会消息。1920年8月12日，王郅隆宣布与《大公报》脱离关系，退出股本，将股权交给其子王景珩。同日，胡政之也刊登启事，“将大公报主笔兼经理职务概行辞退”。此后，《大公报》内部“派系”纷争日益严重，加之管理混乱，营业年年亏损，难以为继，于1925年11月27日停刊。

《大公报》停刊9个月后，吴鼎昌、胡政之、张季鸾三人合伙组成“新记公司”，吴鼎昌任社长，胡政之任总经理兼副总编辑，张季鸾任总编辑兼副总经理，买下该报全部资产，于1926年9月1日续刊，史称新记《大公报》。

吴鼎昌（1884—1950），字达诠，笔名前溪，四川成都人，1901年获官费赴日本留学，1910年学成回国沉浮于财政两界。胡政之（1889—1949），名霖，字政之，四川成都人，1907年自费留学日本，在东京帝国大学攻读法律，1911年学成回国，做了一段短时期的律师工作后开始从事新闻工作，编辑、经理均在行，尤以管理见称。张季鸾（1888—1941），名炽章，原籍陕西榆林，出生于山东邹平，1905年考取官费留学日本，1911年回国，从事新闻工作。他文史功底扎实，笔头硬，文章写得很漂亮。吴鼎昌、胡政之、张季鸾三人合作复活《大公报》时，都已年届不惑，且“投身报业率十余年”。尤其是张季鸾、胡政之经过在新闻界十余年的挣扎奋斗，得到的多为办党派报刊失败的教训，因而在接办《大公报》后，提出所谓“不党”“不卖”“不私”“不盲”的办报方针，强调报纸的独立性，对报馆实行企业化管理，使这家一度破产的报纸续刊后获得成功，很快从天津走向华北乃至全国，一跃成为极有影响的全国性大报。

20年代天津地区比较有名的企业性报纸还有《益世报》等。

（二）报业现代化管理

民营报纸发展，得益于现代管理。清末民初，资本主义企业经营方式逐渐在中国流行，从资金来源、机构设置到内部管理等方面，将现代化管理机制运用在包括报业在内的各行业中，加速了企业的现代化进程。当然，与其他行业一样，报业现代化进程的开始阶段也带有明显的自给自足的小农经济痕迹。

第一，股份制经营方式得到确立与发展。1872年第一家官督商办企业——轮船招商局采用股份制创办，为中国近代自办股份制企业之始。该局主管唐廷枢主持创办了上海第一家国人自办报纸《汇报》。在他提议下，该报也采用了股份有限公司的形式，为中国股份报业之首。后来，上海《字林西报》《文汇报》《新闻报》等在20世纪初均改组为有限公司。《申报》在1889年美查回国前夕也完成公司转型，由个人经营改组为股份有限公司，并在史量才收购后，迈入现代化建设之路。新记《大公报》是一个资金股和劳力股综合的股份制企业，吴鼎昌出资5万元，胡政之、张季鸾以劳力入股，组成新记公司经营《大公报》。

第二，资金来源渠道拓展，有个人投资、独立机构投资等。民国建立后，一些报人依然靠个人投资创办报纸，但这些人的目的多不在政治，而在报纸本身，希望成为名副其实的企业家报人。如成舍我创办《世界晚报》，主要靠自己积攒下来的200元大洋起步；董显光办报，也是靠多年积攒下的2 000元大洋。不过，由于个人积累不丰，个人投资资金少、后续资金短缺，很容易在报纸还没有立足时就被迫停刊，这是中国民营报纸的短板。独立机构即非党派机构投资，同样是民国初期报刊资金重要来源。比如1926年新记《大公报》的启动资金5万元，就是吴鼎昌从“四行储蓄会”的“经济研究经费”中列支的。

第三，专业化的报馆组织结构出现。报馆组织结构，即报社内部机构设置和职能分配，这是衡量新闻业专业性与职业化的重要方面。到20世纪初，报馆机构逐渐完善，建立了符合现代报馆经营的营业部、编辑部与印刷部三大主体结构。

报馆人事安排，一般来说最高为总经理，负责协调整个报馆编辑、经营、印刷三方面工作。其次为编辑部的总编辑或总主笔，然后是编辑长，也叫理事编辑。编辑长是编辑部最繁忙的职务，指挥馆员，考核访员。编辑长之下有要闻编辑、地方编辑、特派员、驻国内或国外的特约通讯员以及驻外埠的专职或兼职访员，还有翻译、校对和译电人员。

第四，企业人事、福利制度渐趋系统和完善。《新闻报》对员工请假、奖惩、福利待遇等都有比较详细的规定。新记《大公报》对老员工赠送劳力股，除年资加薪外，还有退职赡养金、子女教育补助费、婚丧补助费、医药补助费等。《申报》除了专门的考勤办法外，还制定了如《本馆同事婚丧喜庆送礼简约》之类的规定，对同事及其家人的婚丧嫁娶送礼提出“切忌靡费”的倡议。可见，以上大报馆比较重视企业内部文化建设。

二、通讯社的出现与初步发展

中国最早的通讯社是1871年路透社在上海设立的远东分社。根据前一年哈瓦斯社、沃尔夫社和路透社三大通讯社签订的划分报道范围的协定，远东地区归路透社所有。此后，路透社一度垄断了中国的国际报道。

国人最早创办的通讯社是1904年广州骆侠挺创办的“中兴通讯社”，主要向广州、香港两地报刊发稿。之后又有几家规模不大的通讯社出现。由于当时中国报业并不发达，通讯社从人员到技术都十分落后，所以直到民国成立前，中国通讯社事业一直不发达。

国人最早在海外创办的通讯社是远东通讯社，1908 年由清朝政府驻比利时使馆随员王慕陶、王侃叔创办，得到清驻比利时公使李盛铎的赞助，接受清朝政府外交部津贴，在国内一些大城市聘有通讯员。该通讯社主要向欧洲各国提供中国通讯，同时也将欧洲重要消息向国内各大报社发稿。该通讯社的设立，向国际传播了中国国内的真实情况，取得国际舆论支持，客观上也协助了中国的外交事宜。清政府被推翻后，该社停止活动。

民国初年，通讯社数量逐渐增多，但仅有极少数通讯社业务比较突出。如邵飘萍主办的东京通讯社和新闻编译社。东京通讯社是邵飘萍于 1915 年 7 月在日本留学期间创建的，专门为京、沪报纸提供东京通讯。它曾首先向国内读者披露袁世凯政府和日本政府秘密商议中的“二十一条”详细内容，对国内反袁斗争起到一定的推动作用。新闻编译社由邵飘萍 1916 年 8 月在北京创办，以消息迅捷闻名，每天晚上发稿一次，内容有本社采写的消息和翻译的外电两部分，每日总有一两篇特殊稿件，颇得各报好评。

进入 20 世纪 20 年代，通讯社有了较大发展，数量有所提升，出现了影响较大的通讯社。据戈公振统计，到 1926 年，全国共有通讯社 155 家，北京最多，武汉次之，其中较重要的是 1921 年成立的国闻通讯社和 1924 年成立的申时电讯社。

国闻通讯社，1921 年 9 月由胡政之创办于上海，是 20 年代较有影响的民营通讯社，北京、汉口、天津等处皆有分社。1924 年 8 月 3 日《国闻周报》创办，评述国内外大事。1936 年 4 月 1 日，《大公报》在津、沪两地同时出版，国闻通讯社人员充实了两社编辑采访力量。国闻通讯社至 1936 年停办，《国闻周报》出至 1937 年 12 月停刊。

申时电讯社，1924 年初设于上海，1928 年正式成立，由《申报》经理张竹平创办，是 20 年代较有影响的民营通讯社。初办时主要由《申报》《时事新报》两报编辑记者在工作余暇将所得中外电讯摘要编译，供外地有关系的报纸采用。1928 年该社进行改组，厘定章程、扩充资本、扩大规模、重新组织，另聘专职人员，分别编发中、英文电讯，业务蒸蒸日上，发展迅速。

1924 年 4 月 1 日，国民党在广州成立“中央通讯社”，简称“中央社”。1926 年 7 月国民革命军开始北伐，“中央社”曾派出随军记者，逐日报道有关北伐的军事消息。1927 年北伐军攻克南京，5 月“中央社”由广州迁往南京，由国民党“中央宣传部”主管。

中国共产党通讯社事业创始于中共成立前，主要是为了传播马克思列宁主义，宣传人民革命和工人运动，最早的是1920年在上海成立的华俄通讯社。中国共产党成立后，先后创办了人民通讯社（1921年在湖北）、劳动通讯社（1923年在北京）、国民通讯社（1925年在上海）等。

三、无线电广播的出现

1923年1月23日，美国记者奥斯邦联合一名日本华侨在上海创办了中国无线电公司，与英文《大陆报》合作办起“大陆报—中国无线电公司广播电台”，呼号XRO，发射功率50瓦。这是中国最早出现的无线广播电台。内容有英文《大陆报》提供的国内外新闻、娱乐节目，周日播出宗教节目。该台没有经过中国政府批准，因此很快被取缔，当年4月停止播音。这家广播电台存在时间虽短，但在上海听众中引起了一阵“无线电热”，不少外商纷纷仿效，开办广播电台。此阶段外商创办广播电台的目的是为推销收音机和其他无线电产品，这些无线电广播电台的发射功率都不大。

广播电台的发展，使得上海收音机销售量激增。北洋政府交通部于1924年8月公布了《装用广播无线电接收机暂行规则》，共23条，这是中国历史上第一个关于无线电广播的规定。《规则》允许民间装设收音机，并规定了收音机天线架设范围、收听内容、收音机收费等，客观上促进了中国广播事业的发展。

1922年张作霖支持设置军用无线电台网络，总部设在哈尔滨，名为东三省无线电台。1923年春，东三省无线电台副台长、我国早期著名无线电工程专家刘瀚在政府支持下，曾在哈尔滨进行过临时广播实验，呼号为XOH，功率为50瓦，用汉语和俄语广播。

中国人建立的第一座国营广播电台是哈尔滨广播电台，刘瀚主持创建。电台于1926年10月1日开始播音，呼号仍为XOH，发射功率100瓦，每天播音两小时，内容有音乐、新闻、演讲、市场信息和物价报告等。1928年1月1日，发射功率增大到1千瓦，呼号改为COHB，办有汉语、俄语、日语三种语言的广播节目。

与此同时，上海、北京等地也出现了几座国人自办的民营广播电台。其中创办最早且持续时间最长的是上海新新公司广播电台，1927年3月18日正式播音，呼号为XGX，功率50瓦，主要内容是播送商业行情、时事新闻及中国音乐。这座电台虽设备简陋、规模很小，收听范围只限于广播电台所在地区附近，但该台完全由中国人自行设计、装配、安装及施工，并由国人自己独立经营。电台每天播音6个多小时，直至1941年11月因战乱停办，体现了国人自办广播事业顽强的生命力。

广播电台的兴起开启了中国新闻传播事业的新纪元。

四、早期的新闻教育与新闻学研究

（一）北京大学新闻学研究会成立

随着新闻事业职业化发展，新闻教育和新闻学研究在中国出现。1918年10月14日成立的北京大学新闻学研究会，最先设班系统讲授新闻学课程，为我国新闻教育之嚆矢，亦为中国新闻学研究的发端。

北京大学新闻学研究会以“灌输新闻知识，培养新闻人才”为宗旨，以“研究新闻学理，增长新闻经验，以谋新闻事业之发展”为已任，由北京大学校长蔡元培兼任会长，北京大学文科教授徐宝璜任副会长，徐宝璜和《京报》社长邵飘萍任导师。徐宝璜的《新闻学》（初名《新闻学大意》，后改名《新闻学纲要》）和邵飘萍的《实际应用新闻学》，是国内最早的两本新闻学教材和著作。该研究会向校内外公开招收会员，举办了两期研究班，培养会员百余人。青年毛泽东参加了研究会，听课半年。北京大学新闻学研究会一直活动到1920年12月。

徐宝璜（1894—1930），字伯轩，江西九江人，我国早期著名新闻教育家、新闻学者，被称为“中国新闻界的开山祖”。《新闻学》成书14章、约6万字，于1919年12月由北京大学出版部以新闻学研究会的名义出版，是我国最早的新闻学专著，被奉为我国新闻界的“破天荒”之作，对我国新闻学研究影响深远。

邵飘萍的《实际应用新闻学》注重新闻实践层面的思考，是我国早期难得的指导新闻实践的专著，由北京京报馆于1923年出版，为当时新闻工作者提供了实践经验和指导。

新闻学研究会还出版了三期《新闻周刊》，为会员提供发表习作的园地，徐宝璜任编辑主任。该刊是我国早期采用横排的刊物之一，也是我国第一个新闻学业务刊物。

（二）新闻教育与新闻学研究的初步发展

20 世纪 20 年代，全国先后有 12 所大学开设新闻学系科。

首先是上海圣约翰大学于 1920 年在普通文科中增设报学系（后称新闻系），聘请《密勒氏评论报》主笔毕德生兼职主持系务，利用晚间授课，选读的学生达四五十人，并出版英文《约大周报》。1924 年，美国人武道来华任系主任。该系用英语授课，设有新闻、编校、社论、广告以及新闻原理、新闻史等课程。

1921 年，厦门大学设报学系，学生仅 1 人，1922 年增至 6 人。但 1923 年发生反对校长的风潮，该系师生离校，报学系停办。

1923 年，北京平民大学设立报学系，聘徐宝璜任系主任，邵飘萍等为教授。学制 4 年，学生除课堂学习外，还去报馆实习，并成立新闻学研究会，创办刊物。

北京燕京大学、北京民国大学等于 1924 年分别设立报学系。民国大学的报学系创设不久停办。燕京大学报学系（后称新闻系）办学时间长，影响大。起初白瑞华为系主任，蓝序等为教授。学生有专修的，也有选修的，都是三年级或四年级。该系曾设燕京通讯社向北京、天津、上海、汉口、香港、东京、纽约等地十多家报纸供稿。

1925 年，上海南方大学设立报学系，《申报》协理汪英宾兼任系主任，分设本科和专修科，开设的必修课程主要有报学原理、广告原理和访事学等，聘请《时报》编辑戈公振讲授访事学。该系办有南大通讯社，由学生采集新闻，免费供上海各报刊用。1926 年，该校发生反对校长的学潮，报学系停办，大部分师生转入上海国民大学报学系。国民大学报学系由戈公振任系主任，并主讲中国报学史，《商报》编辑潘公展主讲编辑法，《时事新报》总编辑潘公弼主讲报馆管理，《商报》总编辑陈布雷主讲社论写作。

此外，复旦大学中文系于 1924 年秋开设“新闻学讲座”，由陈望道主持；1926 年扩大为新闻学组正式招收学生，由邵力子主持，为复旦大学新闻系前身。

上海沪江大学、光华大学、大夏大学于 1926 年分别创办报学系，但存在时间都不长。

新闻教育发展的同时，新闻学研究也取得了一定成果。这期间出版的较为知名的新闻学著作 10 多种，影响较大的除徐宝璜的《新闻学》、邵飘萍的《实际应用新闻学》之外，还有戈公振的《中国报学史》(1927 年)。

戈公振（1890—1935），名绍发，江苏东台人，字春筵，号公振。他出身书香门第，自幼刻苦学习，酷爱书法绘画；1913 年到上海，在《时报》创办人狄楚青创办的有正书局图画部当学徒，其艺术天分和勤奋好学精神得到狄楚青赏识，很快被提拔为出版部主任；1914 年调到《时报》馆工作，在这里他度过了 15 年时光，当过校对、助理编辑、本埠版主编，最后担任总编辑。同时，他致力于新闻教育和新闻学研究，在上海国民大学、南方大学、大夏大学、复旦大学等高校的新闻系做兼职教师，出版了《中国报学史》《新闻学撮要》《新闻学》等著作，其中《中国报学史》被称为中国新闻史研究的奠基之作。戈公振在书中首次提出报刊史研究是一门学问，奠定了中国新闻史研究的学科地位。他在《绪论》中写道："所谓报学史者，乃用历史的眼光，研究关于报纸自身发达之经过，及其对于社会文化之影响之学问也。本书所讨论之范围，专述中国报纸之发达历史及其对于中国社会文化之关系，故定名曰 '中国报学史'。"① 他从大量历史典籍和浩如烟海的报刊中收集第一手资料，清晰描绘出从汉唐到 20 世纪 20 年代中国报刊发展的概貌。《中国报学史》是国人编撰的第一部系统、全面地论述中国报史的著作。

五、报人的职业认同与新闻职业团体的出现

（一）报人的职业认同

职业认同体现出一个行业发展的成熟度。自近代报刊诞生以来，报人和报业的身份认同是渐渐积累起来的。清末报人职业认同度不高，即使如梁启超这样的著名报人，其心亦在"政界"——"意固有所属，凡归于政治而已"。②民国建立后，随着报业尤其是作为职业的报业发展，以及职业记者和新闻教育的出现，中国报人的职业认同度越来越高。

在职业动机上，中国既有以经济利益、商业经营为主的商业报人群体，如《新闻报》《申报》等，也有以政治传播、意见表达为主的党报报人群体。这个时期创办的新报纸，大多能兼顾经济独立、言论自由与社会责任，显示出较为成熟的报业职业性与独立性，如北京《世界日报》《京报》、天津新记

---

① 戈公振：《中国报学史》，商务印书馆 1935 年版，第 2 页。

② 《吾今后所以报国者》，《梁启超全集》，北京出版社 1999 年版，第 2805 页。

《大公报》《益世报》、上海《商报》等。新报刊的创办人或主笔如邵飘萍、成舍我、胡政之、张季鸾等，其办报和发表的动机即在报刊本身。他们扬弃了以报刊为手段、以政治为目的的清末报人先辈们的做法，是职业认同上的一大进步。

在职业忠诚度上，终身以报刊为职业的人越来越多。20 世纪 20 年代以后，国内大学开始实施新闻学高等教育，受过高等专业教育的人才开始在中国新闻界出现。另外一些有海外留学经历的人也投身报业，其中日本留学生数量比较多，如林白水、邵力子、张季鸾、胡政之、邵飘萍、狄楚青、陈景韩等；也有从美国留学归国的专业新闻人才，如董显光、黄宪昭、汪英宾、钱伯涵、陈钦仁、赵敏恒、张倩英（女）等。一些著名报人谢绝其他社会行业的优厚待遇而供职报馆，并愿终身以报为业。

五四时期，中国职业新闻观念渐趋系统和专业化，学理层面不断深入。首先，对报刊的性质认知更具专业特征。戈公振在世界各种报纸定义基础上提出较为全面的理解，“报纸者，报告新闻，揭载评论，定期为公众而刊行者也”。[①] 邵飘萍也指出，报纸要“报告读者以最新而又最有兴味、最有关系之各种消息”。[②] 其次，对报刊功能的认知有专业特色。徐宝璜认为报纸要“以真正之新闻，供给社会”，他在《新闻学纲要》中总结了报纸的六大功能，“供给新闻，代表舆论，创造舆论，灌输知识，提倡道德，振兴商业”。[③] 徐宝璜进一步认识到，“公共化”是报纸将来发展的必由之路，是报纸进步的征兆。同时，他强调报纸应成为经济独立的机构，并实现言论自由。

新闻自由思想在这一时期深入中国从业者内心。1916 年 6 月 20 日，上海日报公会电请交通部将袁世凯政府停止邮递的各报纸弛禁，得到同意。同年 9 月，重庆报界俱进会向当地主管部门呈请，批准反对帝制的重庆三家报纸《新中华》《国民报》《正论日报》复刊，得到同意。10 月，长沙当局也解除了因批评省议员而被禁止到议会旁听的长沙《大公报》的禁令，等等。在强调新闻自由的同时，新闻工作者也不忘提出新闻伦理，强调自身的品性、人格的独立，“倘若一个新闻记者而没有高尚的德性，不能保全尊严的人格，被人利用做人傀儡，有的简直想藉此而求升官发财的捷径，为权势所歆动，为金钱所诱

---

① 戈公振：《中国报学史》，商务印书馆 1935 年版，第 7 页。

② 邵飘萍：《实际应用新闻学》，京报馆 1923 年版，第 1 页。

③ 徐宝璜：《新闻学纲要》，联合书店 1930 年版，第 5 页。

惑，结果必致颠倒黑白，混淆是非”。① 此外，个别记者已经意识到保护新闻来源的重要性，提出“不发表约定”，丰富了中国新闻伦理的内涵。

（二）新闻职业团体出现

新闻职业团体的出现，是新闻行业职业成熟的一个标志，也是新闻行业队伍形成的重要标志。上海报界于1905年3月13日在《时报》上发表文章，首倡组建报业同业组织。中国最早的报业同业组织是由《大公报》英敛之倡议，于1906年7月1日成立的天津报馆俱乐部。当日，英敛之在《大公报》上发表《告天津各报大主笔》称：“各报主笔及办事之人，以时齐集，研究报务交换知识之余，诗酒征逐，尔汝欢洽。平生辩难攻击如水火者，握手拍肩，情如兄弟，共话党同之见，而去门户之异……某等近有所感于时局，拟于天津纠集同业，开设俱乐部，以为燕息欢娱地。”北京地区最早的新闻团体是1908年成立的北京报界公会。不过，1909年成立的上海日报公会，因其会章相对完善，组织更为健全，长期以来被视为中国最早的新闻团体。近代中国第一个全国性的报业组织——中国报界俱进会1910年6月由《上海时报》《神州日报》联合全国43家报馆，在南京发起成立。

到民国初年，特别是北洋政府时期，新闻职业团体已经有了较大发展，出现了以对外交流为目的的国际性新闻团体，如1912年11月26日在北京成立的中日记者俱乐部等。此外，全国性的、地方性的新闻团体也发展较快，1919年在上海成立的全国报界联合会属于全国性的新闻职业团体；地方性的新闻团体多出现在新闻业比较发达的城市，如上海、北京、广州等。

思考题

1. 评析“五四”报刊新阵线与新文化运动的关系。
2. 试论北洋政府时期中国报业的企业化发展及报人的职业认同。
3. 简述马克思主义新闻思想在中国的最初传播与中国共产主义刊物的出现。
4. 蔡和森对《向导》周报的主要贡献有哪些？
5. 简述瞿秋白的新闻活动及其对中国共产党早期新闻事业的贡献。

---

① 张静庐：《中国的新闻记者与新闻纸》，现代书局1932年版，第29页。

▶ 即测即评

第四章　南京国民政府时期的新闻事业

在蒋介石和汪精卫先后发动“四一二”和“七一五”反革命政变，国共合作全面破裂后，中国共产党相继举行秋收起义和南昌起义，并在江西瑞金建立起红色革命政权；已经变质的国民党在南京也建立了一个代表地主阶级和买办资产阶级的反动政权。

南京国民政府实行国民党一党专政的党国体制，又称国民党政府。与北洋军阀政府基本不搞官办新闻宣传机构，而靠政客集团以民间形式办报和用收买办法控制民营报纸不同，国民党政府公开在“以党治国”口号下，采取各种手段严厉禁止“异党”报刊出版，同时大力创办包括通讯社、广播电台、报纸在内的党营新闻传播机构，形成完整的新闻传播体系，并将其纳入体制之内。

中国共产党从筹备时就十分重视新闻宣传，认为新闻宣传是党的整个事业的重要组成部分。中华苏维埃共和国临时中央政府成立后更是如此，一方面在红色根据地建立起全新的新闻事业，另一方面在国统区出版地下报刊，领导左翼新闻活动。

国民党统治的一些薄弱环节给民营新闻传播业留下了一定的发展空间，形式上暂时的统一，国家经济、文化的发展，也为民营媒体的发展提供了条件，因而中国民营新闻传播业出现了一个发展的黄金时期。北平的“世界报系”、天津的新记《大公报》、上海的《申报》《新闻报》等，在北洋时期的基础上，利用有利的社会环境进一步扩展自己的事业。一些有影响的大报朝着报业托拉斯的方向发展。1931 年“九一八”事变后，国难当头，一批有民族责任感的民主新闻人或进行新闻改革，或奔赴采访一线，为抗日救亡而呼喊，成为这一时期中国新闻传播业一个个耀眼的闪光点。这一时期的新闻教育和新闻学研究也取得了一定的成绩。

第一节　国民党新闻传播体系与新闻统制

一、国民党新闻传播体系的形成

1927 年 4 月 18 日，南京国民政府成立。第二次北伐成功、全国宣告“统一”后，1928 年 8 月，国民党召开二届五中全会，议决“依照国民政府建国大纲”，实施“训政”。10 月 3 日，国民党中央常务委员会通过《训政纲领》规定：国民政府总揽行政、立法、司法、考试、监察五项治权；国民政府重大国务之执行，受中国国民党中央执行委员会指导。可见国民党的所谓“训政”，实际上就是国民党一党专政。

第二次北伐之前，国民党内派系林立，其中主要以蒋介石、汪精卫和胡汉民为中心形成三大派系，他们拥有自己的新闻宣传机构，作为本派的喉舌。南京政府训政伊始，国民党的报刊虽然数量多，但立场不一，思想有别，各种声音都有，甚至有剑拔弩张、形成敌对的态势。用国民党中央自己的话说，有的报刊言论“对党取批评的态度，缺乏拥护的真诚”，有的则“偏重于吹毛求疵的琐屑的攻击，鲜有具体的建议”。[①] 对此，早在 1928 年 6 月，国民党中央常委会就通过并颁布了《设置党报条例》《指导党报条例》《补助党报条例》[②] 三个具有法律效力的条例，要求“各级宣传部设置日报，以一种为限”。文件规定，党报领导机关是国民党“中央宣传部”，“中央宣传部特设指导党报委员会，专司党报之设计、管理、审核考查及其他一切指导事宜”；对中央和地方党报实行分级管理；规定在宣传方针上“党报必须以本党主义、政纲、政策及中央决议案、法令等为立言取材之标准”。文件将国民党党员个人所创办和主持的报纸分别称为“半党报”和“准党报”。1931 年“九一八”事变前，国民党建立起从中央到地方较为完备的党营新闻事业体系，其中，国民党中央建立的“一报”“一社”“一台”是这个体系的中心力量。

“一报”即《中央日报》。1928 年 2 月创刊于上海，社长为时任国民党“中央宣传部”部长丁惟汾，潘宜之任经理，彭学沛任主笔。《设置党报条例》颁布后，蒋介石控制的国民党中央以中央党报应设在首都为由将其迁往南京。11 月 1 日，上海《中央日报》停刊。次年 2 月 1 日在南京复刊，由时任国民党“中央宣传部”部长叶楚伧兼任社长，沈君匋任总经理，严慎予任总编辑。自此，该报以“拥护中央、消除反侧、巩固党基、维护国本”为职责。

“一社”即“中央通讯社”。1924 年 4 月 1 日创办于广州，曾经发布过广州国民政府的重要文告与消息。北伐战争中，派记者随军采访的稿件影响较

---

① 荣孟源：《中国国民党历次代表大会及中央全会资料》上册，光明日报出版社 1985 年版，第 535 页。

② 这三个条例现存中国第二历史档案馆（南京），全案 722，卷号 400。

大。1927 年 5 月，“中央通讯社”随蒋介石迁至南京，6 月 16 日开始正式发稿。

“一台”即“中央广播电台”，全称为“国民党执行委员会广播无线电台”。早在 1924 年，陈果夫就有在广州办广播的想法。国民党定都南京后，陈果夫旧事重提，同戴季陶、叶楚伧等联名倡议筹办广播电台。1928 年春，委托上海无线电机制造厂与美商开洛公司购买 500 瓦广播发射机，在中央党部后院设立广播电台，同年 8 月 1 日正式播音。呼号暂定为 XKM，播送内容主要为新闻和演讲，新闻稿件均由“中央通讯社”提供。

除国民党中央党营媒体外，各地党部还办有地方党媒。党报系统中，除了《中央日报》外，各地党部以及国民党党员也办起一些有影响力的地方性报纸。《设置党报条例》规定，一般省会及中央城市都可以设置国民党党报。江浙沿海和中南地区，还出现了很多县级党报，国民党中央所在地江苏省的党报更是全国之冠。《设置党报条例》规定，党报的名称必须统一，即地名加民国日报，如《河南民国日报》《宁夏民国日报》《杭州民国日报》等。在广播方面，国民党也兴办起了各级广播电台，形成从中央到地方的广播宣传网。1932 年之前广播事业由国民党“中央宣传部”管理，1932 年夏成立了“中央广播无线电台管理处”，直接领导“中央台”并管辖一部分地方台。

1932 年以前，国民党的新闻事业体系虽然已经较为完备，覆盖面较广，但是力量一般都较为薄弱，规模有限，经营不力，宣传声音比较微弱。

二、国民党新闻媒体的改革

1931 年“九一八”事变爆发，民族矛盾上升为主要矛盾。抗日和民主的呼声日益高涨，国民党新闻事业由于声音微弱，宣传上十分被动。为了改变这种局面，从 1932 年开始，国民党对党营新闻媒体进行了一系列改革。

改革举措之一，改善中央级党媒的经营体制，以促进媒体发展，从而扩大对内对外的宣传影响。

自辛亥革命至国民党执掌全国政权初期，国民党党报采取的是传统党报型经营管理体制，即报纸作为国民党的言论机关和联络机构，人员主要靠国民党的领导人直接指派或由党员自觉担负，经费来源是党组织拨款或党员捐款。国民党党报名义上由“中央宣传部”负责人直接控制，实际上管理权限分散，经营效益低。1932 年 3 月，《中央日报》改组为社长负责制，程沧波奉蒋介石之命出任社长。社长负责制，是指报纸仍然是国民党的言论机关，由国民党“中央宣传部”监督，但具有经营形式上的独立法人资格，社长拥有人事自主权和财务独立核算权。同年 4 月，“中央通讯社”也实行社长负责制，由国民党“中央常委会议”任命国民党“中央宣传部”主管新闻宣传的秘书萧同兹为社长。国民党中央还制定了《中央宣传委员会直辖报社组织通则》《中央宣传委员会直辖报社管理规则》等文件，对国民党党报的组织形式、人事制度、经费来源、财务管理等做了重新规定。

改革举措之二，通过扶植和扩充中央级党媒的力量来提升舆论影响力。

《中央日报》实行社长负责制后，国民党中央又加大资金和人力上的扶持。以该报为中心，1932 年 9 月创办发行《中央夜报》，同年 11 月又创办《中央时事周报》。1935 年，报社引进新式轮转机等印刷设备，日销量增加到 3 万份，影响力大大提升。

对于“中央广播电台”的改进，一是引进新的发射机，建立新的发射台，增加传送功率，使其成为亚洲之冠；二是增加和革新节目内容，由初创时播音时间每天不足 2 小时增加到 11 个小时，并且增加教育和文艺节目，扩大社会覆盖面。

“中央通讯社”实行社长负责后，以独立经营、新闻发布自主和用人自主为名，打出了“工作专业化”“业务社会化”“经营企业化”的旗号作为改革目标。在国民党政府的支持下，“中央通讯社”接收了路透社在南京、上海两地的通信设备，建立了两地的分社，后又通过相同接收手段，建立了北平、天津、汉口、西安和香港 5 个分社，不仅自采稿件播发全国，而且还和当时在我国发行中文稿的路透社、哈瓦斯社、合众社等外国通讯社订立交换新闻合同，将交换来的外国通讯社稿件以中央社的名义转发国内各地。“中央通讯社”通过采取以上措施，建立起较完备的新闻通信网络，垄断了新闻来源渠道，控制了无线电传发新闻的专用权，在国民党新闻系统中占有重要的地位。

改革使国民党三大中央级新闻机构在各方面都有了长足的发展。至 1935 年，《中央日报》日出三大张，每日销数从 8 000 份增加到 3 万份。① 至 1937 年，“中央通讯社”每日收集新闻电讯 1.5 万字，发出 2 万字，中文报纸共有 159 家订用“中央社”社稿，国闻通讯社被迫关闭。② 在国际上，“中央通讯社”也

---

① 罗自苏：《〈中央日报〉的历史沿革与现状》，《新闻研究资料》1985 年第 3 辑。
② 冯志翔：《萧同兹传》，传记文学出版社（台北）1975 年版，第 3 页。

成功跻身为世界五大通讯社之一。“中央广播电台”的接收范围从原来仅限“东南一隅”发展到不仅覆盖大部分国土，而且南达南洋群岛，北及西伯利亚，西或逾于帕米尔而至阿富汗一带，东或穿越太平洋抵夏威夷群岛。

三、国民党新闻统制的建立

1928 年，国民党宣布“训政”，把国民党法定为最高训政者，把国民党中央执行委员会法定为最高权力的决策机构，集政权和治权于一党。在新闻宣传领域，国民党提出了“以党治报”的原则，规定非国民党的报纸也必须接受国民党的思想指导和国民党政府的行政管理，将全国的新闻事业统统纳入“一党专政”的轨道，力图使全国新闻界“党化”。“党化新闻界”“以党治报”便成了国民党新闻统制的基本原则。

20 世纪 30 年代以前，国民党政府的新闻统制采取的是出版登记制和事后追惩制，统制稍欠严厉。进入 30 年代，尤其是“九一八”事变后，国民党借口战时新闻检查，吸取法西斯主义的“国家至上”原则，新闻统制改为事前预防的新闻检查制，进一步加强了对新闻界的控制和对新闻自由的钳制。

为了实施新闻检查，1933 年 1 月 19 日，国民党第四届中央执行委员会第五十四次常务会议通过了《新闻检查标准》和《重要都市新闻检查办法》，并先后在南京、上海、北平、天津、汉口等大城市设立新闻检查所，归国民党“中央宣传委员会”指导。《新闻检查标准》规定，“各报社刊载新闻，须以中央通讯社消息为准”，否则“扣留或删改”。国民党这种新闻检查标准的颁布和实施，实际上造成全国新闻宣传高度统一化和新闻界的“纯粹党化”。1935 年，国民党又成立了独立于“中央宣传委员会”之外、专门管辖各地新闻检查所的“中央新闻检查处”，形成了全国性的新闻检查系统。

除了检查出版物，国民党还加强了对无线电广播的管控。1930 年 7 月和 1932 年 11 月，出台《装设广播无线电收音机登记暂行办法》和《民营广播无线电台暂行取缔规则》。1936 年，国民党用强化广告节目审查的办法，实施对民营电台的打压、取缔政策。在新成立的广播事业指导委员会直接干预下，交通部公布该委员会通过的《指导全国广播电台播送节目办法》，接管审查各级电台的节目。据此，1936—1937 年一年间共有 9 座民营电台被撤销，4 座暂停播音，3 座受警告处分。

此外，国民党还通过邮电检查、禁止邮递等方法阻止进步报刊的发行。同时，以国民党党员为核心组织起来的各类新闻职业团体在民营报纸中建立所谓“顾问”制度，以控制民营报纸，或是直接用特务分子来破坏和干扰进步报刊的正常工作，甚至暗杀进步新闻工作者。

第二节　中国共产党新闻传播体系与左翼新闻活动

一、中国共产党在国统区的办报活动

1927年蒋介石、汪精卫先后“清共”“分共”后，国统区的中国共产党组织被迫转入地下，中国共产党的报刊也随之进入秘密出版状态。

1927年10月24日在上海创刊的《布尔塞维克》，是中共中央秘密出版的第一份理论机关刊物，经由中共中央指定，瞿秋白、罗亦农、邓中夏、王若飞、郑超麟组成编委会，瞿秋白为主编。先为周刊，后来迫于严峻的形势，由周刊转为半月刊、月刊和不定期刊物，1932年7月出版第5卷第1期后停刊。刊物内容以国内外形势述评和政治经济问题为主，刊登中共中央和共产国际的文件，设有地方通信和读者之声等栏目。为了躲避查封，该刊曾先后在封面上使用了《少女怀春》《中央半月刊》《新时代国语教授书》《中国文化史》《金贵银贱之研究》《经济月刊》《中国古史考》《平民》《虹》9个化名。

国民党宣传机关颠倒黑白，将他们叛变革命、血腥屠杀共产党人及革命群众的倒行逆施说成是“革命”行动，对民众进行欺骗宣传。对此《布尔塞维克发刊露布》义正词严地指出：“国民革命因为国民党领袖的背叛革命而受着非常严重的打击——国民党，中国最早的革命政党已经因此而灭亡了”“此后民众所看见的国民党，已经不是从前的革命的国民党，而是屠杀工农民众，压迫革命思想，维持地主资本家剥削，滥发钞券紊乱金融，延长乱祸荼毒民生，屈服甚至于勾结帝国主义的国民党”，所以，“此后中国的革命，只有无产阶级的政党能够担负起领导责任”①。《布尔塞维克》的刊行，及时揭露国民党背叛革命的真面目，为共产党员认清形势、坚持斗争指明了方向。

1928年11月20日在上海出版的《红旗》是中共中央机关报，由中共中央

---

① 中国社会科学院新闻研究所编：《中国共产党新闻工作文件汇编》下，新华出版社1980年版，第15、16页。

宣传部主办。1930 年 8 月 15 日，与中共中央宣传部创办的另一份通俗报刊《上海报》合并出版，改名《红旗日报》，仍为中共中央机关报，李求实主编。1931 年 3 月改名《红旗周报》，1934 年 3 月终刊。

除了上海，全国其他地方也有秘密出版的中国共产党报刊，其中武汉、广州的数量最多。武汉著名的有中共湖北省委秘密出版的《长江》，后改名为《大江》，向警予曾任主笔。广州著名的有中共广东省委秘密创办的机关报《红旗》，1927 年 12 月 11 日广州起义爆发后，改名《红旗日报》，成为苏维埃广州公社机关报。

中国共产党还在国统区陆续创办了一批通讯社。与地下刊物一样，这些通讯社规模较小，以地下方式宣传党的主张。较为著名的是中国工农通讯社，原名中国工人通讯社，1931 年春成立于上海，由中共中央宣传部直接领导，以中英文两种文字每周或 10 天左右发稿一次。工农通讯社的主要发稿内容包括介绍中国共产党的政策和江西苏区建设情况，揭露国民党反共反人民的政策及黑暗统治等，其英文稿件通过旅居上海的进步作家和记者传播到国外。在国民党的文化“围剿”下，工农通讯社 1935 年最终由于负责人被捕而停办。

二、共产党中央苏区新闻传播体系的形成

（一）根据地初期的新闻宣传活动

1927 年 10 月，毛泽东率领秋收起义的队伍上井冈山，开始创建以宁冈为中心的井冈山革命根据地。1928 年 4 月，朱德、陈毅率领南昌起义保留下来的小部分部队和湘南起义农军来到井冈山，与毛泽东胜利会师，巩固扩大了全国第一个农村革命根据地。毛泽东十分重视党和红军的新闻宣传工作，指示军队和地方干部克服困难，因地制宜地开展宣传活动。

根据地建立初期，红军的宣传活动主要是利用标语、传单、壁报、简报等形式进行，以工农兵为主要对象。事实证明，这些形式虽然简陋，却较好地发挥了宣传党的政策和主张的功能。中共中央军委总政治部主任毛泽东还签发过《普遍地举办〈时事简报〉》的通令，并附上《怎样办〈时事简报〉》的小册子，认为《时事简报》这种形式是“苏维埃区域中提高群众斗争情绪、打破群众保守观念的重要武器”,[①] 指示各地一定要办好。

此外，红军在攻占某些城市后，还以油印或石印的方式印制传单，甚至办

① 《毛泽东文集》第 1 卷，人民出版社 1993 年版，第 259 页。

报。1930年7月28日，彭德怀率领的红三军团攻占长沙后，接收国民党长沙《民国日报》的设备物资，办起了一张铅印对开大型日报《红军日报》。8月5日，红三军团退出长沙，该报也随之停刊。这份报纸虽然存在时间很短，但是内容比较丰富，发表了共产党的《十大纲领》《土地纲领》等文件，发表的言论富有鼓动性，还设置了综合性副刊《红军》。

（二）中华苏维埃的新闻传播业

1931年11月，中华苏维埃第一次全国工农兵代表大会在江西瑞金召开，成立了中华苏维埃共和国临时中央政府，建立起一种新型社会制度，在这种制度下，出现了一种崭新的新闻传播体系。红色中华通讯社（简称“红中社”）和《红色中华》报是这个新型新闻传播体系的核心机构。

1. 红中社的建立

1931年1月3日，中国工农红军在第一次反“围剿”中缴获了国民党张辉瓒师和谭道源师两部收报机、一部发报机，并俘获了电台报务员。经毛泽东和朱德亲自教育后，被俘的电台报务员转变立场，利用缴获的无线电器材在江西宁都县的小布镇建立了第一座红色电台，开始抄收国民党“中央社”的新闻电讯，截抄国民党军队的内部通报和军事情报。随后，又挑选几位有一定文化水平的红军战士组成无线电大队。1月28日，毛泽东在发布《红一方面军命令》时，肯定无线电大队的成绩，提出“扩大无线电队的组织”的任务，并要求各单位选派人员到总部学习无线电技术。红色电台的创立，无线电技术人员的培训，为红中社的诞生提供了条件。

1931年6月，中国共产党苏区中央局决定建立党的第一个文字广播电台，即无线电通讯社。11月7日，中华苏维埃第一次全国工农兵代表大会召开当天，红色中华通讯社也诞生了。红中社以CSR为呼号，使用中文和英文对外播发大会的消息和有关文件。尽管此时红中社的机构还尚未健全，电讯器材也很简陋，但是其成立意义重大，揭开了中国无产阶级新闻通讯事业发展史新的一页。红中社是新华通讯社的前身，1931年11月7日这一天后来被定为新华通讯社的诞生纪念日。

红中社诞生后，除了对外播发新闻，还抄收国内外新闻，编辑油印成《无线电材料》，供中央苏区领导参阅；还担负起中央苏区与其他根据地党组织的联络任务。中央苏区时的红中社新闻台的负责人为岳夏，电台只有两名工作人员，行政上归中央军委领导，业务上归红中社领导。

2.《红色中华》报的创办

《红色中华》报1931年12月11日创刊于江西瑞金，是中央苏区的第一份中央级机关报。它的出版发行分为前后两个时期：从创刊到1934年10月因红军长征暂时休刊为中央根据地时期，1936年1月在陕北瓦窑堡复刊到1937年1月改名《新中华报》为陕北时期。中央根据地时期又以1933年初（即《红色中华》报第1期到49期）为界分为前后两个阶段：前一阶段《红色中华》报为苏维埃临时中央政府机关报，由政府副主席项英负责；后一阶段因党中央从上海迁到中央苏区，《红色中华》报为党中央、团中央、中央政府、全国总工会的联合机关报，始由沙可夫任主编，1934年初改由瞿秋白兼任社长和主编。

《红色中华》报为4开版，一般出4版到8版，最少出2版，多时出10版。设有“社论”“要闻”“来电”“小时评”“红色区域建设”“中央革命根据地消息”“党的生活”“工农通讯”“赤色战士通讯”“工农民主法庭”“突击队”“红色小辞典”等栏目。从第70期起增加了“红角”专栏，刊登识字课和文艺短文；从第72期起又增加了文艺副刊“赤焰”，不定期出版。作为中国共产党在根据地创办的第一张历史较长的中央级铅印报纸，《红色中华》有两个明显的特点：其一是紧密配合党的中心工作积极组织宣传报道。当时中央要求各地从1931年底开始展开以建设基层政权为中心的建政运动，《红色中华》创办初期主要进行关于建设和巩固工农民主政权的宣传，发表社论，论述加强基层政权建设的重要性，号召全体干部行动起来，搞好基层建设，巩固中央革命根据地。《红色中华》从第5期起还增辟了一个专栏经常报道政权建设情况，介绍先进经验，并及时指出建设中存在的缺点和出现的问题。其二是坚持群众办报的路线。《红色中华》创刊不久，就在党、政府和群众团体中发展了200多名通讯员，后来又在报社内部建立通讯部，加强对通讯工作的指导；《红色中华》还从第56期起增设了一个“写给通讯员”专栏，以加强与通讯员的联系；一个“读者通讯”专栏，刊登读者的意见，促使广大读者关心报纸工作。《红色中华》最多不过十几个工作人员，刊登的稿件大部分都来自通讯员，甚至工农读者。

《红色中华》在宣传上也出现过一些问题。由于当时中共中央一度在教条主义、宗派主义的控制下推行关门主义、冒险主义、惩办主义的“左”倾路线，尤其是党中央迁到中央苏区直接掌握《红色中华》后，报上登载的文章和通讯报道对形势的分析、任务的提出、政策的宣传等常常带有“左”倾的错误。如提出和宣传“武装保卫苏联”口号；当时中央苏区总人口不足100

万，报纸上却宣传要“扩大红军 100 万”“建设百万铁的红军”；报道失实或片面，如在战争报道上，只讲胜利，不讲挫折，结果是苏区范围一天比一天小，读者从新闻与事实的对比中，产生了对新闻真实性的怀疑和对报纸的不信任。

除了中央机关报和通讯社外，军队报刊也是中国共产党在苏区的新闻传播体系的重要组成部分。中国工农红军军事委员会机关报《红星》报是其中出色的代表。该报由总政治部主办，1931 年 12 月 11 日创刊于瑞金。邓小平、陆定一曾先后担任主编。刊期不定，一般 4 开 4 版，毛边纸铅印。1933 年，仅在江西苏区，该报销量就达 17 000 多份。《红星》报面向文化水平不高并忙于行军打仗的红军战士，其特点也比较明显：（1）版面小，栏目多，内容丰富。除了“社论”“要闻”“专电”“前线通讯”“国内时事”“国际时事”等栏目外，还辟有十多个固定的小专栏，其中有“党的建设”“列宁室工作”，有“军事测验”“军事纪律”“红军生活”，有“红星号召”“响应红军号召”“扩大红军”，有“俱乐部”“红军歌”，等等。（2）文章短小，通俗生动，适合战士阅读。该报上的消息、通讯一般只有二三百字。如小通讯《王家烈叫救命》：“遵义之战王家烈险些被我活捉，幸得脚快逃跑，连鸦片枪和大衣都抛掉了。他的队伍第一、第五、第六、第八、第九、第十五六个团和特务营全被红军消灭驱散。王家烈逃到贵阳之后，就打电报向蒋介石叫救命，电报里说：遵义之战部队损失极大，子弹用光了，伙食都没有了，军心涣散，快快送钱送子弹来，否则士兵没有饭吃就要造反了。”这篇通讯全文 150 余字，内容具体，行文活泼，描写生动，把王家烈被红军打得惶惶然若丧家之犬的丑态写得活灵活现。

党和苏维埃临时政府其他机关报也蓬勃兴起，主要有中国共产主义青年团苏区中央局机关刊物《青年实话》（1931 年 7 月 1 日创刊）、苏区少年先锋队中央总队机关刊物《少年先锋》（1932 年 1 月创刊）、苏区反帝拥苏总同盟机关刊物《反帝拥苏》（1933 年 2 月创办）和苏区中央儿童局机关刊物《时刻准备着》（1933 年 10 月创办）等。

总之，1931 年中华苏维埃共和国临时中央政府成立后至 1934 年长征前夕，中央苏区以中央机关报和通讯社为核心，以红军报刊和各级党群机关刊物为骨干，逐渐建立起中央苏区的一套新闻传播体系。这一时期的苏区新闻事业虽然由于物质条件限制，大多规模有限，设备简陋，但是在宣传党的方针和主张上发挥了重要作用，在宣传党的中心工作和依靠群众办报等方面，积累了许多经验。

1934 年 10 月，第五次反“围剿”失利，中央红军撤出中央苏区，开始长征。中央红军长征后，《红色中华》由留在江西坚持工作的瞿秋白、韩进主持，继续以中华苏维埃共和国中央政府的名义出版，用以迷惑敌人，掩护主力红军转移，后来又以中央分局和中央办事处的名义出版。1935 年 2 月，形势恶化，中央分局和中央办事处改为分散活动，《红色中华》停刊。长征途中，《红星》报改为油印，成为中共中央和中央军委唯一的报纸，不定期出版，每期印七八百份。红中社停止对外发稿，只是陆续抄收国内外新闻电讯。

1935 年 10 月 19 日，红一军到达陕北吴起镇，与陕北红军会师。11 月 25 日《红色中华》在陕北瓦窑堡复刊，红中社也恢复工作。复刊后的《红色中华》与红中社仍然是一个机构，两块牌子。1937 年 1 月 29 日，《红色中华》更名为《新中华报》，仍为中华苏维埃中央政府机关报，红中社改名新华社。更名后的《新中华报》与新华社仍然是两块牌子一套人马。

三、左翼新闻活动

（一）中国新闻学研究会成立

中国新闻学研究会（简称“新研”），是中国第一个研究无产阶级新闻学的学术社团。

“新研”的成立与《文艺新闻》密不可分。《文艺新闻》是中国左翼作家联盟的外围刊物之一，1931 年 3 月 16 日在上海创刊。开始由袁殊主编，后由楼适夷、沈端先、叶以群先后编辑。1932 年 6 月 20 日，出至第 60 号停刊。《文艺新闻》创办目的“是要在文化的进程中，服役于文艺界，学术界，出版界，如一般新闻纸之于社会的存在一样，成为专门于文化的有时效之新闻纸。以绝对的新闻的立场，兴新闻之本身的功用，致力于文化之报告与批判”,① 主要刊载关于文学、出版、美术、电影等文化领域的新闻和评论。在瞿秋白、邓中夏的支持和指导下，以《文艺新闻》编辑记者为主，再加上上海《申报》《新闻报》《时报》的进步记者，上海民治新闻学院、复旦大学新闻系部分师生 40 多人，于 1931 年 10 月 21 日在上海正式成立中国新闻学研究会。

10 月 26 日，中国新闻学研究会在《文艺新闻》第 33 号上发表的成立宣言

① 袁殊：《文艺新闻最初之出发》，《文艺新闻》1931 年 3 月 16 日。

中说，成立新闻学研究会的动机是“对过去新闻学的不满足，对现在新闻业的不信任”，因此，“我们除了致力新闻学之科学的技术的研究外，我们更将以全力致力于以社会主义为根据的科学的新闻学之理论的阐扬”。① 1932 年 4 月 12 日，又发表了《檄全国新闻记者》书，“公开檄告我新闻全体在业的同志，迅速的集合，组织起来，从研究到行动，负起新闻界对社会所应负的任务。并谋充实有效地忠尽我们的职责”②。

（二）左翼新闻记者联盟的建立

中国左翼新闻记者联盟（简称“左记”），1932 年 3 月 20 日在“新研”的基础上成立，瞿秋白、邓中夏、潘梓年参与指导了该组织的成立。

“一·二八”事变后，中国新闻学研究会呼吁新闻界行动起来，投身到抗日救亡运动中去。已经成为中共党员的袁殊，遵照党组织的指示，筹备成立中国左翼新闻记者联盟，作为中国左翼作家联盟的下属组织。“左记”在成立时通过了《中国左翼新闻记者联盟斗争纲领》《广泛建立工农通讯员》和《开办国际通讯社传播革命消息》等决议。“左记”成立后，通过各种方式努力团结广大进步新闻工作者，开展革命宣传，促进革命文化运动的发展，与国民党反动新闻传播及专制新闻统制进行有力的斗争。如“左记”成立不久，便创办了“国际通讯社”。该社以报道抗日救亡活动为主，稿件被国内外报纸采用，4 个多月后被国民党反动政府和帝国主义法租界查封。1934 年 1 月，“左记”出版《集纳批判》周刊，批判资产阶级新闻学，批判为帝国主义、封建主义、国民党法西斯反动统治服务的反动新闻事业；同时提出建立无产阶级新闻学以及为人民大众利益服务的进步新闻事业。《集纳批判》仅仅出版了 4 期就被迫停刊。1936 年 5 月，中国共产党宣布建立抗日民族统一战线，“左记”宣布自动解散。

第三节 民营报纸进一步企业化

这一时期，国民党政府还需要利用民营报纸为其发声，因此给民营报纸留下了一定的发展空间；同时，中国的经济、文化、教育事业都有了相当的发

---

① 《中国新闻学研究会成立宣言》，《文艺新闻》1931 年 10 月 26 日。

② 袁殊：《檄全国新闻记者》，《文艺新闻》1932 年 4 月 18 日。

展，这为民营报纸的企业化经营提供了必要的条件。

一、新记《大公报》的兴盛

这一时期，新记《大公报》在“文人论政”“文章报国”精神力量的支撑下，继续发扬“敢言”传统，坚持实施“四不”方针，不仅大大促进了自身的发展，更使得朝野各方对它不敢小觑。面对蒋、冯、阎、桂角逐的新军阀混战，《大公报》持坚决反对态度，三番五次发表社评，呼吁摧毁军阀政治以维护和平。1930年12月26日，《大公报》发表题为《未来军事善后如何》的社评，对新军阀的政客面目进行揭露：“许多军人，其头脑之复杂，较所谓政客者尤甚。纵横捭阖，观望徘徊，其伎俩既极巧滑之能事，态度则呈现闪烁之奇观。若有所谓游泳宦海之说，今则可易为游泳军海之新名词。”“九一八”事变后，《大公报》不顾“群情激愤”要政府对日“一战”的呼声，提出“明耻教战”的观点；1932年1月28日，日军在上海制造了震惊中外的“一·二八”事变，1月30日《大公报》发表题为《为公理人道抗议!!!》的社评，对日本侵略军的凶残暴戾表示极大愤慨，次日又发表《轰炸上海极端的暴行》，对日本海军陆战队的残暴进行愤怒声讨。面对国际联盟在法西斯面前的软弱无力，《大公报》1932年2月1日发表题为《全国同胞只有一条路》的社评，指出“时至今日，已无所谓局部问题之解决。我全国同胞从此只有一条路——死里求生!”3月2日，中国军队撤离上海，《大公报》于次日发表题为《勿悲观!!勿气馁!!》的社评，继续为抗战军民鼓劲：“我全国上下，丁兹事变，务勿悲观、勿气馁，必须以持久战之决心，为悲壮牺牲之准备，以求最后之胜利!”提出抗日战争必须打“持久战”的思想。长城抗战打响后，国民党政府借口“就地抗战”，不予守军必要的支持，致使前方军队节节败退。对此，《大公报》对国民党政府愤怒申斥。1933年元旦《大公报》发表题为《迎民国二十二年》的社评，对空谈收复失地而不见实际行动的国民党政府表示了极大愤慨：“吾人只责问中央当局及北方地方当局，是如何抵抗？抵抗始时，其他各地方当局则如何接济？……只责问中央及地方当局，究竟贪官污吏，办了几人？私人亲戚，换了几个？苛税恶捐，裁了几种？地方土匪，肃清了几处？剿匪善后，办完了几事？党部整理了若干？工潮减少了几何？交通便利了几许？”① 义正辞

① 《迎民国二十二年》，《大公报》1933年1月1日。

严，正气凛然，中国文人的爱国之心、报国之情溢于言表。正如该报在日后荣获密苏里大学授予的奖章时所说，“使若本报尚有渺小的价值，就在于虽然按着商业经营，而仍然保持文人论政的本来面目”。①

鉴于华北形势继续恶化，《大公报》重心南迁，于 1936 年 4 月 1 日创办了沪馆，出版上海《大公报》。沪版创办，一方面坚持“文人办报”本色，一方面为适应上海城市文化的需要增加若干“商人办报”因素。到 1937 年全面抗战爆发前，上海《大公报》发行量大增，发行面扩大，成为紧随《申报》《新闻报》之后的全国第三大报纸。作为一家名副其实的全国性大报，《大公报》更兼津、沪同刊，南北同声，进一步巩固了其在国内舆论界的地位。

二、《申报》的改革

如果说北洋政府时期，《申报》在求生存中图发展，那么南京国民政府时期，则是在以改革图发展。

《申报》的这种变化与它的老板史量才有关。史量才（1880—1934），名家修，祖籍江苏江宁，出生于上海青浦县（现青浦区）。1912 年 10 月，他从席子佩手中购进惨淡经营的《申报》，使这张报纸迅速发展成为国内著名的资产阶级大报。1929 年，史量才又从福开森手里购进《新闻报》的大部分股权，成为当时中国最大的报业资本家。

纵观史量才的办报经历，以 1931 年为界前后有一个明显的变化。1931 年以前，史量才的办报风格“老成持重”，在激烈的矛盾面前采取消极回避态度，以保全报纸。这种态度使得《申报》的言论“不愠不火”，以社会新闻和“蝴蝶鸳鸯”副刊文字取胜。日本帝国主义占领我国东三省后，采取军事进攻和经济侵略相结合的手段大量倾销日本商品，导致我国市场大大缩小，严重危及民族工业的生存和发展。因此，民族资产阶级的抗日倾向日益明显，对蒋介石国民党的不抵抗政策也日益不满。作为民族资产阶级在舆论界的代表，史量才决定奋起抵抗。1932 年是《申报》创刊 60 周年“纪念年”，他准备以此为契机把《申报》推上一个新的台阶。1931 年 9 月 1 日，《申报》发表《本报六十周年纪念宣言》，公布了新的办报方针。宣言说，“为了肩荷社会先驱推进时代的

① 《本报同人声明》，《大公报》（重庆版）1941 年 5 月 15 日。

责任，为了促进我民族臻于兴盛与繁荣，本报决心积极行动起来”。[①] 从此以后，《申报》对日本侵略者进行抨击，对国民党政府的不抵抗政策予以批评，对抗日军民的英勇斗争予以坚决支持。1932 年 6 月，南京大学爆发学潮，《申报》报道学潮真相，将国民党统治集团的黑暗公布于众。同年夏季开始，蒋介石调动大军，亲任总司令，对江西革命根据地发动第四次“围剿”，《申报》对此于 6 月 30 日、7 月 2 日、7 月 4 日，连续发表三篇时评，一针见血地指出“政治黑暗如此”“举国之匪皆黑暗之政治所造成”“政治不清明，民生不安定，虽十次武力围剿，亦必无功”。[②] 由此引发蒋介石不满，并亲自下手令“申报禁止邮递”，使得《申报》在上海租界之外无法发行。后经多方疏通，当局才撤销禁令。1932 年 12 月，宋庆龄、蔡元培、杨杏佛、鲁迅等发起成立中国民权保障同盟会，反对国民党迫害进步人士，争取言论、出版、集会、结社自由。史量才虽然没有加入中国民权保障同盟会，但是指定了两名《申报》记者以个人名义加入，还亲自出席了同盟会的成立大会并发言。1933 年，《申报》在揭露镇江《江声日报》经理兼主笔刘煜生被枪杀等过程中，成为民权保障同盟会的一个宣传讲坛。

在业务上，《申报》重点抓评论和副刊的改革。改革前的时评是“温吞水”，且远离时事；改革后的时评笔锋犀利，既应乎“时”，又敢于“评”。重用文艺青年黎烈文改革副刊，使一向是鸳鸯蝴蝶派领地的《自由谈》成为进步文化的重要阵地。鲁迅、茅盾、瞿秋白、郁达夫、郑振铎、陈望道、叶圣陶等一大批进步作家在上面发表文章，抨击国民党的不抵抗丑行，揭露国民党钳制舆论、进行“文化围剿”的劣迹。

《申报》的改革还表现在扩大业务范围，开展系列服务活动。从 1932 年 7 月起，发行《申报月刊》；12 月开办《申报》流动图书馆，为社会下层群众自学提供便利。1933 年 1 月，《申报》新闻函授学校正式开学；3 月，《申报》业余补习学校成立；6 月，《申报》读者服务部开张，代读者订购书报杂志；同年，《申报年鉴》《申报丛书》出版发行。

《申报》的改革和发展，遭到国民党政府的嫉恨。他们在利诱不成的情况下，便对史量才下毒手。1934 年 11 月 13 日，国民党特务暗杀了史量才。《申

---

① 《本报六十周年纪念宣言》，《申报》1931 年 9 月 1 日。

② 《再论剿匪与造匪》，《申报》1932 年 7 月 4 日。

报》改革由此终止，兴盛不再。

三、《立报》的创办

进入20世纪30年代，成舍我希望在20年代创业基础上，进一步发展自己的事业，实现成为中国新闻界巨头的愿望。在朋友李石曾的赞助下，成舍我于1930年4月16日赴欧洲考察新闻事业。在法国，他对巴黎报纸缩减篇幅，降低售价（法报每张售价只合中国币1分钱）的做法很感兴趣，认为这一点很值得仿效。

旅欧归来，成舍我希望在中国发展如欧美19世纪三四十年代崛起的大众化报纸。这种报纸面向社会下层群众，以刊登社会新闻为主，文字通俗，价格低廉，同时还能对政府的决策起到一定的建言和监督作用。这种办报思想，在当时的中国无疑是具有进步意义的。

像法国报纸“缩减篇幅，降低售价”的做法，成舍我早就试行过，并取得了良好的效果。1927年4月18日，即南京国民政府成立当天，他就以“小报大办”方法在南京创办《民生报》。这张4开“小报”，版面小，内容丰富，新闻性强，完全不像往日上海滩的消闲小报，所以销售量很快超过了南京的首位大报《中央日报》。1934年7月，《民生报》因揭露当时行政院长汪精卫的部下彭学沛贪污舞弊等事件，被罚停刊3天；1934年7月23日又因发表来源于民族社的《蒋电汪、于勿走极端》一则消息，被南京宪兵司令部查封，成舍我也因此入狱40天。出狱后，成舍我拒绝复刊《民生报》，于1935年9月20日，与人合资在上海创办了另外一张更典型的小型报——《立报》，并担任社长。

诞生于内忧外患、国难深重之时的《立报》，以“对外争取国家主权独立，驱除敌寇；对内督促政治民主，严惩贪污”为宗旨，继续《民生报》“小报大办”的方法，使小型报更上一层楼。《立报》从创刊起就提出“报纸大众化”的口号，号称以“日销百万为目的”，在《我们的宣言》中着重强调：我们绝不是打着大众化的旗号牟私利，一定要把报纸办得通俗易懂，刊登的材料要与群众休戚相关，使全国国民“能读、必读、爱读，使他们觉得读报真的和吃饭一样需要”。为了使“大众化”这个办报口号为广大读者所了解，《立报》在报边上经常刊登一些醒目明了的短语，如“天天读报最易增进本身对国家的认识，故欲民族复兴必先实行报纸大众化”（一版报边）；“报纸大众化是价钱便宜人人买得起，文字浅显人人看得懂”（二版报边）；“永远不增价终年不休刊，凭良心说话拿真凭实据报告新闻”（二版报边）；“欢迎直接订阅3月只收报费1元，请电96081即可每早准时送到”（三版报边）；“只要少吸一支烟你准看得起，只要略识几百字你准看得懂”（四版报边）。为了防止报贩从中作梗，保证读者按时阅读到报纸，报馆自备自行车100辆，每天早晨8时前把报纸直接送给订户。加之敢于同上海一些恶势力对抗，《立报》很快吸引了不少读者。1937年“八一三”淞沪会战期间，《立报》销量达20万份以上，创当时报纸销量的最高纪录。

上海沦陷后，《立报》自动停刊，1938年4月在香港复刊，1941年12月因香港沦陷被迫停刊。1945年抗战胜利后上海《立报》复刊，成舍我将其资产转让，实际归国民党CC系潘公展所有。①

四、张竹平与“四社”

张竹平（1886—1961），江苏太仓人，上海圣约翰大学毕业，笃信基督教。在史量才接办《申报》后，入《申报》馆，被聘为经理，显示出出色的报业管理才华，成为《申报》中兴的有功之臣，深得史量才的赏识。张竹平在积累了丰富的经验和一定的资金后，便开始谋求自己的事业。还在《申报》任职时，便聚集人员于1928年创立了“申时电讯社”；同年，又与汪英宾、潘公弼等人合股购下了《时事新报》，组建股份有限公司，自任董事长兼经理。1930年，张竹平离开《申报》，正式开始独立经营自己的事业。1931年2月，张竹平与董显光等人合股购进濒临倒闭的英文报纸《大陆报》，张任经理，董任总编辑；几乎同时，又与董显光、曾虚白等人策划创办了《大晚报》。1932年张竹平将以上四家新闻机构（《时事新报》《大陆报》《大晚报》和申时电讯社）联合起来，成立了一个联合办事机构，简称“四社”。“四社”集合了日报、晚报、英文报和通讯社的优势，在新闻报道、印刷业务等方面互通有无，相互协作，形

① 成舍我一心想建立自己的报业王国，成为中国的赫斯特，虽然费尽九牛二虎之力，无奈资金不足，梦想难圆。抗战后期成舍我在国民党CC派的支持下，募集巨款，于1945年1月复刊重庆《世界日报》，并创办“中国新闻公司”，成舍我担任总经理兼报社社长，前《中央日报》社社长程沧波任公司常务董事兼报社社评委员会总主笔。该公司准备战后将中心迁往南京，并分别在全国东、西、南、北、中五大地区的主要城市办起10家大报，都以《世界日报》命名，企图垄断中国的新闻事业。1946年，成舍我以社会贤达的身份当上了伪国大代表，1948年又被选为北平市立法委员。北平解放前夕，成舍我先到南京，再寓居香港，后于1952年定居台湾。

成一个新闻报道和业务经营的联合体。“四社”的成立在当时的新闻界产生很大影响，被看作“报业托拉斯”，意味着在国民党政府的新闻事业体制之外形成了一个民营传媒联合体。

实际上，“四社”的联合仅仅是经营业务的合作，不是资本的联合。其名下“三报一社”的产业均分属各自的董事会，张竹平也并非总业主。因此“四社”只是一种报团的雏形。但是，即使是这种雏形，也不见容于当时的国民党政府。出于筹集资金的需要，张竹平曾与反蒋的福建“中华共和国人民革命政府”有过联系，更为蒋介石国民党政府所不容。“福建事变”发生后，申时电讯社曾派记者前往采访，《时事新报》也曾发过报道，因此受到“禁邮”处分。继而，孔祥熙还指示亲信李毓万向张竹平施加压力，强行收购“四社”股权。1934 年 11 月 13 日史量才遇害后，国民党特务机构便向张竹平发出了恐吓信，以暗杀相威胁。张竹平在压力面前只有让步，以 20 万元低价将《时事新报》卖给了孔祥熙。后来，其余三家也渐渐被孔家占有。中国第一个民营传媒联合体就这样被扼杀了。

五、争取新闻自由的斗争与记者节的确立

国民党的新闻统制，遭到国统区除国民党新闻机构之外所有新闻媒体和从业者的反对，要求新闻自由的呼声不绝于耳，争取新闻自由的斗争接二连三。各新闻媒体和新闻团体，均把争取新闻自由、维护新闻界的权益作为自己的重要职责。如《大公报》多次发表社评，对国民党的新闻统制进行抨击。1930 年 7 月 15 日，该报发表题为《报纸如何为民众说话》社评，指出国民党缺乏言论自由观念，国民政府缺乏保护言论自由的法律，因此，“国民党执政以还，摧残言论，压迫报界，成为一时风气，方法之巧，干涉之酷，军阀时代，绝对不能梦见”。当国民党新闻检查体系形成、新闻检查极为严苛的时候，《大公报》连篇累牍地发表社评，其中主要有 1935 年 1 月 25 日的《关于言论自由》、7 月 14 日和 30 日的两篇批评“新出版法”的社评、12 月 10 日的《为报界向五中全会请命》和 1936 年 6 月 9 日的《论统制新闻》等，对当局实行“蒙头盖面之统制新闻政策”进行抨击，并提出以“暴露主义”代替“封锁主义”。

面对新闻界的猛烈抨击，国民党当局也不得不有所顾忌。早在 1929 年 12 月 27 日，蒋介石曾通电全国，表示开放报馆“言禁”，还在北平召开记者会，欢迎报界对政府的善意批评，希望各报自 1930 年元旦起，“以真确之见闻，作

翔实之贡献，其弊病所在，能确见其实征结；非攻讦私人者，亦请尽情批评”①。1932 年 1 月 8 日，国民党政府通令取消电报新闻检查：“查言论自由为全国人民应有之权利，现在统一政府成立，亟应扶持民权，保障舆论，以副喁望而示大公，所有对于电报及新闻施行检查之举，应即一律取消。”②

但是国民党政府言行往往是不一致的。1933 年 1 月 21 日，镇江《江声日报》的经理兼主笔刘煜生被国民党江苏省政府主席顾祝同以刊文“显有激动阶级斗争用意……含有共党口吻，及种种隐语”的罪名枪杀，证据仅仅是《江声日报》副刊上发表的《当》《下司须知》《涛声》和《端午节》等几篇描写社会生活的小说。上海《申报》首先披露了这一消息，舆论界及整个文化界愤怒了。1933 年 1 月 29 日，南京新闻记者协会呈请国民党政府，要求依法严惩江苏省当局，并通电全国新闻机关及各社会团体，一致声援，同时致函全国律师公会，请其提起诉讼。上海新闻界掀起声势浩大的抗争。数日之内，抗议浪潮席卷全国新闻界，形成强大舆论攻势。在强大舆论压力面前，国民党政府监察院表示要“弹劾”顾祝同。9 月 1 日，国民政府行政院发布《保护新闻从业人员》的训令：“内政部通行各省市政府，军政部通令各军队或军事机关，对于新闻从业人员，一体切实保护。”

虽然国民党政府的训令不是真的要给人民以新闻自由，但多少给了新闻界一些争取权益和安全保障的机会。1934 年 8 月，杭州记者公会向新闻界发出倡议，公定 9 月 1 日为记者节，每年届时举行庆祝活动，以保护新闻记者的权益。杭州的倡议发出后，得到了许多地区新闻界的响应，当年 9 月 1 日，北平、杭州、太原、厦门、长沙、南京、青岛、绥远等地新闻界举行了庆祝活动，北平新闻界庆祝大会还致电国民党中央，要求“实行去年 9 月 1 日的训令，保障记者安全，维护言论自由”。从 1935 年起，“九一记者节”得到了全国新闻界的承认。

全面抗战爆发后，每年 9 月 1 日，新闻界借庆祝“自己的节日”表达职业诉求，呼吁加强同业团结，提升理论水平，增强专业知识修养，坚持记者节操，规范职业道德，树立良好的职业形象。抗战后期，记者节已不仅仅是一个单纯的职业纪念日，更蕴含着特殊的社会政治意义，新闻界尤其是中国共产党

---

① 《大公报》1929 年 12 月 29 日。

② 朱汇森：《中华民国史事纪要（初稿）》（中华民国二十二年一至六月），台湾中华民国史料研究中心 1984 年版，第 60 页。

媒体和民营媒体借记者节表达争取民主自由的政治诉求。1944 年 3 月 11 日，国民党政府正式确定 9 月 1 日为“国定记者节”，使之拥有合法身份，这个节日直到 1949 年才完成它的历史使命。

第四节　在抗日救亡中前进的民主新闻人

一、“人民新闻出版事业家”邹韬奋

（一）丰富的新闻出版活动

邹韬奋（1895—1944），原名恩润，祖籍江西余江，生于福建永安（图 4-1）。少年时代阅读梁启超在《新民丛报》发表的文章、黄远生在《时报》与《申报》上发表的北京通讯，对新闻工作产生兴趣。韬奋的一生，是从事新闻出版工作的一生。从 1926 年接办《生活》周刊开始其新闻生涯到 1944 年病逝，18 年内共主编、创办过《生活》周刊、《大众生活》周刊、《生活日报》、《生活星期刊》、《抗战》三日刊、《全民抗战》、《大众生活》（香港版）7 种报刊，是我国杰出的新闻记者、政论家、出版家。

图 4-1　邹韬奋

《生活》周刊是邹韬奋主编的第一家刊物。该刊 1925 年 10 月由中华职业教育社创办，是专门宣传职业教育、进行职业指导的刊物。邹韬奋主持后，以“暗示人生修养，唤起服务精神，力谋社会改造”为宗旨，逐步淡化职业教育色彩，并形成了重视言论和读者来信的特色。从 1927 年 9 月开始，韬奋几乎每期都刊发一篇“小言论”，讨论生活中和读者提出的种种问题。邹韬奋认真处理读者来信，使《生活》与读者之间建立起亲密的关系。邹韬奋还提出“力避‘佶屈聱牙’的贵族式文字，采用‘明显畅快’的平民式文字”。[①] 这些使得《生活》周刊越来越受读者喜爱，三四年后，发行量就由最初每期 2 000 份增加到 8 万份。

“九一八”事变后，面对日本侵略者的气势汹汹和蒋介石政府的消极态度，

① 邹韬奋：《本刊与民众》，《生活》周刊第 2 卷第 21 期。

1932年2月和7月邹韬奋在《生活》周刊上先后发表了《我们最近的思想与态度》和《我们最近的趋向》，表明他的思想发生了很大的变化，他认为当务之急是抗日救亡。韬奋思想上的变化、《生活》周刊对抗日救亡运动的宣传和对国民党当局“攘外必先安内”等谬论的抨击，深为国民党反动当局所不容。

1932年7月，国民党当局下令禁邮《生活》周刊，《生活》被迫自办发行。政府的刁难反而激起读者的热爱，《生活》一下发行15万份，创当时全国杂志发行最高纪录。为了保存和发展自己的事业，韬奋还在《生活》读者代办部的基础上成立生活书店。

1933年，邹韬奋加入中国民权保障同盟会，不久被列入国民党特务的暗杀名单。是年7月，邹韬奋被迫出国流亡，《生活》周刊于12月16日也被迫停刊。邹韬奋在国外两年期间，写下大量通讯，向读者介绍分析了国外政治、经济、文化生活的方方面面，以期在中华民族的出路问题上给读者以启迪，后汇集成《萍踪寄语》三集和《萍踪忆语》。

1935年8月，邹韬奋回国，11月在上海创办《大众生活》周刊。不久，“一二·九”运动爆发，《大众生活》对学生的爱国行动给予热情的声援，受到广大群众的热烈欢迎，销量达20万份，再创当时国内杂志发行量的最高纪录。1936年2月，《大众生活》出至第16期被查封，邹韬奋流亡香港。

1936年6月7日，邹韬奋在香港创刊《生活日报》和《生活日报星期增刊》。由于香港条件的限制，邹韬奋拟将《生活日报》迁回上海出版，但遭到国民党的阻挠。出版55天后，《生活日报》在香港停刊。

1936年8月，邹韬奋回到上海，把《生活日报星期增刊》迁到上海，更名为《生活星期刊》继续出版。这个刊物除原有的12页文字外，又增加了4页图片，内容比《大众生活》更丰富。11月，邹韬奋在上海与救国会的负责人沈钧儒、李公朴等7人被国民党反动政府逮捕，史称“七君子事件”。《生活星期刊》出至第28期也被查封。

1937年“七七事变”后，国民党当局迫于全国人民的压力，释放了“七君子”。邹韬奋一出狱，就在上海创办了《抗战》三日刊。上海沦陷后，邹韬奋来到武汉，将《抗战》和李公朴主编的《全民》合并而成《全民抗战》，亲任主编。该刊因及时反映广大群众的呼声，最高发行量达30万份，又创当时全国杂志发行量的最高纪录。1941年2月22日，《全民抗战》被国民党当局查封。在此前后，生活书店在全国的50多个分店被查封，仅余重庆一家。邹韬奋再次出走香港。

1941 年 3 月，邹韬奋在香港重办《大众生活》，继续宣传抗战，大力鼓吹民主政治。这是他主编的最后一家刊物。1941 年底，香港沦陷，《大众生活》停刊。在中共南方局的安排下，邹韬奋安全撤离，几经辗转来到苏北抗日根据地，1944 年 7 月 24 日因病在上海逝世。11 月 15 日，毛泽东为邹韬奋题词："热爱人民，真诚地为人民服务，鞠躬尽瘁、死而后已。这就是邹韬奋先生的精神，这就是他之所以感动人的地方。""韬奋精神"既是对邹韬奋一生的高度评价，也激励着一代代无产阶级新闻出版人。

（二）先进的办报思想

1. 报刊要始终立于人民大众的立场，以推动社会进步为目的

邹韬奋一直有着明确的人民立场。接办《生活》周刊时，邹韬奋就明确表示他的刊物"完全以民众的福利为前提"。这里的民众是指"一般有正当职业或正在准备加入正当职业的平民"，"尤其是这般人里面受恶制度压迫特甚的部分"；① 创办《生活日报》，是希望这份报纸"成为真正人民的报纸"，完全做"人民的喉舌""人民的耳目"。② 在邹韬奋的思想里，人民大众的立场和引领社会进步是一体的，因而，邹韬奋始终把引领社会进步作为自己办报刊的目标，要求自己的报刊为社会服务，以求"有裨益于社会上的一般人"。③ 正因为如此，邹韬奋将《生活》周刊的宗旨确定为"以读者利益为中心，以社会的改进为鹄的"，④ 要求"政治的清明"与"实业的振兴"；⑤ 在"九一八"事变以后，其宗旨变为要求抗日救亡、民族解放。从国外流亡回来创办《大众生活》，他进一步提出要"力求民族解放的实现，封建残余的铲除，个人主义的克服"。⑥ 1941 年，邹韬奋更明确了这一理念，指出"一个报纸对社会能起引导的作用，绝对不是由于它要怎样便怎样，必须由于它能够灵敏地意识到社会大众的真正的要求，代表着社会大众的真正的利益，在这个立场上，教育大众，指导大众"。⑦

---

① 邹韬奋：《本刊与民众》，《生活》周刊第 2 卷第 21 期。
② 邹韬奋：《生活日报的创办经过和发展计划》，香港《生活日报》第 55 号。
③ 邹韬奋：《〈生活〉周刊究竟是谁的?》，《生活》周刊第 4 卷第 1 期。
④ 邹韬奋：《〈生活〉周刊究竟是谁的?》，《生活》周刊第 4 卷第 1 期。
⑤ 邹韬奋：《本刊与民众》，《生活》周刊第 2 卷第 21 期。
⑥ 邹韬奋：《期望》，《大众生活》第 1 卷第 2 期。
⑦ 邹韬奋：《领导与反映》，《新华日报》1941 年 1 月 11 日。

人民大众的立场与改进社会的目的，使邹韬奋在从业的 18 年中始终保持着崇高的人格和报格，不为利诱和胁迫所动，赢得了读者最大的信任，也使他最终被追认为一名光荣的中国共产党员。

2. 热情为读者服务

热爱读者，尽心竭力为读者服务，是邹韬奋一贯的办报作风，也是《生活》周刊的传统精神之一。从接办《生活》起，邹韬奋就强调报刊要“竭我所能，尽忠代谋”① 地为读者服务。1930 年 9 月，生活周刊社成立“书报代办部”，由为读者代购书报，发展到为读者代购物品、代请医生等。

邹韬奋认真对待读者来信，以极大的热诚为读者答疑解难。《生活》“信箱”专栏在“九一八”事变以后每年收到读者来信近 3 万件，《大众生活》“大众信箱”专栏最多的时候 1 个月收到来信近 1 万件，在报刊上解答的只能是一小部分，对于大部分不能公开发表的来信，邹韬奋同样以“全副精神答复”。他的热诚赢得了读者的信任，一些读者甚至把不愿意告诉父母的心里事写信告诉他，与他商量，听取他的意见。这种与读者广泛而密切的联系，也使邹韬奋的刊物更具有现实的针对性和生命力。

3. 树立平民化风格

邹韬奋从接办《生活》周刊开始，就强调自己刊物的对象是一般平民，要将《生活》“造成人人的一位好朋友”，② 希望读者看到自己的刊物时“好像听一位朋友谈谈天，不但有趣味，而且有价值的谈天”。③ 后来邹韬奋又强调记者要成为读者“进步途上的益友”。④ 在这一思想主导下，邹韬奋有意识地突出刊物的平民化风格。

在报刊的选材上，邹韬奋突出“有价值、有趣味”。他主张文章要给读者以“生活上的快乐”，要引人入胜；但同时他又反对当时流行小报那种近于“迎合一般卑下心理”的东西，强调要有价值，“寓修养于娱乐之中”。⑤ 实践中他对这两点严格把关，即使是知名学者的文章，如果不符合这两点也决不采用。

---

① 邹韬奋：《新女子最易上当的一件事》，《生活》周刊第 4 卷第 10 期。
② 邹韬奋：《〈生活〉周刊究竟是谁的?》，《生活》周刊第 4 卷第 1 期。
③ 邹韬奋：《〈生活〉周刊究竟是谁的?》，《生活》周刊第 4 卷第 1 期。
④ 邹韬奋：《硬性读物与软性读物》，《生活》周刊第 4 卷第 37 期。
⑤ 邹韬奋：《〈我们大不满意于本刊的地方〉编者附言》，《生活》周刊第 2 卷第 19 期。

在文风上，邹韬奋强调大众化，提倡“采用‘明显畅快’的平民式文字”，他的小言论和通讯都写得通俗流畅、简洁易懂。他认为只有采用通俗易懂的语言形式的报刊，才是真正的人民大众的报刊。平民化的风格，与韬奋刊物的读者对象定位一致，成为韬奋刊物受到读者广泛欢迎的重要因素之一。

二、“一代名记者”范长江

（一）范长江及其新闻采访活动

范长江（1909—1970），原名希天，四川内江人（图 4-2）。青少年时代受革命思潮的影响，18 岁便参加了南昌起义，19 岁考入南京中央政治学校乡村行政系。“九一八”事变后，他认清了国民党政府的真实面目，愤然离开了中央政治学校，于 1932 年进入北京大学哲学系。1933 年下半年，范长江为北平《晨报》《世界日报》和天津《大公报》投稿，开始他的新闻生涯。范长江从事新闻工作 19 年，以 1938 年秋天为界分为前后两个时期。前期主要是在《大公报》工作，历任《大公报》记者、采访部主任和中国青年新闻记者学会负责人。后期主要是在共产党领导下从事新闻战线的领导工作，历任国际新闻社负责人、香港《华商报》主编，新华社华中分社、华中总分社社长，华中新闻专科学校校长，新华社总社副社长和总编辑；中华人民共和国成立后，先后担任新华社总编辑、上海解放日报社社长、新闻总署副署长、人民日报社社长等职。

图 4-2 范长江

范长江 1935 年 5 月取得《大公报》旅行记者身份，1938 年秋天离开，在《大公报》工作了三年多时间。范长江作为“一代名记者”的成绩，主要出自这期间。他进行了从塘沽到川南的采访、西北旅行采访、陕北采访、抗战初期的战地采访，以满腔的爱国热情和勇敢顽强、吃苦耐劳的精神以及深厚的学识，采访到有重要价值的新闻，撰写出引人入胜的通讯。这些采访活动中，最重要的有两项——“西北采访”与“延安采访”。

关于“西北采访”。1934 年，天津《国闻周报》“赤区土地问题”专栏上的文字引起范长江的注意，他认为把共产党说成“匪”是根本不能成立的，所谓“剿匪”也是完全没有意义的。为了搞清楚“红军北上以后中国的动向”，以及“抗日战争爆发后，敌人肯定会占领我们的若干大城市，那么我们的后方——西北、西南的情况怎么样”① 这样两个问题，1935 年 7 月，范长江以《大公报》旅行记者的身份，开始他的西北地区的考察采访，足迹遍及川、陕、青、甘、内蒙古等广大地区，历时 10 个月，全程 4 000 余里。他把旅行见闻写成通讯陆续在《大公报》上发表。

范长江的西北采访大致分为四个阶段。第一阶段：成兰之行——从成都到兰州。这一阶段，主要写了《岷山南北剿匪军事之现势》《成兰纪行》两篇通讯。第二阶段：陕甘穿梭——在兰州、西安之间，经不同路线穿梭两个来回。这一阶段写了 11 篇通讯。第三阶段：翻越祁连山——神秘的青海，写了 3 篇通讯。第四阶段：纵横贺兰山，完成最后一篇通讯《贺兰山的四边》。

范长江的西北通讯揭露了西北地方吏治的黑暗，描述了西北人民啼饥号寒的悲惨景象，透露了红军长征路上的一些真实情况。这些通讯发表后，在社会上引起了很大反响。不久，范长江将这些通讯汇集成《中国的西北角》一书出版，半年内连印 7 次，他本人也一举成名。此后，范长江被《大公报》聘为正式记者，并参加《大公报》上海版的工作。

关于“延安采访”。1936 年 12 月西安事变后，范长江“撞入西安”，采访了周恩来；接着又赴延安采访，成为当时国统区进入延安采访的第一个中国新闻记者。范长江在延安采访了毛泽东、朱德等中国共产党和军队的领导人。他在这次具有历史意义的采访中写成了著名的通讯《动荡中之西北大局》，发表在 1937 年 2 月 15 日天津《大公报》上；随后，又在《国闻周报》上发表《陕北之行》。范长江的这两篇通讯最早报道中国共产党和平解决西安事变的真相，向国统区的读者介绍中共抗日民族统一战线的主张，向全国广大读者描绘了陕北革命根据地生气勃勃的面貌，在全国产生广泛影响。这些通讯后来结集成《塞上行》一书出版。《中国的西北角》和《塞上行》成为范长江新闻通讯的代表著作。

（二）范长江新闻通讯的特色

范长江在抗日救亡运动中和抗战全面爆发初期所写的通讯，以鲜明的特色轰动全国。

---

① 范长江：《通讯与论文》，新华出版社 1981 年版，第 318 页。

强烈的时代感，是范长江新闻通讯的第一个特色。他选取的新闻题材，大都是反映国家和民族的根本问题以及社会普遍关注的热点问题，因此他的通讯具有重大的新闻价值和强烈的时代气息。长征途中，红军跨越大渡河、夺取铁索桥、翻雪山、过草地等一些惊世之举，都是由范长江的通讯告诉人们的；陕北红色根据地的情况，也是范长江在通讯中详细报道给国统区人民的，毛泽东、周恩来、彭德怀、刘伯承、刘志丹、徐向前、萧克等人的音容笑貌和军事才能也由范长江的通讯真实地描绘和报道出来；中国共产党抗日民族统一战线的政策，通过范长江的通讯而告之天下，为广大爱国民众所接受；西安事变的真相通过范长江的通讯报道之后，反动派的谣言不攻自破，国统区人民了解了事变的前因后果。

浓烈的感情，是范长江通讯的第二个特色。范长江的通讯吸引人、感动人，与其中浓烈的感情分不开。这种感情中有爱、有憎、有喜、有愁；这些感情的表达有的是直抒胸臆，有的是寓情于景。

在绥远，范长江为英勇的抗日战士的事迹所感动，他在通讯中便用诗一般的语言热情地赞颂他们："许多英勇的战士，在这里作成了对国家神圣的牺牲，他们的热血和头颅，在这里换来了民族的胜利。他们的行径，将永远为后世所讴歌，他们的功业，将被全中国子孙所崇敬。这里的战痕已经快湮没，这里的血迹已经弄模糊，然而他们拼一身以殉国家之精神，将炳耀千古！"① 一连串有韵律的排比句式铺陈而来，表达了作者对为国捐躯的勇士们的崇敬、爱戴之情。

"欲成大河者，必长其源，欲成大事者，必固其基，源愈长，则此河之前途愈有浩荡奔腾之日。基愈固，则人生事业愈不敢限其将来。"② 这段抒情独白是范长江看到长江的发源和涪、岷二江的分流时所发出的感慨。虽然这里发出的感慨具有个人奋斗的色彩，但是这种触景而生的感情，情深意浓。

生动形象的描写，是范长江通讯的第三个特色。范长江的通讯，人物描写生动形象，只用几笔，神态毕肖，一路读来，如见其人，如闻其声，给读者留下深刻的印象。

通讯《塞上行》是这样描写"毛泽东先生"的："书生一表，儒雅温和，

① 《百灵庙战后行》，《范长江新闻文集》上，新华出版社 2001 年版，第 437 页。
② 《中国的西北角》，《范长江新闻文集》上，新华出版社 2001 年版，第 96 页。

走路像诸葛亮‘山人’的派头，而谈吐之持重与音调，又类三家村学究。”还特别强调一笔：毛泽东“面目上没有特别‘毛’的地方，只是头发稍为长一点。”① 谦和持重，既有政治家的风度，又有军事家的气魄，这是毛泽东的形象。写刘伯承是将肖像与其经历糅合在一起：“身体看来很瘦，血色也不好，四川人有这样高的个子，要算‘高’等人物。他之有名，不在到红军之后，西南一带，对‘刘瞎子’的威风，很少人不知道的。他作战打坏了一只眼，身上受过九次枪伤，流血过多，所以看起来外表不很健康，然而他的精神很好，大渡河也是他打先锋。行军时，飞机炸弹还光顾了他一次，幸而不利害。他在莫斯科曾经令伏罗西洛夫敬佩过的。‘红军总参谋长’是每个红色战斗员都知道利害的。”② 读者读后，既见到了刘伯承其人，又了解了他的主要事迹，不禁产生敬佩爱戴之情。

具有游记散文的特点，是范长江通讯的第四个特色。范长江的通讯借助游记散文疏放、灵活的手法，结构变化多样。有时以游程为线索谈沿途见闻，有时就某个问题和事件布局谋篇，有时将旅途印象串连成文，写出自己的真情实感。他在通讯中，将叙述、描写、议论、抒情熔于一炉，把事件、人物、景物有机地编织在一起，文章如行云流水，浑然天成。另外，范长江的通讯除根据主题需要而择用大量现实材料外，还适当采用诗词、谚语、地方掌故、历史地理知识等，读者读来，如饮甘醇。通讯《从嘉峪关说到山海关》，就结合对日寇向长城进犯的揭露，先从历史的角度介绍了自秦以来历代修筑长城的情况，以及历代在长城沿线抵御外族入侵的重大战争和经验教训，再从现实的角度介绍长城各主要隘口的情形，简直是一部古今长城史。

范长江在前方采访，结识了许多有作为的记者朋友，他们互相帮助、互相鼓励、共同战斗。摄影记者方大曾就是其中一个。方大曾 1912 年出生，1936 年与范长江相识。次年“七七事变”后的第三天，方大曾即赴卢沟桥现场采访，拍摄大量照片，写出长篇报道，最早以图文并茂的形式报道了震惊中外的卢沟桥事变，不料随后失踪。两年后，范长江还写作了《忆小方》，对这位“硕壮身躯红润面庞头发带黄斯拉夫型的青年新闻战士”表示深深的怀念：“我

---

① 《塞上行》，《范长江新闻文集》上，中国新闻出版社 1989 年版，第 252 页。

② 《陕北之行》，《范长江新闻文集》上，中国新闻出版社 1989 年版，第 251—252 页。

相信他不会有问题。”①

第五节 新闻教育与新闻学研究的发展

一、新闻教育的发展

这一时期，国家暂时“统一”，各派新军阀之间的矛盾也暂时“平缓”。进入建设时期的南京国民党政府对发展国民教育表现出积极的态度，重新制定了教育宗旨、教育政策，颁布各项教育法令、法规、纲领。在教育整体发展的情况下，新闻教育也有了一定程度的发展。

（一）燕京大学新闻系的恢复与发展

成立于1924年的燕京大学新闻系于1927年停办，1929年恢复。恢复后的燕大新闻系在继承老燕大新闻系传统和优点的基础上，制订了严格的教学计划，并按计划认真开展教学活动，各项工作逐步趋于正规。

燕大新闻系与美国密苏里大学新闻系签订了交换教授及研究生的协议。密苏里大学新闻系派到燕大新闻系交换的第一位研究生叫葛鲁甫，他的研究方向是广告学和报业管理，并在燕大新闻系讲授广告学。燕大新闻系助教卢祺新1931年作为交换研究生被派往密苏里大学新闻学院学习，两年后学成回燕大新闻系执教。

该系的学术活动也积极开展。从1931年起，每年举办一次“新闻学讨论会”，邀请中外新闻学界名流和平津主要报社领导与会，大家从不同角度发表对新闻学的观点，不仅提高了教师的学术水平，而且使学生深受教益。

燕大新闻系十分重视培养学生的实践动手能力，大力创建学生的新闻实践园地。1930年创办了英文报纸《燕大报务之声》。1931年创办《平西报》。1932年创办“燕京通讯社”和《新闻学研究》刊物，创办了《报学》杂志和《燕京新闻》刊物。抗战期间，燕大新闻系迁到四川。

由于教学正规，理论知识学习比较系统，实践能力培养措施得力，该系毕业生的质量很高。到1937年为止，燕大新闻系历届毕业生共62人，很多人成为国内外新闻界名重一时的人物，如《大公报》的萧乾、黎秀石、朱启平，中央社的驻外记者任伶逊、汤德臣、卢祺新、沈剑虹、徐兆镛，战时重庆、桂

---

① 《忆小方》，《范长江新闻文集》下，中国新闻出版社1989年版，第770页。

林、成都、香港的新闻界名人陈翰伯、蒋荫恩、余梦燕、王继朴等。

（二）顾执中与上海民治新闻专科学校

这一时期，专业的新闻学校开始创办起来。在同类学校中，影响最大、创办时间最早的是顾执中创办的民治新闻专科学校。

顾执中（1898—1995），号效汤，上海人。父亲为基督教徒，他也经牧师介绍入教会学校中西中学读书，打下了良好的英文基础。后由于家境不好，他放弃升学念头，走进社会，先后当过店员、描图员，到母校代课。1920 年，他到基督教慕义堂任理事，后又到工部局教外国人中文，进一步提高了英语水平，开始用英文为英文报刊写稿。

1923 年起顾执中参加新闻工作。从《时报》的记者到《新闻报》的采访部主任，在 15 年的新闻实践中，他深深感到新闻人才的重要性，于是开始创办新闻教育。他于 1928 年在上海与其他人合资创办民治新闻专科学校，历时 20 余载，培养出大量的新闻专业人才。

在长期的办学实践中，顾执中表现出了对新闻教育事业的高度热情。民治新专开办后，国民党当局以种种理由不准立案。1933 年上半年民治新专的经费非常困难，其他合伙人退出，难题一个接一个，顾执中想办法逐一解决。顾执中对民治新专的感情，胜过了自己的生命。1940 年 8 月，他遭敌伪特务枪击受伤后，先避至香港，后从重庆转到仰光、加尔各答，又立即办起民治新专短期班。

顾执中的办学风格是务实的。在招生问题上，他不注重资历，而注重实际水平。如第一届招生考试中，投考者不少是大学毕业生，有一位甚至是留美回来的博士，其他大部分考生没有高中毕业文凭，但有些人写作能力不比前者差。顾执中在录取上一视同仁，谁合标准就录取谁。为给学生听课提供方便，他在教学上开办夜班和白班，白天工作的人可以在晚上听课，上晚班的人可以在白天听课。

（三）复旦大学新闻系的创建与发展

1927 年，复旦大学中文系系主任陈望道力主将原有的“新闻学组”从中文系独立出来，成为文学院的一个系。1929 年新闻系正式成立，由“新闻学组”的教授谢六逸出任第一任系主任。

谢六逸担任复旦新闻系主任达 10 年，为该系的发展做了大量有成效的工作。他认为，复旦新闻系的培养目标应是“养成本国报纸编辑与经营人才”。

谢六逸既注重学生基础知识的学习，又强调学生对新闻专业知识的掌握，还十分注意对学生实际动手能力的考察。他规定，一、二年级必须读完该系必修课，以攻读基础知识、辅助知识为主；三年级攻读专门知识，并注重写作技巧；四年级以实习与考察为主，使学生多有与社会接触之机会。对于必修专业课，学生非学完不得毕业。

二、新闻学研究的成果

本时期，新闻学研究有了新的进展，以黄天鹏为代表的一批学者对此作出贡献。

黄天鹏（1909—1982），广东普宁人，1923 年求学于北京平民大学报学系，当时徐宝璜是该系主任，黄天鹏与徐宝璜有师生之谊，因而对新闻学学术研究有浓厚的兴趣。1927 年初，平民大学报学系出身的一些记者发起成立了北京新闻学会，同时创办了中国最早的新闻学刊物《新闻学刊》，黄天鹏任主编。1928 年 8 月，北京新闻学会又创办了一个刊物《新闻周刊》，仍由黄天鹏任主编。当年年底，黄天鹏到上海担任《申报》要闻版主编。1929 年 3 月在上海创办了《报学杂志》。

《新闻学刊》《新闻周刊》和《报学杂志》，是我国第一批新闻学研究的专门学术刊物，为新闻学的理论研究提供了平台，推进了新闻学研究的发展。徐宝璜、邵飘萍、胡政之、戈公振、黄天鹏、徐凌霄等都在《新闻学刊》上发表过代表当时新闻学研究最高水平的文章。

1930 年，黄天鹏应谢六逸之请，到复旦大学新闻系任教，1931 年创办新闻学研究室，并任主任。在此期间，他将散见于报纸、杂志及新闻学刊物上的有关新闻学的重要论文收集编辑成几本新闻学文集：《新闻学名论集》《新闻学刊全集》《新闻学论文集》《报学丛刊》《新闻学演讲集》等。此外，他还编撰了十几部新闻学著作，包括《中国新闻事业》《新闻文学概论》《怎样做一个新闻记者》等。

这一时期，为新闻学发展作出贡献的还有周孝庵、李公凡、郭步陶、曹用先等。

思考题

1. 述评国民党的“一报”“一社”“一台”的改组。

2. 简述共产党中央苏区新闻传播体系的建立。
3. 评述南京国民政府时期民营报业的企业化发展。
4. 评述“九一记者节”的设立。
5. 评析“韬奋精神”和邹韬奋的办报思想。
6. 评析范长江的新闻通讯。

▶ 即测即评

第五章　全面抗战时期的新闻事业

从 1937 年 7 月 7 日卢沟桥事变爆发，到 1945 年 8 月 15 日日本政府宣布投降为止的八年，是中国现代史上的全面抗战时期。此期间，无论是国统区、抗日民主根据地还是沦陷区的军民都围绕着“抗战救国”的主题开展活动，包括新闻界在内的所有人和事都在这个主题面前接受考验和检验。实践证明，中国新闻界中，绝大多数人、绝大多数媒体都经受住了考验，显示了新闻报国的本色。中国新闻记者的爱国精神在抗日烽火中也得到了彰显和升华。

在国统区，首先是国民党新闻业在内迁中重建和发展。随着华北沦陷、沪宁失守，国民党原来建立的新闻传播体系大部分被摧毁。随着国民党政治中心的内迁，国民党中央级媒体辗转从上海、南京，到武汉、长沙，再到重庆、桂林，不仅建立起了以重庆为中心的新闻宣传网络，而且有了一定的发展。其次是共产党利用国共合作的机会在国统区创办了一批新闻机构，《新华日报》《群众》周刊在复杂的环境下作为中国共产党和中华民族的喉舌，发出了强有力的声音。同时，绝大多数民营报纸坚持民族气节，不向日寇屈服，发表一篇篇抗战宏论，为民族存亡鼓与呼。《大公报》《新民报》是其中杰出的代表。

随着抗日民主根据地的扩大，根据地的新闻事业有了相应的发展，特别是在陕甘宁边区首府延安。延安新华广播电台的创建，标志着共产党的新闻传播业从报刊、通讯社发展到无线电广播，形成一个完整的媒介体系；中共中央机关报《解放日报》的创刊及改版，服务党的中心工作，促进了党的事业发展。这一切表明中国共产党的新闻事业发展到新的高度。

上海“孤岛”时期，新闻界利用西方国家租界的特殊性“挂洋旗”公开出版爱国反日报纸，其中《文汇报》影响最大。上海沦陷伊始，《新闻报》等少数报纸便对日寇屈膝。《申报》开始能坚持民族立场，但在太平洋战争爆发后，和《新闻报》一起被日本军部控制，丧失了应有的民族气节。

在沦陷区，有不少爱国报人秘密创设抗日媒体，也有出色的表现。

第一节　国统区的新闻传播与抗战宣传

一、国民党战时新闻统制与抗战宣传

（一）国民党的战时新闻统制

西安事变和平解决后，国民党的内外政策发生改变，开始接受抗日民族统一战线政策。在1937年2月召开的国民党五届三中全会上，蒋介石就开放言论等问题发表了谈话，称“中央过去并未限制言论自由，……今后更当本此主旨，改善管理新闻与出版物之办法，且当进一步扶助言论出版事业之发展，使言论界在不背国家利益下，得到充分贡献之机会”①。蒋介石的谈话，虽然还在为过去的错误政策辩护，但是在国家危急时刻，尚能以民族利益为重，一方面承诺恢复孙中山的“三大政策”，一方面保证开放言论自由和改变新闻环境。“三中全会在法律上确认西安谈判的和平解决，成为开始全国停止内战一致抗日与和平统一团结御辱的新阶段，也走到全国统一战线的实际建立，举国抗战开始的一个过渡时期。”②

在全国抗日高潮的影响和共产党的推动下，国民党最高当局开始兑现五届三中全会的承诺——释放政治犯，同意在南京、武汉、西安、重庆等地设立八路军办事处，同意共产党在南京出版发行机关报《新华日报》等。1938年3月底至4月初，国民党在武汉召开临时全国代表大会，大会通过的《中国国民党抗战建国纲领》中规定：“在抗战期间，于不违反三民主义最高原则及法令范围内，对于言论、出版、集会、结社，当予以合法之充分保障。”③ 随之，《危害民国紧急治罪法》《敦睦邦交令》等一些苛刻的新闻法规、条款被废止，邹韬奋等一批民主新闻工作者被释放，中国共产党的机关报《新华日报》得以在国统区公开创刊出版。

国民党新闻统制的松动是被动的、有条件的，当抗战进入相持阶段后，很快又恢复严管。1939年1月举行的五届五中全会确立了“防共、限共、溶共、反共”方针，《国民精神总动员纲领及实施办法》在所谓“国家民族至上，军事胜利第一，意志力量集中”的原则下，对言论出版自由的条件做了重新解释：“（一）不违国民革命最高原则三民主义；（二）不鼓吹超越民族之理想与

---

① 《蒋委员长之谈话》，《中央日报》1937年2月23日。

② 《毛泽东文集》第1卷，人民出版社1993年版，第495页。

③ 《新华日报》1938年4月3日。

损害国家绝对性之言论；（三）不破坏军政军令及行政系统之统一；（四）不利用抗战形势以达到国家民族利益以外之任何企图”，并规定：“一切思想言论，悉以此为准绳。有违此义，则一体纠绳，共同摈绝。”① 为此，国民党在1939年5月前后，颁布或修改了一系列新闻检查条例，建立了以军事委员会战时新闻检查局为最高机关的各地新闻检查机构，形成了严密的新闻检查系统，正式对国统区新闻界实行新闻检查。虽说新闻检查是战时形势的需要，但是国民党的新闻检查将意识形态放在突出位置，严重地限制了新闻自由。从此，激烈的检查与反检查斗争在国统区新闻界开展起来。一方面是国民党的新闻检查机构实行检查；另一方面，共产党和民主报刊采取各种方式反对检查，要求改善新闻环境，争取新闻出版自由。

（二）国民党新闻系统的重建与抗战宣传

1. 国民党新闻中心的内迁与重建

1937年11月20日，南京国民政府发表迁都宣言，国民党新闻中心随之从南京内迁。

《中央日报》首先开始内迁。早在卢沟桥事变后，在社长程沧波的安排下，《中央日报》留下部分人员在南京继续坚持出版，大部分人员及主要设备分水陆两路分别向长沙、重庆转移。11月22日，《中央日报》发表题为《告南京市民》的社论，号召南京市民“凝定意志，勿自惊扰，为民族生存而奋起，为国家独立而抗战”，还说“国家到了这个关头，国力的支持全靠民力作后盾，民众能多出一份心力和物力，政府不但可以从容应敌，并且还有转败为胜、转弱为强的把握”。《中央日报》坚持出版到11月26日开始撤退。1938年1月10日长沙《中央日报》创刊，由张明炜担任社长，编号继南京版。1938年9月1日，《中央日报》重庆版出版，程沧波任社长兼总主笔，编号继长沙版；长沙版改为分版，设分社主任。随后又在昆明、成都、西康、贵阳、屯溪、桂林等地创办了《中央日报》分版。这样，《中央日报》形成了一个庞大的系统，是当时中国规模最大的报业体系。

与此同时，国民党其他中央级新闻机构也迅速完成了转移计划。抗日战争进入相持阶段后，国民党政府在重庆逐步恢复发展广播事业。1939年2月6日，国民党在重庆建立的中央短波广播电台正式播音，1940年初改名为国际广

① 民团周刊社编：《国民精神总动员纲领及实施办法》，民团周刊社1939年版，第20页。

播电台（英文名称 Voice of China，缩写为 VOC，即“中国之声”），呼号是 XGOX、XGOY。国际广播电台的全套设备是英国马可尼无线电公司制造的，广播机的发射功率为 35 千瓦。广播节目分为 3 类 6 套，即日常性广播、战时应急性广播和特约广播，以新闻和时事述评为主，每天播音 12 至 16 小时。广播用语有英、法、德、俄、日等 10 多种语言，稿件主要由国民党“中央宣传部”国际宣传处①供给。“中央通讯社”继 1934 年收回路透社在中国的中文发稿权后，1937 年中央社与合众社订立合同，在南京编发合众社的中文稿。1938 年下半年迁到重庆，1939 年接收法国哈瓦斯通讯社在重庆的中文发稿权。历时 8 年，中央社终于完全收回外国通讯社在中国的发稿权。中央社在国民党政策支持下，总能最先抢到战事新闻报道的先机，主导全国各大报刊的重要版面。

为了满足战时新闻宣传需求，国民党还积极发展地方报纸，覆盖中小城市。比如 1937 年 11 月 9 日在河南郑州创办的《大刚报》，1937 年 12 月 24 日在江西南昌创办的《剑报》，1938 年 4 月在宁都县创办的《宁都导报》，1938 年 5 月 9 日在南昌创办的《大众日报》等。

国民党还大力发展军报，并形成了以《扫荡报》《阵中日报》和《扫荡简报》为首的军报系统。《扫荡报》由“中央军事委员会”政治部主管，1932 年 6 月 23 日创办于江西南昌，后迁址汉口，又于 1938 年 10 月迁到重庆。随着抗战形势的发展，《扫荡报》还先后在桂林、昆明等地创办分版。《阵中日报》1938 年 7 月 8 日创刊，最初由“中央军事委员会”主办，后发展成 10 个分版，由各战区司令部主办，主要面向所辖战区的军民发行。《扫荡简报》是一份小型的战地报刊，先后出版约 50 种。

总之，国民党政府撤到重庆后，凭借其财力和权力，在大后方逐渐建立起以重庆为中心的庞大的新闻宣传网。为了加强宣传，统一认识，国民党“中央宣传部”还成立了“党报社论委员会”，委员会起草的社论稿由“中央通讯社”统一发布，各地《中央日报》及其他国民党报纸依样发表。

2. 国民党媒体的抗战宣传

抗战开始后，国民党的抗战态度经历了从模糊到坚决再到消极的过程。1937 年全面抗战爆发前后，国民党新闻机构的抗战态度比较坚定。抗日战争进入相持阶段后，国民党抗战热情减退，新闻媒体抗战宣传热情也随之减弱，制

① 国民党政府于 1937 年 9 月成立的专门对外宣传机构。

造反共摩擦日益增多，反共宣传也随之加强。

卢沟桥事变后，1937 年 7 月 9 日，《中央日报》以要闻版的整版篇幅报道日军制造事端的消息。针对日寇散布的谣言，《中央日报》7 月 12 日发表社论，予以严厉驳斥，指出："此次卢沟桥事件，显系出于日军之预定计划，其责任应完全由日方负之。"① 对于日军所犯罪行，社论表达了愤怒："平津两地三日来的现象，轰炸、烧杀、屠戮、阴谋，各幕活剧同时表演，这是中国近百年来极大的创痛，也是黄种人毁灭文明的开始。"7 月 17 日，蒋介石在庐山就卢沟桥事变发表谈话，表明国民政府的抗战态度。《中央日报》7 月 19 日发表《鲜明的态度》说："忍耐已达于最低线，我们只能牺牲，牺牲到底。……如果我们被迫而抗战，战事一开，我们只有两条路，一条是完全胜利，一条是灭亡。弱国与人开战，没有中途媾和的机会。中途媾和，便是整个投降，也就是全国灭亡，很明显的事理。"②

"八一三"淞沪抗战爆发后，全国民众群情激愤，《中央日报》的抗战态度更趋坚定。它为抗战军民的行动叫好，称抗战的炮声是"中华民族解放的曙光"，号召全国同胞去同敌人"拼个你死我活"，"这次的抗战，意义是神圣的。为国家的生命，为民族的尊荣，为人类的正义，我们不能不奋起而发动抗战"。③

为了及时报道中国军队英勇抗击日寇的情况，《中央日报》从抗战打响就开辟了"各地通讯"专栏，平津军民与敌人浴血奋战的场景、上海前线中国军队顽强抗日的事迹都在版面上得到了反映。尤其值得一提的是，《中央日报》不仅报道国民党军队抗击日寇的战况，而且报道共产党领导的八路军消灭日寇的战绩。1937 年 10 月 2 日，该报专门报道八路军取得平型关大捷的消息："我军奋勇出击，连日战事激烈。我善于游击之某部已开抵前线作战，敌连日损失甚巨。"

在抗战报道中，《中央日报》爱憎分明，一方面揭露日寇的惨无人道、丧心病狂；一方面赞扬我炎黄子孙威武不能屈的民族气节，褒奖前方将士奋不顾身、英勇杀敌的精神。1937 年 11 月日军入侵山西忻县，曾任山西省政府委员的陈敬棠宁死不做亡国奴，与全家 10 人一同殉节。国民政府明令褒奖。《中央

---

① 《中央日报》1937 年 7 月 12 日。
② 《中央日报》1937 年 7 月 19 日。
③ 《中央日报》1937 年 8 月 14 日。

日报》抓住这个典型，大力宣扬，以培养民族精神和民族气节。8 月 14 日的《中央日报》社论《褒扬陈敬棠》中写道："陈敬棠的拒绝伪命，并没有别的企图，更没有任何原因，只因他知道自己是一个中国人。在这人禽之分的重要关头，他不能丝毫放松，辜负平生的学问，所以他的行为只有一个'诚'字!"社论号召："全国人士听着，当今之世，人人可做陈敬棠，只要到紧要关头立定脚足，到人禽关头，认清自己的本分，就可以做圣贤，做义士，受民族崇拜。……否则，一旦失足，骂名千古，子子孙孙，都承蒙羞辱。"文章写得激情奔放，富有感召力。

广播宣传也有声有色。从卢沟桥事变到 1938 年 10 月武汉失守前这一年多时间里，国民党的广播宣传呈现出生气勃勃的气象。在南京，国民党"中央广播电台"增加了抗战方面的新闻报道，减少了一般性的文艺节目。上海、南京失守后，汉口广播电台（1934 年建立）、汉口短波广播电台（1937 年底建立）和长沙广播电台（1937 年 5 月建立）联合接替了"中央台"的播音。1938 年上半年，汉口广播电台对"保卫大武汉"的宣传有声有色、很富感召力。冯玉祥、周恩来、彭德怀、郭沫若、邵力子、黄琪翔、张历生等各方面代表人物应邀到汉口台进行广播演讲，号召全国人民同仇敌忾。这期间，广播电台播出了许多通讯、特写、短剧、诗歌等小型文艺作品，对宣传抗战起到了推动作用。

"中央通讯社"在抗战期间辗转南京、上海、武汉、重庆各地，供大报抄收的各种广播稿从未间断。

这一时期，许多国民党新闻工作者为了抗战的胜利，为了民族的独立与解放，在战火纷飞的前线出生入死进行战地采访；在上海"孤岛"办报，冒着生命危险与敌人周旋。在血与火的考验中，他们之中不少人献出了生命。据统计，在抗战期间为国捐躯的新闻工作者中，国民党报人及其家属有 100 人以上。①

二、《新华日报》的抗战宣传与艰苦斗争

《新华日报》自 1938 年 1 月 11 日在武汉创刊，至 1947 年 2 月 28 日被国民党下令停刊为止坚持出版了 9 年多（图 5-1）。先由以王明为书记的中共中央

---

① 蔡铭泽：《中国国民党党报历史研究》，团结出版社 1998 年版，第 210 页。

长江局领导，1938 年 10 月后一直在以周恩来为首的中共中央南方局领导下进行工作。作为中国共产党在国统区公开出版的大型报纸，《新华日报》在极其复杂的环境下，积极进行抗战宣传，积累了在国统区刊行共产党机关报的宝贵经验。

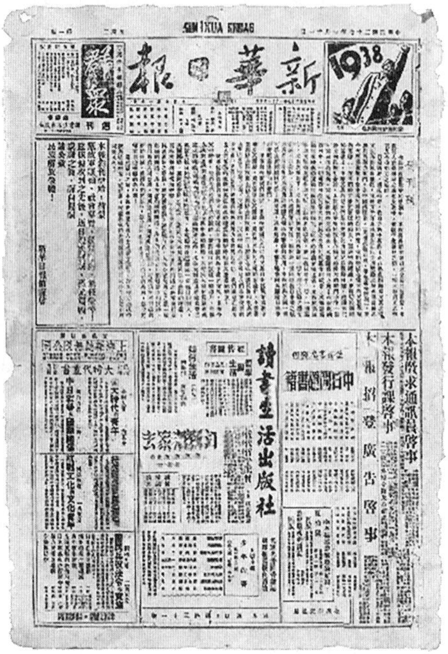
新華日報
1938
讀書生活出版社

图 5-1　《新华日报》

（一）《新华日报》的创办与抗战宣传

早在 1937 年 2 月，周恩来率领共产党代表团到达南京和国民党谈判准备团结抗战时，就向国民党政府提出了在南京公开出版机关报的问题。蒋介石口头答应了，也承认了中国共产党在国统区出版报刊的合法地位，但拖到 10 月份才同意筹办。试版送审时，南京已危在旦夕，筹备组来不及正式出版报纸就转移到汉口，于 12 月 11 日先出版了《群众》周刊，接着于 1938 年 1 月 11 日正式出版了《新华日报》。10 月 24 日，武汉撤守，《新华日报》武汉版停刊。10 月 25 日，《新华日报》重庆版出报。

《新华日报》为团结抗战而创办，在发刊词中写道：本报的使命是“在争取民族生存独立的伟大战斗中作一个鼓励前进的号角”，“巩固抗日民族统一战线”，“是挽救时局和复兴中华的关键。本报同人前曾为创造伟大的团结而努力奋斗。于今团结初成之时，本报更将尽其所能为巩固与扩大抗日民族统一战线而努力”。[①]《新华日报》很好地履行了自己的诺言。据不完全统计，仅在汉口的10个多月里，《新华日报》发表有关“团结抗战”的社论（代论）6篇，关于“全民抗战、全面抗战”的社论（代论）18篇，关于“持久抗战”的社论（代论）3篇。《新华日报》作为中华民族抗战宣传的喉舌，全面报道全国各战场的情势。无论是正面战场还是敌后战场，都一视同仁。汉口时期，《新华日报》发表关于正面战场的社论（代论）30篇、通讯37篇；关于敌后战场的社论和领导人文章4篇、通讯和专访43篇。1938年10月在重庆举行的《新华日报》茶话会上，董必武明确指出：“新华日报是中国共产党的机关报，自然是反映中共的政策与主张，但是，新华日报不仅要反映中共中央的政策主张，而且还要反映其他党派以及无党派的一切有利于抗战团结的意见和主张，不仅要表扬八路军、新四军英勇抗战的事实，而且要表扬一切抗日军队英勇抗战的事实。”[②]《新华日报》这种抗战宣传方针一直保持到抗战胜利。1940年5月16日，国民党高级将领张自忠在襄樊战役中与日军激战壮烈牺牲，当时为了不影响全国军民的抗日情绪，国民党秘不发丧。在1943年5月16日张自忠将军牺牲三周年之际，《新华日报》刊登了周恩来的《追念张荩忱上将》一文称，“尤其是在今天，日寇到处向我进攻，不论在正面，在敌后，我们都需要打仗，需要打仗的人，尤其需要像张上将这样的将领，在蒋委员长领导下，为国奋斗”，[③] 赞扬了张自忠将军临危受命、英勇顽强、大义凛然的民族气节和崇高品质，鼓舞了抗战将士的士气。

作为共产党的机关报，《新华日报》是党在国统区与群众公开联系的桥梁，因此非常注重党报的群众工作，专门设置了“读者信箱”栏目，刊登《征求读者意见的启示》，通过来信与读者联系，对于读者的来信与提出的意见，编辑部同志会亲笔回复。周恩来曾对《新华日报》的工作人员说，报纸的每一个字都不能用错，因为它与亿万人民的利益密切相关。

在新闻报道上，该报坚持实事求是的风格，反对新闻失实。1943年5月日军进攻鄂西山区，不久就撤回宜昌，国民党报刊吹嘘这是中国军队的一场重大胜利。周恩来对《新华日报》的记者说：“我们不能去宣传（这场）虚假的胜利，但能到前线去慰问广大军民，尽可能把他们艰苦抗战的真相报道出来，

---

① 《新华日报》1938年1月11日。

② 董必武：《目前抗战形势和本报》，《新华日报》1938年10月19日。

③ 周恩来：《追念张荩忱上将》，《新华日报》1943年5月16日。

也是我们的责任。”[①]《新华日报》的做法，为国统区新闻界树立了坚持新闻真实性原则的榜样。

（二）《新华日报》在复杂环境中的斗争

《新华日报》是在特殊环境下公开出版的共产党机关报，它既要坚持中共中央独立自主的原则立场，又要维护国共合作的抗日民族统一战线；既要宣传八路军、新四军抗击日寇的英雄事迹，又要与国民党的新闻检查机关周旋。抗战进入相持阶段后，国民党为了限制共产党和进步新闻事业，制定各种极为苛刻的新闻检查条例。他们对付《新华日报》的一条原则是：“让你办报，不让你讲话；让你印报，不让你发行。”《新华日报》在周恩来的指导下，把“合法”斗争与“非法”斗争巧妙结合起来，同国民党当局进行了长期有理、有节、有效的艰苦斗争。

1. 同国民党新闻检查进行斗争

国民党以其制定的《战时新闻禁载标准》和《战时新闻检查办法》等法令，对《新华日报》的内容进行严格检查，任意删改扣压新闻稿件，给《新华日报》的报道造成很大困难。为此，《新华日报》就采取“开天窗”、改登“更正”或“启事”等办法，向读者揭露国民党的新闻检查制度和摧残言论自由的行径。除了进行合法的斗争外，《新华日报》也以其他形式进行斗争。1941 年 1 月皖南事变发生后，为了报道这次事变真相，《新华日报》决定发表周恩来为皖南事变写的题词和挽诗：“为江南死国难者志哀”“千古奇冤，江南一叶，同室操戈，相煎何急”。《新华日报》的工作人员把并未排有周恩来题词的版面送交国民党新闻检查所，而实际印刷出版的是有题词的版面，等国民党检查所发觉，这一天的报纸早已传遍山城。

2. 同国民党新闻封锁进行斗争

在重庆，国民党“中央通讯社”垄断新闻，同时还限制《新华日报》的采访活动。为了突破国民党的新闻封锁，《新华日报》广开途径，多方收集新闻线索和重要材料。首先，依靠中共驻重庆代表团从内部电台抄收重要文件以及延安和敌后抗日根据地的有关报道材料。其次，依靠地下党在读者中物色可靠的通讯员和积极分子为报纸写稿。第三，利用国统区、敌占区和抗日根据地的报刊内容改写新闻稿。第四，做好新闻界统一战线工作，从同情和支持《新华

---

① 陆诒：《周总理教我怎么做记者》，《新闻研究资料》1979 年第 1 辑。

日报》工作的同行中获得新闻线索和材料。

3. 同国民党发行阻挠进行斗争

对《新华日报》的发行，国民党当局进行了很多限制：党政军机关不可以订阅《新华日报》，派报公会不得传送《新华日报》，邮局发行《新华日报》要进行检扣，还派出警察、特务到处没收和撕毁《新华日报》，甚至殴打送报人和读者。针对这种情况，《新华日报》从流浪儿童中招收并培养一批报童，把报纸直接送到读者手中。《新华日报》还通过邮局中的同情者采用伪装邮寄、分散邮寄等方法，把报纸发行到外埠。

在特殊的环境下和复杂的斗争中，《新华日报》灵活巧妙地利用各种斗争手段，积累了一套同国民党当局进行周旋以保证报纸正常出版发行的经验。

中共中央和南方局十分关心《新华日报》的工作。在组织领导上，除周恩来亲自兼任董事长外，还配备了党性强、水平高的领导干部和工作人员。如社长潘梓年是一位经受过血与火考验的党性很强的共产党员。在政治方向上，中国共产党许多领导人经常为《新华日报》写文章，毛泽东的著作也经常在《新华日报》上转载。中央一旦发现《新华日报》出现某些偏向的苗头时便及时纠正，确保《新华日报》坚持正确的政治方向。《新华日报》作为共产党的喉舌，在国统区忠实地、坚决地宣传共产党的路线、方针、政策，发挥了团结群众、组织群众、分化敌人、打击敌人的重要作用。

三、民营报业辗转播迁与抗战宣传

（一）民营企业性大报的分化

这个时期，大多数民营企业性报刊坚持抗日宣传，不向日寇屈服，但也有极少数报纸对日寇的侵略本性缺乏认识，或在日寇的刺刀面前丧失了民族气节。

1. 保持民族气节、坚持抗战宣传的报纸

全面抗战爆发后，主要集中在南京、上海两地的民营报纸，绝大多数都表现出了高尚的民族气节，不接受日寇的检查，果断停刊，实行战略转移。据1937年版《上海公共租界工部局年报》：“自11月华军退出上海后，出版物之停刊者，共30种。”[①] 深受读者青睐的大众化报纸《立报》在1937年11月24

---

① 黄瑚：《上海“孤岛”时期抗日报刊述评》，《新闻研究资料》1987年第39辑。

日出版的最后一期上发表《本报告别上海读者》，分析了国内外形势和抗战前途，希望留在上海的同胞们坚持斗争，争取抗战的最后胜利，之后撤往香港出版。上海《时事新报》在接到租界工部局“劝令停刊一切反日文字”的通知后，决定自1937年11月26日起自行停刊，1938年4月27日在重庆复刊。

由民族气节而激发抗战激情，《新民报》和《大公报》的表现尤为突出。

《新民报》1929年由陈铭德、吴竹似、刘正华等几位四川籍青年记者创办于南京，报名取“作育新民”的意思，希望继承和发扬同盟会机关报《民报》的革命精神。从1931年“九一八”事变到1932年“一·二八”淞沪抗战，当国家遭受日寇铁蹄践踏的时候，陈铭德等人显示出高尚的民族气节，其报纸抗战救国的立场鲜明，及时报道日寇侵华消息，反映全国人民抗日救国的各种活动，敦促国民党政府放弃妥协，抗战到底。这在当时产生了较大影响，发行量一增再增，到1936年达2万份左右。卢沟桥事变爆发后，《新民报》坚持在南京出版到1937年11月27日才宣布停刊。1938年1月15日在重庆复刊，是全面抗战爆发后由上海西迁到重庆的第一张报纸。《新民报》迁重庆出版后，抗战激情不减。1938年12月《新民报》紧随《新华日报》之后，举办报纸义卖，支援浴血苦战的抗日将士。[①] 40年代后，该报不断扩大事业：1941年11月1日开始增出晚刊，1943年6月18日创办了成都版晚刊，1945年2月1日又增出成都版日刊。《新民报》在重庆、成都两地四报一天的总发行量最高达到10万份，是大后方发行量最大的一家报纸。

1937年7月28日晚，日寇大举进攻平津，天津对外交通断绝。30日，《大公报》上海版发表题为《天津本报发行转移之声明》说：“万一津市合法官厅有中断之日，则不论其为外国军事占领或出现非法的中国人之机关，本报将即日自动停刊。待国家合法统治恢复之日，再继续出版。”[②] 当日，日军猛攻天津，天津失守，《大公报》天津版苦苦挣扎了4天，于8月5日停刊。“八一三”淞沪抗战爆发后，张季鸾、胡政之等人预感到上海即将失守。8月17日，张季鸾亲自带领编辑部、经理部的骨干赶往武汉，筹备汉口《大公报》。9月18日，“国耻”六周年纪念日，汉口《大公报》创刊出版。此后，《大公报》又先后创办了香港版（1938年8月13日）、重庆版（1938年12月1日）和桂

---

① 方汉奇：《中国新闻事业编年史》，福建人民出版社2000年版，第1404页。

② 张篷舟：《大公报大事记（1902—1966）》，《新闻研究资料》1981年第2辑。

林版（1941 年 3 月 15 日）。从天津到上海、武汉，从上海到香港、重庆、桂林，整个抗战时期，《大公报》不惜放弃一个又一个基业，坚持抗日宣传，发表了大量控诉日本帝国主义血腥罪行和赞扬军民抗战功绩的文章，同时也发表过一些揭露国民党政府官员腐败、黑暗的文章。1941 年 5 月 15 日，《大公报》获美国密苏里大学新闻学院授予的密苏里新闻业杰出服务荣誉奖章。1945 年 8 月 15 日，日本宣布投降，《大公报》重庆版在当天第 2 版刊载通栏特大字号标题的消息《日本投降矣!》。8 月 16 日第 2 版发表社评《日本投降了》，一开头就引用杜甫《闻官军收河南河北》一诗，喜悦之情，溢于言表。

2. 接受日军检查、丧失民族气节的报纸

1937 年 12 月 13 日晚，日本侵略者以上海新闻检查所的名义向各报社发出通知，强令各报自翌日晚上起，须将稿件小样送到该检查所检查，未经检查的新闻报道一概不得刊载。与《大公报》等报纸拒绝日寇新闻检查、断然宣布停刊的做法相反，历史悠久的《新闻报》却卑躬屈膝地接受日寇的新闻检查，同时接受检查的还有《时报》《大晚报》。

此外，具有爱国进步传统的《申报》，在全面抗战爆发之初，也和大多数民族资产阶级报纸一样坚持民族气节。在 1937 年 12 月 13 日收到日军关于送检小样的通知后，断然拒绝日军新闻检查，毅然停刊。之后，也与《大公报》一样，先后于 1938 年 1 月 15 日创办汉口版、1938 年 3 月 1 日创办香港版。但由于《申报》把营利放在太重要的位置，在汉口和香港出版受挫后，又立即折回上海，于 1938 年 10 月 10 日复刊，采取“挂洋旗”的方式经营。太平洋战争爆发后，1941 年 12 月 9 日，日军占领上海公共租界，“孤岛”全部沦陷，《申报》和《新闻报》一样落入日军之手。12 月 15 日，申、新两报以美商名义恢复出版，替日本做宣传。1942 年 11 月 25 日，日本海军接管申、新两报，勒令两报人员全部离开报馆，挑选了早已投靠日本人的陈彬龢担任《申报》社长，主持报务；任命汉奸商人吴蕴斋为《新闻报》社长，李思浩为董事长。从此，申、新两报成为货真价实的汉奸报纸，完全站在日本侵略者的立场上，为虎作伥，大肆宣传大东亚战争的“胜利”，鼓吹中日“共存共荣”，建设“大东亚共荣圈”等反动论调，对日本帝国主义施行的侵略政策大加吹捧和赞扬。抗战胜利后，这两家报纸被国民党政府接管。

（二）新创办的抗日报刊

卢沟桥事变后，国共第二次合作，建立抗日民族统一战线。广大进步新闻工作者利用国民党当局一度放松对言论自由限制的机会，在国统区创办了一大批抗日报刊。仅在上海出版的就有：《救亡日报》《文化战线》《战时妇女》《救亡周刊》《战时联合旬刊》《战时日报》《呐喊》《战时教育》《救亡漫画》《战时大学》《抗战》（后改名为《抵抗》）等，其中最有影响的是《抗战》三日刊和《救亡日报》。

《抗战》三日刊1937年8月19日在上海创刊，由邹韬奋创办并主编。该刊迅速及时反映国内外形势和人民群众在抗战期间的迫切要求，刊登中国共产党对时局的宣言、朱德和彭德怀的抗战通电、叶剑英的文章等。每期附有地图的《战局一览》和战局通讯深受读者欢迎。邹韬奋主编《抗战》，延续他的办报风格，重视“读者信箱”栏目，亲自解答读者提出的问题，选取有代表性的问题在《抗战》中刊登，反映了民众的意见和要求。

《救亡日报》1937年8月24日在上海创刊，名义上是上海文化界救亡协会的机关报，实际上是国共两党联合创办的抗日民族统一战线的报纸。其编委会成员有社会科学界的知名人物和国共两党人士，社长郭沫若，共产党方面派出的总编辑是夏衍，国民党方面派出的总编辑是樊仲云。

《救亡日报》宣传上坚持团结方向，及时报道真实战况，刊登分析战局的文章。当时许多知名作家、教授和政界名流为《救亡日报》义务写稿。如宋庆龄写过社论，何香凝写过诗词，冯玉祥写过抗战诗，郑振铎写过杂文等，扩大了该报在上海的知名度和影响力。为了抗日的需要，《救亡日报》还刊登了许多内容生动、形式活泼、文字通俗的文艺作品。

1937年11月21日上海沦陷，次日《救亡日报》暂时休刊，休刊号上刊登了郭沫若写的社论《我们所失掉的只是奴隶的镣铐》，向上海人民告别。此后《救亡日报》相继迁往广州、桂林出版，1941年2月28日停刊。

四、战时新闻教育与新闻学研究

（一）新闻教育机构的内迁与大后方新闻教育的发展

复旦大学校园在淞沪会战中遭到严重破坏，当年秋季开学时便迁到庐山，年底又迁往重庆复校。当时的新闻系主任谢六逸滞留上海租界，《中央日报》社长程沧波被聘为新闻系代主任。1938年8月，谢六逸因病辞职；1939年4月起，程沧波正式兼任系主任，1942年以后由陈望道任系主任。重庆期间，复旦大学新闻系创办了校刊《复旦新闻》，另外还创办了“复旦通讯社”，面向社会报纸发稿。1944 年建立“新闻馆”，设有图书资料室、印刷厂、收音广播室等，供学生查阅资料和实习。

创办于 1935 年的中央政治学校新闻系，由马星野首任系主任。抗战全面爆发后，新闻系同该校一道迁往庐山，后又迁至湘西芷江，1938 年再迁至重庆。起初，政校新闻系规模很小，每届只招收 8 名学生，迁徙期间，学生更少。1939 年秋季开办专修班，分甲、乙两组。甲组主要是在职人员培训，修业半年，每届 40 人左右。乙组招收大学毕业生或肄业三年级学生，修业一年。该系的专业教师主要有马星野、俞颂华、黄天鹏等。

太平洋战争爆发后，美国教会创办的北平燕京大学被迫停办，1942 年迁往成都复校。重庆《大公报》从“张季鸾纪念奖金基金”中拨出 10 万元支持该校新闻系重建。燕大新闻系在成都期间，由蒋荫恩任系主任，专业教师有张琴南、张明伟、冯列山等。该系重视英文教学和学生动手能力培养，创办了中文版和英文版的实习报纸。

内迁的新闻教育机构还有成舍我主办的北平新闻专科学校和顾执中在上海创办的民治新闻专科学校等。

除内迁新闻教育机构外，大后方又新创办了一些新闻教育院系，主要有 1939 年秋季于重庆创办的军委政治部新闻研究班、1941 年创办的四川国立社会教育学院新闻系、1942 年创办的曲江广东国民大学新闻系、1943 年创办的重庆新闻学院等。总之，在抗战艰苦的环境下，我国的新闻教育也从未间断过。

（二）新闻学研究的开展

战火纷飞的抗战时期，新闻学研究工作也没有停止过。首先是新闻学研究团体的建立并开展相应的研究活动。抗战开始后，许多新闻工作者希望成立专业组织，以加强内部团结和进行业务训练。于是，大后方的新闻界先后成立了两个全国性组织：一个是在中国共产党支持下，1938 年 3 月在武汉成立的中国青年记者学会；另一个是 1941 年在重庆成立的中国新闻学会。

中国青年记者学会的前身是 1934 年夏天出现的一个松散组织“上海记者座谈会”。1937 年 11 月 8 日，中国青年记者协会在沪成立，1938 年 3 月 30 日更名为“中国青年记者学会”。这既是一个青年记者的群众团体，又是一个新闻学研究和教育机构，负责人有范长江、钟期森、徐迈进。学会不仅组织青年记者到前线采访，而且组织他们学习新闻知识、交流新闻工作经验。学会出版会刊《新闻记者》月刊，还编写了新闻学书籍《战时新闻工作入门》，该书的内容涉及战时新闻工作理论与实践、战时新闻记者修养与学习等各个方面，为当时的新闻工作者提供指导。抗战时期中国青年记者学会训练和培养出大批著名新闻记者。

中国新闻学会，1941 年 3 月 15 日在重庆成立，推选萧同兹等 19 人为理事，潘公展等 11 人为监事，潘公展为主席。成立宣言指出，中国应完成“中国特有之新闻学”，并认为“中国报业之有与各国不同者，盖大抵为文人发表政见而设”。

抗战时期新闻学研究取得了比较丰硕的成果。据不完全统计，自 1937 年至 1945 年出版的新闻学著作将近 70 种，[①] 主要有沈颂芳的《国际宣传知识》、雷乙鸣的《战时宣传技术讲话》、张友鸾的《战时新闻纸》、赵超构的《战时各国的宣传方策》、郭沫若的《文艺与宣传》、储玉坤的《现代新闻学概论》、邵力子等著的《抗战与宣传》、穆超的《非常时期的宣传政策》、彭乐善的《广播战》等。除了新闻学著作，还有许多发表于各种学术刊物的新闻学论文。这些论文研究主要集中在如何发展战时新闻教育、培养战时新闻人才，对报纸的性质与作用的认识，以及对报人道德与责任的要求三个方面。

第二节 抗日民主根据地的新闻事业

抗日民族统一战线建立后，中国共产党领导的抗日民主根据地迅速发展起来。1937 年 9 月，原陕甘宁革命根据地改为陕甘宁边区，苏维埃政府更名为边区政府。随后，华北、华中和华南三大敌后抗日根据地建立。在中国共产党领导下，在广大人民群众抗日斗争的推动下，抗日民主根据地的新闻事业有了新的发展。

一、边区首府延安的新闻传媒与抗战宣传

（一）延安的报刊与抗战宣传

1937 年 9 月 6 日，中华苏维埃中央政府更名为陕甘宁边区政府，9 月 9 日，《新中华报》改为陕甘宁边区政府机关报，1939 年 2 月 7 日成为中共中央机关

---

① 方汉奇：《中国新闻事业通史》第 2 卷，中国人民大学出版社 1996 年版，第 729 页。

报（三日刊）。毛泽东为《新中华报》题词：“把《新中华报》造就成抗战的一支生力军。”①《新中华报》一周年时，毛泽东为《新中华报》写了纪念文章《必须强调团结和进步》和“团结抗战进步，三者不可缺一”的题词。此时期，《新中华报》大量刊登战地新闻，包括报道平型关大捷的《八路军开始第一个大胜利》、击毙日军阿部规秀中将的《八路军击毙阿部中将》等，鼓舞了军民抗战的士气。“皖南事变”后，中共中央为了集中力量创办党中央的大型机关报《解放日报》，《新中华报》于1941年5月出至3230号后终刊。

1937年4月24日，中共中央在延安创办了政治理论机关刊物《解放》周刊，后改为半月刊，由张闻天负责。全面抗战爆发后，1937年7月23日，《解放》周刊第12期发表了毛泽东的政论《反对日本进攻的方针、办法和前途》，对指导抗战起到重要作用。在抗日战争时期，《解放》大力宣传中国共产党坚决抗战的方针和全面抗战的路线，还刊登文章指导各解放区的建设工作和进行马克思列宁主义的宣传。《解放》1941年8月31日停刊。

1939年10月4日，以党的建设为中心的党内刊物《共产党人》杂志在延安创刊。毛泽东写的发刊词总结了中国共产党成立以来的革命经验，指出统一战线、武装斗争和党的建设是中国共产党在革命中战胜敌人的三大法宝。

在延安创办的重要报刊还有：《八路军军政杂志》（1939年1月创刊），《中国青年》（1939年4月创刊），《中国妇女》（1939年6月创刊），《中国文化》（1940年2月创刊），《中国工人》（1940年2月创刊），《边区群众报》（1940年3月创刊）等。

最重要的是1941年5月16日创刊的中共中央机关报《解放日报》，该报是抗日民主根据地出版的第一份大型日报（图5-2），社长博古，总编辑杨松。5月15日，毛泽东为中共中央书记处起草的创办《解放日报》的通知说：“五月十六日起，将延安《新中华报》《今日新闻》合并，出版《解放日报》，新华通讯社事业亦加改进，统归一个委员会管理。一切党的政策，将经过《解放日报》与新华社向全国宣达。”② 毛泽东还为《解放日报》题写了报头，撰写了发刊词，指出：“本报之使命为何？团结全国人民战胜日本帝国主义一语足以尽之。这是中国共产党的总路线，也就是本报的使命。”③

---

① 《毛泽东新闻工作文选》，新华出版社2014年版，第53页。

② 《毛泽东新闻工作文选》，新华出版社2014年版，第72页。

③ 《毛泽东新闻工作文选》，新华出版社2014年版，第73页。

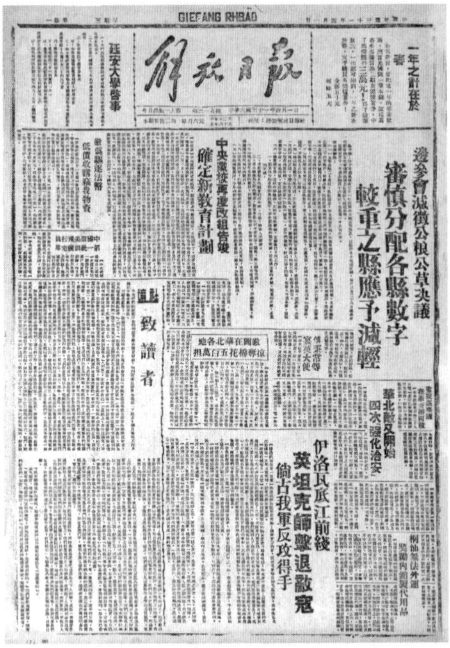
GIEFANG RHBAO

解放日報

一年之計在於春

延安大學啓事

邊參會減徵公糧公草決議
審慎分配各縣數字
較重之縣應予減輕

中央黨校再度改組告竣
確定新教育計劃

社論
致讀者

華北敵又開始
四次强化治安

伊洛瓦底江前綫
英坦克師擊退敵寇
倫古我軍反攻得手

图 5-2 《解放日报》

（二）延安的通讯社与无线电广播

为了加强新华社的工作，1939 年初，中共中央决定将新华社与《新中华报》报社分开，各自成为独立的组织机构，同受中共中央党报委员会领导。自此，新华社开始了独立发展的新阶段。独立后的第一任社长是向仲华。同年 6 月，新华社进一步调整组织机构，设立编辑科、通讯科、译电科和油印科。

1941 年 5 月，中共中央发出了《关于统一各根据地内对外宣传的指示》。根据《指示》精神，各地方通讯社均改为新华社分社，单独和延安新华总社建立直接的业务关系；凡带全国、全党、全军性质的新闻电讯一律由新华总社发布。

1944 年 8 月，新华总社成立英文广播部，从 9 月 1 日起正式开始对外播发英文电讯稿。到抗战胜利前夕，新华总社已由全面抗战开始时的 20 多人增加到 110 多人。

为了更好地动员人民、组织人民参加到抗日战争中去，中共中央和毛泽东提出在延安建立广播电台。1940 年春天，中共中央成立了由周恩来任主任的广播委员会，领导筹建广播电台的工作。担负具体筹建工作的是中央军委三局九分队。广播发射机是 1940 年 3 月周恩来从苏联带回来的，实际发射功率约 300 瓦。12 月 30 日，延安新华广播电台（以下简称延安台）开始播音，呼号为

XNCR。延安台的创建标志着中国共产党的新闻传播由报刊传播、文字广播发展到语言广播阶段。

中共中央和毛泽东对延安台的广播十分关心和重视，多次在有关文件中指示各根据地党组织按时收听。1941 年 5 月，中共中央在《关于统一各根据地内对外宣传的指示》中要求："各地应经常接收延安新华社的广播，没有收音机的应不惜代价设立之。"①

1943 年春天，延安台因机器发生故障停止广播，1945 年 8 月抗日战争胜利前夕恢复播音。

二、其他抗日民主根据地的新闻传媒

（一）各根据地报刊的整顿

1939 年以前，随着敌后根据地的建立和发展，各种小型报刊纷纷创办。据不完全统计，从 1937 年到 1939 年，仅华北、华中两个敌后根据地就有小型报刊 700 余种。由于大量报刊兴办于一时，分工不明，力量分散，加之各方面条件的限制，这些报刊的内容质量和宣传水平难以得到保证。1939 年 5 月 17 日，中共中央发出了《关于宣传教育工作的指示》，要求对这些报刊进行必要的整顿，"统一宣传教育工作的领导"。② 根据这个指示精神，从 1939 年下半年到 1941 年上半年，各地停办或合并了许多小型报刊，集中力量创办或加强各级党委的机关报。

（二）根据地的主要报刊

中共中央北方局机关报《新华日报》华北版 1939 年 1 月 1 日创刊于晋东南沁县，是敌后民主根据地的第一份铅印日报。何云任首任社长兼总编辑，继任者为陈克寒。1943 年，中共中央北方局撤销，成立中共中央太行分局。该报同年 10 月 1 日改为《新华日报》太行版，成为中共中央太行分局机关报。太行版一直出版到 1949 年 8 月 20 日，因太行区建制撤销而终刊。

山东解放区的《大众日报》1939 年 1 月 1 日创刊于沂水县王庄，初为中共苏鲁豫皖边区委员会机关报，中共中央山东分局成立后改为分局机关报。

---

① 中国社会科学院新闻研究所编：《中国共产党新闻工作文件汇编》上，新华出版社 1980 年版，第 99 页。

② 中国社会科学院新闻研究所编：《中国共产党新闻工作文件汇编》上，新华出版社 1980 年版，第 90 页。

该报在发刊词中强调要“为大众服务”。首任社长刘导生，第一任总编辑是匡亚明。1949 年 4 月，该报迁入济南，1955 年改为中共山东省委机关报出版至今。

中共中央晋绥分局机关报《抗战日报》1940 年 9 月 18 日创刊于山西兴县。第一任总编辑是赵石宾，后相继为郝德青、常芝青。1946 年改名《晋绥日报》。

中共中央晋察冀分局机关报初名《抗敌报》，1937 年 12 月 11 日创办，1940 年 11 月 7 日改名为《晋察冀日报》，1948 年 6 月 14 日终刊，总共出版 2 854 期,为中国共产党在华北敌后各根据地中创办时间最早和出版时间最长的党报。社长、总编辑为邓拓。

中共中央中原局机关报《江淮日报》1940 年 12 月 2 日在苏北盐城县（现江苏盐城）创刊。次年 5 月，中共中央中原局和东南局合并成立华中局，该报成为华中局机关报。社长由中共中央华中局书记刘少奇（胡服）兼任，副社长兼总编辑为王阑西。该报于 1941 年 7 月 22 日停刊。

三、《解放日报》改造与无产阶级党报理论的形成

（一）《解放日报》改造及其成效

1942 年，中国共产党在延安进行了一次重要的整风运动，史称“延安整风”。在全党整风运动中，新闻界也进行了相应整改。新闻界整风的重点是改造《解放日报》。

《解放日报》创刊初期，在宣传党的抗日民族统一战线政策及世界反法西斯战争等方面是有成绩的，但也存在着明显的问题。主要表现有：社论天天有，但质量不高；版面安排上，一国际、二国内、三边区、四本地（即延安），国际优于国内；新闻报道上，国际内容占绝对优势，对党的中心工作配合不力，尤其是对已经开始的全党整风和大生产报道得不够；文风上，党八股现象比较严重。毛泽东针对《解放日报》的问题指出，我们在中国办报，在根据地办报，应该以宣传我党的政策、八路军、新四军和边区、根据地为主。① 1942 年 3 月 16 日，根据毛泽东的指示，中共中央宣传部发出《为改造党报的通知》，指出：“报纸的主要任务就是要宣传党的政策，贯彻党的政策，反映党的工作，反映群众生活，要这样做，才是名副其实的党报。如果报纸只是或者以

① 《延安〈解放日报〉史大纲》（征求意见稿），《新闻研究资料》1983 年第 17 辑。

极大的篇幅为外国通讯社登载消息，那么，这样的报纸是党性不强，只不过是为别人的通讯社充当义务的宣传员而已，这样的报纸是不能完成党的任务的”，[①] 必须进行改造。

对《解放日报》的改造从改版开始。3 月 31 日，《解放日报》召开改版座谈会，毛泽东到会作了重要讲话，对报纸存在的问题进行严厉批评。4 月 1 日《解放日报》改版，当天发表题为《致读者》的改版社论指出，改版实际上是一次彻底的改革，改革的目的就是要使《解放日报》能够成为真正的战斗的党的机关报。改版后的《解放日报》面貌一新。第一版要闻版主要反映各抗日民主根据地的要闻，第二版是陕甘宁边区和国内消息版，第三版是国际版，第四版是副刊和各种专论。新闻报道的内容由刊载国际新闻为主改为以报道抗日民主根据地新闻为主；不少社论由党的高级领导执笔，以保证质量；文风明显改变，更加关注党的中心工作和群众生活。

随后，根据毛泽东提议，1942 年 8 月，陆定一担任《解放日报》总编辑，并领导对报纸的深入改造。陆定一到任后，制定一系列制度，确保党性落到实处，如报纸检查条例，看大样制度，对社论、专论、各版及头条新闻实行签字负责制，根据个人工作表现实施奖惩制，编委会成员联系党政军各领导机关的分工负责制等。经过一段时间的改造，成效显著，其表现为：（1）重视报道党的中心工作，尤其是对整风运动的报道和引导，保证了整风运动的顺利开展；（2）大力宣传党的“发展经济”“保障供给”“组织起来”“自己动手”“丰衣足食”的方针，推动了大生产运动的开展；（3）成功反击国民党发动第三次反共高潮，正确引导并影响了国内外舆论。

《解放日报》改造有效地带动了其他根据地报纸的改革。各地报纸经过整风改造，加强了党对报纸的领导，密切了与群众的联系，抗日民主根据地的新闻事业呈现出欣欣向荣的景象。

（二）无产阶级党报理论的形成及毛泽东的贡献

《解放日报》的改造不仅在实践上促进了中国共产党新闻事业的发展，而且在理论上丰富和发展了马克思主义新闻观，初步确立了我国无产阶级党报理论体系。其基本观点主要有：（1）坚持无产阶级新闻工作的党性原则。党报必

---

① 中国社会科学院新闻研究所编：《中国共产党新闻工作文件汇编》上，新华出版社 1980 年版，第 126 页。

须在党中央和各级党委的领导下工作，自觉地宣传党的路线、方针、政策和决议，不得刊登任何违反党的路线、纲领和决议的文章，不得以任何形式搞独立性。（2）贯彻“全党办报”的方针，加强党对新闻事业的领导，依靠全党和全体人民群众的集体智慧把报纸办好。（3）站稳无产阶级革命立场，正确处理新闻的政治性与真实性的关系。只有把尊重事实与革命立场结合起来，才能做一个彻底的唯物主义的新闻工作者。（4）坚持新闻为党的实际斗争服务的方向。（5）加强新闻队伍的思想建设，反对“无冕之王”的观点，树立“人民公仆”思想。（6）坚持群众办报路线，大力发展工农通讯员队伍。（7）树立鲜明生动、活泼有力的马克思主义文风，反对党八股。

毛泽东为《解放日报》改造及无产阶级党报理论的形成作出了巨大贡献。延安《解放日报》是在毛泽东倡议下创办，在毛泽东关注下成长的。1941 年 5 月 18 日，毛泽东在第三期报纸上发表了一篇气势磅礴的社论《请看今日之域中，竟是谁家之天下》。8 月 26 日，毛泽东推荐发表高克林写的调查报告《鲁忠才长征记》，并亲笔写了按语，肯定该文“用简洁文字反映实际情况”，号召将那些“下笔千字，离题万里”“夸夸其谈”的主观主义、形式主义作风扫掉。

当《解放日报》存在的问题越来越明显时，毛泽东及时提出了改进意见。1942 年 1 月 24 日，中央政治局作出决议：“同意毛主席指出今后《解放日报》应从社论、专论、新闻及广播等方面贯彻党的路线与党的政策，文字须坚决废除党八股。”① 毛泽东还指示中共中央宣传部发出《为改造党报的通知》，专门召开了研究《解放日报》改版的座谈会，听取意见，作出重要讲话，为改版工作指明方向。《解放日报》编辑部根据毛泽东的指示精神，及时派出记者采访各界人士听取改进报纸工作的意见，并在报纸的“信箱”栏目刊出读者提出的有代表性的批评和建议。

在《解放日报》改版和整风过程中，毛泽东自始至终极为关注与重视新闻界的作风建设，多次发表如何办好党报的谈话。这些谈话，还有博古、胡乔木、陆定一等人在《解放日报》上发表的一些理论文章和撰写的社论，② 成为

---

① 中国社会科学院新闻研究所编：《中国共产党新闻工作文件汇编》上，新华出版社 1980 年版，第 118 页。

② 胡乔木的文章《报纸是人民的教科书》（《解放日报》1943 年 1 月 26 日），陆定一的文章《我们对于新闻学的基本观点》（《解放日报》1943 年 9 月 1 日），《解放日报》发表的相关社论有《致读者》（1942 年 4 月 1 日）、《党与党报》（1942 年 9 月 22 日）、《本报创刊一千期》（1944 年 2 月 16 日）。

中国无产阶级党报理论的重要来源。

第三节　上海“孤岛”及沦陷区的爱国新闻宣传

一、上海“孤岛”的抗战新闻宣传

从 1937 年 11 月中国军队撤出上海到 1941 年 12 月太平洋战争爆发前这段时期，上海租界尚未被日军占领，史称上海租界这段时期为“孤岛”时期。在这四年多的时间里，中共上海地下组织和进步新闻工作者利用“孤岛”的特殊条件和英美法等国同日本帝国主义之间的矛盾，借用外国商人的名义，“挂洋旗”创办了一批抗日报刊，进行抗日宣传。其中主要有《译报》《每日译报》《文汇报》等。

《译报》由中共上海地下党组织 1937 年 12 月 9 日创刊，主编夏衍。当时，上海租界出版有很多外文报刊，或多或少地刊登了有关中国抗战的消息和资料，《译报》将其选择翻译，巧妙地进行抗日宣传。《译报》于 12 月 20 日出版 12 期后因遭日寇和汉奸威胁而停刊。

1938 年 1 月 20 日，《译报》改名为《每日译报》，以英商的名义继续出版。该报除刊登译稿外，还增加了自己编写的新闻，增加了一些专栏和副刊。《每日译报》的“特讯”“专电”，经常报道共产党、八路军和新四军的消息，刊登共产党的文件和领导同志的文章。1939 年 5 月，公共租界当局找借口强令它停刊两周，随后又下令不准复刊。

《每日译报》还曾经出版过《译报周刊》，每期发行量达 2 万份，是当时“孤岛”定期刊物中销量最多的一种。1939 年 6 月被迫停刊。此外，中共地下党组织还以英商名义创办过《导报》等。

《文汇报》是爱国人士严宝礼等人以外商名义在上海租界出版的抗日报纸，1938 年 1 月 25 日创刊。英商克明“挂名”发行人兼总主笔，严宝礼为总经理。《文汇报》创刊第一天发表《为本报创刊告记者》一文，表明该报要真实地报道抗战消息，公正地评论国内外大事和社会新闻。《文汇报》创刊后，以其消息翔实准确、爱国抗日立场鲜明而深受读者欢迎，但同时也受到敌伪的迫害。创刊不久，该报经理部便被歹徒投掷一枚炸弹，以后又接到敌伪投寄的恫吓匿名信。主持编务的徐铸成、严宝礼等人在敌伪淫威下不仅毫不退缩，反而更加坚定地宣传抗战。1939 年 5 月，日伪用高价收买了克明，迫使《文汇报》停刊。

此时期上海尚存 30 多座民营广播电台，除亚美、华美等几座电台自动拆机停播外，其余大多数利用“孤岛”的特殊条件，向租界警务处登记继续播音，其中不乏抗日广播，不时播出爱国进步的歌曲。有的民营台还开展募捐宣传，征集衣物支援前线将士。1939 年 7 月上海职业妇女会借用大陆广播电台举行平剧（京剧）大合唱，推销义卖代价券来募集捐款，支援新四军。女共产党员茅丽瑛面对敌特的恐吓和捣乱临危不惧，大义凛然地主持了大陆电台的义演义卖活动。茅丽瑛于 1939 年 12 月 12 日惨遭汪伪特务暗杀，年仅 29 岁。

二、沦陷区的爱国新闻宣传

在沦陷区，爱国的、进步的新闻工作者在险恶的环境下，冒着生命危险，出版了一批抗日报刊。在东北地区，从 1932 年到 1940 年，东北抗日联军共创办了 24 家报纸，动员各界民众共赴国难，驱逐日寇。天津沦陷不久，便有 20 多种小型抗日报刊秘密出版，如《炼铁工》《匡时》《纪事报》《中心月刊》《北方》《前哨》《突击》《抗战》《火线》《后方》等，《匡时》是铅印，其余都是油印。《纪事报》是新闻工作者主办，《炼铁工》是工人创办，其他都由爱国学生创办。这些报纸的主题都是号召人民起来抗日。

第四节 抗日战争时期的国际宣传

中国抗日战争不仅是世界反法西斯战争的重要组成部分，而且是世界反法西斯战争的起点和终点。欧洲战场打响之后，尤其是太平洋战争爆发，中国正式加入世界反法西斯联盟，中国人民同世界人民一道浴血奋战，取得战争的最终胜利。但是，中国人民的抗日战争和反法西斯战争长期不被世界认知、理解和重视。要从根本上改变美、英等国“先欧后亚”的战略，中国朝野各界都必须格外重视对外宣传。

一、对外宣传体系的建立及对外宣传活动

中国共产党高度重视对外宣传，在这方面作出了许多努力。比如 1938 年从

延安抗日军政大学、鲁迅艺术学院、陕北公学等学校挑选了一批优秀华侨共产党员和青年，组成海外工作团，派遣华侨青年到东南亚各国开展对华侨的宣传工作；同年春，八路军成立驻香港办事处，开展对外宣传工作。同年四五月间，中共中央长江局下属机构国际宣传委员会及其办事机构国际宣传组成立，负责翻译中共领导人著作对外出版，为国际刊物撰稿并同外国友人联络。1940年10月，中共中央宣传部成立国际宣传委员会，向国外介绍宣传八路军、新四军英勇斗争的事迹和抗日民主根据地建设的情况。之后，中共中央决定创办对外宣传的英文刊物《中国通讯》。陕甘宁边区文委国际宣传委员会于1941年3月创办国际报道社，出版外文刊物。1941年12月3日，延安新华广播电台开办日语广播，每周对日广播一次。新华总社1944年8月成立英文广播部对外播发英文电讯稿。特别是毛泽东等中央领导人热情接待到根据地访问的外国友人，向他们讲解中国共产党的抗战主张，创造条件让他们直接到前方采访八路军、新四军将士等。

一些有财力的民营大报设置驻外机构，派遣驻外记者，对外宣传中国抗战。一些爱国人士创办对外传播的通讯社，其中“国际新闻社”最兴盛时期的新闻稿件被海内外150余家报刊刊载，影响力很大。

重视对外宣传，是国民政府抗战国策的重要组成部分，在对外宣传上采取了很多方式，也取得比较大的成效。首先，原有的新闻机构重视对外宣传，如《中央日报》派遣出驻外记者，重庆国民党中央短波电台（后改名为国际广播电台）曾用多种语言进行对外广播。其次，国民政府于1937年9月成立了专门的对外宣传机构“国际宣传处”，由曾虚白任处长，董显光以国民党“中央宣传部”副部长身份督导，直接对蒋介石负责。作为抗战期间的外宣主力军，国际宣传处克服重重困难，先后在国外设立了12个办事处，采取假借外国人之口替中国讲话的宣传策略，想方设法争取世界对中国抗战的理解和支持。为了改变西方人对中国抗战的偏见，董显光、曾虚白等冷静分析局势，不断调整部署，根据形势变化确定外宣重点——太平洋战争爆发前，主要目的是在国际上争取同情与理解，尽快摆脱“孤立无援”境地；太平洋战争爆发后，则主要争取享受同盟国的平等待遇，不断提高中国政府的国际地位，用中国抗战的事实提高国际社会对中国抗战意义的认识，说服美英等西方国家调整“先欧后亚”战略，争取更多的精神与物质支援，使中国的抗日战争随着世界反法西斯战争一道取得最终的胜利。

二、海外抗日宣传活动

在抗战时期，海外华侨报刊不论政治背景和原来立场如何，在国难当头、大敌当前的形势下都不约而同地站在同一立场，为抗日救国而呼喊。各报刊纷纷发表社论、专论和各种形式的文章，揭露日本帝国主义的侵略阴谋和罪行，报道祖国军民英勇抗击侵略者的消息，激发华侨的爱国热情，动员华侨支援祖国的抗战。

新加坡、马来亚是海外抗日宣传最为活跃的地区。1937 年到 1941 年间出版了华文报刊共 29 种，主要有《南洋商报》《星洲日报》《新国民日报》《星中日报》等，其中最著名的是胡愈之主持的《南洋商报》。1940 年 10 月胡愈之按照中共中央的指示赴新加坡进行海外抗战宣传，同年 12 月 1 日任《南洋商报》主编。他主持《南洋商报》期间进行了一系列的改革，突出言论的舆论引导作用，针对华侨进行抗日救亡运动中遇到的问题发表社论，内容通俗易懂、深入浅出。在联系群众方面，《南洋商报》积极支持华侨的抗敌组织与筹款活动。在胡愈之的领导下，《南洋商报》成为东南亚地区抗战舆论引导的先锋，日销量 5 万份，是南洋最畅销的华文报纸。

抗战时期，美洲的华侨报纸，无论原来政治背景如何，都站到抗战救国的立场上，对日本侵略者表示极大愤慨，比较有影响的有《美洲华侨日报》《纽约公报》《纽约新报》等。在美留学生也创办报刊积极投入到宣传抗日救亡运动中，比较著名的刊物有《留学生月刊》《学生周刊》等。

在欧洲地区，旅居法国、英国、苏联等地的华侨和留学生创办了大量宣传抗日救亡的报刊，其中吴玉章等人于 1935 年 12 月 9 日在法国巴黎创办的《救国时报》在欧洲影响最大。全面抗战爆发后，该报连续发表题为《全国奋起抵御日寇之新进攻》《要求全国一致坚持抗战》《展开全国一致的总抗战》《侨胞一致起来，援助抗战，参加抗战》等社论，并刊登鼓动抗战的专论和文章，动员海外各地华侨团结起来，支援国内抗战。

三、外国记者在中国的新闻活动

抗战时期，许多外国记者冒着生命危险来到中国，特别是来到共产党领导的抗日根据地进行采访，将中国共产党的抗日主张与中国工农红军的事迹公之于世。在这些外国记者中，最著名的是埃德加 · 斯诺、艾格尼丝 · 史沫特莱和安娜 · 路易斯 · 斯特朗，被中国人民亲切地称为“3S”。

埃德加·斯诺，1905 年 7 月 11 日出生于美国密苏里州，1928 年 9 月来到中国，从此与中国人民结下不解之缘。1936 年 6 月 3 日，经宋庆龄介绍，斯诺前往陕北进行采访，历时 4 个月。在陕北，斯诺会见了毛泽东、周恩来、彭德怀等共产党及八路军领导人，并对根据地的工农群众、指战员进行广泛采访。1936 年 11 月 14 日、21 日，上海《密勒氏评论报》发表了斯诺采写的题为《与共产党领袖毛泽东的会见》的报道，在中外产生了很大影响。为了让中国读者了解陕北革命根据地，斯诺将自己写的原稿、拍摄的照片、地图等资料交给北平爱国知识分子，由他们翻译成中文于 1937 年 3 月以《外国记者西北印象》为名在中国出版。1937 年 10 月，斯诺撰写的著作《红星照耀中国》在英国正式出版，几个星期内即销售了 10 万多册，不到 3 个月时间连续出了 5 版。1938 年 2 月中共上海地下党组织以最快的速度将此书翻译成中文出版，为了躲避国民党的审查，书名改为《西行漫记》。《红星照耀中国》陆续被翻译成法、德、西等多种文字，在世界各国出版。该书首次向世界介绍了中国红军万里长征的英勇事迹，介绍了中国共产党的抗日主张与崇高信念，介绍了陕北抗日根据地欣欣向荣的景象，让世界了解了中国共产党和陕北抗日根据地，吸引了国内众多热血青年奔赴延安。

艾格尼丝·史沫特莱，1890 年出生于美国密苏里州一个贫穷的家庭，1928 年 12 月以德国《法兰克福日报》记者身份来到中国。1937 年 1 月，史沫特莱来到延安，采访了毛泽东等中国共产党领袖，并对朱德总司令进行深入采访，写成了《伟大的道路——朱德的生平和时代》一书。1937 年秋，史沫特莱跟随八路军赴山西前线从事新闻采访报道，写成了《中国在反击》一书。《中国在反击》以日记、书信的形式记载了史沫特莱在西北、华北地区的生活和经历，反映了西北、华北地区军民在中国共产党领导下的抗战成绩。1941 年史沫特莱返回美国，继续从事以中国为主题的写作，并在美国筹款支持中国抗战。

安娜·路易斯·斯特朗，1885 年 11 月 24 日出生于美国内布拉斯加州弗兰德镇。1938 年 1 月，斯特朗来到山西五台山八路军总部，访问了朱德、彭德怀、贺龙等八路军领导人，并根据这些采访记录写成了《人类的五分之一》一书，热情讴歌了共产党领导下的八路军抗战的英勇事迹。

思考题

1. 简述《新华日报》的创办与抗战宣传。

2. 论述延安新华广播电台的创办及其意义。
3. 论述延安《解放日报》的改造及其意义。
4. 评析抗战时期民营报纸的分化。
5. 评述抗战时期中国的对外宣传。

▶ 即测即评

第六章　两种命运决战时期的新闻事业

从1945年8月15日日本投降到1949年10月1日中华人民共和国成立，中国政局的基本特征是国共两党政治、军事对决，中国进入两种命运决战时期。在此政局下，中国新闻传播业的演变有两个关键点：一是国共两党新闻传播业在两党对决过程中的消长兴衰，二是民营媒体作出最后抉择。

与军事上的较量进程相应，国共两党新闻事业的消长分为三个阶段：激烈竞争阶段、不均衡发展阶段、国民党新闻业的土崩瓦解与共产党新闻业的最后胜利阶段。

在国共两党对决中，带有不同程度中间色彩的民营媒体面临最后抉择。在这次抉择中，除个别民营媒体随着国民党转移到台湾外，大多数选择留下来，站到共产党和人民的一边。

第一节　国民党新闻事业的扩张与瓦解

一、国民党新闻事业的扩张

（一）内战爆发前的扩张

抗日战争结束后，国民党政府依靠其政权、利用“接收”的权利，抢先占领了收复区（即抗战时期的沦陷区）的新闻事业，为其加强新闻统治、控制社会舆论做准备。首先，原有新闻媒体迅速向收复区搬迁。日本政府宣布投降后，国民党中央宣传部立即策划将国民党新闻机构向收复区转移。《中央日报》1945年9月10日在南京正式复刊，社长马星野；“中央通讯社”在社长萧同兹的领导下，立即派遣大批人员分赴各地恢复国内各地分社，并于1946年4月将总社由重庆迁返南京；“中央广播电台”也于1946年5月随国民党政府一道迁返南京。国民党军报《扫荡报》改名《和平日报》，于1945年11月12日在南京出版；原来在安徽屯溪出版的《中央日报》迁往上海；《东南日报》丽水版迁往杭州，南平版迁往上海。收复区各地国民党的军政机关、特务组织、御用报人，也纷纷出版了许多地方报纸。

其次，接管敌伪新闻媒体。抗战胜利后，国民党政府以正统的名义，在美国支持下，调动军队大举接收沦陷区，包括接收那里的日伪报刊、广播电台等新闻文化设施。1945 年 9 月，国民政府行政院颁布了《管理收复区报纸通讯社杂志电影广播事业暂行办法》，其中甲项第一条规定：“敌伪机关或私人经营之报纸、通讯社、杂志及电影制片厂、广播事业一律查封，其财产由宣传部会同当地政府接收管理。”① 国民党随即将接收的日伪新闻媒体改头换面，变成国民党的新闻媒体。在汉口，汉奸报纸《大楚报》改名为《华中日报》后，成为国民党汉口市党部机关报；在北平，在日伪《华北新报》基础上出版了国民党北平党部机关报《华北日报》。1945 年 8 月下旬，国民党中央广播事业管理处陆续派人到各地接收日伪广播电台，10 个月时间里共接收日伪广播电台 21 座，广播发射机 41 部，总发射功率为 274 千瓦。②

最后，接管和改组民营报纸。在上海，国民党以《申报》《新闻报》曾经“附逆”为名，攫取了两报的部分股权。两报于 1945 年 11 月在国民党中央宣传部管理下恢复出版。随后，在蒋介石指示下，有关部门专门制定了《管理〈申报〉〈新闻报〉办法》，分别组织了《申报》《新闻报》报务管理委员会，完成对两报的接管。后又对两报进行了改组，潘公展被任命为《申报》社长，程沧波被任命为《新闻报》社长。这样，申、新两报复刊后，虽然打着“商业民办”的旗号，但实际上完全被国民党控制，成为国民党的宣传机器。到 1946 年春，上海出版的大型日报已有近 20 家、小型日报上百家、中文晚报 5 家，绝大部分为国民党所控制，使得上海这个原来以“商业化报纸”为主的城市，成为国民党宣传势力控制的地方。③

（二）内战爆发后的膨胀

1946 年 6 月，国民党军队冒天下之大不韪打响全面内战第一枪。10 月 11 日，攻占了晋察冀解放区首府张家口。至此，连张家口在内，国民党军队共攻占原属于解放区的 135 座城市，大大扩大了国统区。随着国统区的扩大，国民党新闻事业也发展到了顶峰。报纸方面，据 1947 年 8 月底的统计，国统区登记的报纸总数为 1 781 家，其中上海 96 家、南京 87 家、天津 68 家、北平 59 家、广东 137 家、湖南 126 家、湖北 119 家、福建 114 家、江苏 102 家，可谓抗日

---

① 方汉奇：《中国新闻事业通史》第 2 卷，中国人民大学出版社 1996 年版，第 987 页。
② 方汉奇：《中国新闻事业编年史》，福建人民出版社 2000 年版，第 1505 页。
③ 丁淦林：《中国新闻事业史》，武汉大学出版社 1990 年版，第 303 页。

战争结束后“报业复兴的巅峰阶段”。[1] 这些报纸中，国民党党报占有很大比重，国民党中央直辖党报23家，总发行数约45万份；省级党部主办的党报27家，总发行数约40万份。此外，还有很多国民党县级党部主办的地方党报和军方主办的报纸。在通讯社事业方面，中央社在全国设有50多个分社和办事处，在国外设有20多个类似机构，发展到它的全盛时期。在广播事业方面，到1946年秋，仅“中央广播事业管理处”所属的广播电台就增至42座，中、短波发射机达81部，总发射功率增至550千瓦。

二、国民党新闻事业的迅速瓦解

（一）国民党新闻统制不得民心

国统区新闻界早就对国民党借口战争实行苛刻“战时新闻检查”不满，抗战刚一结束，1945年8、9月间，以黄炎培出版《延安归来》不送检为导火索，国统区的新闻出版界掀起了一场声势浩大的“拒检运动”，迫使国民党当局作出让步。

1945年8月7日，重庆国讯书店在进步出版机构的支持下，没有经过国民党当局审查而自行出版了黄炎培的《延安归来》一书，揭开了“拒检运动”的序幕。《延安归来》是黄炎培在1945年7月访问延安期间的访问记录，翔实记载了中国共产党各项政策的实施情况和解放区政治经济军事各方面的成就，揭穿了国民党对中国共产党领导下的解放区的种种谣言。

《延安归来》出版后，进步人士张志让、杨卫玉、傅彬然起草了重庆杂志界拒检联合声明，征得了包括《国讯》《中华论坛》《民主世界》《再生》《民主与科学》《中学生》《新中华》《东方杂志》《文汇周报》《中苏文化》《现代妇女》《战时教育》《国论》《学生杂志》及《宪政》月刊、《民宪》半月刊共16家杂志社的联合签名，于8月17日宣布不再送检，并将这一决定函告国民党中央宣传部。8月27日，重庆杂志界在拒检声明上签字的杂志社达到33家。

拒检运动得到了中国共产党的支持，9月1日记者节这天，重庆《新华日报》发表社论《为了笔的解放而斗争》，批评国民党当局的原稿审查制度，号召为新闻出版和言论自由而斗争。9月4日《新华日报》发表《走向和平的新中国》，再次呼吁争取新闻出版与言论自由。重庆出版界发起的拒检运动也扩

---

① 曾虚白：《中国新闻史》，三民书局1989年版，第453、455页。

展到成都、昆明等地，并由出版界扩展到新闻界。

为了缓和国内外压力，9 月 12 日，国民党中央宣传部部长吴国桢出面向外国记者宣布：自 10 月 1 日起废止战时新闻检查制度。

不久，一方面国民党政府接收大员们胡作非为，另一方面蒋介石不顾民意悍然发动内战，加上政权迅速腐败，经济加速崩溃，国统区民众怨声载道。为了钳制舆论，国民党加强新闻统制，任意查封报馆、逮捕记者，出动特务殴打甚至暗杀进步新闻工作者和民主人士，致使国统区进步新闻机构及一切不利于国民党统治的新闻媒体都遭到迫害和摧残。仅 1946 年 1 月至 8 月，全国就有 200 多家报纸、杂志、通讯社被查封，20 多位新闻记者和大学教授被特务殴打，47 位记者被逮捕，3 位新闻工作者被杀害。1947 年上半年，各地国民政府以“登记未准”或“尚未办竣登记手续”为由，查禁或勒令停刊的报纸杂志至少在 100 种以上。①

（二）民主报刊的抗争

1. 重庆《民主报》的斗争

《民主报》是中国民主同盟的机关报，1946 年 2 月 1 日创刊于重庆。发行人张澜，社长罗隆基，总编辑马哲民，编辑部负责人叶丁易。《民主报》发刊词说：该报是“一切民主信徒的共同工具，我们愿努力担负起代表民主信徒意见这个责任”。② 1946 年 2 月 10 日，国民党特务制造了“较场口事件”。《民主报》当天出版“号外”，大标题是《今晨较场口庆祝会上暴徒捣乱演成血案》，次日，《民主报》又发表社论《民主的耻辱》。7 月 12 日，李公朴遭特务暗杀。消息传来，举国震惊，第二天《民主报》发表了社论《抗议！抗议！抗议!》。7 月 15 日，闻一多又倒在国民党枪口下，《民主报》不仅报道了血案的真相、人民的控诉，并且连续发表社论《血债!》《最严重的关头》，还刊登了《中国在屠杀中》《闻一多先生的道路》《血债要用血来还》等文章，痛斥国民党的法西斯罪行。《民主报》的斗争引起当局的恐慌，继 1947 年 2 月 28 日查封了《新华日报》之后，又指使特务捣毁了《民主报》印刷设备，迫使《民主报》停刊。

2. 上海《文汇报》的斗争

《文汇报》1945 年 9 月复刊。次年初，进步报人徐铸成担任总编辑，孟秋

① 方汉奇：《中国新闻事业通史》第 2 卷，中国人民大学出版社 1996 年版，第 1019 页。
② 白寿彝：《中国通史》（第 2 版）第 12 卷，上海人民出版社 2013 年版，第 25 页。

江担任采访部主任，积极参加反对内战、要求和平民主的斗争。1946 年 7 月，《文汇报》因反对国民党在国统区实行“警管区制”，被上海市警察局局长兼淞沪警备司令宣铁吾以“挑拨员警感情”的罪名，勒令从 17 日起停刊一周。之后，国民党当局企图以重金收买《文汇报》，遭到拒绝后恼羞成怒，于 1947 年 5 月 25 日勒令《文汇报》停刊。

3. 南京《新民报》的斗争

《新民报》1946 年 10 月在南京复刊后，政治倾向日趋进步，反映了民族资产阶级反对帝国主义和官僚资本主义的立场。1947 年南京发生“五二〇”血案，《新民报》由于报道揭露国民党宪警殴打学生的罪行，有 9 人被列入黑名单。1948 年 7 月 8 日，《新民报》被勒令永远停刊，《新民报》记者、采访部主任浦熙修等 3 人被捕，《新民报》创办人之一陈铭德、邓季惺夫妇逃往香港。

4. 香港《华商报》的斗争

《华商报》本是 1941 年 4 月 8 日由廖承志、范长江在香港领导创办的一份爱国统一战线报纸，因日寇进攻，于当年 12 月 12 日停刊。日本投降后，《华商报》于 1946 年 1 月 4 日复刊，董事长是香港华比银行华人副经理、爱国民主人士邓文钊，总编辑是著名国际问题专家刘思慕，总经理是民主同盟负责人萨空了。《华商报》在复刊词中说：“本报匆匆在港复刊，仍当一本人民的立场，与我海内外同胞，共揭和平、团结、民主的大旗，为创造一个幸福、富强与民主的新中国而奋斗。”①《华商报》一复刊，就高举起和平民主的大旗，反映人民希望和平民主的意愿，揭露国民党反动派假和平真内战的阴谋。李公朴、闻一多两位民主人士被国民党暗杀后，《华商报》用大量篇幅揭露国民党特务的卑劣行为，连续发表社论抨击当局庇护特务、操纵暴徒的无耻行径，号召人民团结起来，与民主的敌人作斗争。

民主报刊的斗争从一个侧面反映了国民党的新闻统制不得人心，从而加速了国民党新闻事业的瓦解。

（三）国民党新闻事业的瓦解

国民党的新闻媒体是“党营新闻媒体”，为了国民党政府的政治、军事需要，肆无忌惮地进行不实甚至造谣宣传。国民党军队在战场上节节败退，整师

① 张之华：《中国新闻事业史文选：公元 724 年—1995 年》，中国人民大学出版社 1999 年版，第 454 页。

整军地被消灭，新闻媒体视而不见，却编造今天消灭了多少“共军”，明天又取得了什么巨大“胜利”；明明是人民大众的民主、进步活动，却硬说成“扰乱”“破坏”，不但不支持，反而叫嚷要予以“镇压”；国民党大势已去，蒋介石“引退”、求和，媒体上却还在说“安定京沪”“固若金汤”之类的假话……这样的新闻媒体，其下场是可想而知的。

事实上，自1948年下半年起，国民党新闻界的一些主要负责人已在安排后路，准备逃往台湾。1949年3月，《中央日报》在台北出版；军报《和平日报》也迁往台湾，并于7月1日恢复《扫荡报》名称；“中央广播电台”也运走了一批设备。就这样，国民党经营了20多年的新闻事业随着国民党在政治、军事上的惨败而在大陆全部瓦解。

第二节 共产党新闻事业的收缩与胜利

一、共产党新闻事业的变化

（一）抗战胜利后共产党新闻事业的发展

抗战胜利后、内战爆发前，在国民党新闻业扩张的同时，共产党和人民的新闻业也获得了显著发展。

首先，利用国共合作的机会，共产党迅速在国统区创办报刊。1945年9月14日，正在重庆谈判的毛泽东、周恩来致电中共中央并转华中解放区负责人，提出了尽快派人去上海等地办报的要求：“上海《新华日报》及南京、武汉、香港等地以群众面目出版的日报，必须尽速出版。根据国民党法令，可以先出版后登记。早出一天好一天，愈晚愈吃亏。”电报还指出：到上海等地去，“要多去，快去”。[①] 根据电报精神，中共中央立即派人到上海、北平、南京等大城市办报。很快，在上述地区创办起了数家共产党报刊，比如上海的《群众》杂志、《建国日报》等。

其次，解放区的新闻业迅速发展。在国民党大量接收沦陷区的同时，共产党领导的军队也大举向沦陷区进军。到1945年10月10日，人民解放军已控制了热河、察哈尔两省的全部地区和河北、绥远、山西、豫北、淮北、淮南、苏

① 《毛泽东新闻工作文选》，新华出版社2014年版，第173页。

北、苏中等大部分地区以及东北部分地区，原来分割得支离破碎的解放区迅速扩大并连成一片，形成了几个大的战略区。随着解放区的扩大，党和人民的新闻事业也获得了显著发展。

各大解放区创办或改版了大型报纸。1945 年 8 月 15 日，山东解放区的《大众日报》由两日刊改为日刊。这年冬，中共中央华东局成立，《大众日报》又改为华东局机关报。1945 年 9 月，《晋察冀日报》迁到新解放的城市张家口出版，版面扩大成对开大报。在新建的东北解放区，中共中央东北局机关报《东北日报》1945 年 11 月 1 日在沈阳创刊。1945 年 12 月 9 日，中共中央华中局机关报《新华日报》华中版在江苏淮阴创刊。1946 年 2 月 1 日，冀热辽中央分局机关报《冀热辽日报》在承德创刊（前身是 1945 年 9 月创刊的《中苏新报》，1945 年 10 月改称《大众日报》）。1946 年 5 月 15 日，随着晋冀鲁豫解放区扩大并连成一片，中共晋冀鲁豫中央局在邯郸市创办了全区性的机关报《人民日报》。

延安新华广播电台在 1945 年 9 月 5 日恢复广播，张家口新华广播电台也于 8 月 24 日建成开播。与此同时，在东北地区，哈尔滨、抚顺、通化等地建立起人民广播电台。据统计，到 1946 年 9 月，各地已建立人民广播电台 11 座。

无产阶级新闻教育事业也发展起来。1946 年 2 月，华中新闻专科学校在淮阴成立，这是解放区第一个专门的新闻学校，由范长江任校长。各解放区原有的和新开办的某些高等学校，如延安大学、华北联大、山东大学、中原大学等，也设立新闻系或新闻专修班，为共产党的新闻事业培养了一批新闻人才。

（二）内战爆发后共产党新闻事业的收缩

内战全面打响后，国民党军队向共产党领导的解放区发动全面进攻，解放区的新闻事业不得不暂时收缩。

为了准备突围，中原解放区的《七七日报》在国民党进攻的前夕（1946 年 6 月 24 日）停刊；随着国民党军队在苏皖全线进攻，皖中《大江报》、淮南《淮南日报》也停刊了；《苏中报》《江海报》或随军撤退，或在极端艰苦条件下出版；8 月，《冀热辽日报》撤离承德，10 月转移到林西继续出版；9 月，华中版《新华日报》随军撤离淮阴，12 月 26 日也被迫停刊；10 月 11 日蒋军占据张家口，《晋察冀日报》退至山区出版，由对开改出半张。1947 年初，国民党军队对解放区的全面进攻失败后改为对陕北、山东两大战场的重点进攻，山东《大众日报》进入山区坚持出版，陕北大多数地方报纸都停刊了。1947 年 3

月 18 日，中共中央和人民解放军总部机关撤出延安，《解放日报》也跟随撤离，转移到陕北瓦窑堡，坚持到 3 月 27 日出了第 2130 号之后停刊。

面对新的形势，中共中央对新闻宣传工作做了部署，在报纸出版困难的情况下，加强新华社和新华广播电台的工作。鉴于国民党军队对延安和陕甘宁解放区的进犯，新华总社和延安新华广播电台与《解放日报》一道转移到瓦窑堡。1947 年 3 月 21 日，延安新华广播电台改名为陕北新华广播电台，在这里一直坚持工作到 3 月 28 日。根据中共中央指示，设在晋冀鲁豫解放区太行山麓（今河北省涉县境内）的新华社临时总社从 4 月 1 日起正式接替在陕北的全部业务，太行战备台用“陕北新华广播电台”的呼号进行广播。

太行新华社临时总社和新的陕北新华广播电台接替陕北台的全部业务工作后，陕甘宁边区的新华总社和原陕北台的工作人员，根据中共中央指示，除留下一支 40 人左右的小分队由副总编辑范长江率领跟随党中央转战陕北外，其余大批人员立即东渡黄河，向河北省涉县转移。1947 年 7 月中旬，新华总社和陕北台在涉县正式恢复工作。

新华社留在陕北的工作队，代号“四大队”。“四大队”跟随中共中央领导机关转战陕北一年多时间，行程几千里，在毛泽东、周恩来、任弼时等中央领导同志的指导下，担负中共中央与太行新华总社之间的联络工作，抄收中央社及外电报道，编印《新闻简报》《参考消息》供中央领导同志参阅，负责组建并领导西北总分社及前线分社，并组织陕北战场的军事报道。

二、共产党新闻事业走向胜利

（一）共产党新闻事业的新发展与新问题

随着人民解放军由战略防御转入战略反攻，一些大中型城市相继解放，解放区迅速扩大，共产党的新闻事业获得新的发展。

这种新发展，主要表现在解放战争初期停刊的报纸相继复刊，共产党的新闻事业由农村进入城市。虽然抗战胜利后，共产党已经在城市创办过一些报纸，但是在内战初期，这些报纸大都撤回农村或停止出版，因此，从总体上看，1947 年以前共产党新闻事业依然在农村。1947 年底开始，这种状态发生根本性的变化，共产党的新闻媒体在城市迅速创办起来。

共产党新闻事业从农村进入城市后，如何在城市办报的问题便尖锐地凸显出来。过去在农村办报，社会结构单一，群众的文化水平较低，读者对象主要是党和政府的干部。进入城市后，情况要复杂得多，社会结构和读者对象多元，尤其是如何面对民族资产阶级和知识分子读者，对共产党的新闻工作者来说是一个崭新的课题；由于缺乏城市办报的经验，有些报纸进城之初，出现忽“左”忽右的错误。这种种情况引起了中共中央的高度重视，从 1948 年下半年开始，中共中央就如何在城市办报作了一系列指示。8 月 15 日，中共中央宣传部在《关于城市党报方针的指示》中指出了城市新闻宣传中存在的两种错误偏向：一种是忘记了报刊主要是代表工农兵，另一种是拒绝为工商业者和知识分子服务。提出了在城市创办出版党报的注意事项：主要为工农兵服务，同时也要为工商业者和知识分子服务；主要报道工厂和农村新闻，同时也要有商业、学校和其他新闻；要重视办好副刊，办副刊既要坚持马克思主义理论，又要适合各种读者的口味。11 月 18 日，中共中央宣传部与新华社联合发出《关于纠正各地新闻报道中右倾偏向的指示》，具体阐述了共产党城市新闻宣传的方针。1949 年 1 月 26 日，中共中央又发出《宣传约法三章，不要另提口号》《勿擅自向外表示态度》两个文件，强调在大城市进行新闻宣传决不可搬用过去农村的做法，要按照在城市办报的规律办事。

（二）反“客里空”运动与毛泽东、刘少奇的重要讲话

根据领导土改工作的刘少奇的指示，1947 年《晋绥日报》对前段工作中出现的问题及时整改，并进行了一场以反对不真实的新闻报道和报道中弄虚作假的资产阶级新闻作风为内容的新闻改革运动——反“客里空”运动。“客里空”是苏联话剧《前线》中的一个战地特派记者。他一味追逐个人名利，从不深入前线，而是在总指挥部根据得到的一星半点材料添枝加叶，胡编乱造，最终露出马脚落得身败名裂。土地改革运动初期，新闻宣传工作中出现了右的偏向，部分报纸宣传严重失实，农民对报纸产生了不信任心理。1947 年 6 月，中共中央晋绥分局召开会议，要求纠正新闻报道中的右的偏向。《晋绥日报》也随之发起了反对“客里空”的运动，维护新闻真实性。

剧本《前线》1944 年 5 月曾在《解放日报》上连载过，1947 年 6 月 15 日，《晋绥日报》在第四版又录载了《前线》中有关“客里空”的片段。6 月 25 日至 27 日，《晋绥日报》连续发表《不真实新闻与“客里空”之揭露》（图 6-1），刊登自我检查出的失实报道和读者的来信来稿，并广泛发动群众揭发“客里空”新闻。9 月 1 日新华社发表《学习晋绥日报的自我批评》社论，肯定其做法，并指出了出现不真实新闻的原因是新闻工作者思想和立场不正

确，并且号召全国各解放区新闻界学习《晋绥日报》的自我批评，开展反对“客里空”运动。晋冀鲁豫《人民日报》等解放区主要报纸，纷纷举行座谈会，刊登读者揭发材料，检查新闻工作中的右的偏向。《东北日报》《大众日报》、新华社晋察冀总分社等新闻单位也都及时报道了《晋绥日报》自我批评的经验，发动全区新闻界和群众反对“客里空”，树立实事求是的新闻作风。

不真實新聞與「客里空」之揭露

图 6-1 《晋绥日报》发表文章《不真实新闻与“客里空”之揭露》

反“客里空”运动的实质，就是反对不真实的新闻报道和弄虚作假的资产阶级新闻作风。本次运动具有重要意义，一是纠正了土地改革中的错误宣传，推动了土改的顺利进行；二是从思想上、组织上纯洁了中国共产党的新闻队伍，增强了队伍的战斗力；三是维护了新闻工作真实性的原则，丰富了党的新闻理论，增强了党报在群众中的威信。

但之后不久，《晋绥日报》和其他报纸在土改宣传中又出现了“左”的倾向——“孤立地宣传贫雇农路线”，给党的实际工作带来更大危害。1948 年 2 月 11 日，毛泽东为党中央起草了《纠正土地改革宣传中的“左”倾错误》的党内指示，要求各新闻单位立即检查、总结工作，使“左”倾错误及时得到纠正。

1948 年 3 月，毛泽东东渡黄河，经过晋绥到晋察冀。4 月 2 日，他在晋西兴县接见了《晋绥日报》工作人员，并发表了《对晋绥日报编辑人员的谈话》。毛泽东对解放区新闻工作中“左”“右”两条战线的斗争作了经验总结，阐述了党报的作用、任务以及办报的路线、方针、风格等一系列重大问题。在谈到党报的作用、任务时，毛泽东说：“马克思列宁主义的基本原则，就是要使群众认识自己的利益，并且团结起来，为自己的利益而奋斗。报纸的作用和力量，就在它能使党的纲领路线、方针政策、工作任务和工作方法，最迅速最广泛地同群众见面”，因此，“办好报纸，把报纸办得引人入胜，在报纸上正确地宣传党的方针政策，通过报纸加强党和群众的联系，这是党的工作中的一项不可小看的、有重大原则意义的问题”。毛泽东还强调了新闻工作者“要向群众学习”，“报社的同志应当轮流出去参加一个时期的群众工作”，“慢慢地使自己的实际知识丰富起来，使自己成为有经验的人”，这样，“工作才能够做好”，“才能担负起教育群众的任务。”①

为了更好地适应在城市办报，1948 年 9、10 月间，中共中央在西柏坡专门召集人民日报社、新华社华北总分社的部分记者进行学习。10 月 2 日，刘少奇在学习会上做了重要讲话——《对华北记者团的谈话》。刘少奇在讲话中首先阐明了新闻工作的重要性。他说，新闻工作是党和人民群众联系的一个重要桥梁，党依靠它联系群众，指导人民，指导各地党和政府的工作；又依靠它把人民的一切活动、情绪反映上来，帮助党了解情况。刘少奇还指出，新闻工作者不仅要宣传党的路线、方针以及马列主义观点，而且有权利考察党的政策对不对。在讲话中，刘少奇还详细地阐述了人民的新闻工作者要做好工作所必须具备的四个条件：有“为人民服务的正确的态度”“独立地做相当艰苦的工作”“有马列主义理论修养”“要熟悉党的路线和政策”。②

毛泽东、刘少奇的讲话内容十分丰富，是党的新闻工作的纲领性文献，从理论、路线和工作作风等方面对新闻工作者提出了具体要求，为中国共产党新闻事业的发展，尤其是进入城市后的发展指明方向和路径。

（三）共产党新闻事业走向全面胜利

为了在全国解放后建设新的新闻事业，中国共产党着手开展了对新解放城

---

① 《毛泽东新闻工作文选》，新华出版社 2014 年版，第 188—190 页。

② 刘少奇：《对华北记者团的谈话》，见中国社会科学院新闻研究所编：《中国共产党新闻工作文件汇编》下，新华出版社 1980 年版，第 248—263 页。

市中旧有新闻事业的接管、清理与改造工作。1948 年 11 月 8 日、20 日、26 日，中共中央分别作出了《关于新解放城市中中外报刊通讯社处理办法的决定》《对新解放城市的原广播电台及其人员的政策的决定》《关于处理新解放城市报刊、通讯社中的几个具体问题的指示》，阐明了共产党处理旧有新闻事业的基本原则。报纸、刊物与通讯社是一定阶级、党派与社会团体进行阶级斗争的工具，不是生产事业，故对于私营报纸、刊物与通讯社，一般不能采取与私营工商业同样的政策。清理旧有新闻业的原则是："保护人民的言论出版自由和剥夺反人民的言论自由。"①

根据以上基本原则，中共中央规定了新解放城市中报刊和通讯社的处理办法：对国民党反动新闻机构一律没收和关闭；对进步新闻事业加以保护；对中间立场新闻事业不禁止，依靠其自身力量继续出版。同时对外国在华的新闻机构也规定一些相应的处理办法。人民解放军进入城市后，军事管制委员会立即关闭当地国民党新闻机构，并利用这些机构的物资设备开展革命宣传工作。对于民主党派、人民团体主办的新闻机构，不仅允许登记出版，而且予以保护和支持。对于私营商业性新闻机构，则根据其政治态度区别对待。

接着，共产党抓紧全国新闻事业网的建设。（1）1947 年下半年，人民解放军转入外线作战，相继解放一些城市。共产党随即在这些城市创办一批新的机关报。其中主要有 1947 年 11 月 18 日创办于石家庄的《新石门日报》（后改名《石家庄日报》），1948 年 1 月 1 日创办于乌兰浩特的《内蒙古日报》和 1948 年 4 月 9 日创办于洛阳的《新洛阳报》等。（2）创办各中央局和省级党委机关报。中共中央山东分局机关报《大众日报》1948 年 4 月 1 日在济南创刊；中共南京市委机关报《新华日报》1949 年 4 月 30 日在南京创刊；中共中南中央局机关报《长江日报》1949 年 5 月 27 日在武汉创刊；1949 年 5 月 28 日上海全市解放的当天，上海《解放日报》出版，为中共华东中央局和上海市委联合机关报。1949 年 6 月 1 日中共西北中央局机关报《群众日报》由延安迁西安出版，中共东北中央局机关报《东北日报》1948 年 12 月 12 日由哈尔滨迁沈阳出版。（3）共产党的新闻宣传中心进入城市。1949 年 1 月，北平解放。3 月 15 日，

---

① 《关于新解放城市中中外报刊通讯社处理办法的决定》，见中国社会科学院新闻研究所编：《中国共产党新闻工作文件汇编》上，新华出版社 1980 年版，第 189—190 页。

中共中央华北局机关报《人民日报》[1] 迁入北平（图6-2），并于8月改为中共中央机关报，胡乔木任社长，邓拓任副社长兼总编辑。新华总社和陕北新华广播电台一道于3月25日随中共中央迁入北平，6月新华总社调整领导班子，胡乔木兼任社长，范长江为副社长，陈克寒为副社长兼总编辑；同时陕北新华广播电台改名为北平新华广播电台。新华社在各地的分社相继成立，主要城市的广播电台也很快创建起来。到新中国成立时，全国各地报刊、通讯社、广播电台迅速建立，形成了全国统一的共产党和人民的新闻事业网。

人民日報

創刊號

晉冀魯豫、晉察冀兩大解放區合併

華北解放區正式組成

社論

華北解放區的當前任務

——代創刊詞——

图6-2　中共中央华北局机关报《人民日报》

三、共产党新闻事业从艰难曲折走向胜利的主要经验

从1945年8月到1949年9月，中国共产党新闻事业经受了考验，经历了发展—收缩—新发展的过程，在斗争中积累了丰富的经验。

第一，坚持党的领导。这是中国共产党新闻事业发展的基本原则，是从艰难曲折走向胜利的根本保证。毛泽东、刘少奇等党的领导人非常重视新闻宣

① 作为中共中央华北局机关报的《人民日报》由中共中央原晋察冀分局机关报《晋察冀日报》和原晋冀鲁豫分局机关报《人民日报》合并而成，沿用《人民日报》报名，1948年6月15日在河北省平山县里庄创刊出版。

传，无论战事多么繁忙、局势多么紧张都关注和关心新闻传播。1948 年 4 月，毛泽东在兴县接见《晋绥日报》工作人员，并发表了重要讲话；1948 年 10 月 2 日，刘少奇在西柏坡召集人民日报社、新华社华北总分社的部分记者进行学习，并发表谈话。刚刚进城的新闻媒体面临新的形势和任务，出现“左右摇摆”，中共中央及时作出指示，给予帮助，为新闻工作指明了正确方向。解放战争中，为了保证党对媒体的领导，毛泽东和中共中央采取了一系列措施。如 1946 年 5 月，毛主席批准《新华社、解放日报暂时管理规则》，规定了《解放日报》为中共中央所在地最高党委机关报，隶属于中央宣传部，在重大问题上受中共中央书记处直接指挥。这样就使得新闻媒体在解放战争中大力宣传党的主张，准确反映时代的变化，增强宣传力度。1947 年人民解放军战略进攻开始后，新华社发表一系列社论和新闻，不仅及时报道了战局新发展、加强了军事报道和军事评论，更是大量报道解放区的土地改革、国统区的爱国民主运动的新闻，使全国军民了解战争发展情况和民心变化情况，对国内舆论产生重要影响。

第二，坚持在艰苦的环境中进行新闻宣传。这是党的新闻工作的光荣传统。面对国民党军队对解放区的进攻，解放区范围的缩小，很多党报又一次退至山区，在十分艰苦的环境下坚持出版；广播电台工作人员一方面与敌人进行血与火的斗争，一方面坚持正常播出。延安新华广播电台和新华社、《解放日报》等中央媒体在转移的过程中始终坚持工作，新华社的文字广播一天也没有停止过，语言广播也仅仅因为“坚壁清野”而停播了三天。由范长江率领的新华社“四大队”，跟随中共中央领导机关转战陕北各地，克服重重困难，出色地充当了党中央的“耳目喉舌”。

第三，坚持批评与自我批评的优良作风。在解放战争中，党的新闻工作者将开展批评与自我批评与新闻报道工作实际相结合，同“左”和右的错误倾向进行斗争，保证新闻宣传沿着正确路线前进。1947 年下半年，在土地改革运动宣传中，报纸上出现了一些与党中央政策相背离的右倾观点，影响了土地改革运动的开展。解放区新闻界开展了反“客里空”运动，纠正新闻工作中右倾错误。不久，在新闻报道中又出现了“左”的错误，在毛泽东的指导下，解放区新闻工作者开展批评与自我批评，对错误进行了深刻的反思。

第四，坚持全党办报群众办报。中国共产党提出并实行的全党办报群众办报的方针，是马克思列宁的新闻思想与中国共产党办报实践相结合的产物。1944 年 2 月 16 日《解放日报》纪念创刊 1000 期时发表的社论中，首次提出“全党办报”这一概念，并指出这是办报的一条重要经验。1948 年 4 月，毛泽东在《对晋绥日报编辑人员的谈话》中，阐明了全党办报和群众办报的关系，他认为党的报纸也要依靠大家来办，依靠全体人民来办，而不能依靠少数人关起门来办。1948 年 10 月刘少奇《对华北记者团的谈话》也阐明了新闻事业与人民群众的关系，提出党的新闻事业要正确地向群众作宣传，要反映群众的呼声和要求，把联系群众放在重要的位置。解放战争时期，党领导下的报纸、广播等新闻媒介，提高了依靠全党办报、群众办报的自觉性，密切了和群众的联系。1946 年 5 月 15 日晋冀鲁豫分局机关报《人民日报》在邯郸创刊伊始，就非常重视联系群众，重视读者反馈，专门开辟了“读报组反映”和“读报组活动”专栏指导读报活动，设置了“读者来信”专栏，反映读者的呼声与要求。在提倡群众办报中，各地涌现出大量形式多样的油印小报、黑板报等。正因为如此，党的新闻事业才能克服困难，走向胜利。

第三节　民营报刊的最后抉择

1947 年 12 月 25 日，毛泽东在中共中央会议上讲话时指出，“中国人民的革命战争，现在已经达到了一个转折点”，并强调：“这是一个历史的转折点。这是蒋介石的二十年反革命统治由发展到消灭的转折点。这是一百多年以来帝国主义在中国的统治由发展到消灭的转折点。”① 在这个“历史的转折点”，每一个阶级、阶层、政治团体、社会组织，甚至每一个人都面临着选择，这不是一般意义的选择，而是一次关乎前途与命运的抉择。这一时期民营媒体面临的正是这样的抉择。事实表明，在这次抉择中，只有极少数民营媒体人跟着蒋介石国民党撤出大陆转移到台湾，其余都选择站在人民的立场，留在大陆。当然这个抉择不是当机立断的，而是经过了一个艰难甚至痛苦的过程，要么是在遭受蒋介石国民党新闻统制的迫害之后，要么是在鼓吹“第三条道路”破产之后作出的最后抉择。

---

① 《毛泽东选集》第 4 卷，人民出版社 1991 年版，第 1243、1244 页。

一、自由报刊的旋兴旋灭

抗战胜利后，自由主义思潮重新泛起。当时，持有这种思想的人，在政治上主张和平改良，反对暴力革命，希望在中国建立英美式的议会政治；在经济上提出在确保私有制的基础上，建立新式的、改良的资本主义。这种思潮在经受长期战乱的中国民族资产阶级和知识分子中有较大市场。再者，“战时新闻检查”废止，言论自由度也随之扩大，因此，在抗战胜利后，自由主义报刊一时兴起。据国民政府内政部统计，1947 年 8 月全国报纸总数为 1781 家，总发行量 200 万份，[①] 其中新增报刊中相当大比重是社会政治类刊物。另据不完全统计，1945—1949 年，在国统区出版的时政刊物（包括周刊、旬刊、半月刊、月刊等各种刊型）约 200 家以上，标榜“中间立场”“自由主义”的时政类刊物 50 余家。其中，在自由主义者聚集的重庆、上海、南京、北平、香港等地，比较有影响的时政刊物有《客观》《观察》《时与文》《中国建设》《经济评论》《大学评论》《中坚》《周报》《民主》《再生》《世纪评论》《展望》《主流》《周论》《知识与生活》《新路》《自由批判》《时代批评》等。下面以《客观》《观察》《时与文》《世纪评论》《周论》《新路》《大学评论》为例对这些刊物进行介绍。

（一）自由主义发展与《客观》《观察》《世纪评论》《时与文》的创办

1945 年重庆谈判结束、“双十协定”签订后，11 月 11 日，民盟出面邀请国民党方面张群、王世杰、邵力子，共产党方面周恩来、王若飞商讨政协问题。当天，储安平在重庆创刊《客观》周刊。创刊号上刊载的《我们的立场》说：“战争结束，建设开始。我们希望建立一个富强繁荣的新国家。但要建立一个富强康乐的新国家，须先政治清明，社会安定；政治不清明，无法言建设，社会不安定，无以求繁荣。今日中国正是除旧布新，千载一时；国运前途，倚视我们如何努力。”[②] 这表明，储安平创办《客观》的目的是为了国家的政治清明。纵观《客观》的内容，主要体现了“民主、自由、进步、理性”四个特点，还经常批评国民党的腐败统治，发表同情和支持学生运动的报道和维护言论自由的文章。

根据“双十协定”和经部分民主党派促成，政治协商会议 1946 年 1 月 10

---

① 曾虚白主编：《中国新闻史》台湾三民书局 1989 年版，第 453 页。

② 储安平：《我们的立场》，《客观》第 1 期。

日在重庆召开。但是，时局没有按照自由主义者的愿望发展。很快，政治协商会议的成果被国民党破坏，内战爆发。虽然如此，自由派人士仍奔走于国共之间，并围绕解决国共之争、推进民主政治等问题，继续创办报刊进行呼喊。随着中国政治、经济、文化重心的东移，自由主义人士也纷纷东移，《观察》《世纪评论》《时与文》等自由报刊在上海、南京、北平等地相继创办。

储安平在《客观》出版第 19 期将其停刊后，于 1946 年 9 月 1 日在上海创办《观察》周刊。储安平创办《观察》是基于以下两点：一是“国内拥有极广大的一群自由思想学人，他们可以说话，需要说话，应当说话”，而当时在国内却还没有一个带有全国性的、自由知识分子的刊物，假如自己能够确实是不偏不倚，秉公论政，取稿严格，做事认真，则能获得各方面的支持。二是“中国的知识阶级绝大部分都是自由思想分子，超然于党争之外的，只要我们的刊物确实是无党无派，说话公平，水准优高，内容充实，则本刊当可获得众多的读者”。① 关于创办《观察》的目的，储安平在《我们的志趣和态度》中这样说：“环顾海内，种种现状，固足使人疾首痛心，而瞻望来日，尤使人不胜疑惧忧虑。在这样一个混沌悲痛的历史中，有志之士，实应挺身而出，不顾一己的得失毁誉，尽其天良，以造福于他所属的国家。这诚然是一个充满着祸乱灾害的痛苦时代，但这也是一个足以锻炼我们的意志和情操的时代。”②造福国家和民族，正是《观察》创办的根本出发点。从这个出发点来说，《观察》确实希望担负“对国事发表评论”和“为国家培养自由思想的种子”这两个方面的责任。如《客观》一样，《观察》也是一个为知识分子打造的开放论坛。刊物创刊不久即风行全国，先后在广州、武汉、昆明、重庆、西安、北平、台湾等地设立航空版，创刊号即发行 5 000 份，最高期发量为 10.5 万份，直接订户在第 4 卷第 24 期达 16 086 户。1948 年 12 月 25 日《观察》周刊出完第 5 卷第 18 期就在国民党打压下被迫停刊。

《世纪评论》1947 年 1 月 4 日创刊于南京，创办人为经济学家何廉。何廉虽曾入政府任职，但他主要从事经济研究工作，并且深受西方政治思想的影响，是一个关注中国社会经济现状的自由主义学者，创办《世纪评论》也是出于自己对自由主义的提倡、对中国政治民主化出路的迫切追求。何廉认为，

---

① 储安平：《辛勤·忍耐·向前》，《观察》第 1 卷第 24 期。

② 储安平：《我们的志趣和态度》，《观察》第 1 卷第 1 期。

《世纪评论》的思想是趋近于自由主义的。在内容编排上，《世纪评论》分为社论、专论、时事纪要和文艺四部分，内容比较明晰。总的看来，该刊物的政治态度相对比较温和。1948 年 11 月 13 日，《世纪评论》出版第 4 卷第 20 期后停刊，共出版 92 期。

《时与文》周刊 1947 年 3 月 14 日在上海创刊，程博洪为发行人、主编。撰稿人是上海各高校的教授。程博洪和同人创办《时与文》周刊不是为参加实际的政治活动，而是要推动民主政治的发展。由于《时与文》大胆揭露国民党政府的腐败和无能，提倡自由、民主，最终于 1948 年 9 月 21 日被当局封杀。

（二）自由主义转向与《周论》《新路》《大学评论》的创办

1947 年底 1948 年初，中国共产党在军事上转入反攻，蒋介石国民党失败已成定局。美国政府对蒋介石政府逐渐失望，但又不想完全抛弃它，于是着手物色一些新的“自由派人士”出来改造国民党政府。美国的这一举措对于那些不相信共产主义、不希望共产党取得政权的自由知识分子来说，无疑是一剂强心剂。1948 年，中国掀起了一次自由主义新浪潮。倡导自由主义，对现政府进行政治、经济和文化上的改造，成为这个时期自由主义的主调。

《周论》由北京大学、清华大学部分著名自由主义教授创办于北平，编委成员有雷海宗、朱光潜、贺麟、冯友兰等，1948 年 1 月 16 日创刊，1948 年 11 月 18 日终刊，共出版 43 期。面对国民党政府的腐败统治，《周论》主持者如同其他多数自由主义者一样，一方面不满国民党统治，另一方面又反对采取革命行动推翻它，而希望用资产阶级民主政治加以改造。创刊号的社论提出追求“和平革命”的民主政治。《周论》以高校师生为主要读者对象，尤其注重对青年学生的引导。刊物内容主要有社论、专论、特写（一周国内、一周国际、一周经济、一周文教）、青年园地四大板块。在 1948 年“五四”期间，出版了“青年苦闷问题专号”（第 1 卷第 17 期），刊登了朱光潜、褚士荃、樊际昌、陈友松等教授专门论述青年苦闷问题的文章，其目标在于引导青年正确对待社会现实问题。刊物还出版过“大学入学考试问题专号”“大学毕业生出路问题专号”等，都由知名教授撰文。这些内容，对于解除青年学生的思想苦闷来说具有一定的指导作用。

《新路》周刊 1948 年 5 月 15 日在北平创刊，在北平、上海两地同时发行，创办者为中国社会经济研究会，核心人物是钱昌照。《新路》的栏目主要有辩论、专论、通讯、文艺，从第 1 卷第 5 期开始，增设了富有特色的短评栏目。

办刊人在《发刊词》中称："我们愿意在本刊中，提高讨论的水准，以理论应付理论，以事实反驳事实，以科学方法攻击盲从偏见。但是我们这一班人，都不以骂人见长，所以凡以谩骂来对付我们的，我们只有藏拙，不与计较。"① 《新路》的温和改良态度并不能改变它短暂的命运。1948 年 12 月 30 日，国民党政府社会部勒令《新路》停刊。

《大学评论》第 1 期的出版时间为 1948 年 7 月 10 日，这是一份由南京的一些大学教授创办的同人刊物，核心人物是刘不同。其办刊宗旨为："本进步的知识分子的立场，亦即中国大多数劳苦人民的立场，持客观、理性、批判的态度，发为公正言论，以推进中国经济平等及政治民主为宗旨。"② 《大学评论》是一个没有广告的刊物，依靠发行弥补开支。刊物一度发行了 3 万多份，但在政治、经济的双重压力下，自创办之日起就充满了生存危机。1949 年 3 月 20 日，终因被国民党当局查禁而被迫终刊。

随着战局的发展、变化，深临危机的国民党加紧思想控制，采取各种手段打压自由主义；而共产党一方面批判中间派，一方面通过实际行动争取自由知识分子的理解和支持，到 1948 年底 1949 年初，自由主义基本归于沉寂，自由主义报刊随之终结。

二、鼓吹"第三条道路"报刊的破产

解放战争时期，国统区新闻界出现鼓吹"第三条道路"（也称中间道路）的现象。从思想上看，鼓吹"第三条道路"的报刊也属于自由主义报刊。这种报刊以 1947 年底为界分为两种情况。1947 年底以前鼓吹的所谓"第三条道路"是指除国民党、共产党之外的政治势力所宣扬的一种不切实际的政治主张。持这种主张的人既不喜欢国民党一党专政，也不喜欢共产主义，而想走"第三条道路"。这段时间，鼓吹"第三条道路"的报刊几乎都是一些自由知识分子创办的，其中最有影响的是前面论述过的《客观》和《观察》等。当国民党在军事上遭到惨败、人民解放军转入反攻后，1948 年鼓吹"第三条道路"的报刊日益增多，情况也变得复杂起来。其中有些是反映美国人的愿望，即鼓动自由主义人士出来组成新的政治势力改造国民政府，前面论述过的《新路》《大学评

① 《新路》第 1 卷第 1 期。

② 《大学评论》第 1 卷第 1 期。

论》是这类报刊的代表，多数则是反映民族资产阶级对国民政府的失望，又不愿意共产党取得政权，因而希望走“第三条道路”，如《大公报》1948 年元旦社论称“武力不能解决问题”，又在此后陆续发表的社评中呼吁“自由主义站起来”，实行资产阶级的“多党竞争制”。

然而，无论从哪一方面讲，“第三条道路”都是行不通的。1948 年 5 月 22 日，新华社发表题为《旧中国在灭亡，新中国在前进》的社论指出：“在中国人民和人民敌人的生死斗争中间，没有任何‘第三条道路’存在。”已是穷途末路的国民党，也不能容忍所谓“第三条道路”的宣传，它不希望“第三种势力”来与它争权夺利，更不希望被“第三种势力”取代，因而对所有宣传“第三条道路”的报刊实施迫害——打压《新民报》、“三查王芸生”、查封《观察》周刊等。鼓吹“第三条道路”的报刊注定破产。

三、走向“新生”的民营报刊

面对国民党的迫害和共产党的积极争取，而“第三条道路”又此路不通，民营报刊只有一条路，就是转向人民，走向“新生”。新记《大公报》的“新生”最能代表此时民营报刊的这段心路历程。

抗战时期，《大公报》一方面坚持宣传抗战，表现出高尚的民族气节；一方面对蒋介石国民党政府“小骂大帮忙”，在国共发生摩擦的时候，总是站在蒋介石国民党政府的立场指责共产党。抗战胜利后，它呼吁和平，反对内战，反对武力解决争端，希望国共两党继续合作，共同收拾破碎的山河，对毛泽东到重庆谈判寄予莫大希望，认为只有毛先生与蒋先生再度握手，中国才可上演一出“喜剧”。但是，正统观念的顽固性又使得它“呼吁和平”“反对战争”的立场始终立足在蒋介石国民党政府一边——它鼓吹“军队国家化”，希望共产党放下武器到政府里来做官。毛泽东到重庆，主持笔政的总编辑王芸生甚至当着毛泽东的面，建议共产党不要“另起炉灶”。

重庆谈判后，“双十协定”墨迹未干，蒋介石就多方向解放区进攻，解放区军民被迫英勇抵抗。《大公报》1945 年 11 月 20 日发表了《质中共》的社评，替蒋介石说话。对于东北局势的报道，1946 年 4 月 15 日上海《大公报》头条新闻做了这样的标题：《长春苏军昨已撤去，共军进攻接踵而来》，还加了一个小标题：《国土既归来，还流同胞血》。16 日，《大公报》刊出总编辑王芸生根据通讯《春天里的秋天》报道的内容所撰写的题为《可耻的长春之战》的社论，对共产党解放长春极尽攻击造谣之能事。对于王芸生及《大公报》这种“党蒋”、反共反人民行径，重庆《新华日报》18 日发表社论《可耻的大公报社论》指出：“社论作者原来是这样一个法西斯的有力帮凶，在平时伪装自由主义，一到紧要关头，一到法西斯有所行动时，就出来尽力效劳，不但效劳，而且替法西斯当开路先锋，替吃人的老虎当虎伥，替刽子手当走狗。”1949 年 1 月 14 日，解放军发起对天津的总攻，天津《大公报》次日停刊。1 月 23 日，中共中央就处理《大公报》的问题给天津市委和总前委发出指示说，该报过去对蒋一贯“小骂大帮忙”，如不改组不能出版。经过一番刮骨疗毒的批判后，天津《大公报》改组为《进步日报》，于 2 月 27 日依然以民营面目出版。

与此同时，国民党也没有放过王芸生和《大公报》。1948 年 7 月 8 日，国民党勒令南京《新民报》停刊，《大公报》对此发表了评论，主张废除钳制人民言论自由的《出版法》。《中央日报》接连发表社评，攻击《大公报》，“三查王芸生”，列举了王芸生的大量“罪状”，称他为共产党的“应声虫”。

面对左右夹击王芸生感到万分的苦闷、恐慌和彷徨。正在这个时候，共产党向他施以援手。1948 年 10 月 30 日，《大公报》地下党员向王芸生转达了毛泽东的口头邀请，通知他尽早离开上海，前往香港，再转道北平参加新的政治协商会议。王芸生感谢共产党不计前嫌，下定决心，带领《大公报》转向人民。11 月 5 日，王芸生经台湾转道香港，11 月 10 日在香港《大公报》发表了《和平无望》的社论，表明《大公报》立场的转变。1949 年 1 月，王芸生和文化界知名人士郭沫若、马寅初、黄炎培等人一起从香港来到北平；5 月 27 日，又同解放军一起回到解放后的上海。上海《大公报》6 月 17 日发表了王芸生写的《大公报新生宣言》，宣布《大公报》从此站到中国共产党和人民一边。

随着《大公报》的“新生”，几乎所有有影响的民营报刊都作出了“留下来”的选择。

思考题

1. 简述“拒检运动”的经过。
2. 评述解放区开展反“客里空”运动的经过和意义。
3. 简述毛泽东《对晋绥日报编辑人员的谈话》的主要内容及其意义。
4. 简述刘少奇《对华北记者团的谈话》的主要内容及其启示。

5. 解放战争时期共产党新闻媒体从艰难走向胜利的主要经验有哪些?
6. 评述王芸生和《大公报》“新生”的心路历程。

▶ 即测即评

第七章　社会主义改造时期的新闻事业

从 1949 年 10 月 1 日中华人民共和国成立到 1956 年，是基本完成社会主义改造时期。这个时期，中国的政治制度发生了根本变化，新闻事业也随之呈现出新的面貌，公营和私营并存的新闻体制为统一的公营新闻体制所替代。

中华人民共和国成立初期，为了加强对全国新闻媒体的管理和更快发展社会主义新闻事业，党和政府采取了一系列新举措，重要的有对私营新闻业的改造、政务院设立新闻总署和制定新闻法规等。在新闻总署的主持下，1950 年 3 月召开了第一次全国新闻工作会议。会议提出改进和发展新闻事业的指导思想：联系实际、联系群众、批评和自我批评。在这种思想指导下，新中国新闻事业发展顺利，新闻业务有了改进，在经济建设、政治军事等方面的宣传都取得显著成绩。

由于受苏联新闻工作中的教条主义的影响和极左思想抬头，这一时期思想文化宣传方面出现了一些违背毛泽东提出的“百花齐放，百家争鸣”方针和“正确处理人民内部矛盾”思想的错误，妨碍了新中国新闻事业的健康发展。为此，在中共中央领导下，新闻界于 1956 年开展了一次全新的社会主义新闻改革。这次改革以《人民日报》改版为突破口，新华社、广播电台全面跟进，在很短时间内取得较大成绩，并得到社会的认可。

第一节　共和国初期发展新闻事业的新举措

一、对私营新闻业的改造

1949 年 10 月 1 日，中华人民共和国中央人民政府宣告成立，中国共产党开始着手建设新中国的新闻事业。在将原有解放区新闻事业向全国扩展的同时，也开始了对旧有新闻业的改造，并很快从没收国民党政府的新闻机构转入对民族资产阶级私营新闻业的社会主义改造。

据 1950 年 3 月全国新闻工作会议调查统计，中国大陆有私营报纸 55 家，主要分布在华东地区，有 24 家，其中 14 家在上海；其次为华北 10 家，再依次为中南 7 家，西北 3 家，西南、东北各 2 家，另外还有华侨报纸 7 家。私营广播电台 34 座，其中 26 座在上海。私营报纸中，著名的有上海的《大公报》《文汇报》《新民报》，武汉的《大刚报》和南京的《南京人报》等。

中国共产党认为，中华人民共和国成立初期，私营报纸的存在是必要的。1949 年 11 月 31 日，中共中央宣传部致电华东局宣传部说："私营报纸及公私合营报纸，在现阶段有其一定的必要，故应有条件予以扶助。"① 但是，由于当时的具体情况，私营报纸在发展中遇到了许多难以克服的困难。首先是中华人民共和国成立后，人民对中国共产党充满热爱，党报公信力高，无论是经济新闻，还是政治新闻，读者主要以党报为准。而与党报相比，读者对私营报纸不信任，私营报纸发行数量不大，广告不多，经济上难以为继。其次是私营报纸的新闻业务不能适应新社会新闻工作的要求。中国共产党要求新闻媒体必须宣传党和政府的方针政策，充当党政和人民的喉舌，而私营报纸的长处是采写内幕新闻、独家新闻、趣味性新闻和刊发批评报道，而在当时的历史环境中，这些做法都不合时宜。加上在私营报纸工作的员工不安心，派进去的人员也不愿意继续留在那里，所以私营报纸的生存很快陷入困境。

为了让私营报纸生存下去，党和政府也采取了一些措施，如定期举行记者招待会，向私营报纸提供新闻线索，通过新闻工作者协会（筹委会）加强党报与私营报纸的联系，举办学习班帮助私营报纸记者提高政策水平和业务能力等。然而，这些做法效果不明显，难以阻止私营报纸下行势头，不少私营报纸纷纷停刊，到 1951 年 8 月底只剩下 25 家了。

鉴于私营报纸的下滑趋势，从 1950 年下半年开始，党和政府决定对私营新闻出版事业进行社会主义改造，以帮助它们走出困境。到 1952 年底，全国原有私营性质的报纸全部都变成公私合营性质。1953 年后，政府又通过收购私股的办法，使公私合营的报纸进一步变成公营报纸。其中《文汇报》《新闻日报》《新民报晚刊》《大公报》4 家报纸被改造成以民间报纸面目出现的公营报纸，而《光明日报》则成了以民主党派报纸面目出现的公营报纸。

政府对私营广播电台的社会主义改造，实行的是先公私合营，随后用管理频率的办法将其并入到当地的国营广播电台行列。1952 年底，中央广播事业局

---

① 孙旭培：《解放初期对旧有新闻事业的接收与改造》，《新闻研究资料》总第 43 辑，中国社会科学出版社 1988 年版，第 58 页。

宣布，全国 34 家私营广播电台全部改造完毕。

二、新闻总署成立与新闻法规制定

中华人民共和国的新闻事业属于社会主义新闻事业，开辟了中国新闻传播史的新纪元。为此，中共中央和中央人民政府颁布了许多政策文件和法律法规，并成立新闻总署，依法管理国家新闻事业。

1949 年 9 月，第一届中国人民政治协商会议通过的《中国人民政治协商会议共同纲领》第 49 条规定："保护报道真实新闻的自由。禁止利用新闻以进行诽谤、破坏国家人民的利益和煽动世界战争。发展人民广播事业。发展人民出版事业，并注重出版有益于人民的通俗书报。"1954 年第一部《中华人民共和国宪法》第 87 条规定："中华人民共和国公民有言论、出版、集会、结社、游行、示威的自由。"这些法规是指导新中国新闻事业发展、保障人民言论出版自由的总纲。

为了更好地管理全国新闻事业，中央人民政府于 1949 年 11 月 1 日成立新闻总署，负责领导全国的新闻事业，管理国家的新闻机构，署长胡乔木，副署长范长江、萨空了。新闻总署成立以后，立即着手新闻法规的制定，并于 1950 年制定颁布了一部有关报纸出版的重要法规《全国报纸杂志登记暂行办法草案》。该草案共 12 条，包含了一部普通新闻法的主要内容，从报刊出版登记到违反法纪给予处分，一应俱全。这部法规和 1952 年 8 月颁布的《期刊登记暂行办法》《管理书刊出版业印刷业发行业暂行条例》等一起，使新中国新闻事业管理有章可循。

为使这些新闻法规能够贯彻落实，新闻总署采取了一系列具体措施。一是对全国各类报纸进行社会分工，以便各有重点，减少重复。根据分工，《人民日报》的主要读者对象为"干部和骨干群众"；《光明日报》的读者对象是各民主党派及小资产阶级、知识分子，其主要内容应侧重于时事、文化、学术、思想及业务学习等方面，特别提倡讨论的风气；《新民报》的读者对象是"小资产阶级及一般群众"，以通俗文艺为主的副刊是主要特色。二是推出报纸"企业化经营"与"邮发合一"的新办法。所谓"企业化经营"，就是要求报社实行企业管理制度，加强经济核算，发展广告业务，提高盈利能力。所谓"邮发合一"，是指报社将报纸发行业务全部交给邮局办理，这种委办型报纸发行体制是中国报刊发行的主要方式。由于长期战争造成物质匮乏，纸价上涨，加上社会购买力低，读者范围不广等原因，新中国成立初期的公营、私营报纸一般都发生了严重的赔耗现象，经营很困难。为此，新闻总署提出报纸“企业化经营”与“邮发合一”的措施，在不同程度上提高了报纸的生存能力。

新闻总署的成立和新闻法制建设为新中国新闻事业发展提供了组织和法规保证，使管理趋于规范化、法制化。随着私营新闻机构社会主义改造的成功，1952 年 8 月 7 日新闻总署被撤销，接着各大区新闻出版局、各省市新闻出版处也随之撤销。中共中央宣传部及各级党委的宣传部门逐步代替政府部门主管新闻事业与新闻宣传工作。

三、两次全国新闻工作会议召开与新闻工作改进

新中国诞生之初，如何适应党的执政地位和任务的转变，发展好党和人民的新闻事业，还需要从理论上进行解决。50 年代上半期，先后召开的两次全国性会议对解决上述问题发挥了重要作用。

第一次全国新闻工作会议于 1950 年 3 月 29 日至 4 月 16 日在北京召开。新闻总署署长胡乔木在会上做了关于改进报纸工作等问题的报告。会议要求全国新闻工作者发扬优良传统，改进新闻工作，具体在三个方面下功夫：联系实际、联系群众、批评和自我批评。根据中央指示精神和会议讨论意见，新闻总署连续出台了三个文件：《关于建立广播收音网的决定》（4 月 14 日）、《关于统一新华通讯社组织和工作的决定》（4 月 25 日）和《关于改进报纸工作的决定》（5 月 1 日）。

关于联系实际、联系群众的问题。《关于改进报纸工作的决定》指出，报纸的主要篇幅应当用来报道人民生产劳动的情况，宣传生产工作和经济财政管理工作的经验教训，讨论解决这些领域中所遇到的困难和采取的克服办法；各地报纸还应该联系当地实际，反映当地人民群众的要求；各种报纸都要减少关于会议、机关活动、负责人的不重要的言论行动的报道，减少没有广泛重要性的文告文电的篇幅。为了便于联系群众，《关于改进报纸工作的决定》还要求报纸应当建立起自己的通讯员网和读报组；鼓励读报活动，使读报组不仅成为报纸内容的学习者和宣传者，而且还是报纸了解当地情况和听取群众意见的重要渠道。

关于批评和自我批评的问题。1950 年 4 月 19 日，中共中央专门发布了《关于在报纸刊物上展开批评和自我批评的决定》，从新政权的稳定和党的建设高度阐述了展开批评和自我批评的意义。中共中央指出，随着共产党居于政权

领导者的地位，一些党员干部容易产生骄傲情绪，滋生官僚主义习气，拒绝、压制党内外的批评，损害人民群众的利益，党就不能完成新中国的建设任务。因此，中共中央决定："在一切公开的场合，在人民群众中，特别在报纸刊物上展开对于我们工作中一切错误和缺点的批评与自我批评。"①《关于改进报纸工作的决定》中，也明确要求报纸对政府机关及其工作人员、经济组织及其工作人员在工作中的缺点和错误，应该负起批评的责任，当然这种批评应该是积极的、建设性的、实事求是的和与人为善的。

第二次会议是于 1954 年 5 月在北京召开的第二次全国宣传工作会议，由中共中央宣传部主办。全国报纸工作会议与本次会议合并召开，因此讨论和改造报纸工作，成为本次会议的主要内容。会议是在检查总结过去几年中央局、分局和省市新闻工作成绩和问题的基础上召开的。会议在充分肯定成绩的前提下指出，目前许多报纸的党性和思想性仍然不够强，联系实际和联系群众不够，开展批评和自我批评不够经常和充分，评论工作非常薄弱，新闻报道面不够广泛等。会后，中共中央于 7 月 17 日发出《关于改进报纸工作的决议》，对联系实际、联系群众、开展批评和自我批评的问题做了重申和进一步规定。1953 年 3 月，中宣部就《宜山农民报》在报纸上批评宜山地委一事，给广西省委宣传部发出复示指出，党报不经请示不能擅自在报纸上批评党委会，或利用报纸与党委会进行争论。这成为党报开展批评必须遵守的原则和纪律。1954 年 4 月，毛泽东在与胡乔木谈话中也指出，在报纸上开展批评，要实行"开、好、管"的三字方针。"开"，就是报纸要积极开展批评，而不是害怕和压制批评；"好"，就是批评要经过慎重研究，坚持以"对人民有利"为原则，决不能乱批一阵；"管"，就是党委要把报纸批评"管"起来，这是开展批评的关键。离开了党的领导，"批评就开展不起来，开也开不好。"② 这些要求的提出与实践，不仅推进了新闻工作的改进，增强了报纸的活力，而且在全国出现了批评和自我批评的新气象，在党内党外形成了良好风气。

四、学习苏联新闻工作经验

作为第一个社会主义国家，苏联为新中国提供了许多可资借鉴的经验。学

① 中国社会科学院新闻研究所编：《中国共产党新闻工作文件汇编》中，新华出版社 1980 年版，第 5 页。

② 《毛泽东新闻工作文选》，新华出版社 1983 年版，第 177 页。

习苏联新闻工作经验，发展社会主义新闻事业，成了20世纪50年代上半期中国新闻界的一件大事。

学习苏联经验的主要途径是组织翻译大批介绍苏联新闻工作理论与实践的文章，出版相关的书籍和刊物。《人民日报》副刊《新闻工作》是介绍和学习苏联新闻工作经验的重要园地。这个园地用绝大部分篇幅刊登译介列宁、斯大林论报刊和苏联新闻工作经验的文章。《人民日报》还翻译出版内部刊物《真理报文选》，每周两期，共出200多期。有段时间，每期都译介《真理报》版样，甚至有时把整版《真理报》全部译成中文版，供学习模仿。人民出版社还翻译出版《联共（布）中央直属高级党校新闻班讲义汇编》等书，供我国新闻工作者和新闻系学生学习。

与此同时，中苏两国新闻界的交流逐步增多。新中国成立初期，国内新闻机构就曾经访问过苏联，到1954年形成访苏学习高潮。这年1月，邓拓率领由《人民日报》等各报组成的中国新闻工作者代表团访问真理报社，回国后发表了多篇关于访苏收获的文章，后汇编为《学习〈真理报〉的经验》一书出版。同年7月，中央广播事业局副局长温济泽率团访苏，回国后编印《苏联广播工作经验》。同年底，新华社副社长朱穆之率团访问塔斯社，回国后编印《塔斯社工作经验》一书。相应地，苏联新闻工作者也应邀访问中国，介绍苏联新闻工作经验。1954年10月，苏联报刊代表团访华1个月，多次在北京等地举行专题报告会或座谈会。人民日报社总编室还将座谈记录汇集，出版了《苏联报刊工作经验》一书。

学习苏联新闻工作经验，主要集中在两个方面：一是系统学习列宁、斯大林的办报实践、办报思想和苏联新闻工作传统，进一步加深对无产阶级新闻事业党性原则的认识，并在很大程度上以此为样板，建立中国新闻事业基本体制。二是全面学习苏联新闻工作的业务经验，包括新闻的编辑、采访、写作以及经营管理和发行等，并以此为样板改进我国的新闻业务。

由于学习苏联新闻工作经验是在“学习苏联一边倒”的大背景下进行的，所以出现了一些问题，主要表现在对苏联经验的盲目崇拜和生搬硬套的教条主义，一些口号和做法严重脱离中国实际，对中国新闻事业发展产生了许多消极影响。比如，在学习《真理报》的过程中，片面地认为该报从不登“更正”，是一张“没有错误的报纸”，因而我们也提出“为没有错误的报纸而奋斗”的口号。再如，苏联《真理报》每天一篇社论，包括《人民日报》在内的许多报纸，为模仿《真理报》，无论有无必要，每天也硬写一篇社论。在报纸业务上也紧随苏联。例如，由于《真理报》是清一色的一行题，甚至多篇文章共用一个标题，于是我们也如法炮制，废弃传统的多行题；《真理报》不刊登广告，于是我们的报纸也不重视广告；国际新闻报道出现严重的片面性，各新闻媒体袭用苏联的报道思路，反映国际形势不客观、不全面，对社会主义国家只说好，对西方资本主义国家只说坏。这样一来，新中国的新闻事业逐渐变得僵化和教条化，失去了应有的活力。

第二节　社会主义新闻传播体系的创建

随着中华人民共和国的成立，中国共产党所领导的新闻事业在全国纷纷建立，并逐步发展。同时，积极稳妥地推进对私营新闻业的社会主义改造，加上其他一些举措，共产党在很短时间内建立起了社会主义新闻传播体系。

一、报刊体系的建立

中国共产党历来重视党报党刊工作。新中国成立后，各中央局、各省市党委纷纷创办自己的机关报，一些地（市）乃至县的党委也创办自己的机关报，并迅速发展。《人民日报》成为全国最大的报纸，并向国外发行。据 1950 年的调查统计，各级党的机关报多达 151 家，约占全国报纸总数的 59%，居各类报纸首位。

除此之外，还创办了一批包括工会、农民、青少年、人民军队、民主党派的报纸、少数专业报纸和刊载新闻图片的画报。其中主要有中华全国总工会机关报《工人日报》（1949 年 7 月 15 日创刊于北京）、共青团中央机关报《中国青年报》（1951 年 4 月创刊于北京）、中国民主同盟创办的机关报《光明日报》（1949 年 6 月 16 日创刊于北京）、中国人民解放军军报《解放军报》（1956 年 1 月 1 日创刊于北京）等。画报则主要有《人民画报》（1950 年 7 月创刊于北京）、《解放军画报》（1951 年 2 月创刊于北京）、《民族画报》（1955 年 2 月创刊于北京）等。

据统计，1950 年全国有各类报纸 253 种，经过几年的整顿和调整，到 1955 年 5 月，全国专区以上报纸有 265 种，均为公营报纸。①

---

①　方汉奇、陈业劭：《中国当代新闻事业史（1949—1988）》，新华出版社 1992 年版，第 2 页。

二、通讯社体系的建立

新华社于1949年3月随中共中央迁入北平后，成为国家通讯社。为了适应新的形势，中共中央在1950年3月发出《关于改新华社为统一集中的国家通讯社的指示》。4月，中央人民政府新闻总署通过《关于统一新华通讯社组织和工作的决定》。据此，中央对新华社的职能和组织机构进行了如下调整：在华北、东北、华东、中南、西南、西北六大行政区设立6个总分社，各省会城市按需要设立分社或派驻记者，北京、天津设立总社直属分社，支社一律取消；各地新华社总分社、分社，在工作、组织与财务上均统一受新华社管理；除第三野战军总分社及其所属机构外，其他野战军的新华社分支机构与驻地总分社合并，由总社统一调遣；各地总分社、分社只向新华总社发稿。同时，为加强新闻摄影工作，1952年4月，新华社成立新闻摄影部，着手培训干部，并先后在东北、华东、西南、西北4个总分社设置摄影记者组，建立地方摄影网。

1953年3月，新华社编委会提出“消息总汇”的任务，即要充分及时地、精确地报道对人民群众有教育意义、对实际工作及斗争有指导意义的新情况、新事物、新人物和新经验。此外，新华社将原限于高级干部阅读的内参刊物《参考消息》改版为内参报纸，并扩大发行面，增加信息量，还新创办了一系列报刊，如《内部参考》《参考资料》《时事手册》《新华社电讯稿》《新华社通讯稿》《新闻图片》等。新华社还与国外通讯社如塔斯社、路透社建立了业务联系，为以后的进一步发展打下了基础。

为了向海外华人华侨介绍新中国的情况，中共中央决定成立以对外宣传为主要功能的中国新闻社（简称“中新社”）。1952年9月14日中国新闻社在北京成立，社长是金仲华。编辑机构隶属新华社地方新闻编辑部，对内称华侨广播组，后扩大为部。1957年脱离新华社，成为独立的中新社。中国新闻社根据华侨爱国统一战线的基本方针和政策，广泛报道祖国建设成就和闽粤要闻、侨乡情况，以促进爱国华侨大团结。

三、广播事业的发展

新中国成立之初，政府就十分重视广播事业的发展。1949年10月1日，中央广播事业管理处改组为中央广播事业局，直属新闻总署。次年4月，新闻总署又规定广播宣传的几项任务：发布新闻、传达政令、社会教育和文化娱乐。

在广播事业建设方面，利用没收的国民党广播电台设备，以原解放区广播人员机构为主体，适当吸收新生力量，组建起从中央到地方的人民广播电台网。1949 年 12 月 5 日，北京新华广播电台正式定名为中央人民广播电台，除了用普通话、方言和民族语言播音以外，到 1950 年 7 月，还用英语、日语、朝鲜语、越南语、印度尼西亚语、缅甸语、泰语 7 种外语广播。与此同时，各地方广播电台纷纷设立，到 1954 年，全国除西藏、台湾两地外，均建立起本省的人民广播电台，发射总功率 272 千瓦，对国内广播节目 65 套。

由于当时拥有收音机的人数极少，且都集中在东北、华北、华东一带，为此，新闻总署于 1950 年 4 月发布《关于建立广播收音网的决定》，下功夫在全国设立收音站或建设有线广播网，解决广大人民群众收听广播的工具问题。至 1954 年底，全国共有县广播站 101 座，中小城镇广播站 705 座，有线广播喇叭 49 854 个。广播收音网的建立和发展，不仅对人民群众的政治、文化生活发挥重要作用，而且使人民广播事业具有鲜明的群众基础和中国特色。

第三节　共和国初期的新闻宣传

一、经济建设方面的新闻宣传

新中国成立之初，百废待兴。战争对经济的破坏严重影响了民生。为了社会安定和新生政权顺利运转，恢复和发展国民经济就成为政府在这个时期的中心任务。新闻媒体在经济建设方面的宣传是做得比较好的。

第一，围绕中心任务，报纸、广播和通讯社迅速组织力量，传达中央政策，宣传报道发展经济工作中所取得的成绩和经验。1950 年 6 月，《人民日报》全文刊登了毛泽东向中共七届三中全会提交的书面报告《为争取国家财政经济状况的基本好转而斗争》，并配发了中央财经委员会负责人撰写的重要社论，还发表了一批结合实际、解决重大问题的评论与新闻。为了更好地配合中央执行恢复发展国民经济政策，人民日报社社长范长江或亲自或派记者深入实际，了解经济形势，撰写了《财经工作的新时期——追记二月全国财经会议》《度过困难就是光明》等多篇通讯在《人民日报》上发表。上海自解放初，不断发生涨价风潮，这股风潮逐渐波及全国，到 1949 年底，已经严重影响到社会安定和居民生活。上海《解放日报》在跟踪报道事件的同时，不仅配发社论以稳定广大人民的情绪，而且以《抬高米价图取暴利，两零售米店受处分》为题，揭露不法商贩投机囤积的恶行。新华社在报道全国财政收入趋于稳定和平衡时，也谈到目前存在的困难，并引导人们正视困难、克服困难。

农业合作化运动兴起后，《人民日报》、新华社等新闻机构抓住这一重大议题，服务大局，进行长期持久报道，发表了大量新闻、评论，及时宣传农业合作化运动发展的进程，阐明互助合作运动是土地改革后引导小农经济逐步向社会主义过渡的正确道路。1954 年 5 月第二次全国宣传工作会议期间，举办了全国农民报纸展览，专门评介了《山西农民》等 6 家报纸关于过渡时期总路线的宣传。在肯定成绩的同时，也指出在报道互助合作发展方面存在的急躁冒进现象。

第二，突出报道国家重点建设成就，展示国家经济建设日新月异的面貌。1953 年，国家开始实行经济建设第一个五年计划。为了动员人民投身到国家经济建设中去，全国新闻媒体以丰富的报道样式、多样化的报道角度、历史对比的方式，向国内外读者报道了根治淮河、黄河水害等水利工程的进展，修建康藏、青藏公路的艰难历程和胜利通车，鞍山钢铁基地的建设，长春第一汽车制造厂和武汉长江大桥的兴建等国家重点建设项目。鞍钢是新中国第一个钢铁工业基地，也是全国基本建设的缩影，成为媒体关注的中心。《人民日报》、新华社、中央人民广播电台和《东北日报》等媒体记者云集鞍钢，与鞍钢干部、工人生活在一起，以集中报道方式，对鞍钢建设做了比较全面的宣传报道。鞍钢报道在培养造就了一批擅长报道工业题材记者的同时，也为其他重点建设项目报道提供了经验借鉴。

第三，充分报道经济建设中先进人物的先进事迹，进一步激发人民群众建设国家的积极性。王崇伦、郝建秀是那个时代工业战线上涌现出来的先进典型，也成了新闻媒体上的主角，对他们的先进事迹，报纸、广播都做了详细报道，使他们的先进事迹家喻户晓。

在经济建设的同时，党和政府也着手对生产资料私有制进行社会主义改造。新闻媒体配合这一中心工作进行广泛宣传，促进了这一工作的顺利完成。

第一，对中央政策及时进行报道，并进行广泛动员。1953 年，中国共产党正式提出逐步实现国家的社会主义工业化，逐步实现国家对农业、手工业和资本主义工商业的社会主义改造的过渡时期的总路线。随后，《人民日报》、新华社、中央人民广播电台对总路线作了全面报道。1954 年开始，《人民日报》陆续刊登《一切为了实现国家的总路线——一九五四年元旦献辞》《我们是怎样领导总路线学习的》等110多篇报道或理论文章。除《人民日报》外，《光明日报》和《学习》《新建设》等刊物，以及广播、电影、年画等，也都以总路线宣传为中心，对社会主义改造的进程做了介绍。地方党报结合本地实际，在宣讲国家政策的同时，也对本地的改造工作提出具体要求和部署。

第二，多方报道社会主义改造的成绩、经验。1951年11月，人民日报社社长范长江深入太行山老根据地平顺县，就该县川底村农业生产合作社问题进行了两个月的调查采访，翌年3月，在《人民日报》上发表了关于著名劳动模范郭玉恩领导当地农业合作社的先进事迹的调查报告。1952年上半年，农村出现社会主义性质的集体农庄，为了推动这一新生事物发展，《人民日报》记者田流采写了长篇通讯《一个集体农庄的成长》，在当时引起了很大反响。由于北京市公私合营进展得比较顺利，《人民日报》刊发长文，专门介绍北京市资本主义工商业实行公私合营的经验。对此，上海很快作出响应，《解放日报》转发了相关报道，并以《学习北京先进经验，把本市资本主义工商业改造推向最高潮》为题配发短评，号召上海市认真学习北京经验，以积极热情的态度，引导私营工商业者走社会主义道路。

第三，用树立典型的方法促进社会主义改造顺利进行。社会主义改造运动是一项巨大的社会变革，必然涉及很多人的利益。要帮助他们转变观念，就需要充分发挥榜样的示范作用。荣毅仁是上海有名的实业家、资本家。在这次公私合营过程中，他义无反顾，积极配合国家的改造政策，得到了党和政府的肯定。1956年1月，《解放日报》刊登长文《访荣毅仁》。“报道播发后，轰动上海滩，影响海内外，被视为‘对上海社会主义改造最精彩的诠释’。”① 事实上，经过社会动员和媒体的大量宣传，生产资料私有制的社会主义改造进展得比较顺利。

二、政治军事外交方面的新闻宣传

这个时期，全国新闻媒体，尤其是中央级新闻机构成功报道了开国大典、抗美援朝、第一届全国人民代表大会、《中华人民共和国宪法》颁布、1954年日内瓦会议和1955年万隆会议等重大政治、军事、外交活动，塑造出了一个光

① 李彬：《中国新闻社会史文选》，清华大学出版社2008年版，第233页。

辉的中华人民共和国形象。其中，有关抗美援朝的新闻宣传时间长，力度大，形式多样，效果好。

抗美援朝报道是新中国成立初期军事宣传的一个重要方面。在中国人民志愿军入朝作战之前，中国的新闻媒体主要报道朝鲜战争的进展，揭露美军的残暴。当中国人民志愿军入朝作战以后，新闻界的宣传主要集中在以下几个方面：一是突出报道中朝联合作战的战绩。1950 年 11 月 8 日，《人民日报》以《在中国人民志愿军部队参加下，朝鲜人民军获重大胜利》为题，第一次公开报道了中国人民志愿军入朝作战的消息。1951 年 1 月，新华社中国人民志愿军总分社在朝鲜前线成立。随后，该社从朝鲜前线陆续发回报道，并拍摄了许多可歌可泣、洋溢着时代精神的优秀新闻图片。这些报道，既传达了战争的最新消息，又鼓舞了士气和民心。北京电影制片厂成立战地新闻摄影队，到前线进行实地拍摄，留下珍贵的影像。二是进行舆论动员，发动全国人民支持抗美援朝。中国人民志愿军入朝参战，是在新中国成立不久、各方面都很困难的情况下作出的艰难决策。因此，国内媒体自上而下制订了宣传计划，向民众解释抗美援朝的必要性，并提出“抗美援朝，保家卫国”的口号。《人民日报》为此开辟《为普及抗美援朝运动而斗争》专栏和《抗美援朝》专刊。事实证明，宣传效果十分明显，不仅各地青年积极报名要求参加志愿军，而且工矿企业也开展增产节约运动，积极为朝鲜前线输送物资。三是对抗美援朝战争中涌现出来的英雄人物和英雄事迹进行广泛宣传。包括《人民日报》在内的报纸、广播、杂志，刊登或播报了大量通讯，如《钢铁战士曹希泉》《大水洞歼灭战中的尖刀英雄营》《不朽的杨根思英雄排》《伟大的战士邱少云》，以及报道志愿军战士罗盛教为抢救朝鲜落水儿童而牺牲的《不朽的国际主义战士》等，使这些英雄人物深入人心，成为人们学习的榜样。魏巍写的《谁是最可爱的人》（刊于 1951 年 4 月 11 日《人民日报》第 1 版）影响极其深远，周恩来赞扬这篇作品：“感动了千百万读者，鼓舞了前方的战士。”① “最可爱的人”成了全国人民对志愿军战士最亲切、最尊敬的称呼。

三、思想文化方面的新闻宣传

新中国成立后，党在思想文化方面大力宣传马列主义和毛泽东思想，抓紧

① 《周恩来论文艺》，人民文学出版社 1979 年版，第 53 页。

对旧意识形态的改造。具体而言，就是用马列主义、毛泽东思想和无产阶级思想教育和改造从旧社会过来的知识分子，清除他们头脑里的资产阶级思想。为此，全国各新闻媒体一方面报道全国人民学习马克思列宁主义、毛泽东思想的热潮，一方面宣传对知识分子思想改造的情况。

20世纪50年代初，《人民日报》等新闻媒体将介绍马列主义经典著作、普及马列主义基本知识作为重要宣传任务。《人民日报》用大量篇幅介绍马列经典著作、发表单篇原著，刊登广大人民群众的学习体会，特别突出宣传《毛泽东选集》第一至第三卷的出版发行情况和全国人民学习毛泽东著作的热潮。中央人民广播电台自1950年4月起，增辟《社会科学讲座》节目，邀请著名专家学者系统讲授《社会发展史》《政治经济学》《共产党宣言》等经典原著。

1951年9月29日，周恩来在京津两地高校教师学习会上做《关于知识分子的改造问题》的报告，就知识分子如何取得革命立场、观点和方法问题谈了自己的体会，并号召教师们认真开展批评和自我批评，努力使自己成为文化战线上的革命战士。随后，文教界、新闻出版界、各民主党派、各级政府机关及工商界和宗教界人士等都参加思想改造学习，形成了一场全国规模的知识分子思想改造运动。11月13日，《人民日报》发表时任燕京大学新闻系主任蒋荫恩的文章《我要彻底改造我的思想》。作者先回顾自己的家世和求学经历，批判自身存在的资产阶级新闻思想，包括曾推崇过的美式新闻自由。在上海，著名报人王芸生对自己的职业生涯作了反思，从形式主义与客卿思想、个人主义与大公报本位主义、官僚主义领导作风、资产阶级办报思想四个方面对自己进行了全面批判。

思想文化领域的宣传取得了不少成绩，也出现了一些失误。尤其是对电影《武训传》的批判、关于《红楼梦》研究和胡适资产阶级唯心论思想的批判，以及关于“胡风反革命集团”的揭露与批判三次较大规模的文化讨论和学术批判运动，使新闻媒体出现“政治化”和“一边倒”现象，造成了严重后果和不良影响。

关于电影《武训传》的批判。电影《武训传》于1950年底摄制完成，1951年初在京津沪等城市公映，受到全国各界的广泛好评，各地报刊纷纷刊文予以肯定，在全国形成了一股“武训热”。当然，报纸上也发表了一些不同观点的文章，如《文艺报》发表署名贾霁的文章《不足为训的武训》，指出影片大肆宣扬“乞讨兴学”的武训精神，没有任何现实意义。这本来属于正常的学术批评，但是，1951年5月20日《人民日报》发表题为《应当重视电影〈武训传〉的讨论》的社论，把正常的学术评论提到了政治高度。社论说：“《武训传》所提出的问题带有根本的性质”，“承认或者容忍这种歌颂，就是承认或者容忍污蔑农民革命斗争，污蔑中国历史，污蔑中国民族的反动宣传为正当的宣传。”社论提出：“电影《武训传》的出现，特别是对于武训和电影《武训传》的歌颂竟至如此之多，说明了我国文化界的思想混乱达到了何等的程度！”① 同日，该报还在《党的生活》专栏上发表专论《共产党员应当参加关于〈武训传〉的批判》。当天，新华社播发了上述两篇文章。7月下旬，《人民日报》在第3版上连续刊登了署名“武训历史调查团”的长文《武训历史调查记》，对电影《武训传》和武训其人完全否定。

关于《红楼梦》研究和胡适资产阶级唯心论思想的批判。1954年，《文艺报》编辑部收到两位年轻人李希凡、蓝翎合写的一篇文章《关于〈红楼梦简论〉及其他》，批评新红学研究专家俞平伯的观点。这篇文章没有引起《文艺报》的重视，他们转而把稿子寄给了山东大学办的《文史哲》杂志，文章在《文史哲》上被刊登出来。同年10月，《光明日报》的“文学遗产”栏目上刊登了李希凡、蓝翎写的《评〈红楼梦研究〉》的文章。10月16日，毛泽东给中共中央政治局写了一封《关于〈红楼梦〉研究的信》，并附上李希凡、蓝翎写的这两篇文章。毛泽东在信中称赞说：“这是三十多年以来向所谓《红楼梦》研究权威作家的错误观点的第一次认真的开火”②，他要求由此展开一场反对在古典文学领域毒害青年30余年的胡适资产阶级唯心论的斗争。毛泽东的指示传达后，全国报刊开始了对俞平伯和胡适的全面批判，把正常的学术批评上升到政治高度，混淆了两种不同性质的矛盾，不仅不利于学术的发展，也给相关当事人带来了长时期的身心伤害。

关于“胡风反革命集团”的揭露与批判。胡风是中国现代著名文艺理论家，他在政治上拥护中国共产党，在文艺理论上倡导作家的“主观战斗精神”。1953年初，《文艺报》发表批评胡风文艺思想的文章，《人民日报》予以转载。胡风于1954年撰写了《关于解放以来的文艺实践情况的报告》（即“三十万言书”），后转交给中共中央，对自己的文艺思想做了辩护。1955年1月，中共

① 《毛泽东文集》第6卷，人民出版社1999年版，第166页。
② 《毛泽东文集》第6卷，人民出版社1999年版，第352页。

中央批转中央宣传部《关于开展批判胡风思想的报告》。2 月，中国作家协会主席团扩大会议决定对胡风文艺思想开展全面批判。5 月 13 日、5 月 24 日、6 月 10 日，《人民日报》相继发表了三批关于胡风集团的材料，毛泽东为这些材料写了 20 多条按语，随后又为《关于胡风反革命集团的材料》一书写了序言。对胡风文艺思想的批判由此转为肃清所谓“胡风反革命集团”的斗争。从 5 月 18 日到 6 月 8 日，《人民日报》每天在第 3 版用五分之二以上甚至整版篇幅，刊登表态声讨的文章、读者来信和漫画。胡风被批准逮捕，后被判刑。1956 年底，被正式定名为“胡风反革命集团”分子的有 78 人，分别受到撤销职务、劳动教养、下放劳动和判刑的处理。直到 1980 年，经中共中央全面复查，“胡风反革命集团”案才得以平反。1988 年中共中央又发文对胡风的文艺思想等问题做了澄清和说明。

这些失误，虽然是在个案中表现出来的，错误也在多年后得到了纠正，但是，新闻媒体如何做到对党负责与对人民负责的一致性，如何在坚持党性的前提下，遵循新闻规律，充分发挥舆论监督作用等，这些问题仍然值得深思。

第四节　共和国的首次新闻改革

一、新闻改革的缘起

1956 年，我国基本上完成了社会主义改造，实现了从新民主主义到社会主义的转变。在转变过程中，国内还存在一些矛盾。此时，苏共第二十次代表大会公开了斯大林在领导苏联社会主义建设过程中的错误，以及对他的个人崇拜所造成的严重后果。在考虑了苏联社会主义建设的失误和分析了中国的实际情况之后，毛泽东提出了解决矛盾的新方针，即“百花齐放、百家争鸣”（简称“双百方针”），并在中共中央政治局扩大会议上做了《论十大关系》的报告。

“双百”方针和《论十大关系》报告，并没有从根本上改变新闻界的教条主义和党八股现象。出现这种情况的原因是多种多样的，主要有三：一是共产党取得了全国政权，新闻媒体的功能和读者对象都发生很大变化，但媒体并没有适应这种变化，没有及时进行相应的改革。二是新闻界为了配合政治运动，在强化媒体政治宣传功能的同时，在尊重新闻的信息属性与传播规律方面做得不够，因而在新闻的“质”和“量”上都出现了明显的不足。报纸新闻单一化、公式化明显，通讯内容越来越贫乏，批评报道也越来越困难，新闻宣传效果也大打折扣。三是前一时期学习苏联新闻工作过程中，出现了片面性和教条主义，提出的指导思想和采取的措施脱离本国实际。中共中央主管意识形态工作的刘少奇对新闻界出现的这些问题及时察觉，并提出了改进意见。经过毛泽东批准，在刘少奇等中央领导人的指导下，新闻界进行了新中国成立以来的第一场改革。

二、新闻改革的经过

（一）《人民日报》的改版

中共中央机关报《人民日报》走在了这次新闻改革的前列。经过反复酝酿、讨论、形成改革方案，并经中共中央批准后，1956 年 7 月 1 日，《人民日报》正式宣布改版。其改版社论《致读者》总结了前一段工作的成绩，同时也公开承认“仍然有很多缺点”，因而必须进行一场深入的改革。接着，阐述了改版的目的、意见与重点。社论说：“人民日报是党的报纸，也是人民的报纸。”“我们的报纸名字叫作‘人民日报’，意思就是说它是人民的公共的武器，公共的财产。人民群众是它的主人。”①

社论把改版的重点内容归纳为三个方面：“扩大报道范围”“开展自由讨论”和“改进文风”。从这一天起，《人民日报》的篇幅由过去对开 4 版改为对开 8 版，版面安排也相应作了调整，第 1 版仍为要闻版，第 2、3 版为国内经济版，第 4 版为国内政治版，第 5、6 版为国际版，第 7 版为学术文化版，第 8 版上下半部分分别为副刊和广告版。

《人民日报》的改版，首先在新闻报道方面的表现是新闻数量大大增加，强化经济新闻报道。经济建设新闻居各类新闻的首位。新闻报道的题材变得广泛，开始提倡报道社会生活中的新闻，探讨解决生活中的问题，更加关心和贴近读者的生活。对于波兰波兹南事件和匈牙利事件，《人民日报》也作了如实报道，打破了对社会主义国家只报喜不报忧的框框。

其次，报纸言论和副刊、通联（新闻机构的对外通讯联络工作，又称“群众工作”）明显改进。与以往相比，改版后《人民日报》的社论以及其他评论文章，题材广泛，且大多短小生动，出现了一些针对性较强的好文章，表现出

---

① 《人民日报》1956 年 7 月 1 日。

独立思考、发表意见的自由，引起了知识界极大兴趣。副刊与通联工作进一步加强，创办了文学性副刊，刊登活泼、明快、尖锐的短文和文艺作品。认真编发群众来信，按照其内容性质分别刊登在有关版面上，改变了过去设立专版、专页集中刊登读者来信来访的做法。改版后第一个月里，《人民日报》平均每天发表读者来信近10篇。

最后，版式变得活泼。在版面处理上，《人民日报》在继承严谨、端庄、朴素的版式传统基础上进行大胆创新，一改往日单调的做法。新闻、言论、图片有机组合，尤其是在照片的使用上，或在报眼位置刊登图片新闻，或将大幅照片改为两幅小照片，或是图片在文章中灵活穿插，十分生动活泼、赏心悦目。

《人民日报》改版后，赢得了全国各阶层读者的欢迎，报社不断收到读者的赞扬信。为了推广《人民日报》改革的措施与经验，促进新闻工作改革的全面展开，中共中央于1956年8月向各省、市、自治区党委批转了《人民日报》编辑委员会向中央呈送的关于《人民日报》改版的报告，并就报纸上展开自由讨论作了说明。中共中央在文件中指出，《人民日报》是党中央的机关报，又是人民的报纸。为了便于展开讨论，《人民日报》上发表的文章，除少数中央负责同志的文章和少数社论外，一般可以不代表党中央的意见，而且应该可以发表同共产党人见解相反的文章。这样做会使思想界更加活跃，使马克思主义真理愈辩愈明，宣传工作也能更加积极主动。各级党委也要强调，地方党报是地方党委的机关报，又是人民的报纸，要尽量反映人民群众的意见。① 这一文件体现了中国共产党尊重新闻规律的科学态度，表现了党报政策与宪法关于言论、出版自由规定的一致性，标志着党报理论的重大发展。

《人民日报》的改版带动了全国报纸的改革。除各地方党报积极改革外，一些党外报纸和其他公营报纸受此影响，也调整了办报思路，以适应读者的口味。《新民报晚刊》的做法曾为业界瞩目。针对过去报纸工作中的文章太长、报道面太窄、文章太硬、有教训人的口气等缺点，《新民报》总编辑赵超构提出改进报纸工作的三个口号："短些、短些、再短些；广些、广些、再广些；软些、软些、再软些。"毛泽东在总体肯定这些做法的基础上，建议补充"软

---

① 中国社会科学院新闻研究所编：《中国共产党新闻工作文件汇编》中，新华出版社1980年版，第483—484页。

中有硬”。改版后，《新民报晚刊》大受欢迎，发行量由 2 万份上升到 14.5 万份。

（二）新华社的改革

新中国成立后，经过几年的建设和发展，新华社已初具规模。但是随着国内形势的稳定以及新中国在国际上地位的提高，新华社在对内对外新闻宣传报道和在国际上争取发言权方面还存在诸多不足，中央领导为此曾专门发表意见。1955 年 12 月，毛泽东曾批评新华社：“驻外记者派得太少，没有自己的消息，有，也太少”，“应该大发展，尽快做到在世界各地都能派有自己的记者，发出自己的消息。把地球管起来，让全世界都能听到我们的声音。”① 1956 年 5 月 28 日和 6 月 19 日，刘少奇先后两次同新华社负责人谈话，涉及新华社的性质和任务、新闻报道的基本要求、国内和国际报道的改进、记者工作作风以及建设世界性通讯社、向世界通讯社学习等问题。

在谈到向世界通讯社学习的时候，刘少奇批评说，新闻界存在着教条主义倾向。他要求新华社既要学习塔斯社，也要学习资产阶级通讯社，如果不克服教条主义、主观主义和片面性，新华社就不可能成为世界性通讯社。

在新闻报道上，刘少奇认为新闻报道既要强调立场，又必须讲究新闻客观、真实、公正、全面，要克服记者在新闻报道上的片面性；谈到国际新闻报道时，刘少奇说：“现在我们的国际新闻报道只有一面：骂美国的，说我们好的。这种片面性的报道，会造成假象，培养主观主义。”谈到国内新闻报道时，刘少奇说，“我们的新闻报道，要考虑利害，要有利于人民，有利于党，有利于当前的斗争。”“对没有做出结论的问题应该有议论，应该有几种不同的意见。这个地方就是‘百家争鸣’。这样，才能把报纸办得活泼些。”②

根据毛泽东和刘少奇的讲话，新华社对过去的工作思路作出调整，制定出新的发展规划，并于 1956 年 11 月以新华社编委会的名义就新华社工作中若干重大问题向中共中央呈送请示报告，就改进国内报道、改进对国内分社的管理、改革报道组织、提高报道质量和工作效率，更好地为报纸和广播电台服务等方面谈了一些可行性意见。请示报告提出，为实现建设世界性通讯社目标，新华社计划在未来 5 到 7 年内，集中力量建设成为东方（亚非地区）最有权威

---

①《毛泽东新闻工作文选》，新华出版社 1983 年版，第 182 页。

②《刘少奇对新华社工作的第一次指示》，《马克思主义新闻工作文献选读》，人民出版社 1990 年版，第 244、245 页。

的世界性通讯社，然后在 10 到 12 年内，将新华社建设成为在全世界范围内可以和西方资产阶级各大通讯社相匹敌的世界性通讯社。新华社摄影部也召开摄影报道工作会议，着重研究加强新闻图片的思想性和新闻性、提高摄影报道质量等问题，对改进摄影报道工作起了重要作用。

经过这次改革，新华社在规模上迅速扩张，业务有了显著改善和提高，开始向世界性通讯社迈进。

（三）广播的改革

广播工作改革的全面展开以第四次全国广播工作会议的召开为标志。根据刘少奇的指示和毛泽东《论十大关系》的精神，中央广播事业局于 1956 年 7 月 25 日至 8 月 16 日在北京召开第四次全国广播工作会议。会议讨论了广播事业的体制等问题，着重研究了如何改进广播宣传、更好地为社会主义建设服务的问题。会后，中央和地方广播电台结合各自具体情况实施工作改革。

第一，改进新闻报道，努力做到又多又快又好。中央人民广播电台加强《新闻报摘》和《全国联播》等新闻节目。1956 年，每天的新闻节目从 1949 年的 4 次增加到 15 次。对外广播扩大到 10 个语种。地方广播电台也把新闻节目的调整放到优先位置。江苏台把长期不被重视的《新闻》节目摆上重要位置，减少新闻重播次数，多用自己采写的新闻。辽宁台狠抓节目质量，提出了质量第一、效果第一的办台口号。

第二，贯彻“双百方针”，开展自由讨论，纠正广播不能批评的错误观念。上海台的评论工作较为出色，运用多种体裁对重大问题表明电台的观点。湖南台的评论工作也很活跃，在省级单位聘请了特约评论员。有的广播电台还采编批评性报道，对人民群众关心的问题进行评论。

第三，广泛采用各种文艺样式，丰富文艺广播。这一时期，各台的文艺广播有了较大发展，节目来源扩大，题材丰富多样，社会影响越来越大。湖南台在 1956 年前文艺节目很少，经过改革，引进各地大量优秀节目，自己制作广播剧、电影录音剪辑和各种配乐文学节目，满足不同层面听众的爱好。四川台增办艺术教育节目，报道群众业余文艺活动。

第四，重视听众关心的问题，开办直接为听众日常生活服务的节目。北京台开办《一周来的北京》《周末广播》节目，介绍一周来首都文艺、文化生活的动态，并兼做导游介绍首都风光。吉林台开办《生活与知识》节目，关心人们的衣食住行，普及科学知识，指导社会生活。这些做法，拉近了广播与群众之间的距离，很受群众青睐。

三、新闻改革的成效

1956年的新闻改革是新中国成立以来一次较为系统和全面的新闻方针调整和新闻业务改进活动，具有思想解放的性质。在历时一年多的新闻工作改革过程中，新闻工作者在党的领导下，总结经验，大胆创新，使我国新闻工作出现了崭新的局面。

在新闻理论上，出现了一些新观点和新提法。复旦大学新闻系王中教授在1956年撰写了《新闻学原理大纲》，对报纸的性质、任务等问题做了新的阐释。他提出，报纸具有两重性，即意识形态性和商品性；社会主义的报纸是党的报纸，也是人民的报纸。[①] 王中认为，报纸的职能是“为人民服务”，在新形势下，社会主义报纸应该具有提供新闻、阐明新闻，组织舆论、扶植民主，指导工作、指导生活，培植道德、移风易俗，增进知识、提高文化等职能。[②] 他还认为，现在社会性质变化了，人与人之间的关系也变化了，那么报纸的性质、办报的方针也应当随着变化。他还提出，报纸既是政党宣传工具，又是老百姓花钱买的商品，具有工具性和商品性两重性。

在新闻实践上，无论是《人民日报》改版，还是新华社和广播事业改革，都在向新闻专业回归的道路上迈出了可喜的一步。新闻报道的量在显著增加，质在显著提高，时效性在增强，新闻业对社会现实干预的程度明显加强。这些做法都是符合新闻规律的表现。从对新闻事业的管理上来看，中央对新闻事业的指导更为科学，目标更为具体、明确。

新闻界的这次改革受到了广大读者和听众的欢迎和支持。一个突出表现是报纸发行量，特别是自费订阅的数量大幅增加。1956年10月1日，机关、团体等单位中私人需要的报纸实行自费订阅后，报纸的发行量不但没有减少，反而有所增加。一些报纸还超过了预计的发行数。广播的收听率也明显提高，听众反馈也很热烈。

但是这场新闻改革持续时间不长，1957年下半年反右派斗争兴起后，这场

① 《王中文集》，复旦大学出版社2004年版，第92—95页。
② 《王中文集》，复旦大学出版社2004年版，第104—109页。

新闻改革因反右扩大化等诸种原因而夭折了。

第五节　新闻学研究新转向与新闻教育新布局

一、新闻学研究的新转向

1949年以前，新闻学研究虽然也有中国共产党领导下的新闻学研究和邹韬奋等进步报人的新闻学研究成果，但从总体而言，主要是建立在资产阶级新闻观基础之上的。中华人民共和国成立后，新闻学研究出现了整体转型与全新面貌，其中最重要的是确立了马克思主义新闻观的指导地位。另外，在学习苏联新闻经验的过程中，中国在短时间内引进了大量苏联新闻研究成果，包括翻译出版一批苏联新闻学论著，以及介绍苏联报刊、通讯社和广播工作经验的材料。

在这一时期，一些新闻从业者和新闻理论研究工作者也在新闻学理论方面进行了积极有益的探索。中央人民政府新闻总署设有新闻研究室，发表研究文章。《新闻业务》发表了吴冷西的《对新闻写作的八条要求》。这一时期还出版了一批论著和文集。生活·读书·新知三联书店出版了《韬奋文集》、张静庐辑注的《中国近代出版史料》和《中国现代出版史料》。新华书店公开发行了陈笑雨的《新闻杂谈》、钱毅的遗著《怎样写》、柯蓝的《怎样编写通俗报刊》、人民日报社记者写的论文集《怎样进行经济宣传》等。前述王中的《新闻学原理大纲》是这一时期新闻理论研究的代表。

为了改进中央高级党校新闻班和大学新闻系的报刊史教学工作，中共中央宣传部于1956年2月召开座谈会，讨论“中国报刊史”教学大纲。会后，中央高级党校、中国人民大学和北京大学的一些师生经过调查研究，编写出以革命报刊发展为主要内容的“中国现代报刊史”讲义初稿。讲义初稿以革命报刊发展史为主线，叙述报刊如何为政治斗争服务，突出革命报刊在斗争中的重要作用。

二、新闻教育的新布局

1949年以前，中国共产党在艰苦环境下也开展新闻教育。抗战时期，延安中国女子大学、延安大学先后开设新闻学课程；解放战争时期，先后在北平、华东、华中地区开办了几所新闻学校，如苏南新闻专科学校、华东新闻学院等。这些新闻教育为非正规学院教育，一般持续时间也不长。1949 年以前，我国正规的大学新闻教育均为资产阶级和国民党创办。

新中国成立后，对旧有新闻教育的改造和调整势在必行。首先，接管国民党时期的新闻院系，并加以改造。其次，对私立新闻学校和其他大学的新闻系进行改造和合并。例如，上海民治新闻专科学校、苏州社会教育学院新闻系、广州国民大学新闻研究班、重庆南泉新闻专科学校，以及北京的燕京大学新闻系，上海的复旦大学新闻系、圣约翰大学新闻系等，在中国共产党的指导下，对教育方针和教学内容进行调整。调整的内容包括，取消原来的旧政治课程，普遍开设马克思列宁主义政治理论课，如“辩证唯物论与历史唯物论”“新民主主义论”等。在教学内容方面，在讲授新闻业务的同时，强化马克思主义新闻观教育，要求理论联系实际，参与社会改造，批判和清除资产阶级新闻观的影响。

在学习苏联的大背景下，从 1952 年开始，随着全国高等院校院系大调整，全国新闻院系也进行了大规模调整。调整的方法是把一些不符合苏联办学模式要求的新闻教育机构撤销或者并入其他学校。燕京大学新闻系并入北京大学中文系，改设编辑专业（后改称新闻专业）。华东新闻学院、暨南大学新闻系、圣约翰大学新闻系等先后并入复旦大学新闻系。苏州社会教育学院新闻系在并入江苏文化教育学院后停办。重庆南泉新闻专科学校于 1950 年底停办。经过这次新闻院系调整，使分散的新闻教育机构和资源得以集中，教学管理更加规范，师资力量也得以充实和加强，人才培养成效也随之显著。

除了改造调整原有的新闻院系以外，中国共产党还着手创办新型的无产阶级新闻教育机构。在北京，新华总社主办的新闻训练班自第三期起改建为北京新闻学校，隶属于新闻总署，由新闻总署副署长范长江兼任校长。1951 年 7 月第二期学员毕业后停办，共培训了两期学员 500 余人。在上海，1949 年 7 月成立了华东新闻学院，它是中共中央华东局主办的新闻干部学校，恽逸群任院长，先后招收过一期讲习班、两期研究班、一期专修科班，学员合计 800 余人。1954 年，中央马列主义学院（后改名为中共中央党校）设立新闻班，主要培训各地机关报、广播电台的记者编辑和报社负责人。中央广播事业局开办了广播无线电技术训练班，即北京广播学院（今中国传媒大学）前身，培养掌握广播专业理论知识的技术人员。1955 年，中国人民大学新闻系成立并开始招生。这是新中国成立后第一个由中国共产党主导、支持并创办的大学新闻系。

调整后的新闻院系课程设置也有了根本性的变化。1949 年以前，中国的新闻教育受美国模式影响，在注重人文科学的同时，也对社会科学和自然科学有所涉猎。1951 年，中共中央宣传部召开新闻教育课程改革会议，根据苏联模式，把新闻教育的课程分为三个部分：政治思想教育、文化知识和专业知识。新的课程设置要清除欧美资产阶级新闻学的影响，实施无产阶级新闻教育，用马克思主义新闻观来指导中国新闻教育。复旦大学新闻系参照莫斯科大学新闻系的教学计划，并借鉴苏共中央直属高级党校新闻班的教学大纲修订本系的教学大纲，政治课程进一步增加，新闻专业课程比重降低，把原有的“新闻概论”“新闻编辑”“报纸群众工作”合并为“新闻工作理论与实践”一门课程。中国人民大学新闻系除新闻业务课程外，还加强了政治理论和语言文学、哲学、政治经济学和中共党史等课程；为了辅助教学和帮助学生实习，该系还创办了《新闻与出版》报，在全国新闻界有一定影响。

思考题

1. 简介共和国初期发展新闻事业的新举措。
2. 评述中国社会主义新闻传播体系的创建。
3. 评述学习苏联新闻工作的经验和教训。
4. 简述新中国成立初期新闻宣传工作的成就与失误。
5. 评述 1956 年社会主义新闻改革的经过、内容和意义。

▶ 即测即评

第八章　探索社会主义道路时期的新闻事业

1956 年苏共二十大后，针对照搬苏联模式出现的诸多弊病，毛泽东果断提出，要把马克思主义和中国具体实际“进行第二次结合，找出在中国怎样建设社会主义的道路”。① 从此，中国共产党和毛泽东领导全国各族人民对适合中国国情的社会主义建设道路进行了艰苦探索。与之相应，新闻事业在曲折中发展，在探索中前进。一批晚报、农民报、企业报和少数民族文字报得以创办；电视事业从无到有，并在新闻报道、综合节目制作等方面进行了有益探索；新华社的新闻报道能力持续加强，逐步奠定了成为世界级通讯社的基础；高等院校新创办了一批新闻学系（专业），新闻研究有所进展；毛泽东结合我国社会主义道路探索的实际，提出了关于新闻宣传的一系列观点。

受“左”的思潮的影响，我国在经济建设方面发生了“大跃进”、人民公社化运动等严重失误，相关的新闻宣传也随之出现了“左”的错误。1960 年下半年中共中央提出“调整、巩固、充实、提高”的方针，新闻界对之前的新闻宣传工作进行了全面检查，总结经验教训，大兴调查研究之风，在典型宣传等方面取得了一定成绩。但“左”的错误并未得到彻底纠正，中共八届十中全会之后又有所发展，新闻宣传中的“左”倾错误也随之一步步发展。

第一节　社会主义新闻事业的发展

一、新闻工作者协会的成立

中华全国新闻工作者协会的前身，是 1937 年 11 月 8 日在周恩来倡导和支持下、由范长江等一批优秀革命新闻工作者在上海成立的中国青年新闻记者协会（1938 年更名为中国青年新闻记者学会）。1949 年 7 月，为了适应中国共产党领导的新闻事业蓬勃发展和新闻队伍日益壮大的形势需要，中华全国新闻工作者协会在北平成立筹委会，胡乔木任主任，胡愈之、廖承志任副主任。随

---

① 中共中央文献研究室编：《毛泽东年谱（1949—1976）》第 2 卷，中央文献出版社 2013 年版，第 557 页。

后，筹委会作为全国性的新闻工作者组织，在中国共产党的领导下，与其他群众团体共同发起组织了第一届中国人民政治协商会议（图 8-1）。

人民日報

毛主席萬歲！

中央人民政府萬歲！

中國人民政協第一屆全體會議勝利閉幕

毛澤東當選中央人民政府主席

朱德劉少奇宋慶齡李濟深張瀾高崗當選副主席

中央人民政府委員會委員五十六人亦已選出

人民政協第一屆全體會議選出全國委員會委員

中央人民政府成立盛典今日在首都隆重舉行

中央人民政府委員會選舉手續極鄭重

五百七十六人無一棄權

图 8-1　《人民日报》刊登第一届政协会议闭幕的消息

1957 年 3 月，全国新闻工作者第一次代表大会在北京召开，正式成立中华全国新闻工作者协会（简称“中国记协”），选举邓拓为会长（图 8-2），通过了《中华全国新闻工作者协会章程》。中国记协的主要任务，一是推动全国新闻工作者学习和交流新闻工作经验，提高新闻工作者的理论和业务水平，使新闻事业在社会主义革命和建设中发挥更大作用；二是同社会主义各国以及全世界爱好和平民主的新闻工作者团结合作，为世界持久和平和全人类进步事业而奋斗。中国记协当时有会员约 6 万人。中国记协成立后，全国各省、市、自治区相继成立了地方记协。

图 8-2　邓拓

二、新闻事业的发展

（一）报刊的发展

这个时期的报纸随着政治、经济和社会的变化而变化，经历了一个“发展—收缩—发展”的过程。1957 年，我国报纸总印数为 24.4 亿份，以后逐年增加，至 1960 年达到最高点的 50.9 亿份。此后，由于国民经济遭遇严重困难，中央和省市对报刊进行整顿和精简，压缩用纸量，全国报纸总印数开始下降，1962 年仅为 25.8 亿份。随着国民经济的恢复调整，报纸总印数又开始回升，1965 年恢复到 47.4 亿份。全国报纸种数 1957 年为 1 325 种，在“大跃进”的背景下，1958 年猛增至 1 776 种。1959 年、1960 年分别为 1 390 种、1 274 种。此后几年连续大幅下降，至 1963 年仅剩 289 种。以后两年稍有回升，而到“文化大革命”开始的 1966 年，又下降至 49 种。

这个时期报纸的发展，主要表现为新办了一些晚报、农民报、企业报、少数民族文字报和时事新闻类刊物，其中晚报不但有较大发展，也是该时期报业发展的一个亮点。新创办的时事新闻类刊物一般都具有较强的理论性。

1957 年 10 月，在广州创刊的《羊城晚报》是新中国成立后创办的第一张大型综合性晚报，由中共广东省委主办，作为机关报《南方日报》的辅助和补充。1958 年 3 月创刊的《北京晚报》是小型综合性晚报，办报方针为“面向基层，补日报之不足”。两家晚报都开设有批评性专栏，深受读者欢迎。晚报是当地党委机关报的辅助和补充，与日报的根本任务是相同的，都是地方党委的有力宣传工具，只是更着重从侧面进行宣传报道。60 年代初期兴起一股“晚报热”，晚报有了长足发展。1961 年又新办了一些晚报，许多省会城市的市委机关报由日报改成了晚报，如《长沙晚报》《西安晚报》《武汉晚报》等。截至 1965 年底，全国晚报达 18 家。

从 1962 年 9 月起，党在农村开展了整风整社和社会主义教育运动。为宣传这一运动，全国各省省委机关报大都创办了农村版，如《安徽日报・农村版》《南方日报・农村版》等，有些地方还复刊或专门创办了农民报，如 1963 年复刊的《陕西农民报》和 1964 年创办的《河北农民报》等。这些省委机关报农村版或农民报，多是 4 开 4 版的小报，两天、三天或五天出一期，读者对象为基层干部和农民，文字浅显，通俗易懂，形式活泼。

企业报主要是由煤矿、石油、钢铁、铁道等行业的一些大型国营企业主办的，如上海第一钢铁厂的《一钢报》、兰州化学工业公司的《兰化工人报》等。

这一时期创办的各类企业报约46种。经济困难时期，企业报开始衰落。企业报对企业的发展起过一定积极作用，但在“大跃进”等政治运动中也充斥着“高指标”等“左”的错误宣传。

早在1954年7月，中共中央政治局通过的《关于改进报纸工作的决议》中明确提出，各少数民族地区，凡有条件的就应该创办民族文字的报纸。到1960年前后，大多数已有文字的少数民族兴办了自己的民族文字报，如1957年元旦创刊的《牡丹江日报》朝鲜文版等。

时事政治期刊在这个时期也有较大发展。1958年6月，中共中央主办的政治理论刊物《红旗》杂志创刊，旨在加强马克思列宁主义和毛泽东思想的宣传，陈伯达任总编辑。参照《红旗》模式，各省、市、自治区党委和一些地委、县委也创办了理论刊物，如北京市的《前线》、上海市的《解放》等，形成了一个从中央到地方的政治理论宣传网。

（二）电视业的诞生与广播业的发展

1957年8月，中央广播事业局决定成立北京电视实验台筹备处，并从人才队伍、设备器材等方面积极做准备。1958年5月1日，北京电视台（中央电视台前身）试播，9月2日正式播出，成为我国电视事业的开端（图8-3）。稍后，上海电视台和哈尔滨电视台建成试播。当年年底，中央广播事业局在北京召开全国电视台基建工作座谈会，决定从点到面在全国各地建立电视台，稳步发展电视事业。1959年至1961年，又先后有19座电视台建成开播。国民经济困难时期，全国电视台只保留了北京、天津、上海等5家。1963年增办了3家，其他的都停办了。

图8-3　1958年9月北京电视台开播

由于实行中央和地方并举的方针，1957 年后地方广播事业有了较大发展，至 1960 年底，全国共有地方台 135 座，比 1956 年增加了 1 倍多。1958 年 4 月召开的第五次全国广播工作会议提出多快好省地办事业、办节目的方针。中央和地方电台集中报道了全国开展“大跃进”运动的形势以及人民公社化运动的发展。报道鼓舞了人民的建设热情和奋发向上的精神，但受“左”的思想的影响，普遍出现了高指标、浮夸风、瞎指挥和“共产风”等错误，以及标语口号式新闻报道等失误。1959 年 2 月召开的第六次全国广播工作会议初步总结和检查了 1958 年的工作，但“左”的倾向并没有得到纠正。1959 年庐山会议以后，全国开展了“反右倾”斗争，广播宣传进一步发展了“左”的错误。中央和地方电台广泛组织各行各业的广播大会，过多采用这一宣传鼓动形式，违背了实事求是的科学精神，助长了放高产“卫星”等不良倾向。1961 年以后，国家实行“调整、巩固、充实、提高”的方针，国民经济逐步得到恢复和发展。全国广播电视工作者及时总结经验教训，克服发展中的盲目性。1964 年第八次全国广播工作会议召开后，广播业也恢复和发展起来。地方直属广播站的建成强化了采访力量，成为“自己走路”的生力军。中央人民广播电台多次派记者出国采访，国际传播能力有所加强，节目种类不断增多，形成了新闻、教育、文艺和服务四类节目的格局。1966 年召开的第九次全国广播工作会议提出要逐步建设全国范围内的广播网，广播电视业出现了新的局面，1966 年全国电视台恢复到 13 座。

（三）通讯社事业的发展

1955 年 12 月，毛泽东和中共中央指示新华社尽快向国外派出更多记者。1956 年，刘少奇指出新华社要成为世界性通讯社，新闻就必须客观、真实、公正和全面，同时必须有立场。新华社制定了改进工作和建设世界性通讯社的全面规划，再次强调新华社应成为“消息总汇”，成为党和政府以及人民群众的耳目喉舌。1956 年是新华社对外传播能力发展较快的一年，先后建成 10 个分社。到 1966 年初，新华社的对外分社发展至 51 个。

新华社还有计划地改进和更新技术设备，建立和完善国际电讯网络。1960 年底，新华社的国内外广播电路发展到 24 条。1961 年至 1966 年间，增开的对外专线广播电路有 11 条。“文化大革命”爆发前，新华社专用的国际通信网络共有 4 条电路，国外转报站 4 个，与一些国外通讯社建立了互换新闻的通报电路，基本建成了国内和国际的广播通讯网，为成为世界级通讯社奠定了基础。

新华社编印的《参考消息》逐步扩大发行范围。《参考消息》1931 年 11 月创刊于江西瑞金，是新华社编印的一份内部刊物，供党内外高级干部参阅。根据毛泽东“种牛痘”“见世面”的指示精神，中共中央决定从 1957 年 3 月 1 日起扩大《参考消息》的订阅范围。1958 年底，其读者范围进一步扩大到机关、团体、企业的干部和高等院校的学生。相应地，内容和版面等都进行了改革。改版前内容偏重于政治、军事、外交、国际共运等，改版后逐步增加了经济、科技、文化、教育、体育和社会等方面的内容，成为中国百姓了解和观察世界的一个窗口，深受读者欢迎，发行量由 1957 年的 13 万份增加到 1965 年的 85 万份。

三、探索时期毛泽东的新闻宣传思想

作为无产阶级革命家和政治家，毛泽东一向重视新闻宣传。他不仅有丰富的新闻宣传实践经历，而且对新闻宣传工作有深刻论述。革命战争年代，他对新闻宣传工作的一系列重要指示，成为中国共产党新闻思想的重要内容。新中国成立后，毛泽东同样重视新闻宣传，时刻关注着新闻宣传的动向。20 世纪五六十年代，他结合探索社会主义道路的实际，及时发表谈话，作出指示，提出了许多关于新闻宣传的新观点，形成了鲜明而富有特色的新闻宣传思想。

（一）强调报纸意识形态属性，是阶级斗争的工具

新闻宣传事业属于上层建筑，是一种意识形态，是经济基础的反映，有什么样的经济基础就有什么样的新闻事业，这是毛泽东关于新闻宣传事业性质的一贯认识。1957 年 5 月 15 日，毛泽东批评党内“修正主义”否认报纸的党性和阶级性，“混同反映社会主义国家集体经济的新闻事业与反映资本主义国家无政府状态和集团竞争的经济的新闻事业”。① 一个月后，他在为《人民日报》撰写的文章中进一步明确指出：“在社会主义国家，报纸是社会主义经济即在公有制基础上的计划经济通过新闻手段的反映”，而资本主义国家报纸是无政府状态的和集团竞争的经济通过新闻手段的反映。②

毛泽东多次论述报纸的阶级性问题。1957 年 3 月，他在与新闻出版界人士

---

① 中共中央文献研究室编：《建国以来重要文献选编》第 10 册，中央文献出版社 2011 年版，第 234—239 页。

② 《文汇报在一个时间内的资产阶级方向》，《人民日报》1957 年 6 月 14 日。

座谈时强调："在阶级消灭之前，不管通讯社或报纸的新闻，都有阶级性。"① 同年5月，他严厉批评党内有修正主义思想的新党员"否认报纸的党性和阶级性"。② 在《文汇报在一个时间内的资产阶级方向》一文中，毛泽东指出"在世界上存在着阶级区分的时期，报纸又总是阶级斗争的工具"。③ 7月，在上海的一次讲话中，毛泽东说："有人说，报纸没有阶级性，报纸不是阶级斗争的工具。这种话就不对了。至少在帝国主义消灭以前，报纸，各种意识形态的东西，都是要反映阶级关系的。"④

（二）提倡"政治家办报"

"政治家办报"是毛泽东20世纪50年代后期提出并着重阐述的一个重要新闻观点。

毛泽东首次提"政治家办报"是在反右派斗争前夕。1957年4月10日，毛泽东召见《人民日报》总编辑邓拓等，批评《人民日报》没有宣传两个月前他在最高国务会议上的讲话精神，也没有报道全国宣传工作会议，"多半是对中央的方针唱反调"，是"死人办报"。⑤ 同年6月7日，毛泽东明确指出："写文章尤其是社论，一定要从政治上总揽全局，紧密结合政治形势。这就叫政治家办报"。⑥ 他再次严厉批评了《人民日报》的错误，并对即将担任该报总编辑的吴冷西说："中央党报办成这样子怎么行？写社论不联系当前政治，这哪像政治家办报？"⑦ 同月13日，毛泽东召见胡乔木和吴冷西进一步指出"政治家办报就得担风险"，要有"五不怕"的精神。⑧

此后，毛泽东多次论述政治家办报的问题。1958年1月，南宁会议期

---

① 《毛泽东文集》第7卷，人民出版社1999年版，第263页。
② 中共中央文献研究室编：《建国以来重要文献选编》第10册，中央文献出版社2011年版，第234—239页。
③ 《文汇报在一个时间内的资产阶级方向》，《人民日报》1957年6月14日。
④ 中共中央党校编：《马列著作毛泽东著作选读（党的学说部分）》，人民出版社1978年版，第450页。
⑤ 中共中央文献研究室编：《毛泽东传（1940—1976）》上，中央文献出版社2003年版，第664页。
⑥ 吴冷西：《忆毛主席》，新华出版社1995年版，第41页。
⑦ 吴冷西：《忆毛主席》，新华出版社1995年版，第41页。
⑧ 张素华、张鸣主编：《领袖毛泽东自述历程》第七卷，中央文献出版社2003年版，第179页。

间，毛泽东在给广西区委负责人的信中指出，“精心写作社论是一项极重要任务……第一书记挂帅，动手修改一些最重要的社论，是必要的。”① 鉴于1957年《人民日报》的经验教训，他指出把报纸办好“关键是党委要抓紧”，强调“写评论要结合形势，结合当时的政治气候。要看得准、抓得快、抓得紧、转得快”。② 1959年6月20日，在一次政治局会议上讨论宣传如何转的问题时，毛泽东再次重申要政治家办报，不要书生办报。他说，“我是提倡政治家办报的，但有些同志是书生，最大的缺点是优柔寡断。……办报也要多谋善断，要一眼看准，立即抓住、抓紧，形势一变，要转得快。”③

（三）主张“舆论一律”而又“不一律”

1955年，毛泽东提出“舆论一律”和“舆论不一律”的问题，认为社会本身是在一律和不一律的矛盾中前进的。“有矛盾存在就是不一律。克服了矛盾，暂时归于一律了；但不久又会产生新矛盾，又不一律，又须要克服”。④ 他把只许反动分子规规矩矩，不许他们乱说乱动的政策形象地叫做“舆论一律”。“一律”不仅指舆论，而且包括法律。这体现了“人民在工人阶级和共产党领导之下对于反革命的专政”，“在这里，不是用的民主的方法，而是用的专政即独裁的方法，即只许他们规规矩矩，不许他们乱说乱动”。⑤

相反，在人民内部，应实行“舆论不一律”的方针。毛泽东指出，“不一律”就是“批评的自由，发表各种不同意见的自由，宣传有神论和宣传无神论（即唯物论）的自由，就是允许先进的人们和落后的人们自由利用我们的报纸、刊物、讲坛等等去竞赛，以期由先进的人们以民主和说服的方法去教育落后的人们，克服落后的思想和制度”。⑥ “在内部，压制自由，压制人们对党和政府的缺点错误的批评，压制学术界的自由讨论，是犯罪的行为。这是我们的制度。而这些，在资本主义国家，则是合法的行为。在外部，放纵反革命乱说乱

---

① 《毛泽东文集》第7卷，人民出版社1999年版，第338页。

② 吴冷西：《忆毛主席》，新华出版社1995年版，第55页。

③ 吴冷西：《忆毛主席》，新华出版社1995年版，第140—141页。

④ 中共中央文献研究室编：《毛泽东年谱（1949—1976）》第2卷，中央文献出版社2013年版，第390页。

⑤ 中共中央文献研究室编：《毛泽东年谱（1949—1976）》第2卷，中央文献出版社2013年版，第390页。

⑥ 中共中央文献研究室编：《毛泽东年谱（1949—1976）》第2卷，中央文献出版社2013年版，第390页。

动是犯罪的行为，而专政是合法的行为。这是我们的制度”。[①] 毛泽东把舆论不一律的方针又称作“放”的方针，就是放手让大家讲意见，敢于说话，敢于批评，敢于争论，不怕错误的议论，发展各种意见之间的相互争论和相互批评。“舆论一律”而又“不一律”，是由社会主义制度决定的。

（四）提出“新闻、旧闻、无闻”的宣传策略

毛泽东从政治策略的角度考虑新闻的发布时间以及是否发布，并将其提升到党性的高度。1957 年 3 月，毛泽东在同新闻出版界代表的谈话中总结了这方面的经验，将其形象地概括为“新闻、旧闻、无闻”。他说：“对具体问题要作具体分析，新闻的快慢问题也是这样。有的消息，我们就不是快登慢登的问题，而是干脆不登。比如土改新闻就是这样，我们在报上不宣传，免得传播一些不成熟的、错误的经验。”[②] 同年 5 月，毛泽东在一次中央领导同志小规模的会议上再次谈到这个问题，而且更明确。他说：有些消息，是我们自己做的事情，不登报、不广播。如禁止鸦片烟，又如轰轰烈烈的新区土地改革，我们就没发消息，这也是一种“无闻”。我的一些讲话，当时并没有公开发表。1955 年关于农业合作化的讲话，过了三个月才发表；今年 2 月在最高国务会议上的讲话，已经过了三个月，还在修改，也许下个月才发表。这不是“旧闻”吗？还有去年 4 月讲的“十大关系”，已经一年多了，也还不准备发表，将来发表也是“旧闻”。我这个人就是不想冒险，先讲一讲，看一看反应，再做修改，然后发表。有新闻，有旧闻，有无闻。[③] 毛泽东关于新闻、旧闻和无闻的论述，形象而深刻地揭示了党报新闻报道的“时度效”原则。

（五）倡导记者重事实、讲真话、独立思考

早在 1925 年，毛泽东在《政治周报》发刊词中就特别强调事实之于办报的重要性。“我们反攻敌人的方法，并不多用辩论，只是忠实地报告我们革命工作的事实。”[④] 这一思想在社会主义探索时期得以进一步发展。他多次强调办报注重事实、讲真话的重要性。1957 年 1 月，他在省自治区党委书记会议上的讲话中指出“对外宣传不要夸大”。[⑤] 1958 年 11 月，在武昌会议的讲话中，

---

① 薄一波：《若干重大决策与事件的回顾》下卷，中共中央党校出版社 1993 年版，第 582 页。
② 《毛泽东文集》第 7 卷，人民出版社 1999 年版，第 265 页。
③ 张素华、张鸣主编：《领袖毛泽东自述历程》第一卷，中央文献出版社 2003 年版，第 257 页。
④ 《毛泽东文集》第 1 卷，人民出版社 1993 年版，第 22 页。
⑤ 《毛泽东文集》第 7 卷，人民出版社 1999 年版，第 192 页。

毛泽东严厉批评了作假问题。1959 年，中国出现普遍性的春荒缺粮，毛泽东专门给省、地、县等六级干部写了一份特别的《党内通信》，提出了六个问题，最后一个就是“讲真话问题”。毛泽东要求“不可以讲不合实际的假话”，指出敢讲真话的人于人民事业有利，爱讲假话的人害人民害自己。他同时指出，“有许多假话是上面压出来的”，“使下面很难办”，即使这样，“假话一定不可讲”。同年 6 月，广东发生严重水灾，毛泽东要求“照样公开报道”“一点也不要隐瞒”，工业方面的重大事故灾害也要报道。[①]

为了讲真话，新闻宣传工作者，尤其是记者就必须独立思考，要有比较、有分析。1958 年 11 月 21 日，毛泽东同胡乔木、吴冷西谈话时指出：“做报纸工作的，做记者工作的，对遇到的问题要有分析”，“记者到下面去，不能人家说什么，你就反映什么，要有冷静的头脑，要做比较”；“记者的头脑要冷静，要独立思考，不要人云亦云”，“不要人家讲什么，就宣传什么，要经过考虑。记者，特别是记者头子，头脑要清楚，要冷静。”[②]

毛泽东是伟大的革命家和政治家，革命和政治是他考虑一切问题的出发点和最终归宿，看待新闻也不例外。毛泽东的新闻思想实际上是新闻宣传思想。他从中国革命大局和他的政治理想出发，强调报刊是“阶级斗争的工具”，主张“政治家办报”，这是他新闻宣传思想的核心，舆论“一律”而又“不一律”、“新闻、旧闻、无闻”等都是从这个核心中生发出来的新闻宣传谋略。毛泽东的这些新闻宣传思想具有极强的政治意识、大局意识和整体意识。同时，毛泽东这个时期的新闻宣传思想又是他探索社会主义道路的产物，这些思想虽然对我国新闻事业的发展和新闻宣传工作的开展发挥了很大的指导作用，但是由于“左”的思想的指导，“把社会主义社会中一定范围内存在的阶级斗争扩大化和绝对化”，[③] 致使报纸阶级斗争工具论扩大化和绝对化；又由于“党和国家政治生活中的集体领导原则和民主集中制不断受到削弱”，[④] 毛泽东在论述“政治家办报”时，过分强调新闻媒体要“跟着转”“转得快”，这不仅违背了他自己一再强调记者要“独立思考”的观点，更使得新闻媒体

① 《毛泽东文集》第 7 卷，人民出版社 1999 年版，第 50、70 页。

② 《毛泽东文集》第 7 卷，人民出版社 1999 年版，第 444 页。

③ 中共中央文献研究室编：《关于建国以来若干历史问题的决议》（注释本），人民出版社 1983 年版，第 25 页。

④ 中共中央文献研究室编：《关于建国以来若干历史问题的决议》（注释本），人民出版社 1983 年版，第 39 页。

在反右派斗争、“反右倾”、“大跃进”的宣传中“跟风”“起哄”，给党和人民的事业造成重大损失。

第二节 重大政治运动中的新闻宣传

这一时期政治运动不断，新闻宣传基本上围绕政治运动进行。由于政治上极左错误不断加重，新闻宣传在取得一定成绩的同时，也不可避免地出现错误。

一、“整风”和反右派斗争中的新闻宣传

（一）“整风”运动中的新闻宣传

国际上苏共二十大后发生了“波匈事件”，国内也出现了一些群众闹事等未曾预料到的新问题。面对复杂局势，中共中央和毛泽东开始深入思考社会主义社会的矛盾特别是人民内部矛盾的问题，避免“波匈事件”在中国上演。1956 年 11 月党的八届二中全会在北京召开，毛泽东在会上宣布于 1957 年开展全党整风，以克服官僚主义、宗派主义和主观主义，正确处理人民内部矛盾，保证社会的稳定发展。

毛泽东决定采用“百花齐放，百家争鸣”方针（“双百方针”），用“大民主”方式，发动民主党派和知识分子通过“鸣放”帮助共产党整风。但是“鸣放”提出后，只有少数人响应，多数人顾虑重重，并未响应。这种局面与《人民日报》的表现不无关系。在动员“鸣放”的开始阶段，《人民日报》表现不积极，“按兵不动”，不仅如此，还“唱反调”。① 1957 年 1 月 7 日，《人民日报》发表了陈其通等人联名写的《我们对目前文艺工作的几点意见》。文章发表后，相当一部分人认为这是反击或反击的先兆，不是“放”而是“收”。这更使一些人觉得还是沉默为好。

为打破沉默，消除顾虑，毛泽东亲自动员，鼓动“鸣放”。1957 年 2 月 27 日，毛泽东在最高国务会议第十一次（扩大）会议上做《如何处理人民内部的矛盾》的讲话，为整风提出了根本指导思想。《人民日报》对此“无动于衷”，只发了两行字的新闻，之后又不宣传。3 月 6 日，中央专门召开贯彻“双百”

① 中共中央文献研究室编：《毛泽东传（1949—1976）》上，中央文献出版社 2003 年版，第 664 页。

方针的全国宣传工作会议。12 日，毛泽东对这一问题又发表重要讲话。《人民日报》甚至连新闻也没有发。4 月 6 日和 10 日，《人民日报》先后发表题为《教育者必须接受教育》和《继续放手，贯彻百花齐放、百家争鸣的方针》的社论，也没有提及最高国务会议和宣传工作会议。

毛泽东对《人民日报》的表现十分不满。4 月 10 日，他找总编辑邓拓和副总编辑胡绩伟、王揖、黄操良等人谈话，严厉批评了《人民日报》，并提出了四点改进意见：第一，报纸的宣传，要联系当前的政治，写新闻、文章要这样，写社论更要这样。第二，中央的每一个重要决策，报纸都要具体布置，要订出写哪些社论、文章和新闻的计划，并贯彻执行。第三，《人民日报》要在现有条件下努力改进工作，包括领导工作。第四，要吸收社外的专家、学者、作家参加报纸工作，要团结他们。毛泽东决定派吴冷西到《人民日报》接替邓拓担任总编辑。① 采取了这些措施后，《人民日报》的被动局面开始扭转。5 月 1 日，《人民日报》公布了中共中央 4 月 27 日作出的《关于整风运动的指示》，“鸣放”随之出现新局面。从 5 月 8 日到 6 月 3 日，中共中央统战部邀请各民主党派负责人和无党派民主人士座谈，征求对党的工作与整风的意见。座谈会先后开了 13 次，发言的党外人士达 70 多人，《人民日报》对此做了全面详尽的报道。

（二）反右派斗争中的新闻宣传

前几次座谈会上提出的绝大多数意见，虽然尖锐，但比较中肯，也富有建设性。党衷心欢迎这些善意的批评和意见。但是，5 月中旬以后，座谈会上的情况愈趋复杂，批评急剧升温，出现了“轮流坐庄”等错误意见或主张。毛泽东对此高度警觉，他一边指示继续“放”，要求各地报纸继续充分报道这些言论，一边指示党内准备开始反击。

5 月中旬，毛泽东写了《事情正在起变化》一文，分析了整风鸣放的形势和党内外的思想状况，明确提出要反击“右派猖狂进攻”，运动的重点开始由整风转向反右派。5 月 25 日，毛泽东强调指出，共产党是全中国人民的领导核心，一切离开共产党和社会主义的言行都是错误的。次日，《人民日报》和其他大报基本上都刊登了这段讲话。这实际上是发出了反击右派的预警。6 月 8 日，中共中央下发了毛泽东的指示，正式向全党发出反击右派的动员令。同日，《人民日报》发表社论《这是为什么?》。社论写道：“在‘帮助共产党整风’的名义之下，少

① 吴冷西：《忆毛主席》，新华出版社 1995 年版，第 41、42—43 页。

数的右派分子正在向共产党和工人阶级的领导权挑战，甚至公然叫嚣要共产党‘下台’。他们企图乘机把共产党和工人阶级打翻，把社会主义的伟大事业打翻，……这一切岂不是做得太过分了吗？物极必反，他们难道不懂得这个道理吗?”此后，一场全国规模的群众性的急风暴雨式的反右派斗争猛烈展开。

在整个反右派斗争中，《人民日报》等新闻媒体始终紧跟中共中央的号令，起到重要的指导和推动作用。从6月9日开始，《人民日报》几乎每天发表一篇反右派的社论，政治风向也一天比一天明朗。许多人根据这些社论的导向改立论的基调，拥护这些社论，在发言中重复这些社论的意思乃至字句。19日，《人民日报》全文发表了《关于正确处理人民内部矛盾的问题》，公布了辨别“香花毒草”的六条政治标准，成为反击右派的武器。21日，《人民日报》刊登了《首都高等学校师生用真理和事实击溃了右派分子》的长篇报道，称现在“高校的大字报到处是批驳右派言论的短文”，“右派分子在各学校到处碰壁，已经丧失了前些日子的狂妄的气焰”，“有的不敢露面了，有的在无可辩驳的真理和事实面前，被迫检讨，表示悔改了”。

（三）新闻界的反右派斗争

积极推动全国反右派斗争的同时，新闻界自身也开始反右派斗争。

毛泽东特别分析了新闻界的形势，认为“新闻界右派分子还有号召工农群众反对政府的迹象”。[①] 5月14日，毛泽东指示刘少奇、周恩来等人，要他们注意《解放日报》《新华日报》《文汇报》《北京日报》和《光明日报》的动向。5月16日至18日，第一次首都新闻工作者座谈会召开，与会者就新闻理论和实际工作中存在的各种问题各抒己见，“鸣放”氛围非常热烈。6月14日，《人民日报》发表毛泽东撰写的《文汇报在一个时间内的资产阶级方向》，公开批判《文汇报》和《光明日报》，认为其基本政治方向在一个短时期内“变成了资产阶级报纸的方向”，一部分人“混淆资本主义国家报纸和社会主义国家报纸的原则区别”，其他一些报纸的编辑记者和大学的一些新闻系教师也有这种情形。同日，《文汇报》在转载上述文章的同时，发社论做了自我批评，承认“在整风运动期间所犯的资产阶级方向错误”。该报16日又发表社论“欢迎督促和帮助”。但《文汇报》的检讨没能过关，7月1日《人民日报》发表了第二篇批判《文汇

① 中共中央文献研究室编：《建国以来重要文献选编》第10册，中央文献出版社2011年版，第234—239页。

报》的社论，认为其根本没有自我批评，甚至替自己的错误作辩护，并断定其有“一个民盟右派系统”。第二天，《文汇报》发表社论《向人民请罪》，完全接受批评，承认这几个月确确实实成了“章罗联盟”（章伯钧和罗隆基）向无产阶级猖狂进攻的喉舌，还表示正全心全意投入反右派斗争，与右派决一死战。3日，该报又以《痛切改造自己》为题发表社论，表示全体工作人员决心通过反右派斗争改变资产阶级新闻观，办好一张为社会主义服务的报纸。

整风开始后，《光明日报》大量报道北京和各地整风情况，并以报社名义邀请民主党派和高级知识分子座谈，对各类意见不加分析均做了详尽报道。6月1日，在中共中央统战部召开的座谈会上，该报总编辑、九三学社“中央宣传部”部长储安平提出“党天下”的问题，并发表在第二天的《光明日报》头版上。这个错误意见遭到毛泽东的公开批判。反右派斗争开始后，储安平辞去了总编辑职务。《人民日报》7月1日的社论称《光明日报》严肃认真地批判了社长章伯钧（时任中国农工民主党中央主席、中国民主同盟中央副主席）和总编辑储安平的方向错误，由资产阶级路线转到了社会主义路线，恢复了读者的信任，像一张社会主义的报纸了。7月15日，《光明日报》以编辑部的名义发文再次批判章伯钧和储安平的办报思想。

为使新闻界反右派斗争推向深入，第二次新闻工作者座谈会召开，与会者有400多人，从1957年6月下旬开到8月中旬。会上重点批判的人物有章伯钧、储安平、徐铸成、浦熙修、王中等。座谈会上，《新民报》《北京日报》《大公报》《中国青年报》等纷纷做检讨。座谈会还追查了《文汇报》《光明日报》同“右派系统”的关系。座谈会期间，北京发生了“左叶事件”。8月14日，《人民日报》批评《中国青年报》《北京日报》《文汇报》等对“左叶事件”的报道失实，称其是“右派分子向党的新闻事业发动进攻”，是反社会主义的。

> 拓展资源
>
> “左叶事件”

新闻界的反右派斗争一直持续到1958年。斗争的严重扩大化，使得一大批新闻工作者被划为“右派分子”，遭受了长期的冤屈和磨难，给新闻事业造成难以估计的损失。

二、“大跃进”年代的新闻宣传

为了尽快改变中国贫穷落后的面貌，中共中央在1957年冬提出了15年赶超英国钢产量的目标，1958年正式制定了社会主义建设总路线，并发动了“大跃进”和人民公社化运动。“1958年到1960年，在我国历史上习惯称为‘大跃进’的年代。期间先后发生了‘大跃进’和‘反右倾’两次大的政治运动，使我国经济发展遭遇到严重的挫折，教训非常深刻”。[①] 新闻宣传方面的教训同样深刻。

（一）“大跃进”中的新闻宣传

1957年11月，《人民日报》发社论提出要在生产建设上来一个“大跃进”。1958年元旦，该报发表社论提出“超英赶美”和过渡到共产主义的战略设想；2月2日，又发表社论提出国民经济“全面跃进”的口号。1958年5月，中共八大二次会议提出“鼓足干劲、力争上游、多快好省地建设社会主义”的总路线，全国各条战线的“大跃进”迅猛开展起来。各新闻单位开始大张旗鼓地宣传总路线和“大跃进”。1958年8月，毛泽东发出“办人民公社好”的指示；18日，《人民日报》发文肯定了人民公社的十大优越性。随后各新闻单位围绕人民公社开展大力宣传，刮起一股“共产风”。

“大跃进”年代的新闻宣传，一是浮夸成风，大话连篇，大肆宣传农业上高产放“卫星”和工业上“大炼钢铁”。1958年6月，《人民日报》在头版头条报道河南遂平县嵖岈山人民公社亩产小麦3 521斤（后又经过反复打场，每亩增加了300斤）的新闻，在全国放了第一颗“卫星”，随后“卫星”越放越大。水稻“卫星”来势更猛，8月15日，《人民日报》刊登了新华社记者拍摄的湖北麻城县（现麻城市）建国第一农业社早稻高产田的照片。在这块亩产稻谷36 956斤的高产田上，4个儿童竟直端端地站立在稻穗上。《人民日报》还连续发表了玉米、高粱、谷子、番薯、芝麻、南瓜、芋头、蚕豆、苹果等28种农作物、蔬菜或水果的高产“卫星”。对工业的报道也是如此。1958年8月，中共中央决定1958年的钢产量要比1957年翻一番，达到1 070万吨。为了实现这个高指标，新闻媒体开始大规模宣传“以钢为纲”和全民大炼钢铁运动。8月8日、9月1日和5日《人民日报》先后发表社论动员全民大炼钢铁。地方报纸、电台也为此大造声势。二是违反科学精神，宣传唯意志论，无限制地夸大人的主观能动性。1958年7月23日《人民日报》的社论称“只要我们需要，要生产多少就可以生产多少粮食来”。此后发表的多篇社论都大唱“人有

---

① 薄一波：《若干重大决策与事件的回顾》下卷，中共中央党校出版社1993年版，第679页。

多大胆，地有多大产”。10月间，报纸上刊登一些负责人总结当年农业高产经验的文章，说我国农业生产出现的新规律就是高产，所有外国和中国农业科学书籍上讲的那些规律都被推翻了。①

对“大跃进”中新闻宣传的种种问题，毛泽东和党中央有所察觉。1958年11月中共八届六中全会期间，毛泽东对新华社和《人民日报》为了出新闻而造假的行为提出严厉批评：“讲牛尾巴长在屁股后面，没有人听，讲长在头上，就是新闻了。要进行教育，讲清楚，要老老实实，几年之内能做到就好”。② 根据毛泽东的指示，1959年1月22日中共中央下发《关于目前报刊宣传工作的几项通知》，要求新闻单位对“大跃进”成就和人民公社优越性的宣传，要注意科学分析，力戒浮夸。同年6月，毛泽东责成主管宣传口日常工作的中央书记处书记邓小平和彭真，立即研究宣传工作如何转向的问题。20日，毛泽东主持召开政治局会议，在批评浮夸风和高指标后，转而谈到宣传问题。他批评《人民日报》“去年吹得太凶、太多、太大”，因此，“现在宣传上要转，非转不可”。刘少奇严肃指出，“报纸上去年放了许多‘卫星’，失信于人。我们去年浮夸风刮得厉害，下面怎么讲我们就怎么报道，表面上似乎‘密切联系实际’，其实是跟着下面走，犯了尾巴主义的错误，结果走向反面，完全脱离实际”。③

毛泽东、刘少奇等对“大跃进”中非科学的新闻宣传的批评是中肯的，中共中央对新闻宣传工作发出的指示是正确的，但由于随后发生的“反右倾”运动而没能完全贯彻执行。

（二）新闻界的“大跃进”

在宣传全国“大跃进”的同时，新闻界也开始了“大跃进”。1958年2月27日，《人民日报》制定了《苦战三年工作纲要》，提出：苦战三月，使报纸面貌焕然一新；苦战三年，使报社面目大改观。《纲要》对新闻评论、新闻报道、版面和标题、干部队伍、群众工作、写作文风等都提出了很高的标准，要求各部门和每个人都制定“跃进规划”，并开展挑战、应战、竞赛、评比活动。报社成立了研究组，天天评报插红旗，评好新闻、好标题、好版面、好评论。《纲要》得到了毛泽东的首肯，认为《人民日报》“有跃进的可能”。《人民日

① 薄一波：《若干重大决策与事件的回顾》下卷，中共中央党校出版社1993年版，第687页。
② 《毛泽东文集》第7卷，人民出版社1999年版，第448页。
③ 吴冷西：《忆毛主席》，新华出版社1995年版，第137—140页。

报》还把版面下放，让各省分别自编一些版面，在新闻写作上搞群众运动，发动几十人、几百人讨论，撰写稿子。《中国青年报》《解放日报》等也不甘落后，制订出类似的“大跃进”计划。新华社制定了国内部《苦战三年工作规划（草案）》，1958 年 7 月又提出“大跃进”规划。9 月，新华社举行飞行集会，提出国内、亚非和南美新闻是新华社报道工作中的三大“元帅”，要以这三个方面的“大跃进”带动全社的“大跃进”。中央广播电台同样制定了三年工作纲要。为配合群众运动，一些广播电台频繁召开现场广播大会，听众动辄几百万甚至上千万，为“大跃进”造声势，如山西广播电台曾在 8 个月内召开 36 次现场广播大会，创下历史纪录。

新闻界的“大跃进”虽然提出一些不切实际的规划，但有些具体活动对新闻工作也起了一定的促进作用，有一定的积极意义，如《山西日报》曾向全国省级党报发出挑战，提出开展“十比”活动等。

（三）“反右倾”中的新闻界

1959 年 8 月庐山会议闭幕后，一场大规模的“反右倾”斗争在全党范围内展开，并波及非党员干部和群众。“反右倾”成了新闻宣传的重点。

“反右倾”的新闻宣传主要有三方面的内容。一是批驳右倾观点。《人民日报》、《红旗》杂志发表了一系列社论和评论员文章，如《“得不偿失”论可以休矣》《驳“国民经济比例关系失调”的谬论》等。一时间，全国新闻媒体上出现了许多驳斥文章和社论，如《驳“一团漆黑”论》《驳“大丧元气”论》《驳“公社早产”论》等。二是正面宣扬“三面红旗”（“总路线”“大跃进”“人民公社”）的优越性。1959 年 8 月 19 日，毛泽东写信给吴冷西等人，指示说：为了驳斥国内外敌人和党内右倾机会主义，或者不明真相抱着怀疑态度的人们，对于人民公社的攻击、污蔑和怀疑起见，必须向这一切人作战，长自己的志气，灭他人的威风。为此就需要大量的材料，请新华社和《人民日报》对人民公社进行马克思主义的调查研究，并由我编一本书，我准备写一篇万言长序，痛驳全世界的反对派。[①] 后来，毛泽东根据新华社记者调查的材料编了一本《人民公社万岁》（1960 年印制完成，未发行），宣传“三面红旗”的优越性，驳斥“右倾”观点。于是，从中央到地方的新闻媒体刊登了一系列歌颂

① 参见中共中央文献研究室编：《毛泽东年谱（1949—1976）》第 4 卷，中央文献出版社 2013 年版，第 162—163 页。

"三面红旗"的文章，如《大办钢铁就是好》《公社食堂万年长青》等。一些省报还连续用"人民公社万岁""人民公社好"等作为通栏标题，整版刊登颂扬人民公社的社论和报道。三是鼓吹"继续跃进"。本来"大跃进"和人民公社化运动已经出现了很多问题，但是为了批驳"右倾机会主义"，中共八届八中全会后新闻界继续在全国鼓吹跃进。

1959年8月以后，新闻界自身也开展了"反右倾"斗争，一些敢于讲真话、坚持原则的新闻工作者被划为"右倾机会主义分子"，或被撤销职务，或被下放劳动，精神上受到打击，心灵上受到伤害，工作上受到影响，再次给我国新闻事业造成巨大的损失。

三、调整时期的新闻宣传

鉴于"大跃进"给国民经济和人民生活造成严重困难的深刻教训，中共中央、毛泽东决心认真调查研究，纠正错误，调整政策。1961年1月，党的八届九中全会正式决定对国民经济实行"调整、巩固、充实、提高"的方针。在宣传国民经济调整的同时，新闻界也着手自身的调整。

（一）大兴调查之风，采写典型报道

毛泽东号召全党大兴调查研究之风，一切从实际出发，要求1961年成为实事求是年、调查研究年。1月29日，《人民日报》刊发《大兴调查研究之风》的社论，阐释开展调查研究的重要性、目的和意义。《红旗》杂志也发表评论《大兴调查研究之风，一切从实际出发》，论述调查研究的必要性和方法。

遵照毛泽东和中共中央的指示，新闻界在宣传调查研究的同时，自己也开始调查研究。1961年4月28日，刘少奇在湖南调研时曾对新闻宣传工作作出重要指示，提出在"大跃进"中记者所犯的错误既有组织上的原因，也有依赖党委、自己不做调查研究的因素。5月1日，刘少奇对《人民日报》工作发表谈话，指出报纸工作人员是"调查研究的专业工作人员"，报纸上的文章都应当是调查研究的结果。他勉励记者和编辑要认真做调查研究工作，要做一个实事求是的、马克思主义的新闻工作者。

调查研究的开展，改善了新闻作风。广大新闻工作者深入群众、深入实际、深入采访，出现了一批内容翔实、实事求是的新闻通讯和典型报道。《中国青年报》记者王石、房树民采写的通讯《为了六十一个阶级弟兄》，新华社记者郭超人采写的关于我国登山队勇攀珠穆朗玛峰的长篇连载通讯《红旗插上

珠穆朗玛峰》，1963 年《辽宁日报》等关于雷锋的报道，新华社采写的通讯《县委书记的榜样——焦裕禄》（1966 年 2 月 7 日《人民日报》）（图 8-4），以及关于大庆、大寨、邢燕子、向秀丽、王杰、“南京路上好八连”等的典型报道，都是这一时期的优秀代表，在全国产生了正面、积极而巨大的影响，成为我国新闻史上的光辉篇章。

人民日报
RENMIN RIBAO
“我们为人民而死，就是死得其所。”
县委书记的榜样——焦裕禄
社论
向毛泽东同志的好学生——

图 8-4　《人民日报》刊登通讯《县委书记的榜样——焦裕禄》

（二）体察民意，用心创作杂文

国民经济与社会政治关系调整时期，我国报刊一个明显的变化是杂文的大发展，出现了一批有影响的杂文专栏和报刊杂文家，如《燕山夜话》《三家村札记》和《长短录》等。《燕山夜话》是《北京晚报》的杂文专栏，由时任北京市委副书记的邓拓主持，文章署名“马南邨”。该专栏 1961 年 3 月 19 日创设，1962 年 9 月 2 日停刊，共发表杂文 152 篇。《燕山夜话》的话题广泛，思想深刻，文采斐然。《三家村札记》是北京市委理论刊物《前线》的杂文专栏，1961 年第 9 期创设，1964 年第 13 期停刊，共发表杂文 67 篇。这个专栏由邓拓发起，邓拓、吴晗、廖沫沙三人执笔。专栏上的文章针砭现实生活中一些不良倾向和作风，赞扬社会主义新人新事，介绍各种知识，帮助读者开阔眼界，增长知识。《长短录》是《人民日报》的杂文专栏，1962 年 5 月 4 日创设，12 月 8 日停刊，共刊登杂文 37 篇。其宗旨是配合进一步贯彻“双百”方针，表彰先进、匡正时弊、活跃思想、增长知识。一些省报也创设了杂文专栏，如山东《大众日报》的《历下漫话》、《云南日报》的《滇云漫谭》等。

（三）增加报纸的可读性

为适应人民群众阅读的需要，报纸纷纷在知识性、趣味性上下功夫，增强报纸的可读性。《人民日报》带头部分改版，从 1961 年 1 月开始，每周一拿出 4 个版面，专门刊登知识性、趣味性的作品。在《人民日报》的带动下，全国许多报纸都创设了专门副刊，刊登知识性、趣味性的文字，如《中国青年报》的《星期天》、《文汇报》的《笔会》、《大公报》的《商品知识》、《解放日报》的《国际知识》等。《文汇报》的《笔会》“以知识性东西为主，五花八门，杂七杂八”。《中国青年报》1961 年 9 月 4 日发表了《不怕鬼的故事》，共占 3 版，第 4 版是副刊《星期天》，这一天的报纸没有一条新闻。新华社第二天将该报刊登的《不怕鬼的故事》发了通稿。这些举措，大大增加了报纸的可读性，报纸显得更加生动、活泼。广播电台也播出了“历史故事”等知识性节目。

四、“反修防修”中的新闻宣传

在探索社会主义道路时期有一项重要工作，就是“反修防修”，即反对和防止修正主义。这场斗争包括中苏论战、社会主义教育运动（“四清”），直至演变为“文化大革命”。以《人民日报》和《红旗》杂志为首的新闻媒体成为这一系列斗争的重要阵地。

（一）关于国际“反修”的新闻宣传

1956 年 2 月苏共二十大上赫鲁晓夫作《关于个人崇拜及其后果》的“秘密报告”后，毛泽东开始关注修正主义问题。

1957 年 3 月，在全国宣传工作会议上，毛泽东称“否定马克思主义的基本原则，否定马克思主义的普遍真理”就是修正主义。他明确指出：“在现在的情况下，修正主义是比教条主义更有害的东西。我们现在思想战线上的一个重要任务，就是要开展对于修正主义的批判”。①

1960 年，为纪念列宁诞辰 90 周年，《人民日报》发表了《沿着伟大列宁的道路前进》，《红旗》杂志发表了《列宁主义万岁》，中共中央宣传部部长陆定一在纪念列宁诞辰大会上作了题为《在列宁的革命旗帜下团结起来》的报告。这三篇文章指出“现代修正主义”者企图在暴力、战争、和平共处等一系列问

① 《毛泽东文集》第 7 卷，人民出版社 1999 年版，第 281—282 页。

题上，从根本上推翻马克思列宁主义的基本原理，因此必须高举列宁主义旗帜，批判“现代修正主义”。

1961 年 10 月，苏共二十二大后，中苏两党间的矛盾逐渐激化。1962 年 2 月，苏共中央在致中共中央的信中，给中共扣上“反列宁主义的行为”“特殊路线”等帽子。6 月 17 日，《人民日报》发表了中共中央的复信，即《关于国际共产主义运动总路线的建议》，系统地批驳了赫鲁晓夫的修正主义理论和路线。当年冬天，欧洲一些共产党相继召开代表大会，跟着苏共攻击中国共产党。毛泽东认为，对于这股国际修正主义逆流必须反击。从 1962 年底到 1963 年 3 月，《人民日报》和《红旗》杂志接连发表了《全世界无产者联合起来反对我们的共同敌人》《陶里亚蒂同志同我们的分歧》等 7 篇文章对苏共等党的攻击予以批驳，但对苏共还没有公开指名。1963 年 7 月，苏共中央在《真理报》上发表了《给苏联各级党组织和全体共产党员的公开信》，对中共进行全面攻击。为了系统、全面反击，中共中央从 1963 年 9 月至 1964 年 7 月，以《人民日报》和《红旗》杂志编辑部的名义，相继发表了 9 篇评论苏共中央公开信的文章，简称“九评”，涉及斯大林评价问题、与西方关系问题、如何对待列宁主义问题以及修正主义问题等。

中国共产党坚持独立自主原则，反对大党大国对其他党和国家的不平等做法和霸权主义，坚决顶住了来自苏联的巨大压力，维护了国家主权、民族和党的尊严，这是值得肯定的。但这些评论文章“好多观点是不对的”，并且是“根据中国自己的经验和实践来论断和评价国际共运的是非，因此有些东西不符合唯物主义和辩证法的原则”。① 另外，这场论战不仅导致社会主义阵营的分裂，也使许多国家的共产党陷于分裂。与此同时，这场论战也严重影响了中国共产党对国际形势的判断和对社会主义的认识，进而影响到对国内形势的判断，成为后来逐渐走向“文化大革命”的一个重要原由。②

（二）关于国内“防修”的新闻宣传

1962 年 7 月，在北戴河中央会议上，毛泽东针对国内形势重提阶级斗争，并将以前说的“右倾机会主义”改称为“中国的修正主义”。9 月，中共八届

---

① 中共中央文献研究室编：《邓小平年谱（1975—1997）》（下），中央文献出版社 2004 年版，第 944 页。

② 中共中央党史研究室：《中国共产党历史 · 第二卷（1949—1978）》下册，中共党史出版社 2011 年版，第 657—658 页。

十中全会《公报》指出："在无产阶级革命和无产阶级专政的整个历史时期，在由资本主义过渡到共产主义的整个历史时期（这个时期需要几十年，甚至更多的时间），存在着无产阶级和资产阶级之间的阶级斗争，存在着社会主义和资本主义这两条道路的斗争。……这种阶级斗争，不可避免地要反映到党内来。国外帝国主义的压力和国内资产阶级影响的存在，是党内产生修正主义思想的社会根源。在对国内外阶级敌人进行斗争的同时，我们必须及时警惕和坚决反对党内各种机会主义的思想倾向。"① 因此，在国内也必须进行"反修防修"的斗争。

出于"反修防修"的考虑，毛泽东提出要在全国进行城乡社会主义教育。1963 年 2 月，中共中央在北京召开工作会议，着重讨论了城乡社会主义教育问题。9 月，毛泽东在中央工作会议上说，我们搞"十条"、搞"四清"，城市搞"五反"，实际上是国内反修正主义。在这场遍及各行各业的社会主义教育运动中，新闻媒体也有相应的表现。

1. 城乡社会主义教育运动中的新闻宣传

社会主义教育运动的重点在农村，对于农村社教的宣传，主要是采取选派机关干部下乡宣讲文件，传达中央精神。1963 年 11 月 14 日，中共中央根据毛泽东的指示发出《关于印发和宣传农村社会主义教育运动问题的两个文件的通知》，要求将"双十条"② 通过宣讲的方式，做到家喻户晓、人人皆知。为此，各地组织了大量干部和宣讲队伍，向各级各类群众宣讲。1964 年 3 月，中共中央又发出指示，要求两个文件"应在几年内分几次在城乡全党全民中宣读，讲解，发问，答问，由粗到细，由浅入深，结合当地实际情况，深入调查研究，直到确实解决问题"。③

在组织大量干部下乡宣讲的同时，毛泽东还要求新闻媒体也进行宣讲，并扩大宣传规模，改变过去只由《人民日报》和《红旗》杂志发表文章的做法，省级和中央一级的报刊都可以组织文章，但要经中宣部、各大区批准。

---

① 中共中央文献研究室编：《建国以来重要文献选编》第 15 册，中央文献出版社 2011 年版，第 553—554 页。

② "双十条"，指 1963 年 5 月制定的《关于目前农村工作中若干问题的决定（草案）》（"前十条"）和 9 月制定的《关于农村社会主义教育运动中一些具体政策的规定（草案）》（"后十条"）。

③ 中共中央文献研究室编：《建国以来重要文献选编》第 18 册，中央文献出版社 2011 年版，第 295 页。

遵照中央指示，新闻媒体对“四清”运动的宣传比较谨慎，对“四清”进展的具体情况基本上没有涉及，主要是正面讨论社会主义教育运动的性质、必要性和一般效果。1963 年 11 月 29 日，《人民日报》发表题为《阶级教育要经常抓紧》的社论，指出这场社会主义教育运动必须以“阶级教育为中心”，要通过教育，使农民认识到“阶级斗争，一抓就灵”的道理，并说“阶级教育是整个社会主义时代的战略任务之一，不是一次运动可以完成的，也不是短时期内可以完成的”，因此，“阶级斗争要天天讲、月月讲、年年讲，这‘必要的一课’要天天上，月月上，年年上，直到共产主义的彻底实现”。

1964 年《人民日报》元旦社论《乘胜前进》说，社会主义教育运动“是一次亿万群众自觉参加的具有伟大历史意义的思想革命运动”；通过社会主义教育，“大大提高了干部和群众的社会主义觉悟，打击了残余的资本主义势力和封建主义势力”，“各民族、各民主党派和爱国人士的团结，都更加加强了。”

除了《人民日报》等中央媒体外，各地报纸不仅发表了不少相关新闻、通讯和评论，而且特别开辟了专门进行阶级教育的专栏，如《浙江日报》的专栏《必要的一课》。这个专栏从 1962 年 11 月 15 日开始一直出版至 1966 年 7 月。1963 年下半年以来，全国各地的报刊上，几乎每天都可以看到很多篇关于社会主义阶级教育的材料。各报刊除了已经发表的很多群众进行自我教育的稿件以外，还收到了大量的来信来稿。新闻媒体上的宣传大都将这次运动作为背景，凡是生产队的生产丰收、先进人物的成长、接班人的培养，都是进行社会主义教育运动的结果，都是社会主义教育运动的生动反映。

2. 意识形态领域社会主义教育运动中的新闻宣传

1963 年 9 月，毛泽东在中央工作会议上谈到反对修正主义的必要性时说，反修也要包括意识形态方面的问题，文学、艺术、戏剧、电影等领域都应该抓一下。

毛泽东在 1962 年开始注意文艺界的修正主义问题，越往后越感到问题的严重性。1963 年 9 月，毛泽东就文艺工作指示说，《戏剧报》文化方面封建落后的东西多，社会主义的东西少。文化部是管文化的，应注意这方面的问题，为之检查，认真改正。[①] 12 月，毛泽东在一份汇报材料上批示：“各种艺

---

① 姜华宣等主编：《中国共产党重要会议纪事（1921—2011）》，中央文献出版社 2011 年版，第 397 页。

术形式——戏剧、曲艺、音乐、美术、舞蹈、电影、诗和文学等等，问题不少，人数很多，社会主义改造在许多部门中，至今收效甚微。许多部门至今还是'死人'统治着。不能低估电影、新诗、民歌、美术、小说的成绩，但其中的问题也不少，至于戏剧等部门，问题就更大了。社会经济基础已经改变了，为这个基础服务的上层建筑之一的艺术部门，至今还是大问题。"① 1964 年 6 月 27 日，毛泽东进一步指出："文联"领导的十个协会"十五年来，基本上（不是一切人）不执行党的政策，做官当老爷，不去接近工农兵，不去反映社会主义的革命和建设。最近几年，竟然跌到了修正主义的边缘"。② 因此，意识形态领域的"反修"斗争从文化领域开始。在意识形态领域的"反修"中，新闻媒体不仅成为阵地，而且成为先锋。

1963 年 5 月，《文汇报》发表文章批判新编昆曲《李慧娘》和繁星（廖沫沙）的《有鬼无害论》，引发了在报刊上公开点名批判的风潮。《李慧娘》《北国江南》《早春二月》等一批戏剧、电影、美术、音乐作品和文艺理论观点遭到批判。1965 年 11 月 10 日，上海《文汇报》发表《评新编历史剧〈海瑞罢官〉》一文，发展成为引发"文化大革命"的导火线。③ "文化大革命"前夕，1966 年 4 月 18 日，《解放军报》发表社论《高举毛泽东思想伟大红旗，积极参加社会主义文化大革命》。次日，《人民日报》在头版全文转载了这篇社论。5 月 4 日，《解放军报》又发表社论《千万不要忘记》，称当前文化战线上的大论战是一场尖锐的阶级斗争，同吴晗等一小撮反党反社会主义分子的斗争是一场你死我活的斗争，"是现阶段我国社会主义革命深入发展的关键问题，是关系全局的问题，是关系我们党和国家命运和前途的头等大事，也是关系到世界革命的一件头等大事"。

紧跟着文艺界，意识形态各个领域的"反修"斗争也紧锣密鼓开展起来。1964 年下半年，《人民日报》《光明日报》等中央刊物开展对哲学家杨献珍"合二而一"观点的批判。到 1964 年底，全国各地主要报刊发表批判文章达 500 多篇。在经济学界，主要是批判孙冶方的"生产价格"论和"企业利润"

---

① 毛泽东：《关于文学艺术的批示》，《人民日报》1967 年 5 月 28 日。

② 中共中央文献研究室编：《建国以来重要文献选编》第 19 册，中央文献出版社 1998 年版，第 7 页。

③ 中共中央党史研究室：《中国共产党的九十年》，中共党史出版社、党建读物出版社 2016 年版，第 561 页。

论。在历史学界，主要是批判翦伯赞的“历史主义”和“让步政策”论。1965年9月22日，《光明日报》发表署名文章《应该怎样估价“让步政策”》，指责“让步政策”从“根本上歪曲了毛主席关于中国农民战争的历史作用的理论”。12月出版的《红旗》杂志上发表了戚本禹的文章《为革命而研究历史》，文章说翦伯赞的历史主义是“资产阶级历史主义”。1966年3月，《红旗》杂志又发表戚本禹等三人的文章《翦伯赞同志的历史观点应当批判》，进一步给翦伯赞扣上“资产阶级史学代表人物”的帽子，称他1962年写的《目前史学研究中存在的几个问题》是“反马克思主义的史学纲领”。

第三节 新闻教育与新闻学研究的发展

一、新闻教育的发展

1958年后，我国新闻教育有了较大发展，高等院校新创办了一批新闻专业，在校生最多时达1 500名左右。

1958年6月，北京大学中文系新闻专业正式并入中国人民大学新闻系。1959年9月，北京广播学院正式成立，是我国第一所培养广播电视专门人才的高等学校。复旦大学新闻系1961年开始招收新闻专业研究生，成为1949年以后我国培养新闻专业研究生的开端。1958年至1960年创办的新闻系、新闻专业还有：江西大学新闻系、杭州大学新闻系、西安政法学院新闻专业、南京大学中文系新闻专修科、暨南大学中文系新闻专业等。记协、报社等还组织过一些新闻培训。1961年至1963年，随着国民经济的调整，我国新闻教育有所收缩，一些大学新闻系停办或停招。

新闻教育同样受“左”的思想的严重影响。反右斗争的严重扩大化，把一批新闻系、专业的教师和学生错划为“右派”，造成不幸的后果。在“大跃进”等政治运动中，片面强调“以阶级斗争为主课”，严重影响了正常的课堂教学和新闻教育。

二、新闻学研究的发展

这个时期新闻学研究的一个突出特点是科研与教学结合，研究著作同时又是新闻教材。1959年，中国人民大学出版了内部铅印教材《中国现代报刊史讲义》，该校编印的教材还有《报纸编辑讲义》《新闻采访讲义》《马克思、恩格斯论报刊》《列宁论报刊》等。复旦大学新闻系编印的有《中国报刊研究文集》《中国报刊评论文选》等。北京广播学院整理的有《中国新闻广播文集》《广播稿选》等。1957 年 12 月，中国记协创办了《新闻战线》，这是一个侧重新闻业务研究和经验交流的重要刊物，人民日报、新华社也派人参加编辑工作。1958 年至 1959 年，江西省新闻学会、安徽省新闻学会等新闻学术团体相继成立，开展了一些新闻研究活动。

受“左”的错误影响，新闻研究中也出现了一些“左”的错误观点，如把“报纸是阶级斗争的工具”的观点绝对化，而对一些正确的理论和观点加以批判，在一定程度上造成新闻思想的混乱。

思考题

1. 评述社会主义道路探索时期新闻事业的发展。
2. 评述探索时期毛泽东的新闻宣传思想。
3. 简述“大跃进”年代新闻宣传的主要经验教训。
4. 简述调整时期新闻宣传的主要成绩。
5. 评析国际国内“反修防修”运动中的新闻宣传。

▶ 即测即评

第九章 “文化大革命”时期的新闻事业

1966年5月16日，中共中央政治局扩大会议通过了毛泽东主持起草的《中国共产党中央委员会通知》（简称“五一六通知”），宣告“文化大革命”正式开始。自此至1976年10月的十年，被称为“文化大革命”时期。1981年6月中共十一届六中全会通过的《关于建国以来党的若干历史问题的决议》明确指出，“文化大革命”是“一场由领导者错误发动，被反革命集团利用，给党、国家和各族人民带来严重灾难的内乱”①。新闻界是“文化大革命”的重灾区之一。一方面，新闻事业遭受严重损失：大量新闻媒体被迫停办，总量锐减；新闻机构受到红卫兵、造反派的肆意冲击，被强行夺权，不少新闻工作者遭到迫害；新闻界形成“小报抄大报，大报抄梁效”的畸形格局；新闻教育也遭受重创，几乎停顿。另一方面，新闻媒体在“文化大革命”中沦为林彪、江青两个反革命集团篡党夺权的政治工具：在极左新闻理论的指导下，新闻媒体煽动造反夺权，引发全国混乱；造谣污蔑，陷害良善；鼓吹个人崇拜，“神化”领袖，激起更多人参加“文化大革命”，加剧“内乱”。

“文化大革命”时期新闻传播代价惨痛，教训深刻，需要认真反思和记取：要坚持和改善党对新闻事业的领导，正确认识党报的党性原则，坚持党性和人民性的统一，正确认识新闻媒体的基本属性，始终尊重新闻传播的内在规律，严格遵循新闻传播的基本准则。

第一节 “文化大革命”重灾区的新闻界

一、新闻媒体被摧残

1966年5月，中共中央在北京召开政治局扩大会议，揭发批判北京市委第一书记彭真等人的“反党错误”。中共中央于6月初改组北京市委，改组后的中共北京市委随即决定撤销《北京日报》《北京晚报》原编委会，成立新的编

① 中共中央文献研究室编：《关于建国以来党的若干历史问题的决议》（注释本），人民出版社1983年版，第30页。

委会，撤销市委机关刊物《前线》杂志编委会并停刊整顿。接着，《中国青年报》《北京日报》《工人日报》《河北日报》《浙江日报》等报纸先后被迫停刊。据统计，1965 年全国邮局发行的中央级和地方级报纸共 413 种，杂志共 767 种；1966 年分别降为 390 种、248 种；1967 年又分别降为 334 种、102 种。[①] 到 1968 年底，全国报纸总数只有 42 种，全国性报纸仅剩下《人民日报》《解放军报》和《光明日报》三家。“文化大革命”爆发后，中央人民广播电台一批本来办得有特色、有影响的节目被迫停办，各地广播电台一律实行军事管制，停止自办节目，全天转播中央人民广播电台的节目。全国 13 家电视台在 1967 年有 11 家被迫停播，刚刚起步的中国电视事业遭受严重挫折。

幸存的新闻机构受到红卫兵、造反派的肆意冲击甚至夺权。1967 年元旦，《人民日报》《红旗》杂志联合发表经毛泽东审定的《把无产阶级文化大革命进行到底》社论，号召群众组织向各地党政机构“夺权”。全国的夺权斗争从上海开始，上海又从新闻界动手。1 月 3 日、4 日，上海《文汇报》和《解放日报》先后被造反派夺权接管。《人民日报》为此还发表社论，赞扬《文汇报》和《解放日报》的夺权是“文化大革命”的“一件大事”，是我国无产阶级新闻事业发展史上的“一个新创举”，并号召全国新闻界向他们学习。[②] 在上海的“示范”效应下，全国省、市、自治区党委被红卫兵、造反派夺权，相继成立“革命委员会”，原来的党委机关报都改为“红色政权革命委员会”的机关报。有的报纸还更改了报名或者重新印制报头，有的甚至更改了出版编号，表示与旧党委机关报彻底决裂。

“文化大革命”开始后，尤其是新闻界被“夺权”后，许多资深新闻工作者被赶出新闻机关。1968 年 9 月 1 日，《人民日报》《解放军报》和《红旗》杂志联合发表编辑部文章《把新闻战线的大革命进行到底——批判中国赫鲁晓夫反革命修正主义的新闻路线》。这篇由陈伯达、姚文元炮制的文章称：新中国成立后的 17 年，“中国赫鲁晓夫”（实指刘少奇）等人“疯狂推行反革命的资产阶级新闻路线，把叛徒、特务、走资派安插到各个新闻单位中，妄图使新闻事业变成颠覆无产阶级专政、复辟资本主义的工具”；新闻界成了“中国赫鲁晓夫及其代理人把持的反革命独立王国”。在这样的定性下，不少新闻工作

---

① 方汉奇：《中国新闻事业通史》第 3 卷，中国人民大学出版社 1999 年版，第 332 页。

② 《让毛泽东思想占领报纸阵地》，《人民日报》1967 年 1 月 19 日。

者被打成“反革命分子”，轻者撤换工作，下放到“五七干校”进行劳动改造；重者投进监狱，经受非人折磨，甚至被迫害致死。

“文化大革命”期间，形成了一种“小报抄大报，大报抄梁效”的畸形新闻传播格局。所谓“大报”是指被称作“两报一刊”的《人民日报》《解放军报》和《红旗》杂志。“两报一刊”在“文化大革命”期间，成为发布“最高指示”、传达中央政策的最重要媒介。“两报一刊”发表的文章，就成了全国其他报刊转抄的对象。“梁效”是“北京大学、清华大学大批判组”的笔名（“梁效”为“两校”谐音）。这个写作班子在驻校军宣队负责人的操纵和指挥下，撰写为“文化大革命”张目的文章，在《红旗》杂志和《人民日报》《光明日报》等中央机关报刊上发表，然后被全国其他重要报刊转抄。类似“梁效”这样的写作班子，还有张春桥、姚文元直接操纵的上海市委写作组、中共中央党校写作组、文化部写作组。这些写作班子撰写大批判文章，以“罗思鼎”“石一歌”“万山红”等笔名在报刊上发表。其他报刊根据这些文章的精神，也撰发口径一致的大批判文章，全国新闻媒体形成“千报一面”、一呼百应的反常局面。

二、新闻理论被扭曲

“文化大革命”期间，林彪、江青两个反革命集团，利用毛泽东提出的“无产阶级专政下继续革命”理论中的极左命题，编造出一套极左新闻理论，为他们的政治野心服务。

“文化大革命”新闻理论的基本观点，集中体现在“两报一刊”编辑部文章《把新闻战线的大革命进行到底》这篇长文中（图 9-1）。文章对“中国赫鲁晓夫”的“资产阶级新闻路线”进行了严厉批判，标榜、鼓吹所谓的“无产阶级新闻路线”：第一，报纸、刊物、广播、通讯社等新闻媒体“统统是阶级斗争的工具”，无产阶级要把新闻媒体的领导权掌握在自己手中，使之成为无产阶级专政的工具；第二，无产阶级新闻事业必须为无产阶级的政治路线服务，“必须成为无产阶级革命和无产阶级专政的有力武器”；第三，无产阶级新闻媒体对于一切“反动派”必须实行“舆论一律”，不许他们发表“不同的意见”，不给他们一点的自由，而且还必须旗帜鲜明地同各种反动阶级、流派和思潮作斗争；第四，一切新闻机关必须来一场大革命，“彻底改变那种轻视工农、关门办报的资产阶级老爷作风”，让工农兵到报社来办报，“打破知识分子成堆的状况”。①

人民日报

毛主席语录

高举无产阶级文化革命的大旗，彻底揭露那批反党反社会主义的所谓“学术权威”的资产阶级反动立场，彻底批判学术界、教育界、新闻界、文艺界、出版界的资产阶级反动思想，夺取在这些文化领域中的领导权。

把新闻战线的大革命进行到底

——批判中国赫鲁晓夫反革命修正主义的新闻路线

《人民日报》、《红旗》杂志、《解放军报》编辑部

中国赫鲁晓夫的自由化方针和资产阶级右派的进攻

图 9-1 “两报一刊”编辑部文章《把新闻战线的大革命进行到底》

这些新闻观点，无视新闻事业的一般规律，片面强调新闻媒体的阶级斗争工具属性和为无产阶级政治服务的功能，成为“无产阶级专政下继续革命”的错误理论在新闻宣传上的延伸。在这些错误的新闻理论指导下，“文化大革命”时期我国的新闻事业受到严重扭曲和干扰。

三、新闻宣传被滥用

“文化大革命”期间，新闻媒体的角色变异为“文化大革命”发动者和组织者，林彪、江青两个反革命集团诬陷打击良善的政治工具。同时，新闻媒体也掀起鼓吹个人崇拜、“神化”领袖的狂潮。

（一）发号施令的新闻宣传

1966 年 5 月“文化大革命”全面爆发后，新闻媒体煽风点火，引发全国混乱。5 月 25 日，北京大学哲学系党总支书记聂元梓等人，在校园内贴出了后来被称作“全国第一张马列主义的大字报”，向北京大学党委和北京市委发难。6

---

① 《把新闻战线的大革命进行到底——批判中国赫鲁晓夫反革命修正主义的新闻路线》，《人民日报》1968 年 9 月 1 日。

月1日，新华社全文播发了聂元梓等人的大字报。6月2日，《人民日报》在头版头条以《北京大学七同志一张大字报揭穿了一个大阴谋》为通栏大标题，全文刊登了该大字报，同时发表了陈伯达指导炮制的评论员文章《欢呼北大的一张大字报》，要求“革命派”与“反对毛主席、反对毛泽东思想、反对毛主席和党中央指示的黑帮”斗争到底。从此，大字报铺天盖地，贴满全国各地的校园、党政机关、工矿企业。

1966年6月初，《人民日报》发表《横扫一切牛鬼蛇神》《触及人们灵魂的大革命》社论，宣布“一个无产阶级文化大革命高潮”正在社会主义中国兴起，号召大家起来“横扫一切牛鬼蛇神”，把无产阶级大革命进行到底。在新闻媒体的煽动下，以红卫兵为主体的“横扫牛鬼蛇神”运动在全国兴起，不少老干部、专家、学者被作为“牛鬼蛇神”而“横扫”，人格和身体遭受羞辱、摧残。

1966年8月18日，首都百万群众聚集天安门广场，举行庆祝“无产阶级文化大革命”大会，林彪在会上号召红卫兵“大破剥削阶级的旧思想、旧文化、旧风俗、旧习惯”。次日，北京首先掀起大规模“破四旧”运动。广播电台对北京红卫兵大破“四旧”的“革命”行动高唱赞歌，并向全国推广。8月23日，全国各大报纸在头版头条登载了《无产阶级文化大革命的浪潮席卷首都》的消息，《人民日报》还发表《好得很!》社论。8月29日，《人民日报》又发表《向我们的红卫兵致敬!》社论，“礼赞”红卫兵的“破四旧”行为。从此，“破四旧”风潮席卷全国，大量承载优秀传统文化的物品和风俗习惯被当作“四旧”而破坏、抛弃。

在8月18日首都庆祝“无产阶级文化大革命”大会上，毛泽东佩戴“红卫兵”袖标，接见了红卫兵代表。第二天，全国各大报纸都以大量文字和图片进行了报道。接下来的三个多月中，毛泽东又七次接见红卫兵和检阅到北京串联的学生代表，新闻媒体对此都作了详细报道。红卫兵运动很快在全国蔓延开来，全国几乎所有大学生、中学生组织形形色色的“长征队”到各地串联，搅乱正常的生产、生活秩序。

1967年元旦，《人民日报》和《红旗》杂志联合发表《把无产阶级文化大革命进行到底》社论，号召群众组织向各地党政机构“夺权”。以“夺权”为核心的“一月风暴”立即从上海刮起。《人民日报》于1月22日又发表《无产阶级革命派大联合，夺走资本主义当权派的权》社论，明确提出展开一个“群众性的全面夺权斗争”，“向党内一小撮走资本主义道路的当权派夺权”，“夺权”浪潮由此迅速向全国蔓延。

1968 年 12 月 22 日，《人民日报》在头版以整版篇幅，全文刊登了由新华社转发的《甘肃日报》12 月 8 日消息《我们也有两只手，不在城市里吃闲饭!》，并加了编者按。同日，《人民日报》还在《毛主席语录》一栏里刊发了“知识青年到农村去，接受贫下中农的再教育”的“最高指示”。从此，全国各地掀起了知识青年“上山下乡”的热潮。

（二）诬陷和整人的新闻宣传

“文化大革命”期间，新闻媒体沦为大批判的政治工具，扮演了极不光彩的角色。新闻媒体点名批判成风，并且被批判者不能辩解，不准辩解，只能被诬陷、被打倒。

新闻媒体对刘少奇的诬陷、批判最为严重。1966 年冬刘少奇被打倒，受到隔离和批斗。在康生、江青等人的直接控制和指挥下，“刘少奇专案组”开始罗织刘少奇的“罪名”，并通过新闻媒体对其进行诬陷。1967 年 3 月 30 日，《红旗》杂志发表戚本禹的文章《爱国主义还是卖国主义？——评反动影片〈清宫秘史〉》，用“党内最大的走资本主义道路的当权派”代替刘少奇的名字，给刘少奇加上“帝国主义、封建主义、反动资产阶级的代言人”“帝国主义买办”等罪名，说刘少奇是“假革命、反革命”，是“睡在我们身边的赫鲁晓夫”。4 月 8 日，《人民日报》发表社论《高举无产阶级的革命的批判旗帜》，提出要“把党内头号走资本主义道路的当权派，把资产阶级反动路线批倒、批深、批臭”。同日，《光明日报》也发表社论《批判中国的赫鲁晓夫》。这两篇社论虽然没有指名道姓，要批倒刘少奇已是尽人皆知。5 月 8 日，《红旗》杂志、《人民日报》发表编辑部文章《〈修养〉的要害是背叛无产阶级专政》。该文采取断章取义、无限上纲的手法，称“党内最大的走资本主义道路当权派的代表作”《论共产党员的修养》一书，是反马克思列宁主义、反毛泽东思想的“大毒草”，对它必须进行彻底的批判。随后，全国报刊发表了大量批判《论共产党员的修养》的文章。1968 年 10 月中共八届扩大的十二中全会通过决议，宣布把刘少奇“永远开除出党，撤销其党内外一切职务”“并继续清算刘少奇及其同伙叛党叛国的罪行”。从此，报刊上对刘少奇的“革命大批判”就不再使用哑谜式的“中国赫鲁晓夫”这一代称，而是直呼其名。

（三）鼓吹个人崇拜的新闻宣传

“文化大革命”期间，新闻媒体一方面鼓动造反夺权，“横扫一切牛鬼蛇神”，狠批“资产阶级反动路线”和“资产阶级司令部”，一方面大树特树领袖权威，掀起对毛泽东个人崇拜的狂潮。

新闻媒体对毛泽东的吹捧始于《解放军报》。早在1961年5月1日，《解放军报》开始刊登毛泽东语录，开我国报刊在显著位置刊登毛泽东语录的先例。“文化大革命”开始后，《解放军报》每天在报眼上刊登“毛主席语录”，文中凡引用毛泽东的话均用黑体字排出，凡有毛泽东活动的新闻，一律用套红大字标题。全国新闻媒体群起效仿《解放军报》的做法，越来越突出、夸张地宣传毛泽东个人的伟大、英明，并通过各种新闻手段表明自己对“伟大领袖”的“无限忠于”“无限崇拜”，“最最最最敬爱的领袖”以及“祝您万寿无疆、万寿无疆、万寿无疆”等成为报刊的流行语言。1966年7月16日毛泽东在武汉横渡长江，《人民日报》7月25日在头版头条以大字标题予以报道，并且配发《跟着毛主席在大风大浪中前进》社论，把毛主席畅游长江称为令全国振奋的喜讯，亿万人民为毛主席的健康“同声欢呼，衷心祝愿毛主席万寿无疆”，号召永远跟着毛主席“在大风大浪中前进”，把“反革命复辟的阴谋一个一个地揭露和粉碎”，在“文化大革命”中英勇进军。1966年8月至11月，毛泽东在天安门广场先后八次接见红卫兵代表，各地报纸和广播、电视对这八次接见都作了突出报道，进一步形成对毛泽东个人崇拜的宣传高潮。

新闻媒体对毛泽东个人崇拜的宣传，在整个“文化大革命”期间基本上没有停止，而且随着政治斗争的进行花样不断翻新。[①] 新闻媒体对毛泽东的大肆“神化”宣传，激起更多人参加“文化大革命”、捍卫领袖的狂热。

四、新闻教育遭重创

新闻教育在“文化大革命”中遭受重创，一度停顿。“文化大革命”爆发的当年秋季，高校新闻系或专业与其他系科一样停止招生，在校师生“停课闹革命”。1969年3月29日，《人民日报》头版以“社会主义大学应当如何办”为通栏大标题，发表了三篇文章。其中驻复旦大学工人、解放军毛泽东思想宣

---

① 方汉奇：《中国新闻事业通史》第3卷，中国人民大学出版社1999年版，第327页。

传队的文章《我们主张彻底革命》提出：新闻系根本培养不出革命的战斗的新闻工作者，可以不办。接着，报纸上出现了要求“堵死”从大学培养新闻记者之路的文章。在这种情况下，有些本来已停止招生和教学活动的新闻系科就宣布解散，复旦大学新闻系暂停招生，北京广播学院于1969年停办，中国人民大学新闻系因学校于1971年停办而随之撤销，师生并入北京大学中文系新闻专业。新闻教育事业濒临中断。

经过数年的停顿和瘫痪之后，复旦大学新闻系在1970年冬首先招收工农兵学员，学制三年。1971年北京大学中文系新闻专业、1973年北京广播学院先后复办，也开始招收工农兵学员。同时，广西大学、天津师范学院、江西大学、郑州大学等高校中文系，开始试办新闻教育。受极左思潮的严重影响，这些复办或新办的新闻教育单位大搞“开门办学”，实行工农兵上大学、管大学、改造大学，教育理念错误，课程内容僵化，教学方法随意。新闻教育在“文化大革命”后期虽然得以恢复，但是在轻视知识、践踏知识分子的大环境下，不可能也没有取得什么真正的成绩。

五、“文革小报”的兴衰

“文化大革命”爆发后，社会上冒出一大批各种红卫兵组织和“造反”组织创办的报纸，统称“文革小报”。“文革小报”报头一般均采用毛泽东手书字体，普遍采用套红印刷；大多为四开小报，也有个别改版为对开大报；创刊时一般是周报，高潮时为周二报，有时也出周三、周四报，有的还出过增刊、专刊、号外、联合版等；开始是油印，后来大都发展为铅印，每期印数少则几千份，多则几十万份；先在学校、机关、工厂内部发送，后来逐渐向社会发行。红卫兵组织和“造反”组织创办报纸，无需向有关部门登记、注册，也没有正式的编辑机构，报纸随出随停，出刊、停刊带有很大的随意性，所以“文革小报”的种数、期数难以作出准确统计，全国出版的铅印或胶印“文革小报”应超过6 000种，仅北京地区目前发现或有确切记载的就有近千种之多。

“文革小报”是“文化大革命”初期随着红卫兵运动的兴起而出现的。迄今见到的最早的“文革小报”，是1966年9月1日出版的《红卫兵报》和《红卫兵》，前者由北京六中红卫兵创办，后者由“首都大专院校红卫兵司令部”创办。接着，清华大学“井冈山兵团”的《井冈山》、北京地质学院

“东方红公社”的《东方红报》、北京航空学院“红旗战斗队”的《红旗》、北京师范大学“井冈山公社”的《井冈山》等小报相继创办，它们与北京大学“新北大公社”的《新北大》，合称“北京地区红卫兵五大造反组织报纸”。1966年9月13日，“首都大专院校红卫兵革命造反总司令部宣传部”还创办了《首都红卫兵》。该报在外地42个城市设有联络站，在上海、重庆、西宁、长沙等地出版分版，总发行量估计在50万份至100万份之间，居全国“文革小报”之首。[①] 这几家报纸，其创办组织得到中央文革小组的支持，发表的社论往往代表了中央文革小组的态度，出版、印刷、发行比较正规，存在的时间也长，在北京乃至全国有很大影响。北京之外，各地大专院校、中学也出现了类似报纸，例如复旦大学红卫兵出版的《复旦战报》。

1966年12月，反映中央文革小组极左观点的《关于抓革命、促生产的十条规定（草案）》和《关于农村无产阶级文化大革命的指示（草案）》先后下发，“文化大革命”由文教部门、党政机关向工农业生产领域迅速蔓延，发展为一场全国性群众运动，不但大中学生红卫兵组织继续出版各种名目的小报，工人、农民甚至军事院校的“革命”组织也纷纷创办报刊，“文革小报”数量剧增，达到鼎盛。“文化大革命”期间影响最大的3家小报《首都红卫兵》《中学文革报》和《工人造反报》，后两种就是在这一时期创办的。《工人造反报》由“上海工人革命造反总司令部”于1966年12月28日创办，1971年4月停刊，是出版时间最长的“文革小报”。该报名义上是群众性报刊，实际上被王洪文等人操纵，“文化大革命”期间与《解放日报》《文汇报》《支部生活》合称上海“三报一刊”。《中学文革报》创办于1967年1月18日，以“首都中学生革命造反司令部宣传部”的名义出版。该报出版6期后于同年4月1日停刊。

“文革小报”作为群众性帮派组织的喉舌，以“新闻事业是政治斗争工具”为理论指导，直接服务于主办者党同伐异的派性斗争。因此，不管是“造反”性质还是“保守”性质，“文革小报”基本上都有以下特点：标语、口号、语录充斥版面；派性突出，言辞偏激，经常刊发攻击对立组织的文章和有利于自己一派组织的“首长讲话”及动态消息，内容多有歪曲、夸大之处，充满政治鼓噪和攻击谩骂之词；文章或标题中，被批判者的姓名被倒排、反排或在姓名

① 吴廷俊：《中国新闻史新修》，复旦大学出版社2008年版，第491—492页。

上打叉，罗织罪状或揭发隐私的文章、图片随处可见；热衷刊载重要文件、首长讲话、档案材料和小道消息，严重缺乏保密意识；所刊文章一般都不署作者真实姓名，而署战斗队名称或笔名，多数文章不署名。①

为了加强对小报的引导和控制，中共中央于1967年5月14日发布《关于改进革命群众组织的报刊宣传的意见》。该文件首先肯定了“革命群众组织”编印的各种报刊、传单在“文化大革命”中所发挥的重要宣传作用，然后针对其存在的问题，作出确保“政治方向”正确、严格保守党和国家机密、不搞“黄色新闻”、不传播“政治谣言”等政策规定。② 这个文件是在肯定“文革小报”的前提下提出“改进意见”的，因此不可能根本改变“文革小报”出版的混乱状况。

1967年10月以后，随着中央《关于按照系统实行革命大联合的通知》下发，按单位、班组实行“大联合”，跨行业、跨单位的各种群众组织纷纷解体，工矿企业、机关、文化科技单位出版的小报纷纷停刊，小报出版数量明显下降。1968年下半年，工人宣传队、军队宣传队、贫下中农宣传队进驻学校、机关领导“文化大革命”运动，红卫兵开始上山下乡和毕业分配，红卫兵组织由此解体。“文革小报”随之逐渐走向衰亡，大多数都在1968年底至1969年中停止出版，只有少数改为革命委员会、红代会、工代会的机关报，“文革小报”的出版历史基本结束。

“文革小报”是“文化大革命”特定历史条件下的产物。红卫兵组织、“造反”组织为扩大宣传而纷纷自发创办报刊，随后被“文化大革命”的发动者和组织者所利用，特别是被中央文革小组所利用，推动“文化大革命”走向失控。“文革小报”的泛滥与“文化大革命”局势的混乱，两者可谓互为因果。

第二节 同极左思潮抗争中的新闻界

一、反极左思潮的曲折斗争

1971年9月，林彪反革命集团被粉碎。此后，周恩来主持中央日常工作，

---

① 黄瑚：《中国新闻事业发展史》（第二版），复旦大学出版社2009年版，第318页。
② 方汉奇：《中国新闻事业通史》第3卷，中国人民大学出版社1999年版，第340页。

提出批判极左思潮、反对无政府主义的主张，试图恢复正常的政治、经济、社会秩序。1972 年 4 月 24 日，《人民日报》根据周恩来的指示，发表阐述党的干部政策的社论《惩前毖后，治病救人》，使大批受到关押、审查、批斗的老干部和专家教授获得“解放”，重新走上工作岗位。同年夏，周恩来多次对《人民日报》和新华社提出批极左要求。根据周恩来的指示，10 月 14 日，《人民日报》以整版篇幅发表《无政府主义是假马克思主义骗子的反革命工具——学习笔记》（署名“龙岩”）、《坚持无产阶级铁的纪律——读〈共产主义运动中的“左派”幼稚病〉》和《一个阴谋家的丑史——读〈巴枯宁〉》三篇文章，从理论和实践两个方面对无政府主义进行批判。《人民日报》刊登的这组文章立即受到全国关注，不少报纸予以转载，有些报纸还发表了类似文章或相关报道。

张春桥、江青、姚文元等人对周恩来批判极左予以抵制。1972 年 7 月，北京大学负责人周培源根据周恩来的指示，为《人民日报》撰写了《对综合大学理科教育革命的一些看法》一文，但姚文元不准《人民日报》刊登。该文后来在《光明日报》刊出，张春桥指使《文汇报》连续发表多篇文章围攻周培源。《人民日报》发表批判无政府主义的文章后，张春桥、姚文元密令他们控制的上海报纸，发表文章反击“龙岩”等人的观点，姚文元还指令人民日报社内部开展“批邪运动”，批判“右倾回潮”，使周恩来无法再过问人民日报社的事务。1972 年底，毛泽东提出要少批一点极左思潮。1973 年“两报一刊”联合发表元旦社论《新年献词》，指出在新的一年里，“我们要把批修整风这个头条大事抓好”，只字不提批判极左思潮。这使周恩来批判极左思潮的举措不得不中途停止，社会秩序、生产状况有所好转的局面再度恶化。

1973 年 8 月，中国共产党第十次全国代表大会在北京召开。大会通过的政治报告强调党今后的主要任务仍然是搞好阶级斗争，“巩固和发展无产阶级文化大革命的成果”。在紧接着召开的中共十届一中全会上，江青集团主要成员都进入中央政治局，王洪文当选为中共中央副主席，张春桥成为中央政治局常委。从此，江青与王洪文、张春桥、姚文元结成“四人帮”宗派集团，阴谋全面篡夺党和国家最高领导权力。

1973 年夏，“批林整风”转变为“批林批孔”。在“批林批孔”运动中，“四人帮”操纵的写作班子异常活跃，他们以各种笔名在报刊上发表了大量文章，借“批孔”批“周公”，影射和攻击周恩来。同时，“四人帮”还树立了辽宁“白卷英雄”张铁生等“反潮流”典型，在新闻媒体上大张旗鼓地进行宣传，目的在于批判周恩来的“右倾回潮”和“洋奴哲学”。

二、全面整顿时的新闻宣传

1975 年 2 月，已经“复出”的邓小平代替病重的周恩来主持国务院工作。面临严峻的形势，邓小平根据毛泽东所讲的“要学习理论”“要安定团结”“把国民经济搞上去”三项指示，开始对各行各业的混乱局面进行全面整顿。

全面整顿得到全国人民的热烈拥护。一些报刊宣传毛泽东的三项指示，批判资产阶级派性，强调加强纪律性，积极配合全面整顿工作。然而，“四人帮”不但限制新闻媒体对全面整顿工作进行重点报道，还指使写作组撰写发表《论林彪反党集团的社会基础》《论对资产阶级的全面专政》等文章，影射周恩来、邓小平搞“经验主义”“因循守旧”“复辟资本主义”，批判“走资派还在走”，与邓小平正在进行的全面整顿工作大唱反调。“四人帮”还利用古典小说《水浒传》大做文章，在全国新闻媒体上大批“投降派”，以影射攻击邓小平所做的全面整顿工作。例如，《红旗》杂志 1975 年第 9 期以《用〈水浒〉作反面教材，使人民都知道投降派》为总标题，发表了一组评论《水浒传》的文章。9 月 4 日，《人民日报》发表题为《开展对〈水浒〉的评论》的社论，说评论《水浒传》是我国政治思想战线上的又一次重大斗争，是贯彻执行毛主席关于学习理论、反修防修指示的重要组成部分。

邓小平开展全面整顿工作，被“四人帮”视为“右倾翻案”。1975 年 11 月，“四人帮”发动“反击右倾翻案风”运动。12 月 1 日，《红旗》杂志第 12 期刊登署名“北京大学、清华大学大批判组”的文章《教育革命的方向不容篡改》，《人民日报》12 月 4 日转载，把教育战线的整顿工作说成是为“修正主义教育路线”翻案，“进而否定文化大革命，改变毛主席的革命路线”。从此，新闻媒体开始了“反击右倾翻案风”的宣传，初见成效的全面整顿工作停了下来。

三、四五运动前后的新闻宣传

1976 年 1 月 8 日，周恩来总理病逝。“四人帮”作出种种规定压制和阻挠人民群众的悼念活动，严密控制新闻媒体对周总理逝世及群众自发吊唁活动的报道。1 月 14 日即周总理追悼会的前一天，首都百万群众到天安门广场哀悼，《人民日报》前三个版面不仅没有出现周恩来的名字，而且在头版头条以通栏标题刊登长文《大辩论带来大变化》，竟然说近来“全国人民都在关心清华大学关于教育革命的大辩论”。“四人帮”控制的写作组还在北京、上海报刊上发表文章，影射攻击周恩来。2 月 13 日，《光明日报》在头版刊载《孔丘之忧》一文（署名“高路”，实即“梁效”），把悼念周恩来的群众污蔑为“旧制度的‘哭丧妇’”。

与此同时，“四人帮”指使所掌控的写作班子和新闻媒体，加大对邓小平的批判力度。“梁效”等写作班子炮制的“批邓”文章，有的通过《人民日报》《光明日报》《北京日报》等报刊公开发表，有的还通过新华社向全国播发，称邓小平“翻案不得人心”，污蔑邓小平是“复辟”的“总根子”“总代表”，是“不肯改悔的最大的走资本主义道路的当权派”。一时间，“党内那个不肯改悔的走资派”成了邓小平在新闻媒体上的代称。1976 年 3 月，上海《学习与批判》杂志刊登《由赵七爷的辫子想到阿 Q 小 D 的小辫子 兼论党内不肯改悔的走资派的大辫子》，《文汇报》发表《走资派还在走，我们就要同他斗》通讯，影射邓小平搞“右倾翻案”是得到了周恩来的授意和支持，企图达到批倒邓小平、诬蔑周恩来一箭双雕的目的。《文汇报》的这篇通讯把周总理也打成了“走资派”，读者纷纷写信、打电话向《文汇报》提出抗议和警告。

从 1976 年 3 月底开始，出现了以天安门广场为中心，群众自发悼念周总理、抗议“四人帮”倒行逆施的活动，声势越来越大，花圈、诗文铺天盖地。4 月 4 日清明节，到场群众达 200 多万人次。南京、郑州、杭州、西安等地当日都出现了群众自发悼念周总理的活动高潮。4 月 4 日晚，华国锋主持召开中央政治局会议，讨论连日来天安门广场事态的发展。这次中央政治局会议在江青等人的左右下，把天安门广场发生的事态定为反革命事件，并决定在当晚开始清理天安门广场的花圈和标语。4 月 5 日，在清理天安门广场的过程中，部分群众同奉命维持秩序的民兵、警察、部队战士发生严重冲突，滞留在广场的群众被驱赶、殴打甚至被逮捕。从 1976 年 3 月底到 4 月 5 日，在天安门广场发生的人民群众大规模悼念周恩来、反对“四人帮”、支持邓小平的活动，被称作天安门事件；这一时期在全国各地发生的和天安门事件性质相同的活动，被统称为四五运动。[①] 4 月 8 日，《人民日报》发表题为《天安门广场的反革命政治事件》的现场报道，称这是“一小撮阶级敌人打着清明节悼念周总理的

① 中共中央党史研究室：《中国共产党历史·第二卷（1949—1978）》下册，中共党史出版社 2011 年版，第 955 页。

幌子，有预谋、有计划、有组织地制造反革命政治事件”，把矛头指向广大群众和邓小平。全国报纸随即充满了“声讨天安门反革命分子”和“批邓”的文章。4 月 18 日，《人民日报》发表《天安门广场事件说明了什么?》社论，说天安门广场的“反革命政治事件”有深刻的政治背景和阶级根源，“其源盖出于邓小平”，号召“把批判邓小平、反击右倾翻案风的斗争推向新高潮”。5 月 18 日，《人民日报》又发表署名“梁效”的文章《党内确实有资产阶级——天安门广场反革命事件剖析》，继续“论证”邓小平就是天安门事件的“总后台”。这种颠倒黑白、混淆是非的新闻宣传遭到了广大群众的强烈抵制。

第三节 “文革式”新闻传播的教训

“文化大革命”期间，我国新闻界既是饱受摧残的“重灾区”之一，同时又充当了“急先锋”“吹鼓手”等不光彩角色，为“文化大革命”摇旗呐喊、推波助澜，成为林彪、江青两个反革命集团整人夺权、搞乱全国的工具，使党、国家和人民遭受新中国成立以来最严重的挫折和损失。代价惨痛，教训深刻，需要认真反思和记取。

第一，要坚持和改善党对新闻事业的领导。“文化大革命”期间的不少错误决定，例如标志着“文化大革命”全面爆发的“五一六通知”，从形式上看是以中共中央的名义发布的，实际上是在党的民主集中制遭到严重破坏、党中央的政治生活极不正常的情况下产生的。这种情况，为少数野心家、阴谋家操纵掌控新闻舆论提供了可能性。在“无产阶级专政下继续革命”这一错误理论指导下，新闻媒体不问是非，唯命是从，主动或被动传播“文化大革命”的错误决定，给社会主义事业造成了严重损失。这一惨痛的教训说明，加强党的思想、组织、作风建设，加强党内民主和健全党内监督制度，坚持和改善党对新闻事业的领导势在必行，“一定要警惕少数野心家和阴谋家掌握和利用新闻舆论工具进行反党宣传。新闻事业的领导权一定要掌握在坚定的马克思主义者手里”。①

---

① 方汉奇、陈业劭：《中国当代新闻事业史》，新华出版社 1992 年版，第 223 页。

第二，要正确认识党报的党性原则，坚持党性和人民性的统一。党报的党性是列宁关于党报的组织纪律提出的一项重要原则：党的新闻工作者要坚持党性原则，在观念上把党报视为无产阶级总的事业的一部分，服从、宣传党的纲领、章程和策略决议，不能有小组习气和派性意识，不能搞“自由和独立”。[①]在列宁的倡导下，党报的党性原则成为无产阶级新闻工作的重要原则。1942 年 4 月 1 日，中共中央机关报延安《解放日报》发表《致读者》社论，把党性、群众性、战斗性和组织性概括为党报的四大品质。9 月 22 日，《解放日报》又发表社论说：“报纸是党的喉舌，是这一个巨大集体的喉舌。在党报工作的同志，只是整个党的组织的一部分，一切要依照党的意志办事，一言一行，一字一句，都要顾到党的影响。”[②] 当然，列宁所说的党报的党性原则，是以党的纲领、章程、策略、决议完全正确为前提的；如果党内出现“左”的或右的错误，党报也应该与其作斗争，这不但不违背党性，反而是党性坚定的表现。1879 年 9 月，马克思、恩格斯在致奥·倍倍尔、威·李卜克内西、威·白拉克等人的信中，在谈到“凯泽尔事件”时说，《灯笼》报的编辑希尔施把社会民主党团成员凯泽尔那些违背党的纪律、践踏党的利益的“卑鄙言论以及更加卑鄙的投票行为公诸于世，从而挽回党的荣誉”，不但“无疑是正确的”，而且是必要的，这是党报的重要使命，是党性的应有之义。[③] 《解放日报》社论《致读者》也指出：“报纸亦应该是我们党手中的有力的自我批评的武器，对于自己队伍中的错误和弱点，党报应该以实事求是的同志的态度加以批评和指摘，帮助其克服和改正。”[④] “文化大革命”结束后，邓小平倡导制定党内生活的若干准则。他说：“党报党刊一定要无条件地宣传党的主张。对党的工作中的缺点和错误，党员当然有权利进行批评，但是这种批评应该是建设性的批评，应该提出积极的改进意见。”[⑤]

同时，无产阶级政党的党性和人民性从来都是一致的、统一的。1947 年 1 月 11 日重庆《新华日报》在纪念创刊 9 周年编辑部文章《检讨和勉励》中指出：中国共产党是一个人民的政党，它代表的是中国最广大人民的利益；《新

① 陈力丹：《马克思主义新闻观思想体系》，中国人民大学出版社 2006 年版，第 327—334 页。
② 《党与党报》，《解放日报》1942 年 9 月 22 日。
③ 《马克思恩格斯论新闻》，新华出版社 1985 年版，第 445 页。
④ 《致读者》，《解放日报》1942 年 4 月 1 日。
⑤ 《邓小平文选》第 2 卷，人民出版社 1994 年版，第 272 页。

华日报》是一张党报，也就是一张人民的报，《新华日报》的党性和它的人民性是一致的，《新华日报》的党性也就是它的人民性，“新华日报的最高度的党性，就是它应该最大限度地反映人民的生活和斗争，最大限度地反映人民的呼吸和感情、思想和行动”。① 党的十八大以来，习近平多次阐述党性和人民性的统一问题，2013 年 8 月 19 日他在全国宣传思想工作会议上强调：“党性和人民性从来都是一致的、统一的。”② 我国的新闻媒体既是党和政府的喉舌，也是广大人民群众的喉舌。新闻工作者必须坚持党性和人民性的统一，既要坚持正确政治方向，正确宣传党和政府的方针政策，也要积极反映人民群众的意见诉求，通过下情上达来修正政策偏差，避免或减少政治失误。

第三，要正确认识新闻媒体的基本属性。新闻有阶级性，新闻工作与政治生活密切相关，新闻媒体具有组织、宣传、动员的政治功能，但是新闻媒体的基本属性是传播信息的载体。“文化大革命”期间，我国新闻媒体的政治工具属性被过度强化，成为“文化大革命”发动者进行“阶级斗争”的工具，更沦为林彪、江青两个反革命集团争权夺利、搞乱全国的“帮凶”。无视新闻媒体传播信息的基本属性，片面强调、夸大其政治工具属性，这是“文化大革命”时期我国新闻工作的一条重要教训。

第四，要始终尊重新闻传播的内在规律，严格遵循新闻传播的基本准则。新闻传播事业作为社会分工的一个部门，有其内在的运作规律。马克思说过：“要使报刊完成自己的使命，首先必须不从外部为它规定任何使命，必须承认它具有连植物也具有的那种通常为人们所承认的东西，即承认它具有自己的内在规律，这些规律是它所不应该而且也不可能任意摆脱的。”③ “文化大革命”的发动者和组织者违背新闻传播的内在规律，从外部为新闻媒体“规定”了太多“宣达指令”的“使命”，使新闻媒体的角色发生变异。只有始终尊重新闻传播的内在规律，才能维护新闻传播事业健康发展。尊重事实，报道事实，是新闻工作的基本准则。“文化大革命”期间，我国新闻媒体充斥着假话、空话、大话，不遗余力地“神化”领袖，弄虚作假树立所谓的“先进典型”，颠倒黑白打击迫害社会良善，完全违背了新闻工作的基本准则。真实性是新闻的生命，尊重事实，报道事实，是新闻事业安身立命的根基，无论何时，新闻工作

① 《检讨和勉励》，《新华日报》1947 年 1 月 11 日。

② 《习近平谈治国理政》，外文出版社 2014 年版，第 154 页。

③ 《马克思恩格斯全集》第 1 卷，人民出版社 1995 年版，第 397 页。

者都必须严格遵循这一基本准则。

思考题

1. “文化大革命”期间为什么会形成“小报抄大报，大报抄梁效”的畸形新闻传播格局？
2. 试述“文革小报”的兴衰过程。
3. 新闻界是如何同极左思潮进行抗争的？
4. “文化大革命”期间新闻传播的教训主要有哪些？

▶ 即测即评

第十章　历史转折时期的新闻事业

1976年10月“四人帮”被粉碎，长达十年之久的“文化大革命”到此结束。1978年12月党的十一届三中全会召开，彻底否定了“两个凡是”的错误方针，重新确立解放思想、实事求是的思想路线，决定把全党工作中心转移到经济建设上来，实行改革开放，实现了新中国成立以来具有深远意义的伟大转折。在此历史时期，我国新闻界深入揭批“四人帮”的罪恶行径，积极参与真理标准问题大讨论，推动“文化大革命”造成的冤假错案平反工作，积极而谨慎地宣传报道农村“联产承包责任制”，为党和国家事业完成拨乱反正、实现伟大历史转折，作出了重要贡献。同时，“文化大革命”中被迫停办的新闻媒体相继复办，新闻教育和新闻学研究也得以恢复。新闻界自身通过平反冤假错案、清理极左新闻理论和进行初步的新闻改革，使我国的新闻传播事业重新焕发生机。

第一节　重大事件的新闻报道

在揭批“四人帮”的罪恶行径、开展真理标准问题大讨论、平反“文化大革命”造成的冤假错案、推行农村“联产承包责任制”等一系列重大事件中，新闻界都发挥了积极作用，为党和国家事业拨乱反正、实现伟大历史转折作出了重要贡献。尤其是新闻界积极参与并将其引向深入的真理标准问题大讨论，发展为一场全国性的思想解放运动，从理论上、思想上为各条战线的拨乱反正扫清了障碍。

一、揭批“四人帮”的新闻报道

1976年10月6日，中共中央政治局果断采取措施，将王洪文、张春桥、江青、姚文元隔离审查，一举粉碎了“四人帮”。同时，党中央派人接管了被“四人帮”长期控制的新华社、中央人民广播电台和人民日报社等中央新闻宣传机构。10月18日，中共中央下发文件通报了“四人帮”的罪行，号召全党开展揭发批判“四人帮”的斗争。11月15日至19日，中共中央在北京召开全国宣传工作座谈会，提出要通过新闻媒体揭发批判“四人帮”的罪行。12月，中共中央连续下发三批“四人帮”的罪证材料，全国迅速掀起群众性的揭批“四人帮”的高潮。不少地区和部门在揭批“四人帮”的同时，还进一步批判了林彪的罪行。在揭批“四人帮”的斗争中，新闻界走在了前面。

1976年9月9日毛泽东逝世，10月4日《光明日报》在头版头条发表“梁效”的文章《永远按毛主席的既定方针办》。这是“四人帮”发出的篡党夺权的信号。“四人帮”被粉碎后，新闻界就从这篇文章入手，开始公开揭发批判“四人帮”利用新闻媒体进行篡党夺权的阴谋活动。11月12日《光明日报》发表《一个加快篡党夺权步伐的反革命信号》、《解放军报》发表《“四人帮”篡党夺权的总动员令》，11月14日《人民日报》发表《“四人帮”篡党夺权的一份失败的记录——评梁效的〈永远按毛主席的既定方针办〉》，12月17日《人民日报》发表编辑部文章《灭亡前的疯狂一跳》，集中揭批“四人帮”伪造毛主席临终遗嘱、加紧进行篡党夺权的阴谋活动。之后，众多新闻机构结合本单位的具体情况，相继发表文章揭批“四人帮”利用新闻媒体进行篡党夺权的罪恶阴谋。例如中央广播事业局专门成立批判组，撰写了《人民广播的政治方向不容篡改——揭发、批判姚文元妄图把广播、电视变成篡党夺权舆论工具的罪行》等多篇文章。这些文章除在《人民日报》《光明日报》发表外，还在中央人民广播电台多种节目中全文或摘要播出。

周恩来总理逝世后，“四人帮”曾阻挠新闻媒体对其进行报道。1977年1月在周总理逝世一周年之际，新闻媒体纷纷撰发文章，例如新华社发表《磨不灭的光辉 砍不断的怀念》，《人民日报》发表《八亿人民的爱 八亿人民的恨》，一方面寄托对周总理的深切怀念，另一方面控诉“四人帮”当时极力破坏悼念周总理的活动的罪恶行径。

“文化大革命”期间，“四人帮”不但严密操控新闻舆论工具，张春桥、姚文元等还经常亲自上阵，在报刊上发表文章，颠倒是非。“四人帮”倒台后，这些理所当然成为新闻界揭批的重点。1977年1月26日，《人民日报》发表《一个专卖假药的反革命骗子》，批判张春桥“文化大革命”中发表的反党文章《论对资产阶级的全面专政》，揭穿其打着马克思主义旗号篡改马克思主义的反动行径。1978年第10期《红旗》杂志发表长篇文章《评姚文元》，揭批了姚文元掌握宣传大权期间为“四人帮”篡党夺权制造反革命舆论的种种罪行。“四人帮”操纵的“梁效”“罗思鼎”等写作班子，是“文化大革命”期间各种反动文章的炮制者，祸害至深，也必须予以彻底的揭发批判。1977 年 7 月、1978 年 3 月，《人民日报》先后发表《“四人帮”的一支反革命别动队》《论梁效》两篇文章，系统而深入地揭批了“梁效”为“四人帮”篡党夺权充当急先锋和“神经枢纽”的罪行。1977 年 8 月，《人民日报》发表《论罗思鼎》一文，揭露“罗思鼎”是借批“宰相”影射攻击周恩来的始作俑者，并且带头借吹捧吕后为江青上台制造反革命舆论。①

新闻媒体还对“四人帮”利用报刊树立张铁生、黄帅等“反潮流”虚假典型，制造冤假错案的行径进行了揭发批判。

在揭批“四人帮”运动中，新闻媒体刊发了大量的报道和评论文章，使人民群众进一步认清了“四人帮”的反动面目。不过，由于指导思想未能摆脱“左”倾错误的影响，在粉碎“四人帮”后的一段时间里，新闻媒体对“四人帮”的揭发批判，以对“文化大革命”和毛泽东晚年的理论与实践的肯定为前提，报刊登载的批判文章还在继续使用“文化大革命”时期的话语。认清“四人帮”的反动本质，彻底拨乱反正，需要一场全国性的思想大解放。

二、真理标准问题讨论中的新闻界

揭批“四人帮”运动开展后，广大干部群众普遍要求尽快平反“文化大革命”所造成的冤假错案，恢复国民经济，以消除“文化大革命”带来的严重后果。但是，当时主持中央工作的领导人推行“凡是毛主席作出的决策，我们都坚决维护，凡是毛主席的指示，我们都始终不渝地遵循”的方针（即“两个凡是”）。“两个凡是”经 1977 年 2 月 7 日“两报一刊”社论《学好文件抓好纲》公开提出，在全国得到宣传贯彻，使深入揭批“四人帮”、彻底平反冤假错案工作遭遇严重阻碍。

1977 年 4 月 10 日，邓小平致信华国锋、叶剑英并转党中央，提出要准确、完整地理解毛泽东思想。邓小平的意见得到党内许多领导干部的拥护。7 月 16 日至 21 日中共中央召开十届三中全会，邓小平在会上继续强调，要对毛泽东思想有一个完整的准确的认识，不能割裂、歪曲、损害毛泽东思想。1977 年 8 月，中国共产党第十一次全国代表大会在北京召开，正式宣布“文化大革命”结束。十一大政治报告虽然批判了“四人帮”宣扬的某些谬论，但是仍然肯定

---

① 方汉奇：《中国新闻事业通史》第 3 卷，中国人民大学出版社 1999 年版，第 415 页。

了“文化大革命”，并对“无产阶级专政下继续革命的理论”给予了高度评价。

不澄清理论是非，不彻底否定“两个凡是”，整个国家就无法走出“文化大革命”的误区，无法实现拨乱反正的历史转折。在这个关键时刻，《人民日报》于1978年3月26日刊登了一组讨论真理标准问题的理论文章，其中一篇题为《标准只有一个》的短文提出：“真理的标准，只有一个，就是社会实践。”不过，这一命题没有引起社会的足够重视，直到5月11日《光明日报》发表《实践是检验真理的唯一标准》长文才产生巨大反响，在全国引发了一场关于真理标准问题的大讨论（图10-1）。该文初稿由南京大学哲学系教师胡福明撰写，原题为《实践是检验真理的标准》，经中央党校等单位多位同志反复修改，最后标题改为《实践是检验真理的唯一标准》，全文由时任中央党校副校长的胡耀邦审定。文章5月10日先在中央党校内部刊物《理论动态》上发表，翌日以“本报特约评论员”的名义在《光明日报》头版显著位置全文刊登。当日，新华社向全国播发了这篇文章。5月12日，《人民日报》《解放军报》和7家省市报纸予以转载。至5月底，全国有30家报纸转载了这篇文章。

光明日报
GUANG MING RIBAO
华主席给金主席的感谢电
满载朝鲜人民对中国人民的深情厚谊
华主席离平壤回国金主席到车站热烈欢送
金主席向华主席赠送礼品
实践是检验真理的唯一标准

图10-1　《光明日报》刊登文章《实践是检验真理的唯一标准》

《实践是检验真理的唯一标准》重申了马克思主义认识论的一个基本原理，

即社会实践不仅是检验真理的标准，而且是唯一的标准。文章明确指出：思想、理论本身不能成为检验自身是否符合客观实际的标准，任何理论包括毛泽东思想都不能作为检验真理的标准，其理论自身也必须接受社会实践的检验；对于“四人帮”设置的禁锢人们思想的种种禁区，要敢于去触及，敢于去弄清是非，否则就没有真正的马列主义、毛泽东思想。

《实践是检验真理的唯一标准》发表后，立即引起了两种截然不同的反应：党内外广大干部群众高度赞扬、认同这篇文章所阐述的观点，而坚持“两个凡是”的人对此表示强烈反对。当时中共中央分管宣传工作的领导指责这篇文章是“要向马列主义开战、向毛泽东思想开战”，指责刊登这篇文章的报社负责人“没有党性”；有人明确提出，这篇文章“理论上是荒谬的、思想上是反动的、政治上是砍旗的”；还有人说它是“散布怀疑论、不可知论”，等等。①

由于“凡是”派的强烈反对，真理标准问题的讨论遭遇重重阻力。6 月 2 日，邓小平在全军政治工作会议上发表讲话，批评坚持“两个凡是”的人是口头讲毛泽东思想，而实质上反对毛泽东思想，号召“拨乱反正，打破精神枷锁，使我们的思想来个大解放”。② 当天新华社就对邓小平的讲话作了报道，《人民日报》6 月 3 日刊登了报道，《人民日报》《解放军报》6 月 6 日全文发表了邓小平的讲话，为这场讨论定下了基调。接着，中央及地方报刊纷纷发表文章，加入真理标准问题讨论热潮。6 月 24 日，《解放军报》发表评论员文章《马克思主义的一个最基本的原则》，针对有关真理标准问题讨论的种种责难做了系统的驳斥。这是继《实践是检验真理的唯一标准》后，报刊发表的关于真理标准问题的又一篇重要文章，经《人民日报》等报刊转载，在社会上产生了广泛影响。

新闻界积极参与这场真理标准问题大讨论并将其引向深入，“为冲破‘两个凡是’的严重束缚，重新确立马克思主义的思想路线、政治路线和组织路线奠定了理论基础，成为实现党和国家历史性伟大转折的思想先导”③。在这场思想解放运动中，新闻界行动积极，态度鲜明，充分体现了广大新闻工作者的责

① 吴廷俊：《中国新闻史新修》，复旦大学出版社 2008 年版，第 508 页。

② 《邓小平文选》第 2 卷，人民出版社 1994 年版，第 119 页。

③ 中共中央党史研究室：《中国共产党历史·第二卷（1949—1978）》下册，中共党史出版社 2011 年版，第 1029 页。

任担当，重塑了新闻媒体在人民心目中的地位。

三、平反冤假错案的新闻报道

平反“文化大革命”所造成的冤假错案，为无辜遭受迫害的人恢复名誉、落实政策，是粉碎“四人帮”后一项极为迫切而艰巨的任务。1977 年 12 月 10 日，中共中央任命胡耀邦为中央组织部部长。胡耀邦到任后，立即大力推动平反冤假错案、落实干部政策工作。为排除思想障碍，中组部创办了一份内部刊物《组工通讯》。这份刊物相继发表了《抓紧落实党的干部政策》《认真清理被指控为“恶攻”的案件》《“四清”中的错案也应纠正》等一系列观点鲜明的文章，其中多篇被《人民日报》转载，受到党内外的重视。然而，由于受“两个凡是”方针的影响，一些重大冤假错案的审查、平反工作仍然举步维艰。直到真理标准问题大讨论开展起来并取得共识之后，这种局面才得到扭转，冤假错案的平反工作得以顺利进行。

在众多的冤假错案中，1976 年 4 月的天安门事件因为时隔最近、牵扯的老百姓最多，为其平反最受广大人民群众关切。早在 1978 年 2 月，《人民日报》记者在全国政协会上就呼吁为天安门事件平反，但遭到严厉批评。1978 年 9 月《中国青年》杂志复刊，复刊号上专门刊登了一组介绍人民群众在天安门事件中同“四人帮”作斗争的文章。随后，《中国青年报》《工人日报》《人民日报》《北京日报》等报刊，又陆续刊登了天安门事件真相的报道。1978 年 5 月，上海热处理厂工人宗福先以天安门事件为故事背景写出四幕话剧《于无声处》，上海工人文化宫业余话剧团同年 9 月将其搬上舞台，观众场场爆满。上海《文汇报》于 10 月 12 日发表长篇通讯《于无声处听惊雷——访话剧〈于无声处〉的编剧、导演和演员》，10 月 28 日至 30 日连载剧本全文，进一步扩大了这部话剧的影响。中央电视台要求上海电视台向全国转播《于无声处》，话剧团受邀到北京演出。《人民日报》发表本报特约评论员文章，称赞话剧《于无声处》反映了“人民的愿望，人民的力量”。

1978 年 11 月，中共北京市委召开常委会扩大会议，会上宣布：“一九七六年清明节，广大人民群众到天安门广场悼念我们敬爱的周总理，完全是出于对周总理的无限爱戴、无限怀念和深切哀悼的心情；完全是出于对‘四人帮’祸国殃民的滔天罪行深切痛恨，它反映了全国亿万人民的心愿。广大群众沉痛悼念敬爱的周总理，愤怒声讨‘四人帮’完全是革命行动。对于因悼念周总理、反对‘四人帮’而受到迫害的同志要一律平反，恢复名誉。”① 11 月 15 日，《北京日报》详细报道了北京市委会议的决定。同日，新华社将北京市委会议关于天安门事件的决定单独摘出，以《中共北京市委宣布　天安门事件完全是革命行动》为题，向全国播发了新闻通稿。接着，《人民日报》等报刊连续发表文章，揭批“四人帮”利用新闻媒体编造歪曲天安门事件真相、镇压人民群众的罪行。新闻媒体冲破阻力报道天安门事件的真相、积极反映人民群众要求为天安门事件平反的愿望，为党中央重新确定这起事件的性质提供了强有力的事实依据和舆论支持。1978 年 11 月 25 日，中共中央政治局作出天安门事件完全是革命的群众运动、为其公开彻底平反的决定。

天安门事件平反后，“薄一波等六十一人叛徒集团”案等一系列重大冤假错案相继得到平反。1979 年 3 月 9 日，辽宁省委召开大会为张志新平反昭雪。1980 年 2 月，中共十一届五中全会通过决议，决定为刘少奇及受到株连的人予以平反。这些重大冤假错案的平反情况，新闻媒体都进行了如实报道。

四、农村“联产承包责任制”的新闻报道

“文化大革命”结束后，全国农业生产虽有一定程度的恢复，但是由于“两个凡是”思想的影响，农村工作中许多“左”的政策仍在延续，全国农村许多地方继续以批判“资本主义自发倾向”的名义，限制农民的自留地和农村集市贸易。不过，包产到户、包干到户等多种形式的农村“联产承包责任制”已经在安徽、四川等地悄悄进行。

党的十一届三中全会召开后，农业生产责任制在全国各地逐步推广。由于当时中央政策还不允许包产到户，新闻媒体主要宣传“包工到组，联产计酬”，对不少地方实际上已经在实行的包产到户、包干到户（即“大包干”），开始不做宣传，然后谨慎报道。1979 年 8 月 8 日，《安徽日报》率先报道了凤阳县农村实行“大包干”的办法（图 10-2）。1980 年 4 月，《人民日报》发表《联系产量责任制好处很多》一文，介绍安徽农村“责任到人”的经验，“责任到人”实际上就是包产到户，这篇文章在当时引起了很大的社会反响。对于农业生产责任制这一创举，各新闻单位采取了既积极又谨慎的态度，常常就一些难以把握的问题展开讨论，逐渐达成共识。从 1979 年 2 月起，《人民日报》就

---

① 《中共北京市委宣布　天安门事件完全是革命行动》，《人民日报》1978 年 11 月 16 日。

"怎样加快农业生产"问题展开讨论，持续了近一年共50期；1980年又展开"农民怎样尽快富起来"的讨论。在相关宣传中，《人民日报》采用"工作研究""思想漫谈""读者来信"等方式，注意引导教育、调查研究，到实践中去解决实际问题。《辽宁日报》《湖南日报》《四川日报》《河北日报》等地方报刊也都针对当地出现的新情况、新问题、新趋势，展开了讨论，统一了认识。①

安徽日报
ANHUI RIBAO
农业经济管理的一项重大改革
凤阳县在农村实行"大包干"办法值得提倡
奋战六十天　干干净净迎国庆
防暑降温做得好　职工干劲高
关心群众生活　做好防暑降温

图10-2　《安徽日报》报道凤阳县农村实行"大包干"

新闻媒体对农业生产责任制的宣传报道，受到农村基层干部和群众的由衷欢迎，他们把《人民日报》发表的有关文章当作开展工作的依据。不过，这期间的宣传报道也出现过失误。例如，1979年3月15日《人民日报》在头版头条发表了一封河南洛阳的读者来信，指责当时农村正在建立的"联产到组"责任制，是从"队为基础"退回去，动摇了"三级所有"，搞过头了。《人民日报》为这封来信加了按语并加以推荐，"希望大家认真读一读，议一议"。中央人民广播电台也广播了这封来信。这在农村基层造成很大的思想混乱，群众纷纷来信提出质疑，并要求解答有关政策问题。《人民日报》随后又发表安徽等

① 丁淦林：《中国新闻事业史》，高等教育出版社2002年版，第476页。

地持反对意见的来信，作了补救。5 月 13 日，《辽宁日报》发表记者范敬宜评述本省农村形势的文章《分清主流与支流　莫把“开头”当“过头”》，以大量典型事例说明：尊重生产队自主权的工作只是刚刚“开头”，不是什么“过头”。《人民日报》随即在头版头条转载这篇文章并加了编者按语：“作为新闻记者，要像《辽宁日报》记者范敬宜同志那样，多搞一些扎扎实实的调查，用事实来回答那些对三中全会精神有怀疑、有抵触的同志。”①

事实证明，包产到户、包干到户这种把劳动成果和农民收益直接挂钩的家庭联产承包责任制，适合当时中国农村生产力水平和耕作传统。1980 年 4 月 9 日，《人民日报》发表长篇文章，用大量事实驳斥了各种对包产到户的非难，指出包产到户这种形式的生产责任制有利于充分调动农民的生产积极性，有利于发展生产，应当说与中央精神是一致的。9 月，中央印发《关于进一步加强和完善农业生产责任制的几个问题》，强调包产到户依存于社会主义经济，不会脱离社会主义轨道，没有什么复辟资本主义的危险。文件发布后，包产到户和包干到户逐渐在广大农村得到推广。1982 年 1 月 1 日，中共中央批转了《全国农村工作会议纪要》（以下简称《纪要》），作为当年的一号文件下发。《纪要》明确指出：目前实行的包括包产到户在内的各种生产责任制形式，都是社会主义集体经济的生产责任制，只要群众不要求改变，就不要变动。这是以中央文件的形式第一次正式肯定了家庭联产承包责任制的社会主义性质，消除了人们对包产到户、包干到户的后顾之忧，让广大农民吃了“定心丸”，促进了“双包”制在全国的广泛推行。

《纪要》下发后，新闻界开始宣传报道稳定、完善农业生产责任制的典型经验，突出“包”的优越性，说明包产到户、包干到户等农业生产责任制并不是“分田单干”，而是社会主义集体经济的生产责任制，是广大人民的创造，适合中国国情和生产力水平；针对群众思想和一些地方出现的问题，根据中央文件精神向群众宣传“政策不变”，打消顾虑，稳定人心。对一些地方出现的破坏集体财产的现象，新闻媒体也进行了批评。

新闻媒体对农村联产承包责任制这一新生事物的报道，始终坚持马克思主义的认识论和群众路线，实事求是，一切从实际出发，既尊重群众的首创精神和意愿，又遵守中央的文件精神，不抢先，不刮风，不搞“一刀切”，主要采

---

① 《分清主流与支流　莫把“开头”当“过头”》，《人民日报》1979 年 5 月 16 日。

取开展讨论和典型引路的方法，积极稳步地引导群众实现伟大变革。这种态度与做法，为新时期的经济宣传报道提供了宝贵经验。

第二节 正常新闻秩序的恢复

粉碎“四人帮”后，新闻界在揭批“四人帮”、宣传报道拨乱反正的同时，自身也进行“拨乱反正”。“三家村反党集团”案等冤假错案获得彻底平反，“文化大革命”中被迫停办的新闻媒体相继复办，新闻教育和新闻学研究也得以恢复，新闻秩序回归正常。

一、新闻界冤假错案获得平反

新闻界是“文化大革命”的重灾区之一，一批著名的新闻工作者惨遭迫害，有的甚至含冤而死。“文化大革命”结束后，特别是党的十一届三中全会召开后，中央开始进行大规模的平反冤假错案工作，受迫害的新闻工作者也得到平反昭雪。

“三家村反党集团”案是“文化大革命”中新闻界的第一个大冤案。所谓的“三家村反党集团”成员中，邓拓于1966年5月17日含冤去世，吴晗于1969年10月冤死狱中，只有廖沫沙幸免于难。1979年初，《北京日报》《解放军报》《人民日报》相继发表《一场惊心动魄的反革命夺权事件——论“三家村”冤案》《一桩触目惊心的文字狱——为〈三家村札记〉、〈燕山夜话〉恢复名誉》等文章，揭露江青等人罗织罪名、利用新闻媒体进行夺权的阴谋，呼吁为案件平反。8月2日，经中共中央批准，北京市委作出决定，为“三家村反党集团”案彻底平反，撤销对邓拓、吴晗、廖沫沙所作的错误结论，恢复他们的政治名誉。

备受关注的温济泽、范长江、王中也先后获得平反。温济泽青年时代就参加革命，在延安《解放日报》、延安新华广播电台从事党的新闻宣传工作。中华人民共和国成立后，历任中央人民广播电台副总编辑、中央广播事业局副局长等职。1957年被错划为“右派”，“文化大革命”中再次遭受劫难。1978年5月，温济泽的“右派”被改正。范长江因为曾经是“资产阶级报纸”《大公报》的记者，“文化大革命”爆发后被诬陷为“30年代反共老手”，饱受批斗折磨，被下放到河南确山劳动改造。1970 年 10 月 23 日，他的遗体在当地的一口水井里被发现，死因至今不明。1978 年 12 月 27 日，由胡耀邦主持，在八宝山革命公墓为范长江举行了隆重的追悼会，为他平反，恢复名誉。王中在中华人民共和国成立前长期从事党的新闻宣传工作，1952 年起担任复旦大学新闻系主任，1957 年因发表报纸具有“两重性”“读者需要论”等言论被打成“右派”，并被开除党籍。“文化大革命”期间，他又被作为“大右派”多次遭受批判。1979 年 1 月，王中得到平反，再次出任复旦大学新闻系主任。

另外，“文化大革命”中被迫害致死的潘梓年、章汉夫、孟秋江、金仲华、高丽生，被迫害致残的陈克寒，以及遭受长期迫害的恽逸群等新闻工作者，都得到了平反昭雪。

新闻界冤假错案的彻底平反，加强了新闻队伍的团结，调动了广大新闻工作者在新的历史时期为社会主义现代化建设服务的积极性、主动性和创造性。

二、新闻媒体相继复办

“文化大革命”期间，我国新闻媒体大多数被迫停办，总量锐减。党的十一届三中全会召开前后，被迫停办的报刊、电台、电视台相继复刊或复办，我国新闻传播事业重焕生机。

1978 年 9 月 11 日，团中央机关刊物《中国青年》率先复刊。该刊在“文化大革命”爆发后被扣上“修正主义的黑刊物”“刘少奇黑修养的标本”等大帽子，于 1966 年 5 月被迫停刊。1978 年 10 月 7 日，团中央机关报《中国青年报》复刊。次日，中华全国总工会机关报《工人日报》恢复出版。1966 年底，“四人帮”一伙污蔑《工人日报》是刘少奇复辟资本主义的宣传工具，江青亲自唆使造反派“查封”了该报。《北京晚报》《新民晚报》也分别于 1980 年 2 月、1982 年元旦先后复刊。至此，“文化大革命”中被迫停办的报刊基本上都恢复出版。

“文化大革命”期间被停办的报纸栏目、电台电视台节目也相继恢复。例如《人民日报》于 1977 年间恢复“读者来信”专栏；北京电视台于 1978 年元旦恢复由播音员出图像向观众播报节目，其新闻节目被正式命名为《新闻联播》，每天向全国部分省市电视台进行转播。1978 年 2 月 6 日农历除夕，北京电视台举办了春节晚会。这是粉碎“四人帮”后，我国电视台举办的第一次春节晚会。

与此同时，还创办了一批新的报刊、电台、电视台，如《财贸战线》、西藏电视台等。为适应我国广播电视事业发展的需要，1978 年 5 月 1 日，北京电视台正式更名为中央电视台（CCTV），中央广播事业局下属对外广播部改建为中国国际广播电台。中央电视台、中央人民广播电台和中国国际广播电台简称为“中央三台”，它们作为国家台，共同担负着向国内外进行广播电视新闻宣传的重要任务。

三、新闻教育和新闻学研究得以恢复

在新闻媒体纷纷复办的同时，新闻教育也逐渐恢复。1977 年底，我国改变“文化大革命”时期实行的从工农兵中选拔学员保送入学的做法，恢复统一考试、择优录取的高考招生制度，北京大学、复旦大学、北京广播学院和广西大学的新闻系或新闻专业开始通过高考招收学生。

1978 年，“文化大革命”中被迫停办的中国人民大学恢复办学，之前并入北京大学中文系新闻专业的师生重新回到中国人民大学新闻系。同年，暨南大学新闻系恢复招生，兼收港、澳学生。郑州大学、江西大学、杭州大学、天津师范学院等高校也在中文系恢复了新闻专业。为满足新闻单位对专业人才的需求，国际关系学院、河北大学、四川大学、安徽大学、山西大学等高校相继增设了新闻系或新闻专业，一些广播电视学校也恢复或增设了广播电视新闻专业。

在新闻专业本科教育恢复之后，研究生教育也开始恢复。1978 年，中国社会科学院研究生院新闻系成立，并于当年开始招收马克思主义新闻理论、中国新闻事业史、中国共产党新闻事业史、世界新闻事业、新闻业务和英语新闻写作 6 个专业方向共 85 名研究生。同年，中国人民大学新闻系、复旦大学新闻系也开始招收研究生。

“文化大革命”中被迫中断的新闻学研究也得以恢复。1978 年 8 月，新中国第一个全国性的新闻研究机构——中国社会科学院新闻研究所成立，标志着新闻学研究正式成为国家科学研究事业的组成部分。随后，新华社、人民日报社等中央新闻单位和一些高校纷纷设立新闻研究所或研究室，到 1983 年已达 50 多个。新闻学术研究团体陆续成立。1980 年 2 月 6 日，北京新闻学会举行成立大会；1981 年 10 月，全国广播电视学会成立。新闻学术会议相继召开。

1980 年 5 月 5 日，由《陕西日报》等 5 家单位共同发起的新闻学术讨论会在兰州举行，这是改革开放后召开的第一个大型新闻学术讨论会。新闻学术刊物纷纷复刊或创办。1979 年 5 月，中国人民大学新闻系主办的《国际新闻界》复刊；8 月，中国社会科学院新闻研究所创办《新闻研究资料》（后更名为《新闻与传播研究》）；9 月，《北京广播学院学报》（后更名为《现代传播》）创刊。1981 年 5 月，复旦大学新闻系创办《新闻大学》。1982 年，新闻界大型资料性年刊——《中国新闻年鉴》问世。

广大的新闻学专业师生和新闻从业者，开始对新闻学基本理论、中国新闻事业史、新闻业务等问题，展开比较深入的研究，学术成果不断问世。据统计，1978 年底至 1982 年，我国出版的新闻学论著、译著达 240 余部。其中方汉奇所著的《中国近代报刊史》于 1981 年 6 月出版，这部著作被学术界称为继戈公振《中国报学史》之后的又一部新闻史力作。1982 年 5 月，艾丰撰写的《新闻采访方法论》出版，这是用马克思主义方法论探讨新闻采访规律的著作；7 月，甘惜分的专著《新闻理论基础》出版，成为新中国成立后正式出版的第一部新闻理论著作。

第三节　新闻改革的起步

随着全国拨乱反正的开展和改革开放的起步，新闻界正本清源，逐渐回归马克思主义新闻理论，并由新闻观念的变革引发新闻业务和经营管理的改革。

一、新闻理论正本清源和新闻观念变革

“四人帮”被粉碎后，新闻界开始对“四人帮”炮制的极左新闻观念进行批判。1978 年 1 月，《新闻战线》复刊号发表本刊评论员文章《新闻战线的革命与反革命——批判林彪、“四人帮”篡夺舆论大权的黑纲领》，指出“文化大革命”时期陈伯达、姚文元合伙炮制的《把新闻战线的大革命进行到底》一文，是“四人帮”篡夺新闻舆论大权的“黑纲领”，是他们为把持新闻界、推行反革命路线所编造出来的“理论根据”，对该文提出的新中国成立后 17 年“新闻黑线专政”的极左观点进行了系统驳斥。4 月 21 日，《南方日报》也发表《坚决推倒“四人帮”炮制的“新闻黑线专政”论》，批判了《把新闻战线

的大革命进行到底》一文的谬论。

在批判极左新闻观念的同时，党和国家领导人也开始重新重视马克思主义新闻理论的构建。1979 年 3 月，中宣部在北京召开全国新闻工作座谈会，胡耀邦在会上做重要报告，阐述了新时期党的新闻工作的性质和任务，要求全党解放思想，把发挥新闻工作者的积极性、主动性、创造性，同加强党的集中统一领导密切结合起来。会议确定，新闻媒体既要坚定地宣传党的路线、方针、政策，也要充分地反映人民的意见，党性和人民性是完全一致的。新闻理论通过拨乱反正，初步实现了正本清源，为新时期新闻传播事业的发展确立了正确的理论指导。

随着全国改革开放的启动，新闻界也开始了自身的改革。新闻改革是从新闻观念的变革开始的。新闻界抛弃了报纸是“阶级斗争工具”的观点，开始重视报纸的舆论功能。1979 年 10 月，戴邦提出：报纸“是以传播新闻——传播新鲜而重要的事实为主要手段来影响人们、教育人们的一种舆论工具”①。甘惜分也认为：“‘阶级舆论工具’，概括了所有报纸的共性，任何阶级的报纸都是代表了某一特定阶级的舆论工具。……报纸和其他事物的区别就在于它反映阶级舆论、影响阶级舆论和组织阶级舆论，这是任何其他事物所不能代替的。”②

新闻界逐渐回归马克思主义新闻本体论，重新恢复“新闻价值”的理论地位，承认“新闻价值”这个重要概念。新闻界对传统新闻定义——“新闻是新近发生的事实的报道”进行质疑或补充，提出了“传布说”“手段说”等新诠释。“传布说”认为新闻是新近变动的事实的传布，“手段说”认为新闻是报道或评述最新的重要事实以影响舆论的特殊手段。新闻学界还对新闻价值定义及其要素进行了积极争论，出现了“标准说”“程度说”“影响说”“素质说”等观点。这些观点的提出，为新闻理论回归正途，进而为新时期新闻学科建设奠定了理论基础。

新闻界逐渐树立起新闻有学且有规律的观念。1980 年 1 月，王中提出：新闻不仅有学，“新闻学只有从生产关系的总和中加以研究才能发现它的客观规律，才能成立一门科学”③；新闻还有规律，“新闻事业不以人的意志为转移的

① 戴邦：《对报纸的性质、任务和作用的探讨》，《新闻研究资料》1980 年第 5 辑。

② 甘惜分：《报纸的性质和作用，是相互联系而又相互区别的两个概念》，《新闻研究资料》1980 年第 3 辑。

③ 王中：《谈新闻学的科学研究》，《王中文集》，复旦大学出版社 2004 年版，第 308—309 页。

客观规律存在于‘社会存在’，而不存在于任何人的头脑里。”①

二、新闻业务改革

“文化大革命”时期盛行的“假大空”新闻文风，是极左新闻观念在新闻业务上的体现，必须予以批判和纠正。早在1977年2月21日，《人民日报》即发表文章《打倒帮八股》和短评《说老实话》，呼吁新闻界要清理和摒弃“文化大革命”中盛行的“假大空”文风，恢复党报的实事求是优良传统。1977年11月13日，《解放军报》发表本报评论员文章《禁绝一切空话》。该文列举了向下发指示、向上写报告，讲话、开会、新闻报道等方面说空话的表现，指出“空”和“假”是连在一起的。“文化大革命”期间，林彪、“四人帮”把持舆论工具，天天讲空话，严重败坏了我党实事求是的优良传统，造成了极坏的风气。这篇文章被《人民日报》及时转载。《解放军报》还发表了多篇编者述评，列举报刊上的虚假报道，分析其产生根源，提出要从“假”字开刀整顿文风。1978年3月26日，《人民日报》发表《斥“事实服从路线需要”论》，批驳了“四人帮”所谓的“事实服从路线需要”论，指出这是“四人帮”的造谣理论、“说假话理论”，用这种理论指导新闻宣传，只会败坏党报的威信，最终损害党的事业。在新闻界的努力下，党的新闻工作优良传统逐渐恢复和发扬，“文化大革命”期间盛行的“假大空”文风逐渐得到纠正。1978年2月中央人民广播电台率先停办语录节目，《人民日报》随后也取消了设在报眼位置上的语录专栏，对文章中摘录领袖的原话不再用黑体字。

新闻观念的变革促进了新闻业务的改革。新闻界积极转变文风，改进新闻报道方针。1981年11月，习仲勋在庆祝新华社建社50周年茶话会上发表讲话，提出新闻报道“五字方针”：真、短、快、活、强。1982年9月，胡乔木又提出：“新闻要新、短、多、广。”

报纸的新闻量逐渐增加，电视媒体则充分发挥自身优势进行了有益的探索。中央电视台自1979年9月1日起在《新闻联播》中增加一组最新国际要闻简讯的口播新闻，适当配发新闻照片或背景材料。自1980年起，《新闻联播》开始播送地方台传送的新闻和通过卫星收录的国际新闻，时间延长到30分钟。

---

① 王中：《谈新闻学的科学研究》，《王中文集》，复旦大学出版社2004年版，第310页。

新闻界发扬光荣传统，加强批评报道，使久违的批评报道重现舆论监督的威力。1980 年 7 月 22 日，《工人日报》《人民日报》同时发表有关“渤海 2 号”钻井船翻沉事故消息，报道了该事件中 72 人遇难，直接经济损失达 3 700 万元。《工人日报》还刊登通讯《“渤海 2 号”钻井船翻沉事故说明了什么?》，批评石油工业部海洋石油勘探局领导“丧事当作喜事”的行为，指出这次事故绝不是偶然的，而是领导长期不重视安全生产、不尊重科学、不严格执行规章制度的必然结果。1980 年 10 月，《人民日报》《中国青年报》及中央人民广播电台报道播发了中纪委对时任商业部部长在饭店吃喝不付费用的错误进行通报批评的消息，并发表评论。

三、媒体经营管理改革

由于新闻事业自身发展和全国改革开放发展的需要，新闻媒体经营管理的改革顺势起步。这次起步，为中国新闻事业的经营管理改革开了一个好头。

1978 年底，人民日报社等 8 家报社联名向财政部提交要求试行“事业单位，企业化管理”经营方针的报告，得到财政部批准，标志着中国媒体经营管理改革的起步。报社无论是“企业化”管理，还是国有制企业类型管理，报纸发行的唯一渠道仍然是邮政。但是，该阶段媒体经营管理还是有所突破，如广告经营方面，1979 年 1 月 4 日，《天津日报》刊登“蓝天”牙膏广告。当年 11 月，中宣部发布《关于报刊、广播、电视台刊登和播放外国商品广告的通知》，提出，调动各方面的积极因素，更好地开展外商广告业务。1982 年 5 月，第一个全国性的广告综合管理法规《广告管理暂行条例》开始执行。

在报纸改革起步的同时，广播电视业也开始着手改革。1978 年 5 月，北京电视台更名为中央电视台后，成为第一个取得独立法人资格的广播电视台，广播电视经营管理改革由此启动。继中央电视台、中央人民广播电台、中国国际广播电台成为独立事业单位后，各省级广播电台、电视台以及省以下各级广播电视台（站）也脱离“局台合一”的体制，成为独立的事业单位。在经营上，受报社实行“企业化管理”的启发，个别广播电台、电视台也开始自主经营，增加收入，以弥补财政补贴的不足。

广播电视的广告经营也开始启动。1979 年，我国开始播出电视商业广告。此后，广告收入迅速成为大部分电视台的主要收入，广告经营成为电视台的核心经营项目。

思考题

1. 简述新闻媒体在揭批“四人帮”运动中的作用。
2. 评述报刊开展真理标准问题讨论的经过与意义。
3. 简述新闻媒体是如何报道农村“联产承包责任制”的。
4. 评述本阶段新闻改革的体现与成绩。

▶ 即测即评

第十一章 改革开放全面展开时期的新闻事业

1982年9月中国共产党召开了第十二次全国代表大会，正式提出了“建设有中国特色的社会主义”的新命题，改革开放从此全面展开，中国自此迈入建设中国特色社会主义的新轨道。在这样的大背景下，中国新闻改革全面启动，新闻事业全面发展。

随着改革开放的全面展开，新闻观念不断革新，在经过1989年“政治风波”后，又在反思中重构，在重构中革新；新闻业务也全面改革，新闻传播的信息量增加，新闻报道样式推陈出新；新闻管理体制发生新变化，新闻出版署和广播电影电视部相继成立，报社实施“事业单位，企业化管理”经营方针。新闻教育和新闻学术研究得到较大发展。

中国记协恢复活动后，贯彻“国内外并重”方针，全面开展工作，设置与评选“中国新闻奖”“长江新闻奖”“韬奋新闻奖”，对广大新闻工作者学习先进，发扬新闻工作优良传统，促进新闻队伍建设产生积极影响。

遵照党中央指示，新闻界坚持正面宣传为主的方针，完成了对一系列重大事件的宣传报道，在国内外产生良好社会效应。

第一节 新闻改革全面启动与新闻事业全面发展

在中国共产党第十二次全国代表大会路线指引下，改革开放全面展开，社会主义现代化建设出现新局面，中国新闻改革全面启动，新闻事业全面发展。

一、新闻改革的全面启动

（一）新闻观念的进一步革新

进入20世纪80年代后，我国新闻界的新闻观念出现了两次较为明显的转变。

1982年至1988年新闻观念转变的基本要点是，由新闻宣传观向新闻传播观转化，宣传本位向新闻本位过渡，并促使媒介从业者主体意识和道德观念觉醒。其主要内容有：(1)“三论”（信息论、控制论、系统论）引入，开阔新闻研究视野。信息概念的引入，引发新闻与宣传关系的大讨论，使得新闻媒介功能被重新定位。控制论树立受众反馈观念，引起新闻界关注。新闻界逐步认识到新闻传播是一个双向流通过程，应更加注重受众的信息需求和兴趣。系统论对新闻学界和业界的影响主要体现在方法论上，注重整体观和系统意识。（2）传播学引入促使新闻传播观念转变。1982 年 11 月，北京召开第一次西方传播学研究座谈会，提出“系统了解、分析研究、批判吸收、自主创造”的 16 字方针。传播学的引入促使中国新闻学在基本概念、研究方法等方面开始吸收和借鉴传播学。（3）新闻商品性争论。20 世纪 80 年代初期，新闻商品性引发讨论。安岗提出：报纸作为特殊的商品，它已经进入了市场竞争，由读者根据自己的需要选购。① 新闻学者纷纷撰文参与讨论，认为报纸是商品，但反对新闻商品化。（4）马克思主义新闻观加强。1985 年 2 月，胡耀邦强调指出：“党的新闻事业是党的喉舌，自然也是党所领导的人民政府的喉舌，同时也是人民自己的喉舌。”② 同时，他还指出，党的新闻工作最主要的任务，“就是要用大量、生动的事实和言论，把党和政府的主张，把人民的各方面的意见和活动，及时地、准确地传播到全国和全世界”③。

1989 年至 1991 年新闻观念转变的主要内容是中国新闻传播观念的反思与重构。1989 年“政治风波”后，中国新闻界对新闻传播观念进行了反思，达成几点共识：（1）新闻工作必须坚持党性原则。江泽民发表讲话指出：“坚持党性原则，也就是坚持工人阶级和人民群众的根本利益的原则，两者是完全一致的。”④（2）重构社会主义新闻自由。1989 年 11 月，江泽民指出：任何自由从来不是抽象的而是具体的，不是绝对的而是相对的，在任何一个国家中，都不存在绝对的毫无限制的新闻自由。⑤（3）坚持正面宣传为主的方针。同月，李瑞环发表讲话指出：坚持正面宣传为主就是要着力去宣传报道鼓舞和启迪人们发展社会生产力的东西，鼓舞和启迪人们坚持四项基本原则、坚持改革开放的东西，鼓舞和启迪人们加强社会主义民主和法制建设的东西，鼓舞和启迪人们

---

① 安岗：《新闻论集》，天津人民出版社 1982 年版，第 100 页。

② 胡耀邦：《关于党的新闻工作》，《人民日报》1985 年 4 月 14 日。

③ 胡耀邦：《关于党的新闻工作》，《人民日报》1985 年 4 月 14 日。

④ 江泽民：《关于党的新闻工作的几个问题》，《十三大以来重要文献选编》中，人民出版社 1991 年版，第 771 页。

⑤ 江泽民：《关于党的新闻工作的几个问题》，《十三大以来重要文献选编》中，人民出版社 1991 年版，第 773 页。

推进社会主义精神文明建设的东西。① 新闻界认真贯彻以正面宣传为主的方针，端正舆论导向，促进了经济文化的发展和社会的稳定。

（二）新闻业务的改革

1. 新闻渐成主角，报道开放程度不断提高

报纸的新闻量大大增加，信息种类增多，经济报道开始成为新闻报道的主要内容，佳作不断涌现。如 1984 年 3 月 24 日，《福建日报》发表为企业“松绑”的消息，引起社会关注。新闻时效性不断加强。如 1984 年 7 月 29 日，新华社播发快讯《零的突破》，报道我国选手许海峰获得第 23 届奥运会第一块金牌，此消息比美联社快 20 分钟，比路透社快 15 分钟。电视媒体充分发挥优势，成绩尤为显著。1984 年 1 月 1 日，中央电视台增设《午间新闻》栏目。1985 年，六届全国人大三次会议开幕式实行现场直播。1988 年，七届全国人大一次会议实行中外记者招待会现场直播。

2. 报道形式推陈出新，深度报道应运而生

1982 年，穆青提出“散文式”新闻的概念，并主张记者要学会写视觉新闻，以典型细节和生动画面使报道形象化、立体化。以挖掘“新闻背后的新闻”为特征的深度报道也应运而生。1985 年《中国青年报》刊登的《大学毕业生成才追踪记》系列报道，被公认为深度报道“开山之作”。1987 年 6 月至 7 月，《中国青年报》推出《红色的警告》《黑色的咏叹》《绿色的悲哀》系列报道，震撼全国，获得当年“全国好新闻”特等奖。《光明日报》的《一个工程师出走的反思》、《经济日报》的《关广梅现象》、《人民日报》的《鲁布革冲击波》《中国改革的历史方位》《改革阵痛中的觉悟》等有影响的深度报道作品相继涌现，1987 年被誉为中国“深度报道年”。

80 年代至 90 年代初，典型报道繁荣起来，成为报纸宣传的主打产品。此外还有立体报道、系列报道、连续报道、组合报道、中性报道、对话式报道等多种报道式样。

（三）媒体经营管理改革

在新闻事业全面改革中，媒体经营管理改革起步后，又有许多新举措，其中报业和广播电视业的改革尤其令人瞩目。

---

① 李瑞环：《坚持正面宣传为主的方针》，《十三大以来重要文献选编》中，人民出版社 1991 年版，第 735 页。

1. 报业经营管理改革

如果说上阶段的报纸经营管理改革是“顺势起步”的话，本阶段的改革则复杂得多，大致有“危机催动”和“多头推进”两次。

（1）危机催动改革。这次改革源自 1985 年开始的报业经营危机。城市经济改革的发展一方面改变了报业传统的经营环境，引发了经营危机；另一方面，工商企业强化广告意识，注重广告宣传，为优化报业经营环境提供了契机。为了渡过危机，应对政府支出不足的严重冲击，报社开始狠抓广告经营，扩大广告部门的自主权，实行经营承包责任制，促使广告营业额大幅上升。

各种报纸间发行竞争激烈，邮政发行弊端凸显。1985 年 1 月，河南《洛阳日报》开始自办发行，开全国报业自办发行风气之先。1986 年，《太原日报》等 6 种报纸加入自办发行的行列；1987 年，《武汉晚报》等 11 种报纸也实行自办发行；1988 年，又有《天津日报》等 16 种报纸自办发行。1988 年 4 月，全国报纸自办发行联合会成立。

（2）多头推进改革。1988 年 3 月，新闻出版署开始放开媒介的经营管理权限制，允许开展与本身业务有关的有偿服务和经营活动，也可以结合本身业务和社会需要，兴办经济实体。多种经营开始提上各报社领导者的议事日程。

报纸发行方面，“邮政发行”和“自办发行”两种发行渠道并存，后者逐渐占据主导地位。1989 年，全国自办发行的报纸实行联网，相互代办发行业务。1991 年，全国计划单列市和除宁夏、西藏、云南以外的所有省会城市的党委机关报实行自办发行。1992 年，全国报纸自办发行协会成立。

一方面由于报社经济收益大为改观，另一方面由于技术快速进步，媒体的生产设备迅速更新换代。到 1992 年，全国已有 1 000 多家报社（包括各省市主要报纸）和 5 000 多家印刷厂采用电脑照排。1992 年 1 月，《人民日报》卫星传版工程通过验收。

2. 广播电视业经营管理改革

广播电视业的经营管理改革继上阶段起步后，进入进一步探索阶段。1983 年 3 月底，第十一次全国广播电视工作会议召开，这是广播电视经营管理改革探索阶段起步的标志。会议提出了开创广播电视事业新局面的奋斗目标，要“走自己的路”，要以宣传为中心，要“以新闻改革为突破口”，实行四级办广播，四级办电视，四级混合覆盖，要开展多种经营、广开财源。由此，全国广播电台、电视台开始大踏步探索壮大自身经济实力的出路。

中共中央有关文件规定广播电视机构内部的管理实行集体领导、分工负责、“三位一体”的原则。“三位一体”，即编播、技术、行政管理三大部门分开，分别实行总编辑负责制、总工程师负责制、部长（厅长、局长、台长）负责制，分别建立相应的管理机构。

广告经营方面，从 1983 年到 1990 年，广播广告营业额在 1986 年、1987 年、1988 年三个年份保持 30%以上的增长率。1986 年，全国电视广告经营额破亿元大关，达到 1. 15 亿元。[①] 80 年代至 90 年代初期，电视业的广告经营方式是电视媒体设置广告部门，对下属频道、栏目的广告时段进行从策划到销售的全部经营运作。

广播电视台还实行多种经营。各省市广电部门纷纷成立了直属的音像出版社。广播电视报刊的出版从 20 世纪 80 年代起步，到 90 年代初一度繁荣。省级广播电视报发行量一般都超过百万份，少数大省和特大城市广播电视报发行量突破 200 万份。

二、新闻事业的全面发展

新闻业务改革的全面启动，促进了新闻事业的全面发展。

（一）报纸数量激增，多层次报业格局逐步形成

进入 20 世纪 80 年代后，一方面原有报纸继续复办，一方面新报纸创办如雨后春笋，至 1991 年，我国拥有公开发行的报纸 1 514 种。[②] 日报数量不断增加，1985 年为 231 种，到 1991 年增长至 308 种。报纸出现周末版和扩版热，晚报迅速繁荣。到 1991 年，晚报增至 51 家，全国省会城市都有晚报。经济类报纸异军突起。1991 年底，我国公开登记出版的经济类报纸 144 家。随着经济的发展，各行业的繁荣以及报纸刊号审批制的实施，行业报纷纷新创出版并迅猛发展。至 1985 年，全国已有行业报 1 600 多家，占当时全国报纸总数的 70%以上。我国初步形成了以党报为主体，以晚报、经济信息类报纸为生力军，行业报作补充的多层次的报业格局。

（二）广播事业稳步前进，电视事业突飞猛进

全国广播电台、电视台的数量逐年增加。1980 年，全国拥有广播电台 106

---

① 《中国广告年鉴 1992》，新华出版社 1992 年版，第 15 页。

② 《中国新闻年鉴 1992》，中国社会科学出版社 1993 年版，第 467 页。

座，电视台38座。1989年，除中央台外，全国有广播电台531座，人口覆盖率达73%；各级电视台469座，人口覆盖率达77.9%。①

（三）新闻通讯事业大发展

1983年，新华通讯社提出“建设世界性通讯社”的奋斗目标。到1989年底，新华社基本上已成为具有中国特色的社会主义现代化的世界性通讯社，由单一的新闻发布机构成为拥有报纸、刊物、信息网、出版社、新闻学研究机构②、新闻教育机构③和其他多种经营的综合性的新闻媒体集团。在新闻信息采集方面，新华社在除台湾外的30个省、市、自治区设有分社，有些省辖市还建有支社，在香港、澳门设有分社，并在世界各地建有分社94个、总分社4个，派驻人员400多人。新华社每天通过43条线路抄收34家通讯社和电台的电讯稿130万字到150万字。

中国新闻社自1978年秋恢复建制后迅速发展，陆续开设广东、福建、上海、广西、海南5个分社，并在香港、澳门地区开设分社和记者站；此外还走出国门，在美国、日本、法国开设分社，发展成为在海外华侨、华人社区中有一定影响的通讯社。1991年，中新社记者郭伟峰和新华社记者范丽青抵达台湾，采访在渔事纠纷中被台湾军方扣押的福建渔民，历时12天。这是中国大陆记者42年来第一次到台湾采访。

三、新闻立法工作的起步

（一）新闻立法的发展历程

党的十一届三中全会后，新闻改革和新闻立法的呼声迭起，新闻立法的舆论逐步形成，并在实践上开始了积极的探索。

1980年全国两会期间，一些新闻界代表和委员建议我国制定新闻法。1983年6月六届全国人大一次会议上，一些代表提出《在条件成熟时制定中华人民共和国新闻法》书面建议。1984年1月，中宣部新闻局提出《关于着手制定新闻法的请示报告》，并获得领导批示同意。5月，中国社会科学院新闻研究所组织成立新闻法研究室。8月起，新闻法研究室先后出版《新闻法通讯》20期，发表大量新闻法研究文章。1984年至1985年间，新闻法起草

① 《中国广播电视年鉴1990》，北京广播学院出版社1990年版，第47页。
② 1980年1月新华社新闻研究所成立。
③ 1983年新华社创办新华社干部进修学院。1986年1月中国新闻学院正式成立。

小组在北京、上海、成都、广州、深圳等地召开新闻法座谈会。1985 年，新闻法草案起草工作正式启动。1987 年 1 月，国家新闻出版署成立，主持新闻法制定工作。

1988 年 1 月，北京、上海分别设立新的新闻法起草小组，各起草一部新闻法草案。4 月，新闻法研究室将拟出的《中华人民共和国新闻法草案》第三稿刊登在《新闻法通讯》第 20 期，供全国讨论。10 月，全国三个新闻法起草小组相继拿出三个新闻法草案，中国新闻立法活动达到高潮。

（二）制定与新闻传播相关的行政法规和部门规章

在专门性新闻法缺失的情况下，我国为规范新闻传播活动颁布了诸多由国务院制定的行政法规和国务院所属部委制定的部门规章。

《中华人民共和国刑法》《中华人民共和国民法通则》等一批法律颁行，为新闻法治提供了法律准绳。国务院及所属部委，特别是广播电视部、新闻出版署，颁布了一批相关行政法规与规章。如 1987 年《广告管理条例》、1990 年《关于报社、期刊社和出版社刊登、经营广告的几项规定》和《外国记者和外国常驻新闻机构管理条例》等。尤其是 1990 年 12 月 25 日，新闻出版署发布《报纸管理暂行规定》，共 8 章 54 条，是中华人民共和国成立后全国首部报纸管理法规。该法规对报纸的审批、登记、出版、变更、经营做了详细的规定。这些行政法规和部门规章主要集中在禁止危害国家安全、禁止传播淫秽色情、禁止侵害人格权、维护社会正常秩序、规范管理新闻单位的经营活动、管理涉外新闻传播活动等方面。

（三）新闻政策及文件的制定与实施

党的宣传部门或者由它会同相关部门，每隔一段时间就会根据现实需要制定和发布一些指导性文件，用以规制和指导新闻工作。在对新闻报道的指导方面，如 1987 年《关于改进新闻报道若干问题的意见》、1988 年《关于新闻报道工作的几项规定》、1989 年《关于改进突发事件报道工作的通知》等；在对报纸质量的控制方面，如 1983 年《关于清理和整顿报纸的通知》、1985 年《关于整顿内容不健康报刊的请示》、1987 年《关于坚决妥善做好报纸刊物整顿工作的通知》、1989 年《关于压缩整顿报刊和出版社的通知》；在对广播电视发展的管理方面，如 1982 年《录音录像制品管理暂行规定》、1983 年《关于录音录像制品出口审核程序的通知》、1988 年《关于进一步加强电视广告宣传管理的通知》、1990 年《关于引进海外电视剧审查标准》等。

四、新闻教育和新闻学研究的发展

（一）新闻教育的发展热潮

改革开放全面启动后，新闻事业全面发展，新闻工作者的数量严重不足，急需补充。为了适应新闻事业发展的需要，新闻教育受到前所未有的重视。

1983年5月，中宣部和教育部联合召开中华人民共和国成立以来第一次全国新闻教育工作座谈会，着重讨论我国新闻教育的发展规划和新闻教育的改革问题，给未来的新闻教育指明了方向。9月10日，中共中央发布《关于加强新闻教育工作的意见》指出：第一，加速发展新闻教育，有计划有步骤地培养新闻干部；第二，积极进行新闻教育改革，不断提高教学质量。[①] 1984年11月29日，在胡乔木的指导下，中国新闻教育学会在北京成立，首任会长为温济泽，副会长有甘惜分、王中、洪一龙等。该学会成为促进新闻教育界相互交流、沟通和合作的专门机构，富有成效地推动了中国新闻教育的改革与发展。后来，该学会并入中国高等教育学会，更名为“中国高等教育学会新闻学与传播学专业委员会”。

新闻教育在全国逐渐扩大，新闻院、系、专业数量越来越多。1982年底，全国高等院校中的新闻院、系、专业点有16个。1983年后，全国各大综合性大学纷纷增设新闻系或新闻专业，至1989年底，全国普通高等院校设有新闻类专业点共51个，其中新闻学专业点33个。1992年，全国设有新闻学类专业教学点的普通高等院校达到52所，专业77个。

新闻教育层次不断提高，新闻学研究生教育开展起来。自1978年恢复招收硕士研究生后，1984年中国人民大学新闻系、复旦大学新闻系获得博士学位授予权。次年，两校共招收6名新闻学博士研究生，这是中华人民共和国成立以来第一次招收新闻学博士研究生。至1992年，全国在校新闻学博士研究生30人，硕士研究生335人。

新闻师资队伍不断壮大。1983年，全国有新闻专业教师518人。同年，中国人民大学新闻系举办“新闻理论”“中国新闻事业史”两个教师进修班，16所高等院校派出青年教师进修学习。1989年12月，全国新闻专职教师共880

---

① 《中国新闻年鉴1984》，人民日报出版社1984年版，第59—60页。

人，其中有教授40多人、副教授240多人、讲师300多人和助教260多人。①

新闻教育改革向深度发展。各个新闻院校不断探索新闻教育办学模式。中国人民大学新闻学院“强调基础、重视实践”；北京广播学院发挥广播电视多学科优势，实施“拓宽知识面，加强口头表述训练，增加相关学科、文理渗透，力求一专多能、全面发展”教学方针；复旦大学新闻学院发挥传统优势，加强学科基础理论研究与教学。1990年后，新闻院校进一步加强马克思主义理论教育，开设马克思主义新闻理论课程，努力提高学生的马克思主义新闻理论水平，树立马克思主义新闻观。

（二）新闻学研究的发展

新闻学研究继上阶段起步后，此时进入发展期。马克思主义新闻理论研究受到重视。1983年，纪念马克思逝世100周年全国新闻学术研讨会召开，这次会议是系统研究马克思新闻思想的新起点，并出版《马克思新闻思想研究论文集》。12月，纪念毛泽东同志诞辰90周年全国新闻讨论会举行，会后出版《毛泽东新闻理论研究》。《马克思恩格斯论新闻》《马列主义新闻学经典论著》《毛泽东新闻思想研究》《毛泽东新闻工作文选》《中国共产党新闻工作文件汇编》等重要著作和文集出版，为新闻理论研究的健康发展提供了有力的保证。

广播电视研究日益受到重视，进入新闻传播学研究核心范畴。广播电视专业、学会、年鉴和学术期刊相继创办。1986年10月15日，中国广播电视学会成立。1987年4月，第一次中国广播电视史研究会在大连召开；5月，《中国广播电视年鉴》问世，编辑部设在北京广播学院；7月，《中国广播电视学刊》创刊。

传播学引入并开始产生研究成果。1983年5月，中国社科院新闻研究所编辑出版《传播学（简介）》一书，这是中国关于传播学介绍和研究的第一本著述。随后，传播学译著纷纷问世，如《传播媒介的垄断》《传播学概论》等。1985年，复旦大学成立文化与传播研究中心，这是我国第一个设立在高等院校的传播学研究机构。1986年8月，第二次全国传播学学术讨论会召开，提出“建设有中国特色的传播学”目标。1988年6月，中国第一部传播学教材《传播学原理与应用》出版。

---

① 《我国新闻教育统计资料》，《新闻研究资料》1990年第3辑。

新闻学研究受到国家肯定和资助。1986 年，国家社会科学基金开始对新闻学课题进行资助。1987 年，“吴玉章奖金”增设新闻学科奖；10 月，《中国近代报刊史》《新闻采访方法论》分别获吴玉章奖金新闻类一等奖和优秀奖。1988 年首届全国高等院校优秀教材评选中，中国人民大学新闻学院郑兴东、陈仁风等编著的《报纸编辑学》荣获新闻学著作优秀教材一等奖。一些有分量的新闻著作不断问世。1989 年 12 月，中国第一部系统论述马克思主义新闻思想的专著《马克思主义新闻思想史稿》出版。1991 年 5 月，《中国大百科全书·新闻出版》问世。

第二节　中国记协恢复活动与新闻奖项的设置

恢复活动的中国记协积极贯彻“国内外并重”方针，切实开展全面工作，设置和评选“中国新闻奖”“长江新闻奖”“韬奋新闻奖”，在广大新闻工作者中评选先进，发扬新闻工作的优良传统，加强和促进新闻队伍建设，发挥了积极影响。

一、中国记协恢复活动

早在 1980 年 2 月北京新闻学会的成立大会上，胡乔木就强调：“报纸、刊物要成为实现国家和社会安定团结的思想中心。”① 在党中央殷切关怀下，“文化大革命”期间中断活动的中国记协恢复工作提上议事日程。3 月，中央有关新闻单位的负责人举行座谈会，一致同意尽快恢复中华全国新闻工作者协会。

当年 8 月 8 日，中国记协正式恢复活动。此后，各省、市、自治区记协纷纷恢复成立，并建立了 23 个专业记协，如中国晚报工作者协会等。1983 年 4 月，中国记协召开第三届理事会，批准主席团和书记处报告，选举第三届主席团，广播电视部部长吴冷西当选为第三届主席团主席。闭幕式上，中国记协通过新《章程》，提出新时期任务是坚持和贯彻“内外并重”的方针，为开创新闻工作新局面创造条件，贡献力量，做好服务工作。

---

① 《北京新闻学会成立》，《人民日报》1980 年 2 月 7 日。

（一）参与组织全国好新闻评选

1980 年，中国记协同北京新闻学会、《新闻战线》编辑部联合发起组织 1979 年全国好新闻评选。8 月 30 日，首届全国好新闻评选在北京揭晓，评出好新闻 31 篇，其中《“活着的黄继光”杨朝芬》等 6 篇新闻获得一等奖，《找到了失落在国外公司的 29 万美元的财产》等 25 篇新闻获二等奖。1981 年，第二届全国好新闻扩大评选范围。第三届增加来信，第四届增加版面、新闻漫画，第六届增加新闻栏目，第七届增加深度报道。全国好新闻评选活动从 1980 年至 1989 年共计主办 10 届，后停办。

（二）开展新闻工作经验与新闻理论学术交流

中国记协和地方记协通过新闻业务交流会、理论讨论会、经验报告会等加强新闻工作经验交流与新闻理论学术交流，如关于“爱国主义和共产主义思想宣传”“宣传先进人物与先进典型”“改进经济宣传”等讨论会或交流会；研讨经济改革报道、改革人物报道、科技报道等经验，提高报道质量，促进新闻改革；同时组织新闻单位前往沿海开发区、经济特区、重点建设地区、老少边穷地区进行异地采访活动，如“延安行”“长江行”“西藏行”“深圳行”等。

（三）采用短期培训与正规教育相结合的办法，提高新闻队伍的素质

1981 年 12 月，中国记协等单位合办了第一届新闻业余进修班。1982 年，中国记协创办新闻专修班。1986 年 3 月，中国记协召开首届新闻干部培训工作会议，提出加强新闻队伍培训的近期要求和长远设想，并会同有关部门举办经济、科技、法制、外语等多种形式培训班、讲座、报告会，培训各级新闻干部 1 000 多人次。中国记协直接培训领导骨干 600 多人，各省、市和专业记协培训业务干部近 3 万人，组织各种业务讲座，不断提高新闻队伍的素质。①

（四）表彰优秀新闻工作者，开展纪念活动

1984 年 11 月，中国记协召开中华人民共和国成立以来首次全国新闻工作者表彰大会，52 个先进集体和 302 名优秀新闻工作者受到表彰。中国记协还联合相关单位召开郁达夫、戈公振、邹韬奋、范长江、邓拓等中国新闻界杰出人士纪念会、学术讨论会，主持修建延安清凉山新闻出版革命纪念馆。从 1986 年 12 月开始，中国记协分批向全国从事新闻工作 30 年以上的 2.3 万余名新闻工作者颁发荣誉证书和奖章。

---

① 钟纪：《团结前进的五十年——记中国记协的战斗历程》，《新闻研究资料》1988 年第 1 辑。

（五）制定《中国新闻工作者职业道德准则》

1991年1月，中国记协第四届理事会第一次全体会议通过《中国新闻工作者职业道德准则》（以下简称《准则》），要求全国新闻工作者要坚持全心全意为人民服务的根本宗旨，以社会效益为最高原则，遵守法律和纪律，维护新闻的真实性，坚持客观公正原则，保持廉洁奉公的作风，提倡团结协作精神，促进国际友好和合作。该《准则》的制定和贯彻执行，对加强新闻队伍建设，提高新闻工作者思想道德素质，推动新闻工作更好地为人民服务、为建设有中国特色社会主义新闻事业服务，具有重要意义。

（六）大力开展同境外新闻界的联系与交往

1985年7月，中国记协成立港澳台记者工作处，当年派出工作组和省级总编辑代表团访问港澳。中国记协通过安排采访人大会议、政协会议、第十一届亚洲运动会等重大活动，至1991年先后接待港澳记者近2 000人次。这些活动增强了港澳台人民对一国两制、和平统一祖国的方针政策的了解，促进了祖国和平统一大业的发展。同时，中国记协积极接待外国记者来访。1983年至1991年，中国记协及地方组织共接待来自五大洲85个国家的1 279名外国记者来华访问。他们回国后撰写了大量通讯、评论和系列文章，出版书籍和文字、图片专刊，制作专题广播电视节目，客观描述中国历史文化、风土人情和改革开放后国家建设、人民生活风貌，增进了世界对中国的了解。为了扩大我国新闻工作者视野，对外宣传中国，中国记协自1980年至1991年组织180个新闻代表团或记者组共571人次，出访世界五大洲80多个国家。另外，还派出新闻工作者出席国际性的专题讨论会议，或应邀短期出国考察，参加培训学习。

（七）加强对外宣传工作，向世界传播中国

至1983年底，中国记协协助部分人民团体设立新闻发言人。中国记协也经常邀请国家领导人、部委负责人会见外国记者并组织新闻发布会、记者招待会、座谈会等活动，至1991年底达300余场次。通过这些活动对外宣传中国的方针、政策和成就，引导外国记者对中国进行客观、公正报道。

（八）加强同世界各国新闻机构合作

至1987年，中国记协相继同世界21个国家的新闻组织签订发展友好关系的双边协议，双方派新闻代表团或记者组互访。[①] 中国记协还同联合国新闻部、

① 钟纪：《团结前进的五十年——记中国记协的战斗历程》，《新闻研究资料》1988年第1辑。

联合国教科文组织以及一些国际性的新闻机构建立良好合作关系。

二、中国新闻奖的设置与评选

中国新闻奖是经中共中央批准常设的全国优秀新闻作品最高奖。它由中国记协主办，每年评选一次。中国新闻奖的创办始于1989年开展的“现场短新闻”评选。

（一）中国新闻奖溯源

1989年10月，中国记协主办全国性专项新闻奖“现场短新闻奖”。11月2日，中国记协发出《关于开展“现场短新闻”评奖的通知》。1990年6月，首届“现场短新闻”评奖揭晓。1991年，第二届“现场短新闻”扩大评奖范围，共收到全国媒体选送的作品400件。在“现场短新闻”评奖活动逐步积累经验的基础上，中国记协国内工作部提出开展中国新闻奖筹备工作的报告，该报告很快得到中国记协同意。

（二）首届中国新闻奖评选

1991年6月30日，中国记协发出评奖通知，明确中国新闻奖定位是全国综合性的年度优秀新闻作品最高奖，并成立评委会。首届中国新闻奖评选启动后，共收到全国新闻作品449件。经过初评和复评，有153件作品荣获首届中国新闻奖。其中，通讯《人民呼唤焦裕禄》获得荣誉奖，社论《稳定压倒一切》等17件作品获得一等奖，消息《招工一百人，报名九百八》等49件作品获得二等奖，《南极现象》等86件作品获得三等奖。12月10日，首届中国新闻奖颁奖大会在人民大会堂举行。

此后，中国新闻奖每年评选一次，一直持续至今，其内容不断丰富完善。1992年，“现场短新闻”评奖活动举办3届后，并入中国新闻奖。

中国记协开展中国新闻奖的评选活动，检阅了我国新闻工作年度业绩，表彰德才兼备的优秀新闻工作者，发挥优秀新闻作品和优秀新闻工作者示范作用，引导和鼓励广大新闻工作者坚持马克思主义新闻观，继承和发扬党的优良工作传统，弘扬职业精神，恪守职业道德，促进新闻媒体多出精品、多出人才，推动了中国特色社会主义新闻事业的发展。

三、范长江新闻奖、韬奋新闻奖的设置与评选

（一）范长江新闻奖的设置与评选

范长江新闻奖是用中国杰出的新闻工作者范长江的名字设立的新闻奖，

是中国记协组织的全国中青年记者的最高荣誉奖。1986 年春，曾在范长江西北之行路上采访的 4 名记者提出成立范长江新闻奖基金会的倡议。1987 年 9 月，中国记协通过了设立范长江新闻奖基金会的决定并于 1988 年 2 月制定《范长江新闻奖基金会章程》（以下简称《章程》）。《章程》规定了基金会宗旨：为了学习和继承范长江献身于人民新闻事业的崇高精神，为了在新的历史时期培养更多的优秀中青年新闻工作者，为了发展有中国特色的社会主义新闻事业。

1990 年 5 月，范长江新闻奖基金会召开首届常务理事会议，通过《范长江新闻奖评选办法》，明确该奖定位为中华人民共和国中青年新闻工作者的新闻工作优秀成果的最高奖，并规定评选对象，公布了评选标准和评选人数。首届评出获奖者最多 10 名，30 名提名荣誉获得者。1991 年 7 月，首届范长江新闻奖评选在京举行。12 月，首届范长江新闻奖颁奖大会在人民大会堂举行，艾丰、江志顺、刘效礼、杨登榜、南振中、俞新宝、郭梅尼、曹仁义、樊云芳 9 名中青年记者荣获范长江新闻奖，另有 30 人获提名荣誉奖。

范长江新闻奖原定每三年评选一次，从 1998 年第四届开始改为每两年举办一次。在前三届的评选中，每届产生获奖者 10 名，提名奖 30 名。从第四届起不再设提名奖。

（二）韬奋新闻奖的设置与评选

韬奋新闻奖是奖励全国新闻编辑、新闻评论员、新闻类节目制片人、校对等新闻工作者的最高奖。1987 年 6 月，中国韬奋基金会在上海成立并举办第一届韬奋出版奖评选活动。1990 年，中国记协国内工作部同中国韬奋基金会取得联系，开始筹办韬奋新闻奖。1993 年 4 月，中国记协和中国韬奋基金会联合发出修订过的《韬奋新闻奖评选办法》，评选活动正式启动。

1993 年秋，韬奋新闻奖评委会成立，评委们经过充分讨论、评议，用无记名投票方式评选出首届韬奋新闻奖 10 名获奖者（有 8 名编辑和 2 名通联工作者）和 30 名提名荣誉者。11 月 7 日，新华社对外公布获奖名单。10 名获奖者分别是朱承修、李济国、杨青、黄景仁、额尔德尼、郭景哲、孙玉胜、陈理章、陆小娅、金福安。韬奋新闻奖从 1993 年起每 3 年评选一次，从 2000 年起改为每 2 年评选一次。2005 年，范长江新闻奖和韬奋新闻奖合并为“长江韬奋奖”。

中国记协通过中国新闻奖、范长江新闻奖和韬奋新闻奖的评选调动了全国新闻工作者的积极性，在全面提高新闻工作者的政治思想素质和业务素质方面做出了贡献。

第三节 重大事件的新闻报道

新闻界积极贯彻党中央的指示，坚持正面宣传为主的方针，先后完成了对批判资产阶级自由化、“治理整顿”、“苏东剧变”、邓小平“南方谈话”等重大事件的新闻报道，在国内外产生了良好的效果。

一、批判资产阶级自由化的宣传报道

粉碎“四人帮”后，社会上和党内出现了一些思想动向，极少数人利用改革开放的机会，打着“解放思想”的幌子，宣扬无政府主义和资产阶级自由化思想，企图否定共产党的领导和社会主义道路，社会上出现了一股资产阶级自由化的思潮，破坏了来之不易的安定团结大好局面。邓小平在总结我国社会主义胜利和挫折的历史经验并借鉴其他国家社会主义兴衰成败历史经验的基础上，率先提出有中国特色社会主义理论。明确要求新闻媒体在宣传有中国特色社会主义理论同时，坚决同违反“四项基本原则”（坚持社会主义道路，坚持人民民主专政，坚持共产党的领导，坚持马列主义、毛泽东思想）行为作斗争，旗帜鲜明地反对资产阶级自由化。

1987 年 10 月，党的十三大在北京举行，大会报告第一次系统地阐述社会主义初级阶段理论，概述“一个中心、两个基本点”的基本路线。1987 年 11 月，《人民日报》发表社论和评论员文章宣传党的基本路线。但是，党中央反对资产阶级自由化的方针在新闻媒体中并没有得到认真的贯彻执行，资产阶级自由化的思潮时有表现。特别是东欧剧变后，“社会主义不如资本主义”的错误思潮相当严重地泛滥开来，资产阶级自由化思想在中国再次抬头。

“政治风波”平息后，6 月 30 日，首都新闻界举行座谈会。与会的一些新闻单位负责同志提出，新闻工作必须坚持四项基本原则，新闻改革不能偏离根本方向，新闻界应该认真总结经验教训，反对资产级自由化思潮的侵蚀。《人民日报》负责人说，用什么思想来指导新闻改革，在这一点上新闻界有着严重分歧，前一阵子只要谈新闻改革必须坚持四项基本原则，就被人视作僵化、保守，甚至有反对改革之嫌，使人不好讲话。新华社、中央电视台、经济日报、

北京日报等新闻单位的负责人都从不同角度反思了一段时期以来新闻工作的教训，表示要痛定思痛，抓住这个机会对新闻队伍进行一次思想、作风、组织整顿，进行马列主义新闻学的再教育，建设一支自觉坚持四项基本原则和自觉抵制资产阶级自由化的队伍。①

1989 年 7 月 17 日至 21 日，中宣部在北京召开全国宣传部长会议。会议认为：宣传、意识形态领域工作的根本任务，就是在党中央的领导下，把反对资产阶级自由化的斗争进行到底，消除再一次发生动乱的根源。7 月 27 日至 28 日，中央政治局全体会议讨论通过了《中共中央关于加强宣传思想工作的通知》，要求各级党组织加强领导，切实反对资产阶级自由化，真正让社会主义思想占领意识形态阵地。《人民日报》于 7 月 22 日发表社论，回答广大民众“中国向何处去?”并连续发表中国留美博士生闻迪撰写的长篇文章《社会主义能够救中国》。这篇文章论述中国走社会主义道路的历史必然性，阐述坚持共产党领导的必要性，坚定社会主义必胜信心。《人民日报》理论版还开辟“只有社会主义才能发展中国”笔谈专栏，共出 53 期，从各个方面阐释中国特色社会主义理论，反击资产阶级自由化思想，在社会各界产生了广泛影响。

8 月，中宣部组织首都部分新闻工作者座谈，紧密结合新闻工作实际，分析和批判资产阶级新闻观点。与会者谈到，资产阶级自由化思潮在新闻领域有两个突出的表现：一是宣扬抽象的新闻自由，用资产阶级新闻自由来否定党对新闻工作的领导；二是鼓吹“人民性高于党性”，把党性与人民性割裂开来、对立起来，从而否定党性原则。与会同志一致认为，旗帜鲜明地坚持马克思主义的新闻观点，坚决反对资产阶级自由化思潮的侵蚀，是我们新闻战线深入贯彻党的十三届四中全会精神，做好今后新闻工作的一项极为重要的任务。②

为了彻底清除资产阶级自由化思潮的影响，新闻媒介着重从理论上系统地阐明了在我国为什么必须坚持四项基本原则的问题，有力地回击了资产阶级自由化思潮对四项基本原则的挑战和进攻。由于资产阶级自由化的代表人物在“民主”“自由”“人权”等问题上散布的谬论有很大的欺骗性，新闻媒介针对这些谬论发表了一系列理论文章予以驳斥。经过一段时期反对资产阶级自由化的斗争，这股思潮在思想文化领域泛滥的现象，从根本上得到了改变。③

---

① 《新闻界要认真总结经验教训》，《人民日报》1989 年 7 月 1 日。

② 《坚持马克思主义新闻观点，反对资产阶级自由化思潮》，《人民日报》1989 年 8 月 6 日。

③ 中共中央党史研究室：《中国共产党的七十年》，中共党史出版社 1991 年版，第 540 页。

二、“治理”“整顿”的新闻报道

1988 年 9 月至 1991 年底的三年治理整顿，是我国改革开放历史上的一个特殊阶段，是针对 1984 年第四季度起出现的经济过热现象进行的经济上的干预。“治理”和“整顿”，前者全称为“治理经济环境”，后者为“整顿经济秩序工作”。在治理整顿的每一个阶段，新闻媒体都予以积极配合。

从 1988 年 9 月至 1989 年 8 月为治理整顿的第一阶段，侧重点主要为多管齐下压需求、整秩序，使经济降温，遏制通货膨胀，稳定经济形势。新闻界积极报道党中央召开党外人士座谈会征求治理整顿意见和国务院召开全体会议进行部署，以及党中央、国务院制定一系列具体文件的新闻，将这些方针政策及时告知民众。1988 年 10 月 28 日，《人民日报》理论版刊文阐述改革、治理、整顿三者的辩证关系，是“彼此相互渗透、相互关联、相互促进的一个有机整体”。① 11 月 10 日，《人民日报》发表社论说：“要使十三届三中全会确定的指导方针全面有效地实施，必须综合利用经济的、行政的、法律的、纪律的和思想政治工作的手段，五管齐下。”② 1989 年 3 月 20 日，李鹏在向七届人大二次会议做的政府工作报告《坚决贯彻治理整顿和深化改革的方针》中，阐述治理整顿的基本指导思想、具体目标和政策措施。当日，《人民日报》配发社论指出，动员和鼓舞全国人民共同参与治理整顿、深化改革的艰巨任务，是增强向心力、凝聚力的极好机会。

1989 年 11 月中国共产党十三届五中全会后，治理整顿进入第二阶段，侧重点为坚持总量控制，解决市场疲软、工业速度下滑过猛问题。1990 年 1 月 17 日，《人民日报》头版发表《中共中央关于进一步治理整顿和深化改革的决定》，并不断发表文章为治理整顿加油鼓劲。1 月 25 日，《人民日报》宣布：去年治理整顿主要目标基本达到；1 月 26 日，发表文章《治理整顿总体已向良性循环发展》，并相继发表文章宣传治理整顿成效。同时，《人民日报》发表文章为治理整顿解疑释惑，如 2 月 2 日发表《对治理整顿和深化改革关系的若干思考》；指明未来发展方向，如 2 月 6 日《治理整顿关键是提高效益》等。在媒体报道的推进下，治理整顿取得预期效果，国民经济逐步回升。

1990 年 9 月至 1991 年 9 月为第三阶段，侧重点为保持经济正常增长，提

---

① 《在治理整顿中改革，在改革中治理整顿》，《人民日报》1988 年 10 月 28 日。
② 《治理、整顿务必抓紧》，《人民日报》1988 年 11 月 10 日。

高经济效益，促进经济结构优化。《人民日报》坚持正面宣传为主、以团结鼓劲的方针，推动治理整顿工作深入开展。《人民日报》发表系列文章宣传治理整顿成绩，如《我国政治经济社会稳定发展　治理整顿深化改革成效明显》等。在治理整顿和深化改革方针指引下，通货膨胀得到控制，经济秩序好转。1992 年初，治理整顿进入总结收官阶段。《人民日报》1 月 20 日发表文章《治理整顿与深化改革取得明显成效的一年》。1992 年 3 月 20 日，李鹏在《政府工作报告》中宣布：治理整顿的主要任务已经基本完成，作为经济发展的一个特定阶段可以如期结束。当日《人民日报》刊登《治理整顿作为特定阶段如期结束》一文说："三年治理整顿之所以进行得比较顺利，是同改革开放以来我国经济实力有了很大增强分不开的。改革开放保证了治理整顿任务的顺利完成，治理整顿又为改革开放迈出更大步伐创造了有利条件。"①

三、"东欧剧变"的新闻宣传

20 世纪 80 年代末的东欧剧变和 90 年代初的苏联解体，标志着第二次世界大战后美苏对抗和东西方冷战结束，也意味着国际共产主义运动进入低潮。对于这件关系国际局势巨大变化的事件，中国新闻媒体给予高度关注和充分报道。

第一，及时报道东欧剧变的过程。1991 年 8 月 29 日，《人民日报》刊登消息《戈尔巴乔夫说苏联如解体他将辞职》。此后，基本每天都有关于苏联解体的报道。

第二，分析东欧剧变后国际形势。1991 年 12 月 13 日，《人民日报》发表文章《格局 · 矛盾 · 战略》，报道 12 月 5 日至 7 日"1991 年国际形势讨论会"上各位专家对国际形势的分析。27 日，《人民日报》报道说："美国总统布什 25 日晚向全国发表电视讲话，宣布美国承认前苏联所有加盟共和国的独立。"② 12 月 28 日，《人民日报》发表《一些国家承认俄罗斯等独立国家》。12 月 31 日，发表《1991 年：苏联终止存在》，并刊登《原苏联各共和国简况一览表》。

第三，分析东欧剧变原因。《参考消息》借用外电积极分析东欧剧变原因，认为："苏联的解体是从公开性时期开始的"，③ 戈尔巴乔夫是"被自己掀起的

---

① 《治理整顿作为特定阶段如期结束》，《人民日报》1992 年 3 月 20 日。

② 《美欧国家对苏联解体做出反应》，《人民日报》1991 年 12 月 27 日。

③ 《克拉夫丘克猛烈抨击戈氏》，《参考消息》1991 年 12 月 12 日。

'公开性''改革'和'民主化'力量所打倒的"。①

第四，分析东欧剧变对中国的冲击和影响。西方预言中国将成为东欧剧变"多米诺骨牌"的下一个。中国新闻界正视国内困难形势，遵照邓小平提出的"冷静观察，稳住阵脚，沉着应付，韬光养晦，有所作为"方针，坚决反对西方国家干涉中国内政，坚持走中国特色的社会主义道路，成功打破西方国家的制裁。1992年1月6日，《人民日报》刊文说："由于东欧剧变，特别是苏联解体，世界政界和舆论界更加注意中国。人们普遍认为中国改革道路正确，步子稳妥，经济改革取得成功。"②

第五，总结东欧剧变中新闻宣传的经验教训。新华社新闻研究所在东欧剧变中不断搜集各国资料，出版《苏联东欧剧变与新闻媒介》一书，总结东欧剧变中新闻宣传的经验教训，认为苏联新闻媒介在苏联解体和东欧剧变中起到了恶劣作用。③

四、邓小平"南方谈话"的新闻报道

20世纪90年代初苏联解体，国内外形势发生巨变，中国面临挑战和机遇、困难和希望并存的局面。一部分干部和群众的思想产生困惑，对社会主义前途缺乏信心，对改革开放提出了姓"资"还是姓"社"的各种质疑。正确解答这些问题，是关乎中国改革开放前途和社会主义现代化建设的大事。

在这个关键时刻，邓小平于1992年1月17日离开北京，途经武昌、长沙，于19日抵达深圳，23日到珠海，31日到上海视察，2月21日返回北京，沿途发表系列重要谈话（史称"南方谈话"）。他谈话的要点有：要坚持党的基本路线；要抓住有利时机，大胆解放思想，加快经济发展，把有中国特色的社会主义事业全面推向前进；中国的改革就是要搞市场经济；基本路线要管一百年。邓小平的谈话首先通过新闻媒体迅速传遍全国，乃至全世界。

2月14日，香港《文汇报》《大公报》和澳门的《澳门日报》首先用头版或整版发表了邓小平视察南方的照片。2月21日，《珠海特区报》头版以《巨大的鼓舞，亲切的关怀——小平同志视察珠海经济特区》为题，刊发了邓小平视察珠海的大幅照片，并配有千字通讯《邓伯伯，您好!》。之后，全国许多媒

---

① 《戈被自己实施的改革葬送》，《参考消息》1991年12月19日。

② 《道路正确 步子稳妥 改革成功》，《人民日报》1992年1月6日。

③ 新华社新闻研究所编：《苏联东欧剧变与新闻媒介》，新华出版社1993年版，第31页。

体争相发表关于邓小平“南方谈话”的报道和评论。2 月 20 日至 3 月 6 日，《深圳特区报》连续发表 8 篇猴年新春评论；① 3 月 12 日至 4 月 3 日，《深圳商报》连续刊登“八论敢闯”评论。② 香港《文汇报》在头版重要位置同步转载《深圳特区报》的文章，并且在按语里称：《深圳特区报》的编辑部文章原汁原味地传递了邓小平“南方谈话”精神。香港《大公报》也开始同步转载。日本共同社、英国广播公司等都通过各种关系索要“八评”的传真稿。

党中央积极作出反应，并进行宣传部署。2 月 28 日，邓小平“南方谈话”要点以中共中央 1992 年 2 号文件名义下发全党。全国各省、市、自治区的机关报纷纷发表评论文章，阐述谈话精神。

3 月 22 日，《南方日报》发表了通讯《邓小平在“先科”人中间》。3 月 26 日，《深圳特区报》发表了本报记者陈锡添的长篇通讯《东方风来满眼春——邓小平视察深圳纪实》，把报道推向高潮（图 11-1）。文章发表后，《羊

深圳特區報

Shenzhen Special Zone Daily

1992 年 3 月 26 星期四

国务院和有关部门将助粤赶超亚洲发达国家和地区

东方风来满眼春

全国农村出口产品在深展销

延长口岸开放时间海关将予支持

为农村工业化开新路

图 11-1　《深圳特区报》发表长篇通讯《东方风来满眼春》

① 《深圳特区报》“猴年新春”评论 8 篇：《扭住中心不放》《要搞快一点》《要敢闯》《多干实事》《两只手都要硬》《共产党能消灭腐败》《稳定是个大前提》《我们只能走社会主义道路》。

② 《深圳商报》“八论敢闯”：《为进一步解放思想鸣炮》《快马再加鞭》《防右、更防“左”》《实事求是贵在“敢”》《敢用他山之石》《险处敢登攀》《胸怀大局才敢闯》《借鉴香港互利共荣》。

城晚报》全文转载。3 月 28 日，《文汇报》《中华工商时报》和 3 月 30 日的《光明日报》《北京日报》也全文转载。3 月 30 日，新华社向全世界全文播发。第二天，《人民日报》等国内各主要报纸都在头版主要位置转载，中央电视台在《新闻联播》后用 45 分钟全文播发这篇通讯。国外有些主流媒体也播（刊）发了《深圳特区报》的这篇长篇通讯。

对于邓小平视察南方这一重大事件，新闻媒体反应敏感，报道及时、全面、系统、生动，极大地鼓舞了全国人民的改革开放热情。

思考题

1. 论述新闻改革全面展开的原因、历程及其意义。
2. 评述改革开放全面展开时期新闻事业全面发展的表现。
3. 中国记协的恢复原因和主要活动及其意义。
4. 评述新闻界批判资产阶级自由化的宣传报道。
5. 评述中国新闻界关于“苏东剧变”的新闻宣传。
6. 新闻媒体发表邓小平视察南方报道的特点与经验。

▶ 即测即评

第十二章 改革开放深化时期的新闻事业

1992年10月，中国共产党的十四大报告提出，我国经济体制改革的目标是“建立和完善社会主义市场经济体制”。这是党的社会主义经济理论的重大突破，也是我国经济体制改革和中国特色社会主义道路探索中的正确选择。这一正确选择和一系列相应举措的实施，使我国经济体制改革进一步深化，进入到制度创新的层面，从而有力地推动了我国新闻事业的各项改革向纵深发展。一方面，传统新闻媒体在保持事业单位不变的前提下，其运营模式和调控体系都有较大调整；而基于互联网技术的各类新兴媒体层出不穷，也驱动着新闻传播形态不断翻新。另一方面，随着新闻业发展的新变化，新闻传播观念持续更新，新闻传播研究与教育也进入一个空前繁荣期。

第一节 新闻传播观念更新与马克思主义新闻观教育

一、新闻传播观念的更新

随着社会主义市场经济体制的建立，在传媒业实行市场化运营、传播学深入影响以及网络媒体快速发展等多重因素作用下，一些不合时宜的新闻观念被扬弃，新的观念不断生成。这些新的观念既来自新闻传播实践，又对新闻实践起到了引领作用。

（一）社会主义市场经济发展与新闻传播观念变革

建设社会主义市场经济体制全面启动后，市场经济与新闻事业的关系成为新闻界关注的重要问题。1993年1月，中国产业报协会召开“市场经济与经济新闻研讨会”；3月，上海新闻学会举行“市场经济与新闻报道和新闻改革学术研讨会”；5月，中国社会科学院新闻研究所等单位举办“社会主义市场经济与新闻事业”学术研讨会。通过持续深入的探讨，学界与业界逐渐形成新闻事业具有上层建筑属性和信息产业属性双重属性的共识。2001年8月，中共中央办公厅、国务院办公厅转发了《关于深化新闻出版广播影视业改革的若干意见》，首次以中央文件形式明确了新闻事业的双重属性，对整个中国新闻业、新闻教育和新闻研究具有深远影响。

新闻传媒实行市场化运作，需要建立责权利共有的现代法人制度，确立市场定位，形成市场竞争意识，由此，新闻界的市场观念、商品观念进一步加强。

但市场至上、经济利益第一原则在新闻传播领域的蔓延，也导致了新闻消费主义和新闻自由泛化的现象。新闻消费主义主要体现为新闻媒体对其目标受众最大限度的占有和追求商业利益的最大化，为迎合受众欲望而背离了新闻求真、求实的本义，在报道中追求娱乐化和煽情化。新闻自由的泛化则表现为一些媒体滥用新闻自由，肆意侵犯公民的隐私权或知识产权，还有一些媒体违背新闻的真实性原则，为吸引眼球而制造虚假新闻，挑战新闻职业道德底线。

（二）传播学引入与新闻传播观念更新

20世纪90年代以来，新闻学界在深入引介、研究和发展传播学的同时，自身的知识结构和思想观念也在发生变化，在思考相关问题时，增加了传播学的视角与方法。传播学不仅深刻影响了中国新闻学术的发展，也助推了新闻学学科建设，许多高校的新闻学专业或院系都在“新闻”后增加了“传播”二字。

首先，传统的传播学把人类传播形态分为人内传播、人际传播、组织传播、大众传播等类型。在这一分类体系中，报刊、广播、电视被纳入“大众传播”即大众传媒的范畴。这一概念和分类目前在中国已得到广泛应用。

其次，美国政治学家哈罗德·拉斯韦尔提出的传播过程“五W”要素说，[①] 不仅奠定了传播学研究的五大基础领域，也引起人们对传播效果即受众研究的重视。这一理论被引入中国后，过去不受重视的新闻受传者被越来越多地讨论和关注。尤其是在市场经济条件下，媒体普遍向市场要效益，需要研究市场也就是受众需求，因此“受众中心论”逐渐得到认可，以受众为中心的传播观念也被新闻界大力倡导。

第三，传播学的把关人理论、议程设置理论、使用与满足理论、媒介研究等理论与方法的引进与探讨，有助于理性分析新闻传播现象，指导新闻实践。

总之，传播学的导入提高了新闻学的学理性。传播学的“媒介”“传者”“受众”“把关人”“意见领袖”等一系列概念已成为新闻学界的通用词汇，传

---

① 即“谁（Who），说了什么（Says What），通过什么渠道（In Which Channel），对谁（To Whom），取得了什么效果（With What Effect）”。这五个要素是拉斯韦尔在《传播在社会中的结构与功能》一书中提出的。

播学的一些研究方法如定量研究等也成为新闻学研究常用的方法。

（三）新媒体涌现与新闻传播观念转换

“新媒体”并非一个严格意义上的科学概念，而是在与报纸、广播、电视等传统媒体的对照中产生的一个阶段性、临时性称谓。1998 年 5 月 4 日，在纽约联合国总部召开的联合国新闻委员会第 20 届会议开幕式致辞中，主管传播和新闻的副秘书长法眼健作把互联网称为继报纸、广播、电视之后的“新的第四媒体”，从而为“新媒体”赋予了特定的内涵与外延。之后一般将基于网络传播和数字信息的媒体统称为“新媒体”。

1994 年 4 月 20 日，中国全功能接入互联网。以网络技术为依托，各种新媒体不断涌现，蓬勃发展，极大地丰富了新闻传播的渠道和手段。作为重构社会关系的媒体形态，新媒体聚合了与以往不同的社会资源和市场资源，也让传统的媒体和舆论调控方式逐渐失效，促进了传统新闻观念的更新。其中最具代表性和全局性影响的就是“人皆为传者”和“媒介融合”。①

随着个人传播技术尤其是各种新媒体的普及，大众传播时代所形成的传者与受众界限日渐模糊。借助这些便捷的手段，人们可以随时将自己在突发事件现场所获取的新闻传播出去，普通民众成了新闻传播的主体，“市民记者”“草根记者”概念开始出现并流行。普通民众参与新闻报道，以全民化、全时空化的信息传播和意见表达方式，克服了职业新闻信息和意见资源的有限性，对信息进一步快捷流动、社会大众知情权的满足、公共事务领域的有效交流、社会政治民主建设等都具有重要的价值和意义。② 这种普通民众自主见证新闻并生产和借助自媒体传播新闻的现实改写了新闻传播的历史，使传统媒体及其新闻传播工作面临前所未有的挑战。

互联网新媒体可将传统的报刊与广播电视“一网打尽”，本身就是一种融合性媒介形态，也成为一种无处不在的媒介现象，必然带来“媒介融合”观念的流行。从新闻业务的角度看，媒介融合观将促使新闻工作者采用多媒体手段进行新闻传播活动，新闻传播活动将发生多方面的变化，如新闻信源结构与新闻传播主体的变化、媒介组织结构与工作流程的变化、新闻载体性能与新闻传播方式的变化等。

---

① 杨保军：《新闻观念论》，复旦大学出版社 2014 年版，第 216 页。

② 杨保军：《新闻观念论》，复旦大学出版社 2014 年版，第 219 页。

新媒体的发展也改变了新闻教育领域的人才培养观念，培养全媒体人才成为新的教育目标。这种人才能够适应报纸、广播、电视、网络等多种媒体新闻生产的要求，擅长在文字、图片、音频、视频信息之间进行转换，掌握多种制作、编辑和传输方式，擅长将新媒体与传统媒体进行整合。培养复合型、跨学科人才逐步成为新闻教育界的共识。

二、马克思主义新闻观教育活动的开展

改革开放以来，新闻界汲取“文革式”新闻传播的教训，在与时俱进不断更新传播观念的同时，始终强调和坚持马克思主义新闻观。尤其是经历了20世纪80年代末反对资产阶级自由化斗争后，党和政府更加强调要坚持马克思主义新闻观。1996年，中华全国新闻工作者协会主席吴冷西发表《坚持马克思主义新闻观》一文，从马克思主义新闻理论的原理、原则、方针、政策、工作作风和工作方法几方面，系统概括和总结了马克思主义新闻观同西方资产阶级新闻理论、同资产阶级自由化新闻思想的根本区别。① 同年，江泽民在视察人民日报社时指出，要把新闻舆论的领导权牢牢掌握在忠于马克思主义、忠于党、忠于人民的人手里。2001年，中共中央宣传部和中华全国新闻工作者协会作出了在新闻界普遍开展马克思主义新闻观教育活动的统一部署。2002年中共十六大后，中共中央对新闻宣传工作提出了“三贴近”要求，即“贴近实际，贴近生活，贴近群众”。2003年9月，由中组部、中宣部、中央党校联合举办的第一期新闻媒体骨干培训班开学，主要学习“三个代表”重要思想和进行马克思主义新闻观教育。此后新闻战线持续开展“三项学习教育”，即中国特色社会主义理论体系、马克思主义新闻观、职业精神职业道德的教育活动，并将其落实到新闻采编、经营和管理工作的各个领域。马克思主义新闻观教育主要强调以下几点：

其一，坚持党管媒体的原则和党媒工作的党性原则。改革开放后，新闻媒体从单纯的事业单位向事业性质、企业化管理转变，90年代后传媒业逐渐引进社会资本，媒体经营市场化趋势明显。然而，无论媒体的管理体制、经营方式和盈利模式如何变迁，党管媒体的原则都没有变化。党的历任领导和历次会议通过的文件也始终强调坚持党管媒体的原则，要求新闻媒体增强引导舆论的本

---

① 吴冷西：《坚持马克思主义新闻观》，《当代思潮》1996年第5期。

领，掌握舆论工作主动权。党管导向、党管媒体、党管人才，引导广大新闻工作者牢固树立马克思主义新闻观，恪守新闻职业道德，自觉履行社会责任，是当代中国新闻业的一大特色，也是新闻媒体的立身之本。

党性原则的实质是要求新闻媒体在政治、思想与行动上同党保持一致，在新闻工作中坚持党性与人民性的统一，实现以人民为中心、全心全意为人民服务的目标。

其二，坚持新闻真实原则。真实是新闻的生命，事实是第一位的，新闻是第二位的。实事求是既是马克思主义的精髓，也是马克思主义新闻观的灵魂。坚持马克思主义新闻观，就是要根据客观事实来描述事实，而不是根据主观愿望来描述事实；不仅要准确报道个别事实，还要从宏观上把握和反映事件或事物的全貌。

其三，坚持正面宣传为主的方针，即正面宣传观。1981 年 1 月发布的《中共中央关于当前报刊新闻广播宣传方针的决定》要求“报刊、新闻、广播、电视要正确处理表扬和批评的关系。要坚持以表扬为主的方针”。1989 年 11 月举办的全国新闻工作研讨班明确提出了“坚持正面宣传为主的方针”，强调新闻报道必须坚持以正面宣传为主，因为“这是社会主义新闻事业必须遵循的一条极其重要的指导方针。坚持这个方针，就是要准确、及时地宣传党的路线、方针、政策，实事求是地反映社会现实生活的主流，让人民群众用创造新生活的业绩教育自己，形成鼓舞人们前进的巨大精神力量，在当前就是要造成一个有利于稳定局面的舆论环境”。① 历届党和国家领导人都在不同时期、不同场合强调了新闻媒体进行正面宣传、团结稳定鼓劲的重要性。

其四，坚持正确的舆论导向，即正确舆论观。舆论作为公众的一种意见，本身就有正确与错误之分。正确的舆论有利于问题的解决和社会矛盾的化解。马克思主义新闻观强调要反映正确的舆论，要正确引导舆论，形成正确的舆论导向。

1989 年 11 月召开的全国新闻工作研讨班也谈到了舆论导向问题，指出“舆论导向”是党的新闻媒体固有的属性和基本功能，新闻媒体应运用各种形式和手段，将舆论引导到符合党的纲领、路线、方针、政策，符合广大人民群

① 中共中央文献研究室编：《十三大以来重要文献选编》中，人民出版社 1991 年版，第 730 页。

众的根本利益和团结稳定发展的方向上来。因为“正确发挥新闻舆论在当代社会生活中的导向作用，既是正确引导人民群众的需要，也是反对敌对势力反动宣传的需要”。① 江泽民在1994年1月召开的全国宣传思想工作会议上也强调：“我们的宣传思想工作，必须以科学的理论武装人，以正确的舆论引导人，以高尚的精神塑造人，以优秀的作品鼓舞人。”② 1997年中共十五大报告提出，“新闻宣传必须坚持党性原则，坚持实事求是，把握正确的舆论导向。”③胡锦涛2008年6月20日在人民日报社考察工作时强调，要“把坚持正确导向放在新闻宣传工作的首位”，“要把舆论引导能力放在突出位置”，“要注重在报道新闻事实中体现正确导向，在同群众交流互动中形成社会共识，在加强信息服务中开展思想教育，用事实说话、用典型说话、用数字说话，化解矛盾，理顺情绪，引导各方面群众共同前进。”④ 实践一再证明，每当新闻舆论正确地反映民意，有利于社会的团结稳定和发展时，就会赢得民众信任和尊重；反之则不然。

牢牢坚持马克思主义新闻观，是改革开放时期新闻舆论工作的原则性要求和根本遵循。

第二节 新闻事业的发展

建立社会主义市场经济体制的目的在于发挥市场主导作用，由市场而不是政府来配置资源，以市场供求引导社会资源的合理流动。新闻传媒也必须通过不断改革，通过市场作用实现媒体数量与品类布局的合理化。在此背景下，各报社和广播电台、电视台纷纷调整思路，在新闻产品的质量与数量上下功夫。随后兴起的互联网新媒体很快成为新闻传播的生力军，对传统媒体造成了巨大冲击。为迎接这一挑战，传统媒体纷纷“触网”，逐步实现了与新媒体共融共舞，竞合发展。

---

① 中共中央文献研究室编：《十三大以来重要文献选编》中，人民出版社1991年版，第731页。

② 中共中央文献研究室编：《十四大以来重要文献选编》上，人民出版社1996年版，第647页。

③ 《江泽民文选》第2卷，人民出版社2006年版，第34页。

④ 胡锦涛：《在人民日报社考察工作时的讲话》，《人民日报》2008年6月21日。

一、传统媒体的新发展

（一）报刊的发展

首先，报纸出现发展热潮。与日趋多元的社会需求相对应，20 世纪 90 年代以来，除原有的各级党报外，专业化、对象化报纸不断涌现。一是各类以经济信息和行业指导为主的财经类报纸陆续创办，并在 2000 年前后形成一个创办财经类报纸的高潮，《证券日报》《财经周刊》《21 世纪经济报道》《经济观察报》《第一财经日报》等先后问世，标志着财经类报纸进入高速成长期。二是随着百姓生活水平的提高和业余文化生活的丰富，体育类、时尚类、健康类、娱乐类、教育类、老年类报纸的数量持续增长。同时，随着对外开放和中国参与国际竞争力的提高，越来越多的国人熟练掌握外语，一些外国人也来到中国生活就业，面向这类人群的时政类外文报纸在 90 年代迎来一个大发展时期。创刊于 1993 年的《21 世纪英文报》（*21st Century*）就是为中国青年人学习英文、融入世界而量身打造的英文时事周报。由文汇新民联合报业集团出版发行的国内第一份地方性英文日报《上海日报》（*Shanghai Daily*，1999 年创办），则是长三角地区最具影响力的外文报纸。三是地域性的早报、晚报和都市报异军突起。1995 年 1 月 1 日，四川日报社主管和主办的《华西都市报》创刊，开启了中国都市报的元年。它首次提出了“市民生活报”的办报定位，以“全心全意为市民服务”为方针，面世不久就表现不俗。该报提出具有独创性的“敲门发行”理念，推动了报纸的市场化经营和产业化发展，同年该报发行量突破 50 万份大关，广告收入超过 9 000 万元。各地纷纷引进“华西模式”，都市报如雨后春笋般涌现和发展。

报纸种类增多，意味着竞争压力加大。为提高竞争力，各报积极改进设备，加强内部管理，建立内容数据库，引进异地印刷报纸的卫星版面传输技术，报社编辑部采用计算机采访编辑系统、报纸新闻图片和广告数字处理及传输系统，更新印厂生产流程及经营自动管理系统，使报纸多印快印有了可能。一些报纸还采用扩版和“厚报”等竞争策略，仅 1992 年全国报纸实行增扩版的就达 200 多家。报纸在市场上显示了活力，也增强了自身的经济实力和生存能力，大部分报纸不再依靠政府拨款，少部分还开始向政府上缴利税。报业盈利时代的到来，又进一步推动了国内新办报刊的热潮。

这场蔓延全国的办报热潮也导致了“散、滥”等不良后果。一些单位和行业重复办报，一些新成立的报社根本不具备办报条件；还有一些报社卖刊号、卖版面。从 1996 年开始，新闻出版署根据中央要求，开展了为期三年的报业“治散、治滥”工作，一定程度上遏制了滥办报刊的势头。但问题并未得到根本解决，特别是党政部门报刊散滥、摊派发行，增加基层和农民负担的现象仍十分严重。2003 年 7 月，中共中央办公厅、国务院办公厅联合下发《关于进一步治理党政部门报刊散滥和利用职权发行，减轻基层和农民负担的通知》，要求对上述问题采取切实措施。新闻出版总署随后出台了相关实施细则。在国家强力调控下，多数县级报纸停办或被划转，众多的行业报纸、部门报纸走向市场。此后报纸走上平稳发展的道路，每年有报纸停办，也有新报面世，全国出版的报纸种数基本保持在 2 000 种左右。

其次，一批有影响力的新闻期刊应运而生。1995 年 1 月，生活·读书·新知三联书店继承邹韬奋先生的办刊传统，创办了定位于“新时代发展进程中的忠实记录者”的《三联生活周刊》，拉开了新生代新闻周刊的序幕。1996 年 8 月，九三广告公司与暨南大学新闻学院合办的《新周刊》（后由广东出版集团主办）问世；10 月，《深圳特区报》主办的《深圳风采周刊》（后更名《深圳周刊》）出刊。前者为“中国最新锐的时事生活周刊”，言辞犀利、风格鲜明；后者则以低价销售和注重刊发独家消息而著称。1998 年，以介绍财经新闻为主的《证券市场周刊 Money》问世，更名《财经》后，相继刊发了多篇对市场有重大影响的报道。1999 年 1 月，文汇新民联合报业集团主办的上海市首家综合性新闻期刊《新民周刊》面世；同年，中国新闻社主办的《中国新闻周刊》在北京试刊（2000 年 1 月正式刊行）。2000 年 10 月，由湖北日报报业集团主办的《特别关注》问世。2003 年 11 月，新华社主办的《瞭望东方周刊》在上海诞生。2005 年 6 月，宁夏日报报业集团主管的新闻类杂志《Vista 看天下》在北京面世，内容涵盖了时政、财经、社会、科技及文化时尚领域，短短几年发行量就突破 50 万份。2006 年 3 月，《南方都市报》主办的《南都周刊》以“有温度的城市新闻”和“南方立场，都市风向”为标榜，是当时唯一以城市为关注对象的新闻杂志。2008 年 10 月，国内第一本博客新闻杂志《博客天下》创刊，以时政、财经等精彩博文为内容，力图使“博客”这一自媒体借助纸媒发声，拓展中国社会的舆论空间。2009 年 5 月，共青团中央主管的综合性新闻杂志《中国周刊》问世。

在这些新闻期刊中，《中国新闻周刊》以硬新闻为主，不仅关注新闻的表象，更注重对其背景和各种关系的梳理与分析，话题严肃。《三联生活周刊》

则逐渐形成文化性与新闻性并举的特质，强调新闻具有历史品格，文化具有当代活力。《新周刊》和《Vista看天下》主打“新锐”牌，兼具新闻性、思想性与娱乐性，话题贴近百姓生活，印刷精美，图片量大，视觉冲击力强，吸引了大批的年轻读者。这些各具特色的新闻期刊，在新闻的深度发掘与信息整合方面作出了很多有益探索。

（二）广播电视的发展

从人口覆盖率、节目播出套数、制作节目的时间数、播出时间数、收音机和电视机的拥有量等几个指标衡量，从1992年至2009年，我国广播电视业的发展总体处于上行态势。到2009年底，我国共有广播电台251座，电视台272座，广播电视台2 087座，教育电视台44座。[①] 广播综合人口覆盖率96.31%，电视综合人口覆盖率97.23%。[②] 电视取代报纸和广播成为人民群众获知新闻信息的“第一媒体”。

20世纪90年代以来，调频广播、数字广播相继推广，使广播的传输音质得到很大改善，频率资源日益丰富。1996年12月25日，我国第一个数字音频广播系统在广东佛山开播；2006年2月27日，中国国际广播电台在海外开设了调频电台。广播传输技术水平的不断提升，为广播“系列台”“频率专业化”改革提供了设备保障。

中央人民广播电台经过周密调查和论证，于1992年元旦一次性推出了《经济生活》《439播音室》《科技·知识·生活》《空中大舞台》《海外乐坛》和《音乐天地》六个大型综合板块节目。它们与原有的《午间半小时》《法制园地》《对农村广播》《今晚八点半》等节目相配套，使全天的节目更加丰富多彩，搭配更趋合理。1994年，该台又对第一、二、三套节目进行改造、调整和充实。第一套节目继续保持国家电台的传统形象，调整后的新闻节目播出次数增加近一倍，听众可随时通过电台了解最新的时政要闻；第二套节目以经济、信息和科技为主，强化了服务功能；第三套立体声文艺广播强化了民族文化的传播。同年6月，为加强对珠三角和港澳地区的广播，电台开办第七套节目，呼号“华夏之声”，每天播音时间由原来的107小时增加到128小时，创该台每天播音时间最长历史纪录。1995年，电台对面向台湾广播的第五、六套

---

① 《中国广播电视年鉴2010》，中国广播电视年鉴社2010年版，第584页。

② 《中国广播电视年鉴2010》，中国广播电视年鉴社2010年版，第584页。

节目也进行了调整，以适应海峡两岸形势的发展。2002 年 1 月，中央人民广播电台提出了“频率专业化、管理频率化”的改革目标，10 月推出第一个专业化频率“华夏之声”，之后又相继推出“中国之声”“经济之声”“音乐之声”等专业化频率。至此，中央人民广播电台形成了以专业化广播频率为特色的节目体系。与此同时，地方电台也通过调整节目的结构和布局，逐步形成数量繁多、质量较高、对象性强、分工明确的节目体系，增强了节目的时效性、娱乐性和贴近性。

电视媒介形态在 20 世纪 90 年代后亦发生显著变化，有线电视、数字电视崛起并获得快速发展。2000 年 8 月，中国数字有线电视节目在深圳首播成功，并在大中城市全面推开。2003 年，我国有线电视从模拟向数字整体转换工作全面启动。2005 年 10 月，青岛市有线电视数字化整体转换竣工；2006 年 7 月，广西有线数字电视用户突破百万，是我国第一个数字电视用户突破百万的省份。到 2009 年底，全国数字电视用户达 6 321.7 万户，有线电视用户 1.75 亿户，① 受众可选择的节目数量也成倍增加。

（三）通讯社的发展

20 世纪 90 年代以来，两大通讯社——新华社和中新社各司其职，在对内和对外传播中的影响力与日俱增。

在对内传播方面，新华社从 90 年代开始全面推进战略转型，由过去以提供传统新闻产品为主，转变为制作和提供各类现代多媒体信息，并陆续创办了《中国图片报》《中国证券报》《新华每日电讯》等几十种报纸和刊物。1994 年 6 月，新华社成立了国际报道快速反应记者组，负责突发性国际新闻采访任务。2002 年 6 月，《国际先驱导报》由新华社创办；2009 年 6 月，《财经国家周刊》创办，意图打造有影响的“中国首席财经周刊”。

中新社原初定位是服务于台港澳同胞、海外华侨华人和与之有联系的外国人。90 年代以来，中新社增加了对国内受众的信息服务，先后创办了《中华文摘》（香港创办，海内外发行）及《视点》《欧中经贸》《中国经济周刊》《中国新闻周刊》《时代传媒》等多种刊物。其中《中国新闻周刊》还同时有英文、日文、韩文和意大利文版向海外发行。

在对外传播中，新华社通过增加驻外记者站优化社内人员结构，调整业务

---

① 《中国广播电视年鉴 2010》，中国广播电视年鉴社 2010 年版，第 593、93 页。

布局，开辟多种语言广播，每天 24 小时用中文、英文、法文、西班牙文、俄文、阿拉伯文、葡文等多种文字向世界各地不间断发稿，将业务范围延伸到所有媒体领域，产品推送至世界各地，共在海外设立总分社、分社 180 多个，新闻信息机构用户数达 22 000 多家，基本实现了全球覆盖。中新社面对海外竞争对手日益增多等情况，注意在涉外报道中发出独家声音，同时不断更新设备，提高新闻采编水平和内部管理能力，建立起多渠道、多层次、多功能的新闻信息发布体系和几十个境内外分社，每天 24 小时不间断向世界各地播发文字、图片、网络、视频、手机短信等各类新闻信息产品，客户和合作伙伴遍及世界各地，成为对外新闻报道的国家级通讯社和世界华文媒体的信息总汇，在台港澳同胞、海外华侨华人和与之有联系的外国人中间树立了良好形象。

从 2009 年开始，新华社发起并成功举办了世界媒体峰会（World Media Summit）和主席团会议，其主席团成员机构包括美国新闻集团、美联社、谷歌、英国广播公司、路透社以及俄罗斯俄塔社、南非米瑞德集团、印度教徒报公司和巴西圣保罗报报业集团等，并主办了世界媒体峰会首届全球新闻奖评选。作为许多国际新闻组织的成员，新华社还与世界 100 多个国家及地区的通讯社或新闻机构签署了新闻交换、人员交流和技术合作等方面的协议。中新社也从 2001 年起每两年主办一次大型的全球华文传媒领袖峰会“世界华文传媒论坛”。2009 年第五届论坛期间，在中新社倡议下，成立了以“服务、互动、平等、共赢”为宗旨的“世界华文媒体合作联盟”。

二、新媒体的涌现与蓬勃发展

我国的新媒体是伴随国内互联网基础设施建设的逐步完善而迅速发展起来的。1996 年前后，我国四大骨干网 CSTNET、CHINANET、CERNET、CHINAGBN 相继建成开通，互联网的基础设施建设取得阶段性成果。1997 年，国务院决定将我国互联网列入国家信息基础设施建设，并正式提出建立国家互联网信息中心（NIC）的计划；5 月，中国互联网络信息中心（CNNIC）工作委员会成立；国务院信息化工作领导小组办公室正式授权中科院组建和管理中国互联网络信息中心，行使国家互联网信息中心的职责。2000 年 1 月 18 日，中国互联网络信息中心推出中文域名注册试验系统。

与此同时，各种中文商业网站在互联网上迅速涌现。1996 年 5 月，新浪网前身、北京四通利方信息技术有限公司设立的 Website——SRSNET（“利方在线”）中文网站上线，并逐渐开通了论坛、新闻等信息服务，很快成为人气旺盛的中文网站。同年 8 月，搜狐网的前身“爱特信信息技术有限公司”创立。1998 年 2 月，搜狐网正式开通，成为国内第一家中文搜索引擎。1997 年 5 月，网易公司成立；1998 年 11 月，腾讯公司成立；1999 年 2 月，腾讯 OICQ（QQ 的前身）上线；9 月，阿里巴巴网络技术有限公司成立。1997 年到 1999 年，我国的网站规模从 1 500 个发展到 15 000 余个。2000 年 1 月，百度公司成立。后来影响中国互联网商业格局的大公司在这一时期基本都已诞生。2003 年底，新浪、搜狐和网易首次迎来全年度盈利，由此刺激了商业网站进一步发展。

2005 年，随着以博客为代表的 Web2.0 类应用兴起，社会化媒体呈现井喷式发展，短短几年时间就成为承载和影响社会舆论的重要载体。作为一种新型的在线媒体，社会化媒体是人们彼此之间用来分享信息、意见及经验的工具和平台，包括博客、电子邮件、即时通信、语音/视频、文件共享、小组讨论等多种形式。博客（Blog）正式名称为网络日志，是指一种发表个人思想、网络链接或信息的网络页面出版方式，所发信息按照时间顺序排列且不断更新。博客现象始于 1998 年，美国记者麦特·德拉吉主持个人博客网站“德拉吉报道”，因率先报道了美国总统克林顿和莱温斯基的性丑闻而引起关注，随即掀起全球网络博客风潮。2002 年，第一个中文博客网站“博客中国”创立，博客开始在中国兴起。随后腾讯、新浪、搜狐、网易等网站也积极推广博客服务。从 2009 年下半年起，新浪、搜狐、网易、人民网等门户网站还纷纷开启或测试微博功能，吸引了文化界名人、娱乐明星、企业机构和众多网民加入，社会化媒体进入蓬勃发展时期。

形式多样的社会化媒体的应用，使普通人可以随时随地利用手中的网络工具上传新闻，由传统媒体时代的新闻内容接受者变成了自主的新闻生产者。社会化媒体的不断发展，弱化了互联网对传统媒体信息源的依赖，在一些热点事件中，社交网站、博客、微博等社会化媒体成了新闻首发者，传统媒体却成了它们的跟随者与转载者。如 1999 年 4 月 15 日 16 点 5 分，大韩航空公司一架 MD11 货运班机在上海虹桥机场起飞 1 分钟后坠毁，两小时后新浪网发布了由网友提供的消息，由此成为国内第一个报道这一事件的网站，也显示出互联网在新闻报道方面的及时性与开放性优势。2001 年美国发生“9·11”恐怖袭击后约 8 分钟，国内传统媒体尚未报道，新浪网就上传了有关该事件的第一条消息（图 12-1）。至 2009 年 12 月，我国网站数量达 323 万个，网民规模则从

1997 年的 62 万增加到了 3. 84 亿；其中手机网民 2. 33 亿。①

图 12-1　新浪网快速报道“9 · 11”恐怖袭击事件

互联网新媒体的发展，不仅拓宽了新闻传播渠道，提高了新闻传播效率，也为普通人和新闻当事者即时传播信息提供了便捷手段。传统新闻业所形成的专业壁垒和行业边界正在消融，“人人都有麦克风”的互联网时代开启，而掌握核心信源的国家机关和事业单位，自然成为新媒体版图中的关键节点。我国党和政府积极利用互联网，将其作为一种重要的行政手段。2006 年 1 月 1 日，中华人民共和国中央人民政府正式开通门户网站，作为国务院和国务院各部门及各省、自治区、直辖市人民政府在互联网上发布政务信息和提供在线服务的综合平台。2007 年 9 月，国家电子政务网络中央级传输骨干网正式开通，标志着统一的国家电子政务网络框架基本形成。2009 年 2 月第十一届全国人大二次会议和全国政协十一届二次会议召开前夕，时任国务院总理温家宝与网友在线交流并接受了中国政府网、新华网的联合专访。网络执政、网络问政成为网络时代的重要现象之一。

三、媒体融合及其发展

互联网及依托互联网的各种新媒体次第出现，开启了新闻传播的网络化、数字化、多元化和个性化时代，高速发展的互联网和迅猛增长的网民，给主要依靠注意力生存的传统媒体带来巨大压力。互联网不仅分割了传统媒体的分类广告市场，其无所不在、即时生产的海量新闻和言论，也与传统媒体的新闻传播形成竞争态势。基于互联网的强大包容性，报刊、广播、电视和通讯社均可通过“触网”拓展生存空间，因此，进军互联网，寻求网络化生存，被很多传统媒体人当成了“二次创业”的途径。传统媒体寻找新的生长空间加上互联网

---

① 中国互联网络信息中心（CNNIC）：《2009 年中国互联网发展大事记》。

的开放性和包容性，使得媒介融合成为大势所趋。

媒介融合经历了一个从“组合”到“融合”的过程。1993 年 12 月，《杭州日报下午版》利用通信线路将报纸内容输入电脑联机服务公司的网络，用户通过电话线可以用电脑调阅相关内容，标志着国内“电子报纸”的问世。1995 年 1 月 12 日，由《神州学人》杂志社创办的我国第一份网络新闻期刊《神州学人》上线；10 月 20 日，《中国贸易报 · 电子版》开始网上发行。随后许多报社、广播电台、电视台和通讯社纷纷涉足互联网。但初期的这些传统媒体网站并未与互联网真正融合，多数只是将原有的内容搬到互联网上，进行不同渠道的二次传播，是两种媒介形式的“组合”，而且网页制作粗糙，形式简单，缺乏个性，信息量不足，时效性不强，处于传统媒体的附属位置。

随着互联网的飞速发展和传统媒体的网络化生存，媒体间的界限越来越模糊，2000 年 10 月通过的《中共中央关于制定国民经济和社会发展第十个五年计划的建议》明确提出了电信网、广播电视网和互联网“三网融合”的发展思路，为媒介深度融合提供了政策依据。凭借这一政策东风，传统媒体的升级改造进一步加速。同年 12 月，人民网、新华网、中国网、央视国际、国际在线、中国日报网、中青网等获得国务院新闻办公室批准登载新闻业务，率先成为获得登载新闻许可的重点新闻网站。

在报界，2005 年 8 月 15 日，南方报业传媒集团创办多媒体互动杂志《WOW！ZINE · 物志》，订户数量接近千万份。[①] 2007 年 2 月 28 日，《人民日报》开始面向全国正式发行手机报，成为现代通信技术与新闻传媒融合的标志性事件。2008 年初，新闻出版总署启动“全媒体数字采编发布系统工程”，确定《中国安全生产报》、南方报业传媒集团、烟台日报传媒集团等为全媒体出版的应用示范单位。以此为契机，上述报社不仅再造了传统的内容生产流程，还实现了报业集团内部资源的多次利用。一些报社还利用报纸、广播、电视、互联网、手机等多种媒体手段，从过去单一终端媒体的新闻生产系统向多终端全介质的新闻生产系统转变。

在广播电视系统，2005 年 4 月底，上海文广新闻传媒集团下属的上海电视台正式获得国家广电总局批准，开办以电视机、手持设备为接收终端的视听节目传播业务。这是国家广电总局在国内发放的首张 IPTV 业务经营牌照。

---

① 吴廷俊：《中国新闻传播史 1978—2008》，复旦大学出版社 2011 年版，第 26 页。

2007 年12 月 18 日，国际奥委会与中央电视台共同签署了“2008 年北京奥运会中国地区互联网和移动平台传播权”协议。这是奥运史上首次将互联网、手机等新媒体作为独立转播平台列入奥运会的转播体系。2009 年 8 月，中央人民广播电台创建的“央广广播电视网络台”（CNBN）上线，率先实现了广播与互联网的融合。同年底，中国网络电视台开播，集合了网络电视、IP 电视、手机电视、移动电视、互联网电视五大播控平台，覆盖全球 190 多个国家及地区的互联网用户，并推出了英、西、法、阿、俄、韩 6 个外语频道以及蒙、藏、维、哈、朝 5 种少数民族语言频道，形成了拥有全媒体、全覆盖传播体系的网络视听公共服务平台。

两大通讯社的媒介融合始终走在国内传媒界前列。中新社于2008 年在中新网开通了视频直播间。2009 年与电信运营商对接，推出手机中新网（WAP）业务。2009 年 9 月，新华社斥资打造名为“新华频媒”的数字内容传播产业链。12 月 31 日，新华社开设的电视新闻网——中国新华新闻电视网（China Xinhua News Network Corporation，简称 CNC）举行开播仪式。至此，新华社已建立了覆盖全球的新闻信息采集网络，形成了多语种、多媒体、多渠道、多层次、多功能的新闻发布体系，每天 24 小时不间断用中文、英文等 8 种文字向世界各地用户提供文字、图片、图表、音视频等新闻信息产品。

不同媒体、不同行业和不同区域之间还实行联合办网。2000 年 5 月，经国务院新闻办公室和中共北京市委宣传部批准，由北京日报社、北京人民广播电台、北京电视台、北京青年报社、北京晨报社等京城主要传媒共同发起和创办的国内首家综合性新闻网站“千龙网”正式开通，极大地整合了地方性新闻资源。上海市主要新闻单位与东方明珠股份有限公司、上海信息投资股份有限公司也共同发起成立了大型综合型网站“东方网”。2009 年 1 月，由中央电视台联合全国 50 家电视机构打造的“中国电视新闻合作网”正式开通，成为全国视频发稿中心的一个基础性网络平台。

媒介融合在接收端的体现，就是各种新媒体应用向手机媒体聚合。手机媒体的初期发展经历了较为简单的短信、彩信业务，到手机报、手机广播等新媒体实验的过程。2000 年 5 月 17 日，中国移动公司正式开通短信（SMS）服务。在短信增长趋缓后，彩信（MMS）、手机报和手机广播又相继登场。手机报是移动增值业务与传统媒体结合的产物，利用 WAP、彩信、短信等技术手段，将传统媒体或网站的信息内容发送到用户手机，使用户每天定时或即时接收到最新的新闻和信息。① 2001 年 7 月，《扬子晚报》率先推出国内第一家手机报《扬子随身看》。2004 年 2 月 24 日，人民网推出国内首家以手机为终端的“两会”无线新闻网，借助手机传播国家重大政治活动的新闻。从 2004 年起，中国联通和中国移动先后推出了基于蜂窝移动网络的手机电视业务试验；7 月 18 日，《中国妇女报》推出全国首家彩信版手机报——《中国妇女报 · 彩信版》。2006 年 4 月 25 日，《北京科技报》与无线搜索公司 Cgogo 合作，推出了全国第一家具有独立域名的手机报。2008 年，中国移动借助诸多重大新闻事件加大了对手机媒体特别是手机报的推广力度，其手机报用户超过 4 000 万户。2005 年 9 月，中央人民广播电台与中国联通和网易合作，在 CDMA 手机上开通“手机广播”。2009 年我国开启手机 3G 业务后，这种将无线通信与国际互联网等多媒体通信相结合的新一代移动通信系统将“移动互联网”从概念变为现实。移动互联网与移动终端的发展，把大批网络用户迁移到了移动互联网上，新的应用和媒体形式不断涌现。

总而言之，经过不断改革，中国新闻媒体已实现了从单一到混合、从多种媒介组合到多种媒介融合的转变。

四、新闻传播内容变化与方式创新

新闻事业的新发展，还表现在传播内容的变化与传播方式的创新上。中共十四大报告强调，要“重视传播媒介的舆论监督，逐步完善监督机制，使各级国家机关及其工作人员置于有效的监督之下”。中共十五大、十六大和十七大报告中也都提到了新闻媒体的舆论监督问题。由此可见，提高新闻报道质量，搞好舆论监督与引导，凸显新闻媒体的本质特征，既符合受众的需要，也是党和政府对媒体的要求。

《北京青年报》于 1990 年底提出向“真正意义的新闻纸”发展的目标，主张“哪里有新闻，哪里就有我们”，对许多重大新闻进行了全面、真实的现场报道。该报还精心研究读者阅读特点，设计具有视觉冲击力的版面和标题，并采用大幅照片，形成风靡一时的“新派版式”。《南方周末》于 1994 年提出“强化新闻性，再上新台阶”口号，经常报道一些热点新闻和敏感新闻，并开设了专门版面用于舆论监督。该报 1999 年的新年献词《总有一种力量让我们

---

① 程曼丽、乔云霞：《新闻传播学辞典》，新华出版社 2012 年版，第 275 页。

泪流满面》和主编寄语《让无力者有力，让悲观者前行》曾一纸风行，广受关注。《中国青年报》《新京报》等报纸的新闻报道和舆论监督也开展得有声有色，受到读者好评。

广播电视在加强新闻报道与舆论监督方面也有不俗表现。《新闻纵横》是中央人民广播电台节目改革后推出的一个重要板块节目，1994 年 10 月 1 日开播，旨在对重要新闻事件、社会热点进行深度拓展和延伸报道。节目开办一年即获中宣部颁发的“中央主要新闻单位名专栏”荣誉称号。1995 年 12 月 25 日，该台《各地人民广播电台联播节目》更名为《全国新闻联播》，进一步发挥全国广播主流阵地优势，集中地方台精华，突出信息量和报道深度。“中国之声”设立后，也相继推出了一系列精品报道节目。1993 年 3 月 1 日，中央电视台第一套节目每天新闻播出次数由 4 次增加到 12 次，重要新闻首次实现了滚动播出；同年 5 月 1 日推出大型新闻板块栏目《东方时空》，其中的“焦点时刻”不仅以最快、最新的“热点新闻”吸引了众多观众，而且在新闻评述方面建树颇丰。1994 年 4 月 1 日，央视在《新闻联播》之后推出了《焦点访谈》，针对领导重视、群众关心的热点和难点问题进行翔实地报道和评析，在加强舆论监督的同时，注重“沟通”“平衡”与“监督”，很快成为全国收视率最高的新闻栏目之一，也受到国家领导人的高度评价。共和国三任总理李鹏、朱镕基、温家宝都曾先后亲临《焦点访谈》演播室，题词或赠言鼓励。1996 年 1 月，改版后的《新闻联播》以直播形式与观众见面；5 月，深度报道栏目《新闻调查》开播，每期时长 45 分钟。1997 年 5 月 1 日起，央视在每天早 6 点增加一次《早间新闻》，与改版后的 7 点和 8 点《早间新闻》互相呼应，形成以新消息为主的完整新闻时段，新消息比重占 60%以上。同时，《晚间新闻报道》播出时间增加到 45 分钟，成为央视时间最长、报道量最大、报道面最宽，也最具特色的新闻节目。2003 年 5 月，央视新闻频道（CCTV-13）试播，7 月 1 日正式播出。2009 年 7 月，央视整合新闻、经济、海外、社教、文艺五大节目中心采编系统，成立了新闻中心。

在中央人民广播电台、中央电视台带动下，各省市广播电台、电视台的新闻播出次数显著增加，新闻报道与舆论监督功能日益凸显。电视新闻播报形式不断革新，除整点播报新闻外，还有“滚动播出”，除主持人“播”新闻外，还有“说”新闻，如北京电视台《第七日》、中央电视台《第一时间》、东方卫视《东方夜谭》等。

在重要会议、重大事件、重大纪念活动的报道中，广播电视的现场直播成为20世纪90年代以来的“新常态”。如1992年党的十四大召开期间，中央电视台、中央人民广播电台和中国国际广播电台及时、准确、全面、权威的报道，向世界展现了一个日益开放的大国形象。在1997年7月1日香港回归和1999年12月20日澳门回归报道中，中央电视台采用演播室直播、现场报道、录像新闻、现场连线、背景分析、嘉宾点评等多种方式，或述或评，做到新闻传播与新闻事件同步，创下了多项纪录。中央电视台也因香港回归报道而首次成为向世界提供主信号的电视媒体。2009年庆祝中华人民共和国成立60周年大会，中央人民广播电台的广播直播策划充分，结构严谨，与中央电视台的“盛典”国庆60周年特别报道一起荣获第20届中国新闻奖。

重大灾难性事件具有突发性、连续性、震撼性、刺激性等特点，一旦发生就会被各大媒体争先报道。如在1998年的全国抗洪抢险、2003年的抗击“非典”以及2008年汶川地震等事件中，广播电视记者出生入死，第一时间从现场发回消息；各电台电视台分工合作，精心组织，既全面翔实地报道事件进展，又请相关专家答疑释惑，稳定公众情绪，引导社会舆论，动员社会力量，起到了很好的团结稳定鼓劲作用。与此同时，广播电视在国际重大突发事件的报道方面也有了很大提升。如2003年伊拉克战争爆发后，中国电视媒体即时介入，无论是报道的规模声势还是手段、方法，都一改以往的模式，真正做到了全方位、全天候、及时、客观的报道。而2008年12月成立的中国电视新闻直播联盟，则将以央视为首的全国50家电视机构更加紧密地联结起来，有利于在重大突发事件的报道中第一时间调动各成员台力量，实现全国电视新闻联动报道。

在舆论监督方面，中央电视台《焦点访谈》栏目曾经顶着巨大压力，播出了《触目惊心假发票》《让棉花不再沉重》《“罚”要依法》《粮食满仓的真相》《河道里建起商品楼》等反响强烈的批评报道。各地方电台电视台的新闻评论性栏目也一度十分兴旺。

21世纪以来，互联网新媒体在新闻传播和舆论监督方面开始崭露头角。网络新媒体因快速为民众提供新闻而受到欢迎，上网了解新闻逐渐成为中国网民的习惯。2005年底的调查显示，在网民最常用的网络服务中，“浏览新闻”以67.9%的使用率而高居榜首。① 2008年“5·12”汶川大地震期间，87.4%的网

---

① 中国互联网络信息中心（CNNIC）:《第十七次中国互联网络发展状况统计报告》。

民选择通过上网了解相关信息，网络媒体使用首次超过了电视。[①] 互联网新媒体也成为网民即时发布信息的便捷通道和汇聚公众意见、实行舆论监督的重要平台。2008 年 9 月，时任国务院总理温家宝对《有博客刊登举报信反映 8 月 1 日山西娄烦县山体滑坡事故瞒报死亡人数》作出批示，要求彻查这起重大尾矿库溃坝事故，说明社会化媒体的舆论监督已引起高层重视。12 月，南京市某区房产局局长因发表不当言论引发网民不满，进而被“人肉搜索”并被立案调查。“网络反腐”由此成为 2009 年的年度热词。网络新媒体的新闻传播与传统媒体的新闻传播互相借力，共同构建起一个即时传播的动态新闻舆论场，成为推动社会变迁的巨大力量。

第三节　新闻媒体运营的改革

在向市场转轨的过程中，各新闻媒体提高新闻质量，增加新闻数量，并开辟广告、多种经营和多种融资渠道，逐渐摆脱了单纯依靠政府拨款的被动发展方式。市场调节机制使媒体资源得到更加合理的配置，媒体内部生产力和传媒的创造精神得到激发，产业结构不断优化升级。优秀的传媒集团可以募集到更多资金，获得更大市场空间，进而走出国门，参与全球竞争。

一、新闻媒体运营体制的调整

1992 年 6 月，中共中央、国务院发布了《关于加快发展第三产业的决定》，将农业、工业和建筑业之外的其他各业都划归第三产业，要求第三产业办成经济实体，实行企业化经营和企业化管理，做到自主经营，自负盈亏。2002 年党的十六大报告提出了“文化事业”和“文化产业”的概念，明确文化事业从事公益性文化活动，文化产业从事经营性文化活动。2005 年中共中央、国务院发出《关于深化文化体制改革的若干意见》，要求“党报、党刊、电台、电视台、通讯社、重点新闻网站和时政类报刊，少数承担政治性、公益性出版任务的出版单位……实行事业体制，由国家重点扶持”；同时强调“新闻媒体要优化组织结构，整合内部资源，转变经营方式。要坚持党管媒体，坚

---

① 中国互联网络信息中心（CNNIC）：《社会大事件与网络媒体影响力研究报告（2009）》。

持党管干部，坚持正确的舆论导向，始终确保党和人民喉舌的性质。新闻媒体中的广告、印刷、发行、传输网络部分，以及影视剧等节目制作与销售部门，可从事业体制中剥离出来，转制为企业，进行市场运作，为主业服务”。新闻传媒“事业”与“产业”“双肩挑”定位的明确，为其下一步改革指明了方向。

沿着这一既定路线，报业机构在企业化运营中探索出多种所有制形式，如中外合资报刊及非国有资本、业外资本持有报刊股份等。《计算机世界》就是第一家中外合资的专业性报纸，《华商报》则实行企业与报纸联姻，《中国合作新报》允许民营企业介入报纸经营。广播电视机构普遍实行制播分离，除保留一部分核心性、导向性节目外，将其他节目制作与广告经营剥离出来，按照市场规律进行公司化运作。2003 年后，各广播电视机构又将内部业务分为公益性事业和经营性产业两部分，其中公益性事业部分依然保持国有事业体制，经营性产业则从事业体制中分离出来，组建现代企业意义的公司，实行所有权和经营权分离。

二、新闻媒体运营方式的创新

在企业化运营中，报社内部不断优化组织结构，实行编辑部和经营部门分离的股份制运营方式，进一步明晰产权关系，以提高生产及销售层面的市场穿透力；外部则通过增期、扩版或新办子报等方式，提高产品的市场占有率，扩大市场份额，一些报刊创新营销和发行体系，在传统的邮政发行、自办发行外，引进民营发行公司、外资发行企业等多种渠道和方式。如《京华时报》就导入了整合营销策略，将报纸的采编工作与经营管理工作纳入一个系统，实行“双轮驱动”，创刊一年即跻身全国报业广告收入前十六强，稳居北京报业前三强。《北京青年报》则依据现代物流理念，创建了“小红帽”发行网络。2004 年 8 月，北京青年报社又以北京小红帽报刊发行服务网络系统为基础，以全国城市报业发行网络联盟为平台，通过股权合作方式联合《今晚报》、重庆日报报业集团等业内外实力资本，按照现代企业制度改制建立了“小红帽发行股份有限公司”。通过这些改革，中国报业广告收入连续多年以 15%~40%的高速递增，出现了一批年广告收入超亿元的报社；报纸广告收入持续大幅度增长，广告收入占报社总收入的 60%~70%。但从 2004 年起，随着互联网新媒体的崛起，全国报业广告收入第一次同比降低，当年广告额为 230. 7 亿元，同比降低

5.05%。[1] 2009年报纸的广告经营额为370.46亿元，虽有新增长，但若排除物价上涨等因素，报业收入的涨幅已远不如前些年强劲。

广播电台、电视台也以广告为龙头，实行多种经营。1992年，全国广播广告经营单位660家，广告营业额1.99亿元；电视广告经营单位981家，营业额20.55亿元。[2] 到2000年，全国广播广告经营单位720家，比1992年增加60家，广告营业额15.29亿元，是1992年的近8倍；电视台3 067家，营业额168.91亿元，涨幅惊人。[3] 2001年至2004年，全国广播电视节目市场初步形成，电视台可以直接向国内外媒体和节目制作公司购买节目，价格由双方协商确定，电视广告的竞争愈演愈烈，同时也倒逼着各电视机构在经营上不断创新。2009年，全国电视广告收入达675.82亿元。[4]

广播电视机构还凭借自身资源优势，直接参与社会生产和资本运作。1992年8月，上海市广播电视局创办了我国第一家文化企业股份有限公司——上海东方明珠股份有限公司，并公开发行股票。1999年湖南电广实业有限公司上市，成为广播电视媒体进行资本运营的新动向。

在逐步放开经营权的同时，媒体管理层面的改革也在有序推进。2004年7月，全国广播影视局长会议提出要在广电系统内的文化体制改革试点单位实行“三分开”和“三分离”，即管办分开、政企分开、政事分开，广电集团或总台内部部分频道频率和部分资产实施事业产业分离、所有权和经营权分离以及制播分离。到2009年底，广播电视业的转企改制工作取得实质性进展，广播电视系统的一些电视剧制作中心、出版社都实行了企业化改制。[5] 报刊业的分类改革工作也在新闻出版总署的指导下稳步推进。按照“做强做优一批，整合重组一批，停办退出一批”的要求，报刊业的工作重点转向了结构重组与优化。截至2009年底，市场报社、现代快报社等35家中央非时政类报刊出版单位的转企改制方案获得批准，1 069家报刊出版单位转制或登记为企业法人单位。一

---

① 《中国广告年鉴1995—2007》，国家市场监督管理总局网站。

② 范鲁彬：《中国广告30年全数据》，中国市场出版社2009年版，第18页。

③ 范鲁彬：《中国广告30年全数据》，中国市场出版社2009年版，第26页。

④ 《中国广告业2009年发展综述》，《中国新闻年鉴2010》，中国新闻年鉴社2010年版，第93—94页。

⑤ 《中国广播电视年鉴2010》，中国广播电视年鉴社2010年版，第66页。

些地方报刊还试行了退出制度，力图建立报刊优胜劣汰的长效机制。[①] 2009 年 8 月，因“经营不善，严重资不抵债、无法继续正常出版”，《中华新闻报》经新闻出版总署批准后发布停刊清算公告，成为首家倒闭的中央级新闻报纸。当年全国因兼并、重组或停办而退出的报纸达 188 种。

三、新闻媒体的集团化发展

在西方，媒体集团的成立是 19 世纪末随着资本主义的发展，处于优势地位的报刊因扩大化再生产的需要而采取的一种自发行为，它是在完全的市场竞争中产生的，主要通过新办媒体或兼并、收购其他媒体等方式，实现规模扩张和传媒资产重组，并由单一的经营方式向多元经营方式转化。与上述背景和动因不同的是，中国新闻媒体集团是在媒体发展要求与政府意志合一的情况下产生的，多数时候政府在媒体机构的行政资源配置等方面甚至起了决定性作用。

中国新闻媒体的集团化运作于 1996 年在广州启动。时年 5 月，经中共中央宣传部和国家新闻出版署正式批准的国内首家报业集团——广州日报报业集团成立。集团成立初期，除主报《广州日报》外，只有 5 份子报和 5 家附属公司，两年内就增加到了 9 报 2 刊和 9 家附属公司，效益可观；《广州日报》的发行量也逐月增加，两年内增加了 20 多万份。

2001 年，中国正式加入世界贸易组织（WTO），参与全球经济一体化的市场博弈。同年，新闻出版署更名为新闻出版总署，并升格为正部级机构。8 月，中共中央办公厅、国务院办公厅转发了《关于深化新闻出版广播影视业改革的若干意见》，对新闻出版广播影视业的改革作出全面部署，积极推进文化产业集团化建设，要求组建一批主业突出、品牌名优、综合能力强的大型文化集团，实行多媒体兼营、跨地区经营，以此为突破口，加大市场整合力度，调整产业结构，提高文化企事业的竞争力。在内外环境刺激下，全国报业集团的组建达到高潮，仅 2001 年至 2002 年两年时间内，国内新成立的报业集团就有近 20 家。[②] 一些报业集团还控股上市公司，至 2009 年 12 月 31 日，我国报业集团控股的上市公司有博瑞传媒、北青传媒、新华传媒等 6 家。

广播电视业的集团化进程稍晚于报业。1998 年 6 月 9 日，全国首家广播电

① 《中国报刊管理工作 2009 年综述》，《中国新闻年鉴 2010》，中国新闻年鉴社 2010 年版，第 81—82 页。

② 《2010 年新闻出版产业分析报告（摘要）》，《中国新闻出版报》2011 年 7 月 22 日。

视集团——无锡广电集团正式成立。继而上海、湖南、山东等地的广播电视台也纷纷探索集团化运作。2001 年 12 月 6 日，经党中央、国务院批准，我国规模最大的媒体集团——中国广播影视集团成立。

在传媒产业化和国际化的大背景下，在自身生存发展和政府期许的合力下进行的媒体集团化发展，一定程度上改变了我国传媒业高度分散和较为弱小的不利局面，提升了我国传媒产业的市场竞争力和抗风险能力，也有利于政府在宣传层面上的集中统一管理。① 但在这次集团化浪潮中，由于一些地方的行政力量过度干预，动用行政手段而不是遵循市场法则指令一些媒体机构进行集团化重组，结果有的虽然形式上成立了集团，实际各机构间仍自行其是，互不关联，未能达成资源整合与优化配置的目标；还有的媒体机构规模小、实力弱，本应与其他媒体实行集团化运作，但由于市场的条块分割等原因，无法实现集团化运营。因此，如何实现行政推动与市场主导的有机结合，成为摆在传媒管理层与业界面前的重大难题。

经过整合，中国新闻媒体的集团化发展在行政隶属上虽仍保留“四纵”“四横”的传统“井”字形格局②，但在原有体系基础上有所突破，出现了一些新的形式：

其一，跨媒体联合。根据国务院《关于深化新闻出版广播影视业改革的若干意见》，一些媒介集团施行了多种经营策略。如 2004 年 1 月 1 日，《温州晚报》《温州都市报》《温州商报》和温州新闻网并入《温州日报》，成立温州日报社，实行集团化管理，并于同年 9 月成立温州日报报业集团。该集团拥有 4 家报纸、1 家网站和 1 家杂志，形成了跨媒体的联合经营模式。同年 5 月，原牡丹江广电集团与报业集团重组，将广播电台、电视台与报纸合为一体，成立了牡丹江新闻传媒集团。

其二，新闻媒体联盟。新闻媒体联盟模式分为两大类：一类为同专业联盟。如 2001 年 8 月，首届西北五省区省级都市报总编辑峰会在甘肃兰州召开，《三秦都市报》《兰州晨报》《新消息报》《西海都市报》《新疆都市报》联手成立“西北五省区都市报互动联盟”，共同开发广告市场。2005 年，中国报业联盟大量出现，如全国主流媒体教育联盟、珠三角报业广告联盟等。2008 年 12

---

① 冉华、梅明丽：《中国传媒集团化发展的历史检讨》，《江西社会科学》2005 年第 5 期。

② “四纵”指依据行政级别——中央级、省（自治区、直辖市）级、地市级、县市级进行管理；“四横”指依据媒介形态——报纸、广播电视、通讯社、网络进行管理。

月，电视新闻直播联盟成立，成员包括中央电视台、北京电视台、安徽电视台等。2009 年 7 月，数字电视产业推进联盟在上海成立。另一类为跨地区联盟。如 2006 年，广东肇庆市西江日报社加盟南方报业传媒集团；2007 年 9 月，淮海经济区报业联盟成立，山东、河南、安徽和江苏的 20 家报纸签署了《淮海经济区城市报业联盟徐州共同宣言》。

其三，跨地区合办媒体。合办媒体经历了“同地区合办媒体”到“跨地区合办媒体”的发展过程。前者以 2000 年 5 月组建的“千龙新闻网”为代表，后者以同年 3 月《中国计算机报》《中国电脑教育报》《软件世界》等 8 家媒体组建的 IT 专业网站“赛迪网”为典型。2003 年 11 月，光明日报和南方日报两大报业集团联合创办的《新京报》正式创刊。它是中国首家获正式批准的跨地区联合办报试点，也是中国首家股份制结构的时政类报纸。而 2007 年 9 月贵州电视台与甘肃广电总台的合作、2009 年青海卫视与湖南卫视在青海卫视频道开展的项目合作，则成为电视业打破区域分割，开展跨区域合作的经典案例。

第四节 新闻法制与新闻职业道德建设

新闻业在大发展、大改革的同时，也出现了许多新现象、新问题。为了有效解决这些问题，一些调控新闻行业的政策、法规和部门规章、文件也陆续出台。

一、新闻法制建设的新进展

（一）新闻法制建设全面展开

这一时期出台的规范媒体的法律、法规和部门规章主要有《广告法》《广播电视管理条例》《印刷业管理条例》《音像制品管理条例》《出版管理条例》《报纸出版管理规定》《期刊出版管理规定》《新闻记者证管理办法》等。上述法律法规着眼于对新闻传媒的调控，集中在禁止传媒发布危害国家安全的煽动性言论，禁止扰乱经济秩序、维护社会正常秩序，规范管理新闻单位的经营活动、涉外新闻传播活动等方面。同时还出台了规范和管理政府信息公开，保障媒体的报道权和人民知情权的法规。2003 年非典疫情危机爆发后，国务院法制办成立了起草领导小组和专门工作组，开始研究制定《突发事件应对法（草案）》。2007 年 8 月 24 日，全国人大常委会三审《突发事件应对法（草案）》，30 日正式公布《中华人民共和国突发事件应对法》，规定“有关单位和人员报送、报告突发事件信息，应当做到及时、客观、真实，不得迟报、谎报、瞒报、漏报”，“履行统一领导职责或者组织处置突发事件的人民政府，应当按照有关规定统一、准确、及时发布有关突发事件事态发展和应急处置工作的信息”。规定迟报、谎报、瞒报、漏报突发事件信息，或者通报、报送、公布虚假信息，造成后果的相关责任人应承担法律责任。2007 年 1 月国务院常务会议通过的《中华人民共和国政府信息公开条例》中的诸多条款也对新闻媒体的发展具有深远影响，如第六条规定“行政机关应当及时、准确地公开政府信息”；第七条规定“行政机关应当健全政府信息发布协调机制”；第十五条规定“行政机关应当将主动公开的政府信息，通过政府公报、政府网站、新闻发布会以及报刊、广播、电视等便于公众知晓的方式公开”。为了规范外国常驻新闻机构和外国记者在中国境内依法采访报道，促进国际交往和对外传播，2008 年 10 月，国务院常务会议还通过并发布了《中华人民共和国外国常驻新闻机构和外国记者采访条例》。

一些地方从本地实际出发，也制定了针对新闻工作的专项规定。1999 年，珠海市出台《珠海市新闻舆论监督办法（试行）》，对媒体的采访权做了明确规定。2003 年，广州市在全国率先实施《广州市政府信息公开规定》，这是我国地方政府制定的第一部政府信息公开行为规章。2004 年，《中共海南省委关于舆论监督工作的暂行规定》发布，对舆论监督的目的、性质、原则、方法、保障及限制事项等作出规定。2005 年，《深圳市预防职务犯罪条例》规定新闻工作者在预防职务犯罪工作过程中依法享有进行采访、提出批评建议和获得人身安全保障等权利。

（二）为网络传播立法

随着网络媒体的高速发展，相关的法律监管问题也随之凸显。国家针对网络媒体制定的法规、政策和部门规章，主要偏重于对网络媒体的管理和对传播内容的调控。

1996 年 1 月，国务院设立信息化工作领导小组办公室，2 月发布了《中华人民共和国计算机信息网络国际联网管理暂行规定》；7 月，组织有关部门的多名专家对国家四大互联网络及近 30 家互联网服务提供商（ISP）的技术设施和管理情况进行调查，推动网络管理的规范化。1997 年，国务院新闻办公室被中共中央授予网络新闻宣传对口管理机构的职责；5 月，国务院信息化工作领导小组办公室、中国互联网络信息中心发布《中国互联网络域名注册暂行管理办法》，确立了我国互联网的域名体系和管理体制；12 月公安部发布由国务院批准的《计算机信息网络国际联网安全保护管理办法》。1998 年 3 月，《中华人民共和国计算机信息网络国际联网管理暂行规定实施办法》发布实施；8 月，公安部正式成立公共信息网络安全监察局，负责组织实施维护计算机网络安全，打击网上犯罪，对计算机信息系统安全保护情况进行监督管理。2000 年 9 月，国务院发布《中华人民共和国电信条例》，这是中国第一部管理电信业的综合性法规，标志着中国电信业的发展步入法制化轨道。

在互联网法规密集出台的同时，针对网络新闻媒体和新闻传播的管制措施也在加紧制订。1999 年，广电部出台《关于加强通过信息网络向公众传播广播电影电视类节目管理的通告》。2000 年，国务院新闻办公室组建网络新闻管理专门机构。2001 年，“信息网络传播权”被正式列入第九届全国人大常委会第 24 次会议审议通过的修订后的《中华人民共和国著作权法》。2002 年，信息产业部第 9 次部务会议审议通过《中国互联网络域名管理办法》；5 月文化部下发《关于加强网络文化市场管理的通知》；6 月新闻出版总署和信息产业部联合出台《互联网出版管理暂行规定》。2005 年，国务院新闻办、信息产业部联合发布《互联网新闻信息服务管理规定》，以规范互联网新闻信息服务。2007 年，国家广播电影电视总局、信息产业部联合发布《互联网视听节目服务管理规定》。至此我国自上而下的网络新闻管理的行政体系基本形成。

二、记者权益保护与新闻职业道德教育

（一）记者权益保护

随着我国法制建设的不断完善和公民法律意识的增强，公民个体与新闻媒体、新闻记者的法律纠纷明显增多。继 20 世纪 80 年代后期出现首轮“告记者热”后，1992 年开始又出现了第二次“告记者热”，原告也由普通公民变为社会名人。其中影响最大的是歌唱家李谷一诉南阳声屏周报社及其记者汤生午侵害名誉权案，这一年也因此被称为“名人官司年”。[①] 新闻诉讼愈演愈烈，新闻媒体和记者疲于应付。由于新闻诉讼一般都是因记者的批评报道而引起，是新

① 黄瑚：《新闻法规与新闻职业道德》，四川人民出版社 2006 年版，第 24 页。

闻媒体舆论监督的副产品，要处理好新闻诉讼，就必须明确新闻侵权与舆论监督的界限，因此，有学者提出了制订“新闻诉讼条例”的建议，要求出台专门的法律条款，以界定什么是诽谤，什么是侵权，什么是舆论监督，确定批评者与被批评者之间的权利义务关系，从而减少大量不必要的新闻官司。①

还有些新闻官司是由新闻权与公权的矛盾引发的。20 世纪 90 年代市场经济体制确立以来，在一些涉及公共安全的事件中，新闻记者为了维护公众知情权和获取独家新闻首发权，需要深入一些权力部门进行采访，但个别权力机关或个人民主意识淡薄，习惯从地方保护主义和官本位思想出发，工作中出了问题只想捂着盖着，对新闻媒体的正常舆论监督不能正确对待，对新闻记者不是百般阻挠就是跟踪、恐吓甚至殴打，致使新闻记者的调查采访工作举步维艰，正当的人身安全、采访自由权难以得到有效保障。

为应对这一局面，1998 年 8 月，中国记协成立了一个由 38 名中央新闻管理部门、中央新闻单位和中央政法机关等有关部门负责人组成的维护新闻工作者合法权益委员会（简称“维权委”），专门受理新闻工作者和新闻单位的合法权益受到不法侵害的投诉。2007 年，新闻出版总署发出《关于保障新闻采编人员合法采访权利的通知》，重申“新闻采编人员合法的新闻采访活动受法律保护，任何组织和个人不得干扰、阻碍新闻采编人员合法的新闻采访活动”。2008 年，《中华人民共和国政府信息公开条例》正式实施。这一条例对于记者权益保护起到了很大作用，对记者权益的界定也更加具体和细致。2009 年 10 月，新闻出版总署开始实施《新闻记者证管理办法》，强调“新闻记者持新闻记者证依法从事新闻采访活动受法律保护。各级人民政府及其职能部门、工作人员应为合法的新闻采访活动提供必要的便利和保障。任何组织或者个人不得干扰、阻挠新闻机构及其新闻记者合法的采访活动”。上述机构的成立和相关措施的实行，一定程度上保护了新闻工作者的合法权益，但在具体的新闻工作中，记者合法权益遭受侵害的现象仍时有发生。

（二）记者职业素质教育

改革开放时期，部分媒体人因职业素质低下而造成的问题也不可小觑。市场经济的实行和媒体竞争的加剧，使新闻业成为整个社会最为活跃的行业之一，新闻队伍迅速壮大，人员素质良莠不齐。一些媒体单纯追求“眼球经济”，

---

① 张正秀：《建议制订“新闻诉讼条例”》，《新闻记者》1993 年第 6 期。

忽视社会效益，将新闻产品商品化，新闻界一度出现“四大公害”之说，即虚假报道、有偿新闻、低俗之风和不良广告。① 一些新闻工作者经不住金钱的诱惑，出现新闻敲诈、收取“保护费”、拿红包等违规行为，屡屡突破新闻职业底线，甚至触犯了法律，影响了媒体和记者的社会形象。还有个别新闻工作者受不良思潮的影响，放松了对自己的思想和政治要求，偏离新闻工作的指导方针，不顾党性原则，公然违反宣传纪律，在新闻报道中出现了政治导向错误。因此，加强对新闻媒体和新闻记者的职业伦理和职业道德教育，提高他们的政治素质、思想素质和道德素质，成为新闻界的另一项重要任务。

1993 年 7 月，中宣部、新闻出版署联合发出《关于加强新闻队伍职业道德建设，禁止“有偿新闻”的通知》，对新闻单位和新闻工作者的采访活动、新闻与广告、新闻报道与经营活动进行了严格区分。1994 年 4 月，中国记协对《中国新闻工作者职业道德准则》进行了第一次修订。1996 年，中宣部提出了禁止“有偿新闻”的六条具体措施。1997 年，中宣部联合广播电影电视部、新闻出版署、中华全国新闻工作者协会发布《关于禁止有偿新闻的若干规定》，严令禁止收取费用、借用车辆、索取礼金、采编人员兼职、擅自组团采访、利用采访和发表新闻报道拉赞助等多种有偿新闻的行为。同年 1 月，中国记协对《中国新闻工作者职业道德准则》进行了第二次修订。2000 年 8 月，国务院正式批准将每年 11 月 8 日定为记者节，这既是政府对新闻工作者尊重和爱护的表现，也是对他们进行教育的方式。每年的记者节前后，各新闻单位都要开展一系列丰富多彩的庆祝活动和教育活动，通过回顾历史、总结经验，对新闻工作者进行素质教育。2003 年 11 月，中宣部、广播电影电视总局、新闻出版总署、中华全国新闻工作者协会联合发出《关于在新闻战线深入开展“三个代表”重要思想、马克思主义新闻观、职业精神职业道德学习教育活动的通知》，要求在新闻战线广泛深入开展“三项学习教育活动”。按照中宣部关于弘扬职业精神、恪守职业道德、维护队伍形象的要求，人民日报社、新华社、求是杂志社、光明日报社、经济日报社、中央人民广播电台、中央电视台等中央新闻媒体联合向社会公布自律公约。2009 年，中国记协对《中国新闻工作者职业道德准则》进行了第三次修订。修订后的准则有七个方面：全心全意为人民服务，坚持正确舆论导向，坚持新闻真实性原则，发扬优良作风，坚持改革创新，遵

---

① 张利民：《浅谈新闻“四大公害”的成因及其防治》，《中华新闻报》2005 年 4 月 20 日。

纪守法，促进国际新闻同行的交流与合作。

这些规定和准则的发布以及相关教育活动的开展，取得了较大的成效，但新闻工作者职业道德的提升，无论是自律还是他律，都还有相当长的路要走。

总体上看，在推进依法治国的过程中，我国新闻传播的法制建设取得了较大成绩，但新闻法律法规体系仍有待进一步完善。时至今日，全国尚未有一部完整的调整新闻社会关系的法律，只有散布于宪法、著作权法、广告法中的有关规定和相关部门的规章，以及一些由宣传主管部门印发的规范性文件，不仅没有基于制度的监管框架，新闻工作者也缺少相应的法律依据来保障自己的正当权益，在新闻活动中时常遇到不同程度的阻碍。这说明我国新闻法制建设尚处于起始阶段，与新闻业的发展和全面依法治国的要求相比，还存在明显距离。

第五节　新闻传播研究与教育的发展

一、新闻传播研究的发展

新闻事业在其前所未有的变革、发展过程中，提出了许多需要解决的实践与理论问题，促使新闻传播研究蓬勃开展。截至 2009 年，我国仅新闻传播学专业期刊就达 40 多种，加上陆续出版的大批学术著作，新闻传播研究呈现繁荣兴旺的局面。

（一）新闻学研究的发展

20 世纪 90 年代以来，随着新闻学研究队伍迅速壮大，新闻学的基础研究、应用研究和综合研究均取得较大成就，各种成果以论文、报告、文集和专著等形式大量出版，新闻史、新闻理论、新闻事业管理和新闻业务等几个传统领域的研究向深度推进，新媒体、新闻边缘学科等新兴领域的研究方兴未艾，一片繁荣。

新闻史、新闻理论、新闻事业管理和新闻业务四个领域因起步早，发展较为成熟，学术传承和学术规范相对明晰，科研成果最多。

新闻史方面，陆续出版了《中国新闻事业通史》（方汉奇主编，共三卷，中国人民大学出版社 1992 年至 1999 年出版）等著作，把中国新闻通史研究推上了一个新高度。新闻专题史、断代史、个案史和新闻学术史研究也建树颇丰，填补了很多学术空白。

新闻理论方面，随着社会主义市场经济体制的启动和新闻业的深化改革，“新闻理论问题的基础和讨论的前提都发生了变化，新闻学者开始把理性的目光投向新闻学术活动本身，力求建树新闻理论体系的科学形态，出现了鲜明的学术自觉意识”。① 老一代学者与时俱进，勇于检讨以往偏于政治化的学术路径，对新闻理论的一些基本问题进行了深入探讨。年轻学者则更多将传播学、社会学的理论与方法引入新闻学研究，逐渐“由学术自觉转向理论自觉，出现了理论研究范式的转变与超越”。② 一些著作或借助传播学理论重构新闻学，或在中西比较的视野中考量新闻学论题，或聚焦新闻学的元概念，体现出较强的原创性和较高的学术价值。

媒体管理和新闻实务的现实性与实践性最强。随着媒体的市场化转轨和媒介融合的多层面展开，传统媒体此前沿用的盈利模式已然失效，新的市场博弈理念和手段形成，媒体的经营管理、新闻业务都面临巨变，问题多，困惑大，需要研究者作出及时回应。此时，传媒经济学、大众媒介经济学系列成果的问世，为媒介经济学提供了理论资源。探讨新闻写作方法论、现代新闻编辑学的成果也陆续问世。

随着新闻学研究日趋细化，学科分支越来越多，新闻学与其他学科的交叉研究也有很大斩获，舆论学、新闻心理学、新闻法学等新的边缘学科不断创立。

从研究者身份看，新闻学研究的重镇和领军人物对学科发展依然发挥着重要作用，且热心公共事务，为推动学科发展和学术共同体的建立奠定了基础。在方汉奇、宁树藩等教授的倡导和推动下，1989 年 4 月，经国家民政部正式批准，中国新闻史学会在北京正式成立，业务主管单位为教育部。这是国内新闻传播学界唯一的国家一级学术团体。中国新闻史学会的建会宗旨是研究中外新闻传播历史与现状，促进新闻传播学的发展。

一批海外学者频繁出现在中国各种不同的学术场域，有的还成为国内高校新闻传播学院的兼职教授，培养和指导学生从事更规范的学术研究，而由他们

---

① 纪忠慧：《新闻理论体系建构的三个十年》，《国际新闻界》2008 年第 12 期。

② 纪忠慧：《新闻理论体系建构的三个十年》，《国际新闻界》2008 年第 12 期。

主导出版的几套新闻传播方面的译丛，为新闻传播人才培养发挥了积极作用。“他们所带入的研究话题，诸如新闻专业主义研究、新闻生产研究、新闻把关人研究、受众研究、中国新闻改革研究等等，对中国大陆的新闻学研究产生了极大的影响。”①

在研究方法上，传统的新闻学研究带有较强的经验描述性质，人文类型的研究在我国的新闻传播研究中占绝对优势。随着传播学的引进和各学科交流的加强，新闻学研究所使用的方法越来越多。一些学者借鉴传播学、民族学、社会学的理论与视角、思路，采用实证研究、案例研究、田野调查、比较研究等方法，取得了很多优秀成果。新闻学研究的国际意识、全球视野，尤其是比较新闻学的建构，将学科的学术性大大提升。

（二）传播学研究的繁荣

20 世纪 90 年代以来，传播学研究成就斐然。首先，对国外经典传播学著作的引进和出版，进一步拓宽了国内传播学者的研究视野。1997 年召开的第五次全国传播学研讨会提出，应系统引进传播学经典名著。随后各出版社陆续推出了包括《大众传播与社会》《媒介效果》《传播生态学：文化的控制范式》等一系列被命名为“传播·文化·社会译丛”的西方传播学著作以及“传播与文化译丛”（中国社会科学出版社）、“西方新闻传播学经典文库”（新华出版社）、“新闻与传播学译丛·国外经典教材系列”“新闻与传播学译丛·大师经典系列”（中国人民大学出版社）、“新闻学与传播学经典译丛·大师系列”（中国传媒大学出版社）等。

其次，本土学者撰写的教材、著作或学术论文大量出版和发表，显示出中国学者博采众长、自主创新的勇气。1993 年在厦门召开的第三次全国传播学研讨会提出，要继续加快建设具有中国特色的传播理论体系，系统研究国外传播学的主要成果，总结中国的传播历史与传播思想，研究我国传播业界的现状，结合当前国情开展课题研究，并在此基础上概括和总结中国的传播观念和实践。响应这一学术诉求，一些学者转向深入探讨中国传统文化中的传播理念；还有的全面反思西方传播学传统，试图建构中国语境下的传播学理论范式。这其中既有来自新闻学领域的专家学者，也有文艺学、政治经济学领域的专家学者。在传播实证研究、媒介形态研究、批判学派研究、健康传播、跨文化传

① 吴飞：《重新出发：新闻学研究的反思》，《新闻记者》2015 年第 12 期。

播、新媒体传播等多个领域，相关的研究也在深度和广度上有所拓展。同时新媒体作为新世纪以来传播学研究的一大热点，也推动着传播学在研究方法与手段上的更新。传播学研究作为整个新闻传播学研究的基础平台，其功能越发彰显。

最后，涌现出一批年轻的传播学者，催生了传播学学术团体。一些有国外留学经历、学术视野开阔的年轻学者脱颖而出，成为传播学研究的生力军。一些相关学会相继成立，主要有“中国新闻教育学会传播学研究分会”（简称“中国传播学会”，CAC）和“中国新闻文化促进会传播学分会”。两个学会均成立于2002年。前者由复旦大学新闻学院、中国人民大学新闻学院、北京广播学院（2004年更名为中国传媒大学）新闻传播学院等13家新闻传播教育与研究机构发起成立，后者由中国社科院新闻研究所牵头成立。这些学会成立后，通过举办论坛等形式，在加强学术界的交流与合作方面发挥了较大作用。

二、新闻传播教育①的兴盛

1989年“政治风波”后，不少院校的新闻专业减少招生数或停止招生，新闻教育的办学规模随之缩小。1992年新闻教育开始恢复，1993年进入正常发展状态，招生人数达到1989年以前的数量，专业点也逐年增加。据统计，1994年全国新闻学类专业点66个，1996年增加到88个，1999年增加到124个。1999年至2008年，中国新闻教育在高校扩招的大背景下进入超常发展阶段，全国高校出现了一个办新闻类专业热。至2008年9月，全国共有877个新闻传播学类本科专业点。新闻传播类专业几乎遍布理工类、师范类、财经类、政治类、农林类、体育类、艺术类院校，甚至不少地级市院校也开办了这类专业，新闻传播教育遍地开花。

新闻传播学研究生教育更是迅速发展。1997年6月，国务院学位委员会和国家教委联合颁布《授予博士、硕士学位和培养研究生的学科、专业目录》，“新闻传播学”首次被列为“文学”门类下的一级学科，下设新闻学和传播学两个二级学科。新闻传播学一级学科地位的确立意义非凡，它不仅提升了新闻学和传播学的学科地位，也使两大专业相互借鉴、并行发展成为中国新闻传播教育

① 在我国，新闻教育和传播教育虽然在专业设置上有所不同，但实际上很难分开，故统称“新闻传播教育”。

的一大特色。2000 年，全国新闻学博士授予点 5 个，硕士授予点 27 个；传播学博士授予点 2 个，硕士授予点 12 个。到 2009 年底，全国共有新闻传播学一级学科博士点 6 个，拥有新闻传播学一级学科硕士点 28 个。

20 世纪 90 年代以来，中国新闻传播教育积极应对各种挑战，不断探索改进，不仅办学规模有了较大扩展，而且在以下几方面发生了深刻变化：

第一，学科地位提升。这在 1997 年国务院学位委员会和国家教委联合颁布的《授予博士、硕士学位和培养研究生的学科、专业目录》中有明显的反映。

第二，专业设置增多。1983 年以前，中国新闻教育不分专业，除北京广播学院外，一般的大学新闻系只有一个新闻学专业。1983 年后，根据国家新闻事业发展对人才的需要，开始增设其他一些新专业。1987 年，国家教委将专业设置纳入国家统一管理。经过 1993 年、1997 年两次修订，在新闻学与传播学一级学科下，列有新闻、广播电视新闻、广告、出版编辑等 4 个专业，进入新世纪，又试办传播、国际传播、媒体创意、播音等专业。为了应对新媒体出现后对新闻人才的需要，网络与新媒体专业应运而生。1998 年，华中理工大学新闻与信息传播学院创办了全国第一个网络新闻传播班。2000 年，中国人民大学新闻学院正式成立网络新闻传播专业，招收本科生和硕士生。2001 年，教育部开始批准部分高校在本科阶段开设传播学专业。从 2002 年起，教育部进一步下放部分高校本科专业自主权，一些新闻传播学一级学科院校陆续增设新专业，以应对媒介变革的需要。如中国人民大学设立了传媒经济学专业（2002 年），北京广播学院设立了编辑出版学、舆论学、广告学、国际新闻学、广播电视新闻学、传媒经济学、传媒生态学、传媒政策与法规、广播电视语言传播等专业。复旦大学设立了广播电视学、公共关系、媒介管理、国际传播等专业，华中科技大学设立了广播电视传播学、广告与公关专业。武汉大学则设立了跨文化传播学、数字媒介等专业。

第三，人才培养模式创新。从 1920 年上海圣约翰大学成立报学系，中国高校新闻教育正式开始，到 1978 年以前的近 60 年间，中国新闻教育的办学类型虽有所区别，但教育模式基本相同，即“以培养应用性人才为目的，以新闻知识与技能的教育训练为教学重点”。① 这种模式的优点是“短平快”，即人才培

---

① 丁淦林：《大学新闻教育的培养目标与课程体系应该怎样确定?》，《新闻大学》1997 年第 4 期。

养的周期短、成本低、见效快，但缺陷也很明显，主要是培养的人才根底不深，后劲不足。20 世纪 90 年代中期，中国新闻教育工作者开始探索新的人才培养模式，华中科技大学新闻与信息传播学院提出的复合型新闻人才培养模式、上海外国语大学实行的国际新闻教育模式以及清华大学开展的实践教学模式，都取得了较好效果。

第四，师资结构优化。中国新闻教育有一个优良传统，就是“报人办新闻教育”。1978 年以来，新闻教育师资的变化可依照新闻教育发展历程大致分为三个阶段：第一阶段的教师队伍主要由两部分组成，一部分 1949 年以前即已在解放区从事新闻教育或新闻工作；另一部分则曾在国统区高校从事新闻教育或新闻学研究。第二阶段的师资队伍也基本由两部分组成：一部分是“文化大革命”前的中青年教师，此时迅速成长为骨干；另一部分是我国自主培养的博士和硕士中的突出者成为新闻教育界的后起之秀，当然还有少数“半路出家”的转行者，此时已“修成正果”。第三阶段的师资队伍变化明显，具有高学历、新知识的人增多，其骨干以我国自己培养的博士、硕士为主，加上少数从海外学成归国的博士。年轻的、接受过严格的现代学术训练的师资队伍的加入，进一步优化了新闻传播学师资结构，提高了与国外同行对话的能力。

第五，教材与教学质量提升。20 世纪 90 年代以来，中国新闻教育在教材建设上取得的成绩有目共睹。一些历史较长、资历较深的院系如中国人民大学、复旦大学、中国传媒大学等都编辑出版了自己的教材，对高等学校新闻教学工作起到了一定的引领作用。

为了培养复合型新闻传播人才，新闻与传播专业的教学理念也从单学科知识教学转变为多学科知识综合教学，教学内容较之以往更加丰富。尤其是新媒体出现以来，培养具有媒介融合技能的人才成为新的教育方向。新闻教育还培养拥有法学、经济、政治、体育等交叉学科背景知识的新闻人才，以适应市场细分需求。于是一些学校在总教学时数不变的情况下，压缩传统新闻学类课程，增加文史哲基础课和传播科技应用课程；一些院系开设丰富的选修课，供学生根据自己的需要选择。还要特别指出的是，方法类课程逐步得到重视和加强，这既与传播学的普及、学科的发展有关，又与师资结构的变化分不开。

相比一些历史悠久的传统学科，中国的新闻传播学教育尚属新兴学科，加上一段时间的超速发展，也出现了一些问题。

首先，新闻传播教育数量与规模增长的同时，质量和内涵却没有得到同步提升。全国高校一窝蜂地开办新闻传播专业，固然在短期内可以为学校争得生源和经费，却不符合教育规律，也与新闻媒体的实际需求相去甚远。所谓十年树木，百年树人，要保证新闻传播教育的质量，一个基本前提就是优质的师资、优良的教学设施和合理的教育布局。但部分高校在开办新闻传播学相关专业时，并未考虑自己的实际情况，一缺师资二没设备就仓促上马，教师水平不高，课程体系不合理，学生实习条件差，造成教育质量下滑，毕业生就业难。近年教育部公布的毕业生就业困难专业中，新闻学、传播学都榜上有名，说明新闻传播教育与社会需求不符的矛盾依旧严峻。

其次，新闻传播教育实践性强，变化快。尤其是近年来，新闻传播技术随着互联网的发展而日新月异，新闻传播教育既应给予学生相应的职业培训，又应注重通识性内容，以培养学生具备适应各种环境的能力，提高其自我赋能的本领。在这方面，一些高校已及时调整课程体系，加大了通识教育的比重，但也由此带来学生负担加重等问题。

最后，即使是在一些资源配置较好的高校，仍旧存在新闻传播教育追随传媒实践而不是引领实践的问题。新闻传播类院系的办学理念、课程体系设置及院系结构需要有大的调整，以适应急剧变化的媒介环境和对全媒体综合型人才的需求。这已引起越来越多的学者关注，也提出了一些行之有效的建议和方法，如引进富有经验的业界人士、开门办学、学校与媒体共建、加强学生的实习实践课程等。但上述改革并未从根本上改变这一局面，还需从教育理念到课程结构作出一系列调整。

思考题

1. 简述改革开放深化时期新闻传播观念的变化。
2. 改革开放以来我国新闻传媒的经营管理有哪些新变化?
3. 评述改革开放深化时期新闻传播法制的进展。
4. 简述市场经济体制确立以来新闻传播业的发展。
5. 评述互联网新媒体的发展与媒介融合。
6. 评述 1992 年以来的新闻传播研究与新闻传播教育。

▶ 即测即评

第十三章　1949 年以来台港澳地区的新闻事业

1949 年以来台湾新闻业的发展以 1988 年元旦“解禁”为界分为前后两个时期。1949 年国民党蒋介石集团逃往台湾，自 1950 年 5 月起在台湾全省实行“戒严”，次年又实施“报禁”，对报纸实行“限张、限证、限印”禁令，严重限制了新闻传播业尤其是报业的发展。在长达 38 年的报禁期间，台湾报纸发展十分艰难。1988 年 1 月 1 日“解禁”后，台湾新闻体制和管理方式发生了根本性的变化，行政主导力量式微，新闻业进入市场竞争时代，获得了很大发展，同时也出现了许多新问题。

1949 年以来香港新闻业的发展以 1997 年回归为界分为前后两个时期。回归前，香港新闻业主要随政治环境变化而变化；回归后，香港新闻业平稳发展。2001 年至 2003 年，受世界经济危机的影响，香港经济一度萧条，新闻业也随之低迷。2004 年后，随着经济的回升，传媒业开始回暖，并在稳中求变，逐渐走出港英时期的发展格局，与内地密切联系。

中华人民共和国成立后，澳门报业发展的一个显著的特点是爱国爱澳报刊的兴起。1999 年回归后，澳门特别行政区政府借助国家改革开放和加入世界贸易组织的机遇，加大对传媒业的经济支持，增强传媒实力，实现多元发展，走向国际化，获得了应有的竞争力。

第一节　1949 年以来台湾地区的新闻事业

一、“戒严”时期的新闻事业

1949 年国民党退居台湾，1950 年 5 月 20 日起在全台湾实施戒严，1987 年 7 月 15 日解严。戒严时期，当局实施了“报禁”，1988 年元旦正式解禁，时间长达 38 年。

所谓“报禁”，是指限制报纸的申请登记、限制报纸的篇幅、限制报纸的发行地点。1950 年 11 月，国民党当局公布《三九教字第六五一六号训令》，以“国际风云日益险恶”“报纸产量不敷新闻业之用”为由，规定“各报自本年十二月一日起，一律减缩篇幅，至多不得超过一大张半”，此为“限张”。1951 年 6 月公布的《四十教字第三一四八号训令》，其中第七项规定："台湾全省报纸、杂志已达饱和点，为节约纸张起见，今后新申请登记报纸、杂志、通讯社，应从严限制登记。"次年 4 月更以行政命令"停止报纸登记"，此为"限证"。1952 年 11 月公布《出版法实行细则》，对报纸的发行地点进行限制，其中第六条规定："同一新闻纸，另在他地发行者，应先行申请核准登记"，此为"限印"。[①] 此后的 38 年中，除了 1952 年 10 月 10 日批准了一份台湾"国防部总政治部"创办的《青年战士报》（后改称《青年日报》）之外，台湾当局没有再批准过新办报纸的申请。

（一）"报禁"时期的报刊

从 1952 年到 1988 年"报禁"解除前，台湾共有 31 种报纸，其中有 25 家日报、6 家晚报。除了两份英文报纸外，其余均用中文出版。其经营形态可分为党营报、省政府报、军报、民营报四种形式。公营、党营的报纸在国民党退台初期占有明显优势。

《中央日报》作为国民党中央委员会机关报，于 1949 年 3 月正式由南京迁往台北。该报在台湾报业中地位十分突出，除了在台湾发行 5 个分版外，还在香港和世界几十个城市发行航空版，出版《中央星期杂志》和旧金山《少年中国晨报》。以《中央日报》为核心的台湾官办报业集团控制了台湾三分之一的报纸，以代表中枢的姿态出现，是当局控制舆论的基本力量。

《台湾新生报》是台湾当局机关报，1945 年 10 月 25 日由国民党政府台湾行政长官公署在接收原《台湾新报》基础上创办。1945 年至 50 年代初，该报销路一直居台湾报纸的前列，是当时台湾各报中读者面最广、订户最普及的报纸。

《中华日报》是国民党台湾党部机关报，于 1946 年 2 月在台南创刊，创办初期以专电多而吸引读者。1948 年 2 月，《中华日报》在台北创刊北部版，并将总部设于台北。著名作家高阳曾担任该报总主笔。

《联合报》是一张民营报纸，1951 年 9 月 16 日创刊于台北。最初为王惕吾的《民族报》、范鹤言的《经济时报》和林顶立的《全民日报》合办的《全民日报、民族报、经济时报联合版》，1957 年改名《联合报》。《联合报》标榜"客观报道新闻""独立评论时事""忠诚服务大众"，以社会新闻与经济新闻并重，受到中下层读者的欢迎。60 年代至 70 年代，该报逐渐发展成以王惕吾家族为核心的报业集团。

---

① 蔡铭泽：《台湾"报禁"纵横谈》，《编辑之友》1992 年第 6 期。

《中国时报》是另一家有影响力的民营报纸，初名《征信新闻》，1950 年 10 月 2 日在台北创刊。初创时一度接受过台湾物资调节委员会的资助，以经济消息、市场分析和物价行情为主，后由余纪忠等集资经营，逐渐转型为综合报纸。1957 年《征信新闻》举办台湾影展，颁发影片金马奖及演员银星奖，日后的台湾电影金马奖由此而来。1968 年 9 月 1 日报纸改名为《中国时报》，并组建起以余纪忠为核心的家族报业集团。《中国时报》坚持“文人办报”路线，宣称“自由、民主、爱国家，开明、理性、求进步”的主张，试图建立开明、理性的言论形象，对台湾的社会文化和社会舆论有较大影响。

这一时期，民营报纸还有《公论报》和《自立晚报》。两报在 50 年代台湾民营报纸中自由格调最为明显，因此受到的政治干预较多。

杂志大量出版，是台湾报禁时期新闻出版界的一个突出特点。因为报纸登记受到限制，不少人便由办报转入办杂志，使得杂志的创刊数量逐年攀升，在台湾报禁时期十分抢眼。1962 年出版杂志 686 家，至 1982 年达到 2 244 家，其中约 70%在台北出版。这 2 000 多家杂志种类繁多，以财经工商类居首，有 901 家；政论性的杂志有 120 余家，其中以《自由中国》的影响较大。

《自由中国》由雷震、胡适、殷海光等人于 1949 年在上海创办，同年 11 月在台北复刊，发行人是胡适，实际负责人是雷震。该刊创办初期宣传民主自由思想、批评共产主义，曾获得台湾当局支持，但很快转向批评时政。雷震因此受到压制，《自由中国》也被迫停刊。

（二）“戒严”时期的广播电视

1. 广播

台湾广播是伴随着日本侵略者强化对台湾人民的思想控制而设立的。1928 年，台湾第一家广播电台台北放送局建立，至国民党蒋介石集团迁台前夕，整个台湾地区共有 5 家 11 座广播电台。台湾当局在 20 世纪 50 年代出于“反共抗俄”的政治需要，扩大了国民党党营、军营广播电台的规模，同时，新建了一批民营广播电台。70 年代以后，开始建立警察、农业和新闻专业广播网。尽管广播业不断发展，但在台湾当局长达 30 多年的戒严期内，台湾广播电台的设立一直受到严格控制，直到 1988 年仍然保持着 33 家广播电台的局面。

台湾的公营广播电台共有 13 家（包括军营的）。[①] 从 20 世纪 50 年代到 80

① 方积根、唐润华、李秀萍：《台湾新闻事业概观》，新华出版社 1990 年版，第 64 页。

年代，台湾公营的党政军广播电台体系基本上没有变化。公营电台因有财政拨款，占有丰富的资源，被当局视为“教化”的重要手段。其中党政部门主办的广播以“中国广播公司”为首。

“中国广播公司”原为南京国民党政府的中央广播电台，1949 年国民党政府将中央广播电台的四部播音机和重要器材运抵台湾后，于 6 月份交给台湾广播公司安装短波机。同年 11 月，台湾广播公司正式改组为“中国广播公司”（简称“中广”），成为台湾最大的广播机构，受国民党“中央委员会”和台湾“国民政府行政院”的双重领导。它主控着台湾广播业和宣传导向，历任董事长与总经理均为国民党要员。此后，“中国广播公司”在台湾原广播电台的基础上增建地方性电台和转播台，构成 22 台联播网。“中国广播公司”全日 24 小时播出，主办早晨 7 时至 8 时、晚上 19 时至 19 时半的“全国联播”节目。在联播时间全岛不允许有第二种广播节目播放。

“中国广播公司”非常重视对祖国大陆及海外的广播宣传。1950 年 11 月起，以“中央广播电台”为呼号，对祖国大陆每日广播 6 小时。1951 年 8 月，电台成立“大陆广播组”，负责“心战”节目编辑，1954 年改组为“大陆广播部”，用普通话和广州话、客家话、闽南话等多种方言每天播出 14 小时以上。

1949 年迁往台湾的民营广播电台有益世、民本、凤鸣三家。50 年代民声、正声、中声、国声等一批民营广播电台陆续兴建，截至 1987 年，台湾全省共有 20 家民营广播电台，多集中于台北，其次是台南。由于党营和军营电台垄断新闻资源，民营电台举步维艰。1976 年起，民营的 10 家广播电台联合组成民营电台广播网，共同采访、共同制作节目供各电台播放。

2. 电视

台湾电视始于 20 世纪 60 年代。从 1962 年起，陆续出现了台湾电视台（简称“台视”）、“中国电视公司”（简称“中视”）和“中华电视公司”（简称“华视”）。在此后长达 30 多年的时间里，这三家电视台垄断了台湾电视事业。三家电视台均属于政商结合的商业台，因台湾当局政治体制的特点，电视媒体和政府之间形成了“行政为主，媒介为从”的主从关系。

“台视”于 1962 年 4 月成立，同年 10 月 10 日开始播送节目。“台视”始于“台湾电视广播事业筹委会”，筹委会与日本富士、东芝、日立、日本电气四家厂商谈判，合创台湾电视事业公司，后改为台湾电视事业股份有限公司（Taiwan Television，TTV）。

“中视”是以“中国广播公司”为中心，结合民营广播电台及部分有志于电视事业的工商界人士共同集资创办，是国民党党营的商业电视台。1969 年 9 月试播，1975 年 3 月完成全省联播网。

“华视”的前身是“中华教育电视台”，经费依靠台湾当局拨给教育局的预算。后教育电视台扩办，易名为“中华电视公司”，由台湾“国防部”“教育部”和部分民间企业合资经营，以官股所占比重最大，官股中又以军方的股份最多，可以说是军方控制的商业电视台。1971 年 10 月 31 日“华视”正式开播，因其军营电视网身份，其覆盖地区涵盖台湾岛、金门、马祖等台湾当局的“军事管制地区”。

由于政商合营，三家电视台的高层均为党政军中的要员，电视台的宣传自然以当局意见为依据。三台长期以来处于鼎立局面，虽然相互竞争，却保持相对稳定的发展态势。

（三）“戒严”时期的通讯社

1945 年台湾光复后，日本通讯社的垄断不复存在，先后有几家小型通讯社成立，但不成气候。1949 年 12 月，国民党的党营新闻机构“中央通讯社”迁至台北，通讯事业一度有所发展。至 1987 年底，登记营业的通讯社有 37 家，形成了以“中央通讯社”为龙头的新闻通讯业体系。

“中央通讯社”依靠国民党台湾当局长期的财政资助，在各县市设立分支机构或特约记者站，并在世界发达国家设立分社或办事处，形成了庞大的通讯网，占据着台湾通讯社的统领地位。迁台初期，“中央通讯社”设有管理委员会主持社务。先后担任管理委员会主任委员的有萧同兹和曾虚白，先后任社长的有曾虚白和马星野。1973 年 4 月，“中央通讯社”改组为股份有限公司，由马星野出任董事长。

其他通讯社还有：台湾通讯社，为国民党台湾党部的新闻机构，是台湾光复后最先成立的地方当局通讯社；军事新闻通讯社，是依靠台湾“国防部”资金支持的通讯组织；海外通讯社，所有权属于国民党“中央海外工作委员会”；华侨通讯社，隶属于台湾“行政院侨务委员会”，是该委员会的新闻发布机构；幼狮通讯社，是台湾“中国青年救国团”推行文教宣传政策、报道团务工作的执行单位，同时还为台湾大专院校新闻系和相关科系的学生组织新闻报道进行短期讲习。

由祖国大陆迁往台湾的民营通讯社有世界通讯社、益世通讯社、远东新闻社、“中国联合通讯社”、民本通讯社、华侨通讯社、中兴通讯社、“中国摄影新闻社”、万里新闻摄影社等多家。民营的新闻通讯社受到台湾戒严的影响，很长时间发展空间狭小，因而逐渐走向小规模专业化的道路，形成了各具特色的专业通讯社。

二、“解禁”后新闻业的竞争与发展

（一）“解禁”后的报业

台湾当局于1988年1月1日正式宣布解除报纸登记和印张限制，开始接受新创办报纸的登记，报纸的印张也可增加到日出6张24个版。戒严的解除和经济的发展，促使台湾报业进入了一个群雄逐鹿的时代。

1988年1月21日，《自立早报》在台北创刊，这是台湾“报禁”解除后创办的第一份报纸。之后，登记办报出现高潮。根据台湾出版的统计年鉴上的统计数字，解除“报禁”后台湾的报纸数量呈现出短期爆发、逐年增加的态势（见表13-1）。①

表13-1 1988—1993年台湾报纸数量统计表

年份	登记数	已发行数	筹备数	日报	晚报	中文报	英文报
1988	87	53	34	74	11	85	2
1989	203	97	106	190	13	200	3
1990	325	155	170	304	21	322	3
1991	221	139	82	217	4	218	3
1992	253	154	99	239	14	250	3
1993	356	356		334	22	354	2

民营报纸不仅数量迅速增多，而且影响力不断扩大。《联合报》《中国时报》两大报业集团先后出版了《联合晚报》（1988年2月22日创办）、《中时晚报》（1988年3月7日创办），在台湾晚报市场中占据领先地位。90年代《自由时报》异军突起。2003年香港《苹果日报》闯入台湾出版台湾版，与《联合报》《中国时报》《自由时报》并列为台湾“四大报”。

“报禁”解除后，台湾报业发展呈现出以下特点：

① 转引自陈扬明、陈飞宝、吴永长：《台湾新闻事业史》，中国财政经济出版社2002年版，第110页。

第一，报纸数量急剧增加，报业市场竞争激烈。报纸数量几倍于前，报业市场呈现激烈竞争态势。在晚报市场上，《联合晚报》《中时晚报》占尽风头，《民族晚报》《大华晚报》相继停刊。

专业报纸在激烈的报纸竞争中应运而生，如《民生报》南部版的家庭休闲定位、《经济日报》的经济资讯定位、《交通报》的运输及旅游资讯定位等。

公营、党营报纸江河日下。老牌的《中央日报》20世纪50年代在各家报纸中处于领先地位，六七十年代与《联合报》和《中国时报》比肩。在1985年台湾民众每天常看报纸排名的统计中，《中央日报》已经排名第四。但到了90年代初，在民意及市场调研机构“台湾联亚”（SRT）所做的调查中，《联合报》的阅读人数达到了341.8万，而《中央日报》的阅读人数只有8.7万。

第二，增版扩版，改革版面。解禁之后，各大报都以6大张为竞争目标，以自身条件为依据弹性发展，《联合报》和《中国时报》出版7大张。另外，对开、4开、8开各式大小报纷纷出现。

在增版扩版的同时，台湾报纸的版面也发生了变化，原来的竖排版式变为横排版式。1988年《自由时报》率先把竖排的报头改为横式，标题也改为从左到右。此后《联合晚报》《中时晚报》也改为横式编排、块状组版的编辑方式。各报还纷纷采用彩色印刷。

第三，重视经营。解禁后，台湾报业在以市场为导向的经营政策下，出现了高度商业化的特征，甚至政党报纸也提出“党营事业也要以现代企业的精神参与竞争”①。各大报都建立起自己的发行网络。民营报业为了发行量而屡屡创新发行手段，如订户抽奖、赠送礼品、暗中打折等。

报业人才也是报业经营发展的重要筹码之一。《联合报》招收了大量的记者、编辑，其他报纸纷纷效仿。在报业的第二代精英中不乏高学历者，包括新闻、政治、经济、法律等众多学科的人才，为台湾报业带来前所未有的生机。

第四，内容多元。“报禁”时期，由于国民党当局的钳制，不少报纸避重就轻，报纸的内容和版面同质化现象严重。“报禁”解除后，一个声音、一种腔调的局面被打破，报纸内容出现了多元化的特征。对历史事件的反思，对当前形势、官僚体制的嘲讽，对社会丑态的抨击等内容逐渐增加。政治新闻、国际新闻、地方新闻等都受到了重视，报纸讨论的议题也呈现出多元化态势。

---

① 陈扬明、陈飞宝、吴永长：《台湾新闻事业史》，中国财政经济出版社2002年版，第122页。

祖国大陆新闻和两岸关系成为台湾“报禁”解除之后关注的重要内容之一。各报对两岸的重大事件、动态高度重视，仅 1989 年 4 月 17 日至 1990 年 11 月 23 日，台湾记者向台湾“新闻局”新闻处报名到祖国大陆采访的人数就达到 1 513 人次。①

（二）“解禁”后的广播电视

“戒严”解除后，民间要求开放电台频率的呼声不断，并出现了地下电台。

地下电台开办成本不高，低的甚至只要一两百万新台币即可，灵活简便，当局的监督、查抄难度大，很多绿营人士为了选举跟风开办，② 并引爆了一场“地下电台对抗地上电台”的媒体大战。1993 年 1 月 30 日，台湾当局在各方压力与要求下，正式宣布开放电波频率。③

根据台湾“通讯传播委员会”（NCC）的统计资料，在开放电波前，台湾已存在的电台有 28 家（含“中央广播电台”），经过 10 梯次的广播频率开放，获准设立的电台共计 143 家，其中，中功率 65 家、小功率 78 家。④

台湾当局实行 30 多年的“全国联播”节目制度，也被民众要求开放选择频道权利的声音打破。1990 年 9 月，“新闻局”宣布台湾各广播电台可以自由参加“全国联播”节目。民营的正声台率先退出联播。台湾广播逐渐呈现出由单一的封闭式言论控制转变为一定程度上容纳不同声音的、开放的态势。

电视业因为并未列入解禁的范畴，所以没有像其他传媒那样出现剧烈变化。但原来垄断台湾电视的“中视”“台视”“华视”均开始寻找契机，实行转型。“台视”1993 年底完成卫星网络化工程，2000 年提出朝着“多频道、多媒体、多通路”的“资讯集团”化模式经营发展。“中视”于 1999 年 8 月 9 日率先将股票公开上市，同时大力发展集团化策略，投资成立与电视领域相近的企业。“华视”在 1990 年以前就投资成立华视文化与国际视听两家公司。

---

① 陈扬明、陈飞宝、吴永长：《台湾新闻事业史》，中国财政经济出版社 2002 年版，第 124 页。

② 王茹、张敦财：《民进党的政治传播与“地下电台”、“亲绿电台”》，《台湾研究》2007 第 2 期。

③ 李金铨：《自由化，而非全面民主化：台湾的游击媒介与政治运动》，台北政大出版社 2008 年版，第 406—407 页。

④ 台湾“通讯传播委员会”《广播电视事业许可家数统计》，2014 年 2 月公布。台湾“通讯传播委员会”（NCC）是台湾仿效美国联邦通信委员会（FCC）建立的通讯传播等业务的监督与管理机构，成立于 2006 年 3 月。此前，相关业务由台湾“行政院新闻局”“交通部电信总局”等单位管理。

1995年6月，台湾第四家无线电视台——“民间全民联合无线电视”（简称“民视”）经台湾当局审议通过成立。“民视”由“民间传播股份有限公司”和“全民电通投资股份有限公司”两家合并而成，公司股东有民进党的背景。

1993年8月台湾“立法院”正式公布实施“有线电视法”，有线电视播送系统正式纳入合法管理。台湾的有线电视系统多为地方或社区电视台，经过竞争、整合，形成由频道商经营的有线电视系统，有东森、和信、三立、八大等16个频道家族。1997年5月31日，台湾“立法院”通过“公共电视法”。1998年7月1日，非商业性的公共电视台（简称“公视”）正式开播。此外，台湾“新闻局”1988年11月18日宣布开放卫星电视KU频道，台湾观众可以直接接收日本NHK卫星电视节目。1991年1月，台湾当局公布“卫星广播电视法”，在几年之内，卫星节目频道数由五六个扩增到80多个。

有线电视的合法化，公共电视台的建成，乃至卫星电视的播放，使得台湾电视业呈现开放发展的局面。

（三）“解禁”后的通讯社

“报禁”解除后，台湾当局通讯社仍然凭借着强大的政治背景和雄厚的财力支持，长期主导台湾的新闻通讯业。1996年1月7日，根据“中央通讯社设置条例”，“中央通讯社”改制为财团法人体制，正式定位为代表台湾地区当局的通讯社。

同时，小规模的民营通讯社应运而生。1990年底，通讯社数量达到181家；截至1998年，登记在案的通讯社多达238家，是1988年44家的5倍多。通讯社大发展的一个重要原因在于，“报禁”解除后，“出版法施行细则”对创办通讯社的规定没有以往苛刻，通讯社因此大量涌现。

三、进入新世纪以来台湾地区的新闻事业

2001年以来，台湾的新闻事业进入了一个新的阶段，新闻事业的结构发生了较大变化。国民党失去“执政党”地位后，党营新闻产业逐步释股，转变为民营或者公营。市场竞争加剧，如香港《苹果日报》和《壹周刊》进入台湾，使得原来台湾媒体的内容和风格均发生变化，很多老牌的报刊在竞争中被迫停刊或转卖，互联网和新兴媒体的发展也给岛内新闻传媒带来了新的机遇和挑战。

（一）2001年以来的报业

1. 报纸

进入21世纪之后，首先是在香港以“通俗、刺激”内容起家的《壹周刊》成功进入台湾，接着香港《苹果日报》台湾版问世。后者的出现，给台湾的报业带来了极大冲击，彻底改变了台湾持续了很长时间的《中国时报》《联合报》和《自由时报》三足鼎立局面。

《苹果日报》台湾版2003年5月2日在台北正式创刊，被岛上报人称为“苹果冲击波”。雄踞台湾阅报率第一名多年的《自由时报》，到2005年第二季度阅报率便落后于《苹果日报》。这一在台湾知识分子眼中的“不入流小报风格的八卦报”成为市场盟主。①

与此同时，免费报纸兴起。香港壹传媒集团于2006年10月在台北正式推出免费报《爽报》，每周一到周五出版，在捷运（地铁）站外派发。创办第二年下半年日均发行量就达到了17.6万份。2007年3月，联合报系创刊台北第二份免费报纸 *Upaper*，免费报纸的竞争格局展开。②

在新媒体的冲击下，台湾报业遭遇寒潮，不断有报纸停刊。2005年11月，创办17年的《中时晚报》停刊。2006年停刊的报纸有《大成报》《台湾日报》《星报》《民生报》等。台湾《中央日报》也因严重亏损等原因于6月停刊，结束了79年的历史。2006年台湾报纸的阅报率创下了历史新低，只有45%左右。③

2. 杂志

台湾地区杂志的发行在进入21世纪之后也呈现出动荡起伏的局面。1997年登记在册的杂志总数超过5 600种，资本额在500万以上的杂志社就有840家；同时新旧更迭也快，平均每天有一种杂志会被注销，但同时又会有两种新杂志创刊。即使在90年代经济发展放慢以后，杂志在种类与发行量上仍然不断增长，但这种趋势在2000年左右发生了变化。2001年杂志发行达到历史最高峰7 236种后，随着经济急转直下，至2002年出现了大衰退，仅为3 909种，

---

① 史莱姆：《〈苹果日报〉在台湾开创八卦产业》，人民网2006年6月13日。

② 陈贝琼：《台湾2007年新闻传播业概况》，《中国新闻年鉴2008》，中国新闻年鉴社2008年版，第195页。

③ 俞雨霖：《台湾2006年传媒发展概况》，《中国新闻年鉴2007》，中国新闻年鉴社2007年版，第187页。

损失了 47.4%。[①] 在此之后，杂志开始寻求专业化、分众化经营，市场有所回暖。2007 年，岛内有杂志 6 000 种，其中销量最多的是生活时尚类杂志，内容包括家具布置、汽车信息等，占总杂志销量的 28%。其他种类杂志销售排序为：时装、科学、金融及经济、语言、新闻和艺术文化。杂志的种类和发行量都很大。[②]

（二）2001 年以来的广播电视

1. 广播

2001 年以来，台湾广播业在起伏中向前发展。众多电台在探索中寻找市场，出现于 20 世纪 90 年代国民党执政时期的地下电台仍有较大影响。2004 年，民进党当局推动无线广播电台频率重整，允许地下电台就地合法化。由于广播市场几近饱和，竞争激烈，因此各家电台在节目设置、广告营销、品牌建设等方面努力与市场接轨，并且跟随数字媒体的发展进行相应的转型。

进入 21 世纪之后，随着国民党“执政党”地位的丧失和台湾传媒业的巨大变化，成立于 1949 年的“中国广播公司”广告收入大幅下降，面临着严重的经营危机。2005 年 12 月，国民党将它卖给中时集团控股的荣丽投资公司；2006 年 12 月，“中广”又被荣丽公司卖给了飞碟电台前任董事长、曾担任新党首任全委会召集人的赵少康。赵少康和近十名中小企业友人集资购得后，声称要把“中广”打造成为一个超党派、不沾任何色彩的公共媒体。“中广”成为台湾最大的广播网，拥有庞大的无线电波资源。

2. 电视

台湾的电视业从 20 世纪 90 年代起，开始由“台视”“中视”“华视”垄断的状态走向多元发展的局面。1998 年出现公共电视。2006 年 7 月 1 日，台湾公共电视集团成立，成为台湾第一个也是唯一为服务公众而成立的全民共同拥有的公共媒体集团。目前台湾电视频道，依据收视户接收信号的方式，分为无线电视、有线电视及卫星电视三种。

电视在相当长时期内都是台湾最强势媒体，据 2009 年相关数据显示，电视的渗透率近 6 年都维持在 95%上下，为众媒体之冠。其中，无线台有逐年下降

---

① 颜春龙、王积龙：《试析台湾期刊出版业的现状与发展》，《暨南学报》（哲学社会科学版）2007 年第 6 期。

② 陈贝琼：《台湾 2007 年新闻传播业概况》，《中国新闻年鉴 2008》，中国新闻年鉴社 2008 年版，第 196 页。

趋势，有线台则呈现上升势头。[①] 同时，电视数字化发展态势逐渐显现。2008 年 12 月，“民视”“台视”“华视”“中视”和“公视”这五大无线电视台宣布与台湾最大固网商中华电信合作，将数字化节目在中华电信的“多媒体随选视讯服务”平台全面上架；3 家有线电视运营商（中嘉网络股份有限公司、凯擘股份、台湾宽频通讯公司）也于 12 月宣布在桃园建立全台湾第一个数字电视县。[②]

（三）2001 年以来的网络新媒体

早在 1990 年，台湾“教育部”就出资建设“台湾学术网络”。同年 7 月份，“教育部”提出将主要的“国立大学”校内网络连接整合，建立覆盖整个台湾岛的教学研究网络，[③] 并在 1994 年建立大型互联网络，开始了互联网的大规模民用进程。进入 21 世纪，台湾互联网发展迅速，至 2009 年，以受众与消费者接触率计算，网络运营超越报纸杂志和广播等传统媒体，仅次于电视，位居第二。[④] 各类型网络新媒体如雨后春笋般出现，信息传播达到“能量吓人、速度惊人、选择骇人”的地步。[⑤]

各类互联网新媒体对传统媒体产生了巨大的冲击。台湾《中央日报》于 2006 年 6 月 1 日起停刊，转为网络电子报。《苹果日报》早在 1998 年就已经提供网络版，2003 年进军台湾之后将网络版带到台湾。2006 年 8 月 21 日开始，《苹果日报》在新闻版推出“news@ pple 网闻”，辑录热门话题、奇闻怪事、帖文等，又接受读者“爆料”，在新闻报道中加入网民意见。创立于 1995 年的《中时电子报》是台湾历史最悠久的网络媒体，2008 年 11 月，旺旺集团总裁蔡衍明以个人名义入主中时媒体集团，公司从原来的数据库领域，发展为融数字内容管理、数字整合营销于一体的跨媒体数字平台。《中时电子报》以网站形式呈现，除了提供新闻、图片外，还运用网络新科技持续推出博客、RSS、推

---

① 陈贝琼：《台湾 2009 年新闻传播业概况》，《中国新闻年鉴 2010》，中国新闻年鉴社 2010 年版，第 229 页。

② 陈贝琼：《台湾 2008 年新闻传播业概况》，《中国新闻年鉴 2009》，中国新闻年鉴社 2009 年版，第 213 页。

③ 参见潘林峰：《台湾互联网的发展与前景》，《现代台湾研究》2000 年第 4 期。

④ 陈贝琼：《台湾 2009 年新闻传播业概况》，《中国新闻年鉴 2010》，中国新闻年鉴社 2010 年版，第 229 页。

⑤ 黄肇松：《台湾 2010 年新闻传播业概况》，《中国新闻年鉴 2011》，中国新闻年鉴社 2011 年版，第 235 页。

推王推文等服务，让网友不只是单向地接收信息，还可以双向互动，实现 Web2.0 的网络体验。

四、台湾的新闻传播教育

台湾正规新闻教育始于 20 世纪 50 年代初。1951 年，军队系统创办政工干部学校，内设新闻组，从高中毕业生中招生，学制 4 年。1954 年国民党政治大学在台北复校，并设置新闻研究所；次年，该校又恢复设立新闻系。此后，台湾省立师范大学、“中国文化大学”和辅仁大学等学校先是设置新闻系，后均升格为学院。世界新闻专科学校（初名“世界新闻职业学校”，为世新大学前身）也在此时创立。

解除报禁以后，台湾新闻媒介数量激增，传播业走向多元，对新闻传播人才的需求也更为迫切，新闻传播教育得以蓬勃发展，许多大学都开始创办新闻院系。

台湾新闻院系的教师大多数在美国接受研究生教育，其课程也深受美国的影响。一般来说，台湾新闻传播教育的课程分三大类别：一是人文通识课程，二是传播学的理论课程，三是专业实务课程。台湾新闻传播的课程发展经历和美国很像，也是由报学开始扩及传播学、多媒体课程以及学术研究课程。无论是教学或研究，都愈来愈强调从社会科学的角度来剖析新闻、传播行为与现象。事实上，台湾在 90 年代之前建立的系所多以“新闻”“大众传播”命名，其后则以“传播科技”“传播管理”“视觉传播”等为名，反映出科技的冲击和业界的需求。①

第二节　1949 年以来香港地区的新闻事业

中华人民共和国成立之初，香港新闻传媒业出现左、中、右三足鼎立的局面。20 世纪六七十年代，随着香港经济起飞，社会稳定发展，人口快速增加，教育水平普遍提高，中产阶级力量抬头，本土化意识兴起，香港报业出现左、右两极式微和中立凸显的态势。70 年代末至 80 年代，经济的飞速发

---

① 段鹏：《台湾新闻传播教育的历史、现状与问题》，《现代传播》2004 年第 3 期。

展带动传媒业的快速发展，政治立场左、中、右态势进一步消解。1997年回归祖国后，在一国两制的政治环境下，香港新闻传媒业结构平稳，媒体发展迅速。

一、回归前香港的新闻事业

（一）回归前的报业

从1949年到1997年回归以前，香港报业发展大致可以分为三个阶段：1949年到20世纪60年代末为第一阶段，20世纪70年代到80年代末为第二阶段，20世纪90年代初到回归前为第三阶段。香港的报纸总体上内容丰富，信息快捷，各报为追求时效性和广告收入竞争激烈。

1. 1949年到20世纪60年代末的报纸

日本投降至1950年间，香港共有155家报刊注册，大致可分为三种：拥护中华人民共和国的左派报纸，如《大公报》《文汇报》等；台湾国民党主办的或政治上倾向国民党的右派报纸，如《香港时报》；其余多为中间路线报纸。这些中间报纸中，还有些所谓中间偏左、中间偏右的报纸。新中国成立后尤其是60年代创刊的报纸大多是走中间路线，人们用“两头小中间大”来形容香港报纸的政治结构。

《大公报》于1948年3月15日在香港正式复刊，1952年改组，由费彝民担任社长。1948年9月9日，香港《文汇报》创刊。这两家报纸在政治上拥护中华人民共和国和中国共产党。1950年10月5日，《大公报》姊妹报《新晚报》创刊，因最早连载梁羽生和金庸的武侠小说而一炮打响，开了香港报纸刊载新武侠小说的风气，《新晚报》因此销量大增，一度成为最畅销的晚报。

《香港时报》是台湾国民党当局在香港的机关报，1949年8月4日创办，社长许孝炎。该报是在香港《国民日报》基础上创办起来的，同年11月11日正式登记为“香港时报有限公司”。作为国民党台湾当局在香港的喉舌，言论上完全听命于台湾国民党当局的指示。

此时值得一提的还有胡文虎和“星系报业”。从1929年起，胡文虎先后在海内外创办了《星洲日报》《星华日报》《星中日报》等，其中最具代表性的当属1938年创办于香港的《星岛日报》。1954年，胡文虎因病去世，“星系报业”改组，其女胡仙分管《星岛日报》。此后，“星系报业”有了新的发展，在香港和东南亚地区颇有影响力。

20 世纪 50 年代末到 60 年代中期，香港集中出现了一批综合性大报，主要有查良镛、沈宝新创办的《明报》，出版商罗斌出资经营的《新报》，二天堂药厂韦氏家族兄弟创办的《天天日报》和胡仙投资的《快报》。1964 年的统计数据显示，香港平均每百人拥有报纸量已达 25 份。至 70 年代香港中英文报纸达 70 多家，且报纸种类繁多，早报、午报、日报、晚报、夜报应有尽有。

2. 20 世纪 70 年代到 80 年代末的报纸

进入 70 年代后，香港经济开始起飞，带动了报业尤其是经济类报纸的发展。1976 年中文报纸达到了 107 家，次年增至 128 家，创下历史最高纪录。香港第一家财经专业中文日报《信报》创刊于 1973 年 7 月 3 日。当时正值世界性经济危机爆发，香港股市从高峰下滑，《信报》称可监察政府及大财团在香港的经济活动，并提醒老百姓要珍惜自己的钱，学会投资，深得市民青睐。其后创刊的还有《远东经济日报》《亚洲华尔街日报》等。同时，重视经济新闻成为这个时期香港报纸的一大特色，一般综合性日报每天的经济版都有 2 至 4 版。

香港的大众化报纸中《成报》十分抢眼，自 1954 年到 1977 年的 20 多年间，该报的销量一直居于香港报纸榜首。1969 年 1 月 22 日《东方日报》创办，打破《成报》的垄断局面。至 1976 年该报销量达到 20 万份以上，取代《成报》成为当时香港报坛的新霸主。

大众化报纸虽然销量大、广告多，但香港同样需要如《明报》这样的精英报纸。《明报》创刊于 1959 年 5 月 20 日（图 13-1），初创时期经济十分困难，后来刊载金庸的武侠小说，对报纸的发展起到一定的拉动作用。《明报》的特色是大量报道内地新闻。70 年代末，随着内地改革开放新政策的实施，香港和内地经贸往来日趋频繁，对内地的报道开始成为香港报刊热点，《明报》也因此成为在香港仅次于《东方日报》《成报》的第三大中文报。

在此期间，香港报界另一个重要的变化是左、中、右格局的解体。台湾国民党当局的喉舌《香港时报》自 70 年代末开始衰落，其“台湾化”的特点和反共的立场无法在香港商业社会立足，后不得不于 1991 年 2 月 17 日停刊。亲台报纸《工商日报》《工商晚报》也由于经济原因而停刊，三足鼎立的格局逐渐被打破。

3. 90 年代初到回归前的报刊

1984 年，中英两国政府签署关于香港问题的联合声明，宣布中国将于 1997

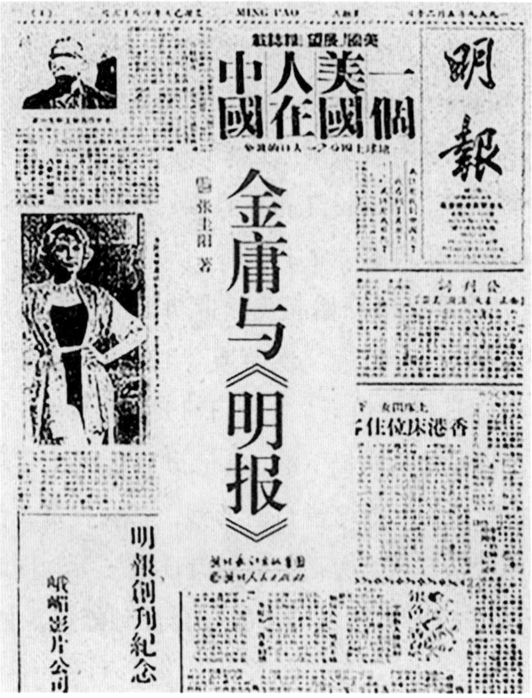

图 13-1　香港《明报》

年 7 月 1 日对香港恢复行使主权。1990 年 4 月，七届全国人大三次会议通过《香港基本法》，“一国两制”方针以法律的形式确立。在这样的背景下，香港报纸表现出较强的社会责任感，努力探讨新形势下香港的发展及报纸本身的适应与进步，为香港平稳过渡和继续繁荣作出了贡献。

进入 90 年代以后，香港报刊业开始出现衰退。1994 年 11 月，创办刚刚 1 年的《现代日报》由于亏损宣布停刊。1995 年 1 月，历史悠久、创办了近 70 年的大报《华侨日报》也宣布停刊。随后，《电视日报》《快报》《香港联合报》《当代》《中国时报周刊》等一批报刊先后停刊。

随着生存压力的增大，香港报纸进入了恶性竞争的阶段，“黄色新闻”潮流泛起。1990 年 3 月《壹周刊》创刊，该杂志集生活娱乐、财经投资、名人轶事、时事新闻于一体，迎合一些市民喜欢投资发财、窥探名人隐私的心理，大肆炒作耸人听闻的新闻，不久便打开市场，但该报极尽揭人隐私、渲染色情之能事，曾多次违反香港《淫亵及不雅物品管理条例》，遭到香港报业评议会及社会各界的强烈遣责。1992 年由东方集团创办的《东周刊》内容风格与之极为相似，发行量很快也突破 10 万份。

1995 年 6 月《苹果日报》创刊，该报定位于大众市场，以香港市民文化为基调，在编排和色彩等方面突破了传统报刊的模式，同时大搞减价噱头，从而掀起了一场减价大战。这场大战影响了 7 家上市报业集团的股价，不少报纸陷入困境，直到 1996 年 7 月大战才停息。在这场被称为“割喉大战”的减价大战后，香港报业市场被重新分割。

（二）回归前的广播电视

1. 广播

香港的无线电广播事业始于 20 世纪 20 年代。1923 年香港一批社会知名人士和业余无线电爱好者组织了香港广播会（或称香港无线电学会）试播新闻，后规模扩大，由港英政府接管改组，1929 年正式改为政府电台。1938 年该台开设中文广播节目。香港被日本占领期间，电台停止广播，1948 年 8 月恢复播音并正式定名为“香港电台”，用中英文广播。1951 年该台由港英政府新闻处公共关系主任负责管理，并由政府支付经费，因此被认为是政府喉舌。

进入 40 年代以后，商办的丽的呼声（香港）有限公司诞生，打破了香港电台的垄断地位。“丽的呼声”原是英国总公司在港开办的一家分公司。这家英文名为 Rediffusion 的公司以重金征得中文译名——“丽的”。到 1950 年，丽的呼声的听众数已有 4.3 万之多。曾经有一个时期，香港每 4 人中就有 1 个人收听丽的呼声。丽的黑白电视出现之后，丽的呼声不断衰退，于 1973 年 9 月宣布停播。

香港本地第一家民营商业性电台——香港商业电台（简称“香港商台”）于 1959 年 8 月 26 日开播。商台被视为“敢言的传媒”，深受香港市民欢迎，与香港电台同为收听率高的电台。

1990 年，港英政府开始招标经营第二个商业电台，有效期是 12 年。当年 12 月，新城广播电台（简称“新城”）成立。该台由和记黄埔、嘉禾电影、迪生创建以及美国广播集团等财团投资创办，1991 年 7 月正式开播。新城电台宣布大众“广”播时代已经结束，而定位于“窄”播，以争取特定的听众群。

2. 电视

香港的电视业始于 20 世纪 50 年代后期。1957 年 5 月 29 日，丽的呼声（香港）有限公司创办丽的映声电视台，为香港第一个有线黑白电视台。

1967 年，邵逸夫与利孝和等人创办电视广播有限公司，同年 11 月电视广播有限公司开始播放黑白电视，简称“无线电视”（Television Broadcasts

Limited，TVB），1971年起开办彩色电视，成为香港第一个彩色无线电视台。1973年10月，丽的映声以“丽的电视（香港）有限公司”（Rediffusion Television Limited，简称RTV）之名获得开办无线电视广播的专利权，同年12月开始播映。1982年9月，远东集团邱德根购入丽的电视广播有限公司50%的股份，随后把“丽的”改名为亚洲电视台。1984年他又买下余下的50%股份，再次改名为亚洲电视有限公司，简称“亚洲电视台”或“亚视”（Asia Television Limited，简称ATV）。

1990年12月22日，港英政府批准香港卫星电视广播有限公司通过“亚洲一号”卫星经营泛亚洲地区的卫星广播服务，1991年10月，卫星电视广播有限公司正式成立，简称“卫视”（Satellite Television Asian Region Limited，简称STAR TV）。“卫视”由香港和记黄埔集团出资创办，董事长原为李嘉诚，1993年后，股权操控在“报业大王”默多克手中。默多克引入刘长乐、陈永棋等人作为投资人，组合为“凤凰有限公司”。1996年3月，卫视中文台一分为二，分解出新的凤凰卫视中文台，面向香港和内地开播，而原有的卫视中文台只向台湾地区继续播出。

1993年6月，香港的九仓有线电视公司取得首张收费电视牌照，简称“有线电视”（Cable TV Hong Kong），由包玉刚家族主持的九龙仓集团创办。

1994年12月，港府行政局批准无线电视台开办卫星电视广播业务。到1996年底，香港有44万多个家庭利用卫星电视公共天线系统，收看卫视和其他卫星电视节目。另有7个卫星电视广播机构通过香港国际电讯有限公司的设施传送节目，如华侨娱乐电视广播有限公司、无线卫星电视台、路透社、美国全国广播公司等。卫星电视的引进使香港的广播电视事业更为国际化。

（三）回归前的通讯社

作为亚洲的新闻信息中心，香港地区成为世界知名通讯社的关注焦点。从1951年至1953年，法新社、路透社、美联社、合众社先后在香港设立分社，此后还有日本时事通讯社、意大利安莎通讯社等在香港设立分社。

新华社香港分社于1947年5月1日正式成立并对外发稿。中华人民共和国成立后，香港分社的功能和作用开始变化，一方面作为新闻通讯机构，另一方面逐渐成为中国政府机构，被授权就有关事务与港英当局联系。中国新闻社1954年9月在港成立《中国新闻》代销处，1975年5月成立中新社香港办事处，1985年改称中新社香港分社。

"中央通讯社"香港分社原为国民党台湾当局通讯社，1973 年改组成名义上由台湾及海外华侨新闻界共同投资经营的企业化通讯社，但其实质并没有改变。

1951 年，港英政府通过立法规定所有的通讯社必须向当时的华民政务司（现名"民政司署"）登记，开始实行通讯社登记制度。1952 年 5—7 月，曾有金融、中联、华联、自联等 11 家香港本地通讯社登记成立，至 1975 年发展至 32 家。此后数量时起时伏，不断变化。较有规模的本地通讯社有香港中国通讯社、时代新闻社、大众新闻社、国际新闻社等。

（四）回归前的新闻传播管理

港英政府并没有制定专门的新闻出版法，但这并不意味着香港的媒体可以不受法律的约束。事实上，很长时期里，就其法律规定而言，港英政府对媒体的管理相当严格。

20 世纪 50 年代，港英政府加强了对新闻出版业的管理。1951 年 5 月 17 日通过《刊物管制综合条例》，对刊物的出版、发行、印刷、登记等都做了系统而详细的规定，这个条例"把过去订立的相关法例重新整理充实，成为一条承前启后、最全面、最严密的监管新闻出版业的法例"①。

1987 年 9 月，香港成立了广播事务管理局，统管无线电视与商营电台的事务。广播事务管理局不对节目进行事先审查，但下设投诉委员会，处理市民的相关投诉，管理局根据委员会的建议对相关机构进行警告或罚款。

在香港回归前的过渡时期，港英政府修订了《刊物管制综合条例》，撤销了对印刷媒体、采访、报道的各种限制，同时还修订了《公安条例》第 27 条，撤销了"禁止恶意发布虚假新闻"的条款。1988 年，港英当局宣布撤销要求电视台播放一定时间的英联邦国家制作节目的规定。

二、回归后香港新闻事业的变化与发展

1997 年 7 月 1 日香港回归，在"一国两制"的政策下，香港保留原有的社会制度与新闻体制，在政治、经济、文化等方面与内地联系更加密切。回归后香港新闻事业的发展变化可以概括为：行业格局稳定，媒体持续发展，逐渐脱离英国的影响，关注内地事务。进入新世纪后，传统媒体受互联网的影响日益

① 李谷城：《香港报业百年沧桑》，香港明报出版社有限公司 2000 年版，第 190 页。

凸显。当然，完全摆脱英国的影响尚有一个长期的过程，西方资产阶级新闻观念不仅会长期存在，而且有时会顽强地表现他们自己。对于这一点，我们应该有充分的思想准备。

（一）回归后的报刊

从1997年至2000年的几年内虽然只有两家新报创刊，但发展势头良好。1999年3月18日创办的大众化报纸《太阳报》，效仿《苹果日报》1995年创刊策略，以低价打入市场，出版不久，销量高达三四十万份，读者数百万，均居全港第三。

晚报成为历史。自80年代以后，香港只有两份晚报。由于报业技术手段的突破，日报不断趋向休闲娱乐化，加之广播电视业的发达，晚报的优势逐渐消失，《星岛晚报》和《新晚报》终于分别在1996年底和1997年7月停刊。

2001年后，受全球性的经济不景气波及，不少外国传媒纷纷迁离，香港的媒体数量由1997年高峰期的173家跌至2002年年中的114家。① 2003年非典疫情的爆发令原本低迷的广告市场雪上加霜，对中文报纸的打击尤为严重，在当年4月份主要报纸广告下跌5%至30%不等。② 但是，2004年后，随着香港经济逐渐回升，报刊业经营环境转好。如《南华早报》集团2004年全年营业额达到13.75亿港元。《东方日报》在2004年5月5日当天销数超过53万份，大大超过《苹果日报》自称的38万份印数，高居销售量首位。《明报》企业集团在2004年上半年纯利润为2 054万港元，相比上年同期增加41%。壹传媒上半年营业达14.4亿港元，比上年同期上升26.5%，业绩转亏为盈，半年盈利9 100万港元，只有《苹果日报》因竞争激烈导致广告收入轻微下跌。③

进入21世纪以后，受到网络和免费报纸的双重影响，香港报业生态也发生了新的变化。2000年，香港有3份英文日报、6份中文日报和6份中英文双语日报通过互联网出版。④ 同时，香港网络报纸也提供即时新闻、观点、互动平台，并链接各类社交媒体。免费报纸的问世更使香港传统报业市场再遭冲击。香港首家免费报纸《都市日报》于2002年4月15日创刊发行，这份以地铁上班族为对象、内容包括时事新闻等资讯的报纸，在次年6月便开始赢利，

① 《中国新闻年鉴2003》，中国新闻年鉴社2003年版，第174页。
② 《中国新国年鉴2004》，中国新闻年鉴社2004年版，第23页。
③ 《中国新闻年鉴2005》，中国新闻年鉴社2005年版，第236页。
④ 彭兰：《中国网络媒体的第一个十年》，清华大学出版社2005年版，第353—354页。

每日派发量超过30万份，成为全港发行量第三的报纸。《都市日报》迅速带动起一股免费报纸的发行热潮，2005年《头条日报》《am730》《快线周报》三大免费报相继加入市场。香港的地铁、过街天桥、街巷、公共汽车站等都成为免费报纸的派发场所，大量的免费派发冲击了报业市场，销量减少、广告竞争加剧给香港收费报纸市场带来前所未有的压力。一些报社开始采取应对措施，如《明报》进行了裁员，并于2010年9月改版。

（二）回归后的广播电视

1998年香港特别行政区政府将广播电视全面放开，不再设牌照发放的上限，香港的广播电视业有较大发展。

从20世纪90年代末到21世纪初，香港的广播电台开始全面拓展网上广播服务，发展多媒体新领域。香港电台从2000年开始，每天在互联网上直播全部电台频道和所有在黄金时段播放的电视节目，并提供网上即时新闻文本；2001年再新增免费订阅网上新闻速递服务，提供电子下载版本，方便用户随时浏览。至2003年1月，香港电台网上广播站访问次数已增加到每天820万人次。到2008年，香港电台已有电台部、电视部、教育电视部、新媒体拓展组等多个业务部门。

香港商台也深受香港市民的欢迎，敢言的特色为其在听众中树立了较高的公信力，旗下的“雷霆881商业一台”更是全港听众人数最多的电台。香港商台每天提供24小时多元化广播节目，也有网上即时广播，其网站还为听众提供重温节目服务。新城广播电台则同时营运新城财经台、新城知讯台、新城采讯台三个频道，从2006年2月7日起，又推出了新城财经台财经网，网罗来自港交所、路透社、标准普尔等的即时财经信息，提供了一个声画同步的专业财经信息平台。

电视业在这一时期有较大发展。20世纪90年代初香港只有两个电视台提供4个频道，引进卫星电视及有线电视启播后，香港的电视频道两年激增至40个。到2000年，特区政府为开放收费电视市场，发出5个新收费电视台牌照，连同原有的有线电视及互动电视，香港仅有线电视就有7个电视台，为公众提供多达149个额外频道。① 这次牌照发放，结束了香港有线电视专营权的历史，

---

① 陈昌凤：《回归以来的香港新闻事业》，《中国新闻年鉴2000》，中国新闻年鉴社2000年版，第590页。

为电视市场开辟了一个新局面。

此后，香港的收费电视发展迅猛。据香港广播管理局2008年的统计，香港免费电视台只有两家，维持着中英文共4个频道，而收费电视节目服务猛增到253个频道。其中，九龙仓集团旗下的有线电视、李泽楷旗下电讯盈科的NOW宽频电视和城市电讯旗下的香港宽频三分天下。在免费电视服务无论是数量还是市场份额都没有太大变化的情况下，收费电视服务却日新月异，竞争近乎白热化。

除免费电视和收费电视市场外，卫星电视也在积极拓展电视市场。2009年，中美合资的亚洲卫星公司获得广播事务管理局的批准，与部分电视台合作，以卫星播放电视节目。

（三）回归后的互联网传媒

香港拥有较先进的传播技术，互联网起步早、发展快。虽然2000年互联网形势一度下滑并出现寒冬期，但几年后便逐渐复苏，媒体网站大多进入了平稳发展阶段。香港各类传媒都根据自身特点充分利用互联网，积极探索与互联网结合的相关业务。2007年，《苹果日报》将网络新闻服务延伸至网上电视，3月下旬推出《壹苹果直播》。香港YouTube网站于2007年10月正式面世，YouTube与亚洲电视、香港电台及香港旅游发展局订立内容供应合作协议。无线电视同内地网上视频公司合作，共同发展新媒体平台，合创视频网站，并获得无线电视正版网络播映授权，合作发展影视广告媒体，开拓内地网络市场。2008年11月，香港电视广播有限公司（TVB）推出了my TV，2009年9月《苹果日报》推出了“动新闻”，这些都对香港本地传统媒体产生很大影响。

互联网技术的力量，不仅给香港地区传媒发展带来新的空间，也冲击着传统媒体的管制模式。互联网促进了香港传统媒体的全面创新与改革发展。

三、香港的新闻传播教育

香港高校的新闻教育肇启于20世纪六七十年代，主要有香港中文大学新闻与大众传播系（1963年创办）、浸会学院传理系（1968年成立）、珠海书院新闻系（1968年成立）和树仁学院新闻系（1971年创办）。其中，香港中文大学和浸会学院的新闻教育教学设备较先进，办学规模也较大。香港回归后，新闻教育又有了新的发展。多所公立和私立大学都相继开设了新闻与传播院系，主要有香港城市大学媒体与传播系、香港大学新闻与传播研究中心等。

香港的新闻传播教育国际化特征突出。这一领域引进了一批既有国际视野又有中华文化背景的教员；各新闻与传播院系几乎每学期都有国际学者应邀担任客座教授；学者的研究基本上完全国际化，一些研究成果在国际上产生了一定影响。近年来，香港新闻与传播院系的学生构成也发生了较大变化，招收中国内地和海外学生比例逐年上升。

第三节 1949 年以来澳门地区的新闻事业

一、回归前澳门的新闻事业

澳门是我国近代最早开放的口岸之一，是国际经贸活动的重要商埠，也是我国最早出现近代报纸的地区之一，在中国新闻传播史上有着特殊地位。

（一）回归前的报刊

1822 年 9 月 12 日创刊的葡文报纸《蜜蜂华报》，是澳门最早的报纸，也是近代中国最早出现的外文报纸。此后，有葡文、英文、中文报刊在澳门陆续出版。进入 20 世纪以后，澳门出版发行过的报纸有 20 多种，至中华人民共和国成立时，主要有《大众报》《华侨报》《市民日报》3 家中文报和《号角报》1 家葡文报。

《大众报》于 1933 年创刊，为澳门刊行历史最长的中文日报，创办人是陈天心。抗日战争时期该报坚持宣传抗日。报社在发展过程中，曾几度易手，1945 年一度停刊，1948 年由蔡凌霜投资接办。70 年代后期，该报侧重于宣传澳葡当局的政策。《华侨报》创刊于 1937 年 11 月 20 日，最初是香港《华侨日报》的澳门版，由时任《华侨日报》社长的岑维休派编辑赵斑斓、雷渭灵到澳门创办。当时正值抗日战争全面爆发之际，该报积极宣传抗战，新闻时效和出版时间都比当地报纸快，很快赢得了澳门读者，报纸发行量迅速增长到 1 万份，打破澳门报纸发行的纪录。1969 年，赵斑斓购买了全部股份，澳门《华侨日报》与香港《华侨日报》分家，独立发展成为澳门规模较大、发行份数较多的报纸之一。《市民日报》创刊于 1944 年 8 月 15 日，创办人有何曼公、徐佩之、余寄萍等，该报初创时是以副刊娱乐为主的地方性小型日报，后改为以本地新闻为主的日报。自 60 年代开始，报纸有了较大转变，开始采用新华社、中新社有关祖国的消息。《号角报》为葡文周报，创刊于1947年，由澳门天主教教务行政处主办。

1949年后，除以上报纸继续出版外，还新创办了一批中文和葡文报刊，其中有代表性的是《新园地》。1950年3月8日，拥护新中国的周刊《新园地》创办，为澳门新民主协会会刊。《新园地》创刊不久，支持台湾国民党当局的《群与力》创刊。两刊内容针锋相对，后《群与力》因不敌《新园地》而自动停刊。1958年8月15日，以《新园地》为基础，大型日报《澳门日报》创办，"新园地"成为该报的综合性副刊。

20世纪60年代和70年代，《星报》《时事新闻》和《澳门体育报》又陆续出版。1966年的"一二·三"事件①对澳门的中文报纸造成重大影响，终致澳葡当局取消了新闻检查制度。"文化大革命"极左思潮也曾波及澳门，澳门的一些报纸受其影响，全部刊登大块政治文章，取消小说版，减少娱乐新闻，一度导致相关报纸销量下跌。

1979年，中国和葡萄牙建交，两国政府就澳门主权问题达成谅解，澳门回归问题被提上议事日程。此后，澳门报刊发展迈入了一个新时期。1986年6月，关于澳门前途问题的中葡谈判开始。澳门居民对社会政治的关注度普遍提高，报纸销量大增，中文周报成批涌现。如《澳门人周报》《现代澳门》《澳门论坛周报》《讯报》《华澳邮报》《澳门脉搏》等十余家周刊陆续创办。有关澳门前途和内地重大新闻的内容成为澳门传媒报道的一个重点。同时，葡文报刊也骤增了5家。此外，澳门老资格的中文报纸《大众报》也于1982年开设葡文版，成为当地唯一一家中葡文合刊的报纸。

（二）回归前的广播电视

1. 广播

澳门本土广电的发展虽然不如香港发达，但也可谓"麻雀虽小，五脏俱全"。

澳门最早的广播电台——澳门电台由一些业余无线电爱好者创立，于1933

① 1966年底，澳门同胞因澳门氹仔居民申请筹建小学一事与澳葡当局发生冲突并不断升级。12月3日，前往南湾澳督府陈情的澳门师生代表进入澳督府内被葡萄牙军警殴打，引起华人市民义愤。上千名群众遂在市政厅广场（议事亭前）集合示威抗议，并冲入市政厅和仁慈堂，引发群众运动。参与运动的群众遭到澳葡当局及葡萄牙军队的镇压，共有8人遇难，212人被打伤，62人被逮捕，史称"一二·三"事件。12月11日，《人民日报》发文声援澳门同胞，对澳葡当局提出警告。事件最终以葡澳政府认罪、道歉并赔偿死难者全部损失而告终。

年 8 月 26 日开播，用葡萄牙语播送新闻和音乐。1948 年，澳门电台归澳葡当局经营。1980 年 2 月 15 日，澳门政府与葡萄牙国家电视台签约，将澳门电台交由其管理。

除了澳门电台，澳门另外还有一家私营广播电台绿邨电台。该台由澳门葡萄牙人罗保于 1950 年创办。初创时，主要为市民提供娱乐节目，每天用粤语和葡萄牙语播送音乐和歌曲，最有特色的是每天中午 12 时播出一集“罗保博士作品（音乐）”。60 年代因直播赛狗赛事而受欢迎，一时间很具影响力。1964 年罗保逝世后，绿邨电台改为全粤语播音，1969 年改为纯商业电台。

广播发展的早期，由于普通市民既消费不起昂贵的收音机，也难以支付收听税（每部收音机都要向政府邮电局领牌纳税），因而澳门广播的普及率很低。20 世纪 80 年代后，澳门广播事业开始不断发展壮大。1982 年 1 月 1 日，澳门政府根据相关法令成立澳门广播电视公司（简称“澳广视”），将澳门电台的频道纳入该公司的管理范畴，属电台部，分为中文台（用粤语广播）和葡文台两部分，并增添新闻广播内容。

2. 电视

与广播相比，澳门的电视业可谓姗姗来迟，足足晚了半个世纪。1984 年以前，澳门一直没有本地的电视台。由于毗邻广东和香港，观众可以清晰地收看这两个地区的电视台节目，因此，澳门拥有电视机的家庭几乎全部收看香港电视台的节目，有些兼收广东的电视节目。

1984 年 5 月 13 日，澳广视筹建的电视台——澳门电视台正式开播，结束了澳门没有电视业的局面。但由于缺乏人手和资金，自制节目只占 30%，节目质量不高，唯一受关注的是澳门本地的新闻节目。

1988 年到 1998 年是澳门电视业的转型阶段。澳门电视台自成立以后，一直亏损运营。1985 年，澳广视的广告费收入只有近 500 万澳门元，而全年支出却达 4 000 万澳门元。为了摆脱困境，澳广视开始谋求转制。1988 年，澳门广播电视公司宣布转为有政府资金的有限公司，其中澳门政府占大部分股份，并改名为澳门广播电视有限公司。随后进行了一系列业务改革，如延长播映时间，并在 1990 年开始将中、葡文分频试播，制作早晨节目、时装连续剧、纪录片精选及周末音乐特辑等，还相继推出澳门歌唱比赛、澳门小姐竞选、澳门国际音乐节、电影精选及格兰披士大赛车等大型节目，以吸引观众。

澳广视这一系列的改革虽然未从根本上解决公司亏损的问题，但积极推进了澳门电视业的发展。

（三）回归前的通讯社

澳门的新闻通讯社是在20世纪80年代以后发展起来的。80年代以前澳门只有几家地方性的小通讯社，主要向香港报纸提供“狗经”（赛狗信息）和社会新闻，实际上担负澳门新闻通讯社任务的是澳门日报社。该报社从香港租用两条新闻专线，通过卫星直接接收新华社和外国主要通讯社的新闻供其他报纸选用。

1988年，葡萄牙通讯社在澳门设立分社，是澳门最具规模的通讯社，用中文、葡萄牙文、英文3种文字发稿。新华社于1987年在澳门设立分社。中新社也在澳门设有分社，由中新社香港分社兼管。而其他外来通讯社如美联社、路透社、法新社等，只在澳门派驻记者或者特约澳门当地记者兼任。

澳门本地的通讯社依旧规模小，功能低。其中有一定知名度的有澳门通讯社、时事新闻社、宇宙新闻社、金星通讯社、澳门时代新闻社等。

二、回归后澳门新闻事业的变化与发展

1999年12月20日，中国恢复对澳门行使主权。回归后，澳门的新闻传媒业总体稳定，变化不大。由于获得了中央政府和特区政府的大力扶持，与内地的传媒业交流明显增强。随着新技术的发展，澳门新闻业格局显现出多元化的特征。

（一）回归后的报刊

澳门报纸长久以来受香港报纸影响，难以发展壮大。1976年统计显示，香港有20多种中文报纸每天运往澳门，全澳门各种报纸日销量达5万份左右，其中港报约占三分之一。澳门回归后，在澳门最畅销的报纸并非当地出版的《澳门日报》，而是香港出版的《东方日报》《苹果日报》。由于历史的原因，大部分澳门市民都习惯阅读香港的报刊、收听收看香港的广播电视节目。另外还有一个特别现象——许多澳门新闻工作者不敢或不方便首先报道的澳门重大消息，往往通过“出口转内销”的手法，先由香港的报刊披露，然后澳门的媒体再跟进报道。因此，如何摆脱香港报纸的影响，如何应对香港《苹果日报》《东方日报》《太阳报》等对澳门报业市场的冲击，是澳门报纸需要面对的最大问题。

回归后，特区政府对这个问题十分重视，加大了对报纸的支持力度，以增强报纸的实力。政府对于拥有50个工作人员以上的日报每月资助5万澳门元，50人以下的每月3.5万澳门元，周报则每月1.8万澳门元。

澳门回归十年中，报刊界新增一份中文日报，减少两份葡文日报；英语居

民的增加，又催生了两份英文日报。[1] 至 2009 年，澳门有 9 家中文日报，3 家葡文日报，2 家英文日报和近 10 家各类周报。（图 13-2）。

在澳门的中文日报中，《澳门日报》是目前发行量最大的报纸，占澳门报纸发行量的 70%～80%。《澳门日报》以“澳报澳办”为方针，主要面向澳门、香港和珠三角地区，每日版面已由创刊时的 1 大张 4 版发展至现在的 10 至 20 大张，特别的日子还会出版号外。澳门回归后，其角色逐渐转变，由批评澳葡政府转变为支持特区政府，但尚未形成社会事务平台。《华侨报》是目前澳门发行量第二的日报，现该报每日 30 版左右，发行范围除了澳门，还广及港、台、内地及海外。

图 13-2　回归后澳门的各种报纸

（二）回归后的广播电视

澳门现共有两家电台，分别为澳门广播电视股份有限公司旗下的澳门电台和私营的绿邨电台，两家电台均为每天 24 小时播音。澳门电台有中文的澳门电台和葡文的“Radio Macau”两个频道，分别用中文和葡文播出新闻、资讯、文化、艺术、教育、体育和娱乐等节目。

澳门有线电视于 2000 年 7 月 8 日正式开播，开启了澳门电视新局面。电视

① 梁丽娟：《澳门 2009 年新闻传播业概况》，《中国新闻年鉴 2010》，中国新闻年鉴社 2010 年版，第 226 页。

台以转播为主，播放中、英、葡语多种频道节目。同月，澳门卫星电视亚洲台开始试播，为亚太地区提供24小时的综合节目，并已获得批准在内地有限落地。2000年底，澳门电台与电视台开通了网上宽频广播，体现出与新媒体合作的趋势。到2002年，澳门有线电视的节目频道由最初的30多个增至55个。进入新世纪，澳门也进入卫星电视时期，先后创建了澳门卫星电视旅游台、澳门卫星电视五星台、澳门卫星电视亚洲台等。由此，澳门形成了门类齐全的多元化电视媒体格局。

目前澳门提供电视服务的机构有澳门广播电视股份有限公司、澳门有线电视股份公司、澳门卫视股份有限公司、中华卫星电视（集团）有限公司、澳亚卫视有限公司、澳门莲花卫视有限公司。

（三）回归后的互联网传媒

早在1994年，澳门大学设立了首条连接互联网的专线，向学校的师生提供网络服务。至1995年，澳门的电讯专营公司澳门电讯有限公司（Companhia de telecomunicações de Macaus de Macau，S. A. R.，简称CTM）正式开始向公众提供网络连接服务，澳门的网络时代由此起步。随着近年来电信产业的突飞猛进和信息时代的快速来临，澳门媒体网络化的步伐也随之加快。

澳门发行量最大的报纸《澳门日报》于1997年在澳门电讯的帮助下发布网页版报纸，每天刊载前一天报纸的内容，成为澳门第一家上网的报纸。但在很长一段时间内，《澳门日报》网页版只能提供前一日报纸刊载的内容，在新闻的适时性和互动性方面尚不能满足受众的需求。该报随后在报纸网页版的基础上推出了可以发布实时新闻的《澳门日报》手机版，受到读者的普遍欢迎。同时，澳门传统的纸媒也大都开设了各自的网站，一些网站除介绍报纸内容外，还增设了包括“纵笔濠江”“见闻杂录”“特稿”等专门的栏目。

澳广视的网站在传统媒体网络化发展中影响最大。公司旗下的电台、电视台共用此网站，网页左侧为电视节目的网络展示，右侧为电台网络版。作为电子媒体的网络版，澳广视的网站内容更为丰富，资讯也均为实时播出，重要新闻还进行网络直播，并且也设有手机版。

总体而言，澳门传媒目前已迈入了网络时代，而且电子媒体的网络应用要强于纸质媒体。

三、澳门的新闻传播教育

澳门大学一度是澳门特区唯一一所开设新闻与传播专业的高等教育机构。

该校的新闻与传播教育最早可追溯到1991年。当年，澳门大学开设了英文传意学士课程、应用中文与中文传意学士课程，分别附设于英文系和中文系。2004年，经过多年的酝酿和准备，这两个传播专业正式合并成立了传播系，开设学士学位课程与硕士学位课程，澳门大学新闻传播教育由此走向更为专业的发展轨道。

2000年，澳门科技大学建校。2008年，该校成立人文艺术学院，设有新闻传播学学士学位课程，传播学硕士、博士学位课程。该院建院时间不长，但发展速度颇快，与内地教育领域也有较多交流。

思考题

1. 台湾“报禁”对台湾地区的新闻事业发展有哪些影响？“报禁”解除后新闻事业出现了哪些变化？
2. 回归后香港新闻事业出现了哪些变化？
3. 澳门新闻事业有哪些区域性的特点？
4. 台港澳地区与大陆/内地相比，媒介生态环境有何不同？新闻事业有哪些不同特点？

▶ 即测即评

阅读文献

■ 马克思、恩格斯：《共产党宣言》，《马克思恩格斯文集》第 2 卷，人民出版社 2009 年版。

■ 马克思：《路易·波拿巴的雾月十八日》，《马克思恩格斯选集》第 1 卷，人民出版社 2012 年版。

■ 中共中央文献研究室、新华通讯社编：《毛泽东新闻工作文选》，新华出版社 2014 年版。

■ 习近平：《习近平谈治国理政》第二卷，外文出版社 2017 年版。

■ 戈公振：《中国报学史》，商务印书馆 1935 年版。

■ 中国社会科学院新闻研究所编：《中国共产党新闻工作文件汇编》（上、中、下），新华出版社 1980 年版。

■ 中国社会科学院新闻研究所编：《中国新闻年鉴》，中国社会科学出版社 1982—2010 年版。

■ 中共中央文献研究室编：《关于建国以来党的若干历史问题的决议》（注释本），人民出版社 1983 年版。

■ 中国传媒大学、中国广播电视年鉴编辑部：《中国广播电视年鉴》，中国广播电视出版社 1986—2010 年版。

■ 方汉奇主编：《中国新闻事业通史》（三卷本），中国人民大学出版社 1992—1999 年版。

■ 张之华主编：《中国新闻事业史文选（公元 724 年—1995 年）》，中国人民大学出版社 1999 年版。

■ 丁淦林：《中国新闻事业史》，高等教育出版社 2002 年版。

■ 郑保卫主编：《中国共产党新闻思想史》，福建人民出版社 2004 年版。

■ 吴廷俊：《中国新闻史新修》，复旦大学出版社 2008 年版。

■ 黄瑚：《中国新闻事业发展史》（第二版），复旦大学出版社 2009 年版。

■ 刘家林：《新中国新闻传播 60 年长编（1949—2009）》，暨南大学出版社 2010 年版。

■ 吴廷俊主编：《中国新闻传播史》（1978—2008），复旦大学出版社 2011 年版。

■ 方汉奇：《中国近代报刊史》（上、下），山西教育出版社 2012 年版。

■ 赵玉明：《中国广播电视通史》，中国广播电视出版社 2014 年版。

■ 胡太春：《中国近代新闻思想史》（增订本）（上、下卷），东方出版社 2015 年版。

■ [新加坡] 卓南生：《中国近代报业发展史 1815—1874》（增订版），中国社会科学出版社 2002 年版。

人名译名对照表

[美]	丁韪良（马丁，威廉·亚历山大·帕森斯）	William Alexander Parsons Martin
[美]	福开森，约翰·C.	John C. Ferguson
[普鲁士]	郭实猎	Charles Gutzlaff
[英]	纪德，桑穆尔	Sammual Kidd
[美]	李提摩太（理查德，蒂莫西）	Timothy Richard
[美]	林乐知（艾伦，扬·约翰）	Young John Allen
[英]	马礼逊，罗伯特	Robert Morrison
[英]	麦都思，沃尔特·亨利	Walter Henry Medhurst
[英]	麦基洛，J.	J. Mackillop
[英]	美查，安纳斯	Ernest Major
[英]	米怜，威廉	William Milne
[英]	普莱亚，B.	B. Pryer
[美]	史沫特莱，艾格尼丝	Agnes Smedley
[美]	斯诺，埃德加	Edgar Snow
[美]	斯特朗，安娜·路易斯	Anna Louise Strong
[英]	伍华德，C.	C. Woodword
[英]	奚安门（希尔曼，亨利）	Henry Shearman

后　记

《中国新闻传播史》是马克思主义理论研究和建设工程重点教材，由教育部组织编写，经国家教材委员会审核通过。

在教材编写过程中，得到了国家教材委员会高校哲学社会科学（马工程）专家委员会、思想政治审议专家委员会以及教育部原马工程重点教材审议委员会的指导。同时，广泛听取了高校教师和学生的意见建议。

本教材由吴廷俊主持编写，哈艳秋任副主编。绪论，吴廷俊撰写；第一章，阳海洪撰写；第二章，徐新平撰写；第三章，王润泽撰写；第四章，蒋含平撰写；第五章、第六章，哈艳秋撰写；第七章，裴晓军、阳海洪撰写；第八章，张振亭撰写；第九章，陈建云撰写；第十章，陈建云、邓绍根撰写；第十一章，邓绍根撰写；第十二章，艾红红撰写；第十三章，蒋含平撰写。

2021 年 6 月

郑重声明

高等教育出版社依法对本书享有专有出版权。任何未经许可的复制、销售行为均违反《中华人民共和国著作权法》,其行为人将承担相应的民事责任和行政责任;构成犯罪的,将被依法追究刑事责任。为了维护市场秩序,保护读者的合法权益,避免读者误用盗版书造成不良后果,我社将配合行政执法部门和司法机关对违法犯罪的单位和个人进行严厉打击。社会各界人士如发现上述侵权行为,希望及时举报,我社将奖励举报有功人员。

反盗版举报电话　(010)58581999　58582371

反盗版举报邮箱　dd@ hep.com.cn

通信地址　北京市西城区德外大街 4 号

　　　　　高等教育出版社法律事务部

邮政编码　100120

读者意见反馈

为收集对教材的意见建议,进一步完善教材编写并做好服务工作,读者可将对本教材的意见建议通过如下渠道反馈至我社。

咨询电话　400-810-0598

读者服务邮箱　gjdzfwb@ pub.hep.cn

通信地址　北京市朝阳区惠新东街 4 号富盛大厦 1 座

　　　　　高等教育出版社总编辑办公室

邮政编码　100029

防伪查询说明

用户购书后刮开封底防伪涂层,使用手机微信等软件扫描二维码,会跳转至防伪查询网页,获得所购图书详细信息。

防伪客服电话　(010)58582300